高等学校车辆工程专业（新能源汽车方向）系列教材

电动汽车设计

DIANDONG QICHE SHEJI

贺 林 著

宋 健 主审

合肥工业大学出版社

内 容 简 介

本书系统地总结了作者自己多年来从事电动汽车整车开发工作的经验，是目前国内从工程实践角度来撰写的第一部关于电动汽车设计的著作。本书按照电动汽车整车的开发流程（即概念研究——规格设计——工程开发——试制验证）进行阐述，全面和详细地介绍了电动汽车设计知识。全书共分为4大部分。具体内容为：首先介绍如何将从市场上得到的信息转换成对整车的市场需求；其次介绍如何将得到的整车市场需求转换成对整车各系统需求，从而提出整车规格设计；接着介绍如何对电动汽车三大关键子系统（即电能系统、电驱系统和电控系统）进行工程开发，并介绍了其相应的测试验正方案；最后，介绍样车试制及零部件采购的一些基本常识，并对整车验证公告的相关知识进行普及性介绍。

本书可作为高等学校车辆工程专业（新能源汽车方向）的专业课教材，也可供与从事电动汽车开发和研制工作相关的企业及其工程技术人员作为参考资料。

图书在版编目(CIP)数据

电动汽车设计/贺林著．—合肥：合肥工业大学出版社，2016.12
ISBN 978-7-5650-3214-1

Ⅰ.①电…　Ⅱ.①贺…　Ⅲ.①电动汽车—设计　Ⅳ.①U469.720.2

中国版本图书馆CIP数据核字(2017)第008629号

电 动 汽 车 设 计

贺　林　著　　　　责任编辑　汤礼广

出　版	合肥工业大学出版社	版　次	2017年3月第1版
地　址	合肥市屯溪路193号	印　次	2017年3月第1次印刷
邮　编	230009	开　本	889毫米×1194毫米　1/16
电　话	理工编辑部：0551-62903087	印　张	19.25
	市场营销部：0551-62903198	字　数	510千字
网　址	www.hfutpress.com.cn	印　刷	安徽联众印刷有限公司
E-mail	hfutpress@163.com	发　行	全国新华书店

ISBN 978-7-5650-3214-1　　　　定价：98.00元

前　言

第一辆电动汽车诞生于 1881 年，由法国古斯塔夫・特鲁夫研制而成，采用的动力是铅酸电池。5 年后，即 1886 年，德国的卡尔・本茨才研制出第一辆汽油汽车。受到当时电池和电力电子技术的限制，电动汽车市场的发展非常缓慢，到 1920 年电动汽车在市场上基本销声匿迹。而内燃机技术的发展却日新月异，内燃汽车成为当时汽车市场的主流产品。20 世纪六七十年代，随着电力电子技术的发展，电机及其控制技术得到突破，诞生于 20 世纪 70 年代的锂离子电池率先在 20 世纪 90 年代 “3C” 产品应用中发展成熟，到 21 世纪初人们很快就将其应用到电动汽车上。目前，我国政府已将新能源汽车产业作为加快我国汽车产业转型升级的国家战略性新兴产业，经过最近十多年的发展，我国电动汽车已经从产业化阶段迈入市场化阶段。

为了配合国家新能源汽车发展的战略，推动我国电动汽车技术从产业化向市场化纵深迈进的步伐，作者在总结自己从事电动汽车研发经验的基础上，特撰写本书。

本书内容的总体结构安排如下：

一、从知识传承的角度，本书依次介绍电动汽车的整车概念（Concept）、整车规格（Specificaiton）、三大关键子系统（电能系统、电驱系统、电控系统）工程（Engineering）以及整车试制（Manufacture）验证方面的知识，即沿着“概念”→“规格”→“工程”→“试制”这个脉络对电动汽车设计的知识体系进行系统介绍。

二、从方法论的角度，本书依次介绍电动汽车的整车概念研究（Research）、整车规格设计（Design）、三大关键子系统（电能系统、电驱系统、电控系统）的工程开发（Development）、整车试制验证（Validation）的措施和手段，即围绕“研究”→“设计”→“开发”→“验证”这个完整的整车设计开发过程进行详细介绍。

本书共分为四个部分。具体内容为：第一部分为电动汽车的概念研究，包括开发思路、市场调研、标杆分析、财务核算、法规研究、市场需求；第二部分为电动汽车的规格设计，包括系统需求、动力构型、网络架构、电气原理、电子电器、底盘系统、系统分析、整车布置、整车需求；第三部分为电动汽车的工程开发，包括电能系统、电驱系统和电控系统；第四部分为电动汽车的试制验证，包括试制采购、验证公告。

本书介绍的电动汽车设计知识体系实际上就是电动汽车整车开发的四个阶段，它们分别是：第一阶段，在市场上找到一个当前生产能力能够满足的产品需求，在脑海中形成一个将要开发车型的概念；第二阶段，把从市场得来的产品需求经过各种可行性分析、研究、论证，在纸上形成可实现的整车规格；第三阶段，在汽车产业链上游寻找合适的供应商，与之协同设计、开发并通过相应的工艺工装生产出整车需求的各类系统零部件；第四阶段，采购整车需求的零部件，然后试制出工程样车，再反复进行各类测试和修改的试错工作，经过严格的验证公告后得到满足市场需求和符合法规要求的整车产品。

本书可作为高等学校车辆工程专业（新能源汽车方向）本科和研究生的专业课程教材，也可供与从事电动汽车开发和研制工作相关的企业及其工程技术人员作为参考资料。

本书中的部分内容借鉴了北京市科委科技计划重大项目“5米厢式纯电动物流车开发”以及中关村重大应用示范项目“3吨厢式纯电动物流车开发及示范运行”的研究和开发成果，在此，对北京市科委、中关村管委会、福田汽车公司等领导和相关工程师表示衷心的感谢。此外，清华大学宋健教授和方圣楠博士于百忙之中对本书的书稿进行认真审读，并提出许多宝贵建议，在此对他们致以诚挚的谢意！

由于作者能力有限，加之时间仓促，因此书中不妥之处恐在所难免，敬请读者指正。

贺 林

2017年1月28日

目　　录

第一部分　概念研究

第二部分 规格设计

第四部分 试制验证

第一部分
概念研究

概念（Concept）研究是由分析用户需求到生成概念产品的一系列有序的、可组织的、有目标的设计活动，它表现为一个由粗到精、由模糊到清晰、由抽象到具体的不断进化的过程。整车概念研究就是将在市场收集到的各类信息整理分析以及转换成市场需求的过程。新能源车型设计开发的第一步是通过市场研究等手段得到整车概念。本书第一部分将介绍有关整车概念研究方面的知识，即经过市场调研、标杆分析、财务和法规等方面分析后，得到实际意义上的市场需求，这个市场需求就是所谓的整车概念。

1　开发思路

汽车开发是一个长期高投入的过程，任何车型的开发都需要经过十分慎重的各类调研与对比分析，找到市场真正的需求，然后根据市场需求开发相应参数的车型，以最大可能规避车型开发风险，提高投入产出效率。在本书的开始，先简要介绍整车开发流程以及电动汽车车型开发过程中的一些总体思路和系统方案。

1.1　开发流程

本书介绍的是具有 10 个节点的整车开发流程，这 10 个节点分别是项目启动、整车纲要、整车概念、整车规格定义、规格批准、设计冻结、设计签发、工程签发、SOP 和项目总签发，共包括 7 大内容，即技术概念、技术规范、数模样车、功能样车、工程样车、生产服务和试销服务（如图 1－1 所示）。

技术概念是基于标杆研究进行工程初步设计及概念决策所必需的所有活动，其目的是将客户期望转换成项目目标和工作内容。

技术规范是按照概念、造型及产品定义的要求，通过详细的整体布置和系统布置确定整车技术规格说明书 VTS 及子系统技术规格说明书 SSTS，制定质量目标、制定制造规划，进行供应商开发，在目标成本达成及同步供应商明确的基础上以书面形式完成产品规格书。

数模样车，就是采用三维数模设计的样车，该模块的所有活动都是围绕着数字样车的设计，通过数字样车、NC 样车验证产品是否满足概念设计要求。

功能样车，也称 RP 样车或快速原型样车，该模块的活动主要是通过功能样车验证整车和系统部件的功能是否达到设计要求，同时开始工装及工艺的开发制造。

工程样车，也称试制样车，该模块的所有活动主要围绕整车和部件的生命周期评估和可靠性评估进行，试制样车主要为了验证整车是否达到工程设计目标要求，设计冻结为主要标志。

生产服务，该阶段开发 TTO 样车或工装样车，该模块通过 TTO 样车的试制验证工艺、工装的可行性以及产品是否达到批量生产目标要求，并对产品进行相关认证。

试销服务，该阶段生产 PP 样车或产品样车，该模块通过 PP 样车来验证产品是否达到上市目标要求，并完成产品开发各业务开发总结。

根据上述整车开发流程，本书下面将沿着整车概念、规格、工程和试制四个步骤的整车开发脉络介绍电动汽车整车开发相关的知识。

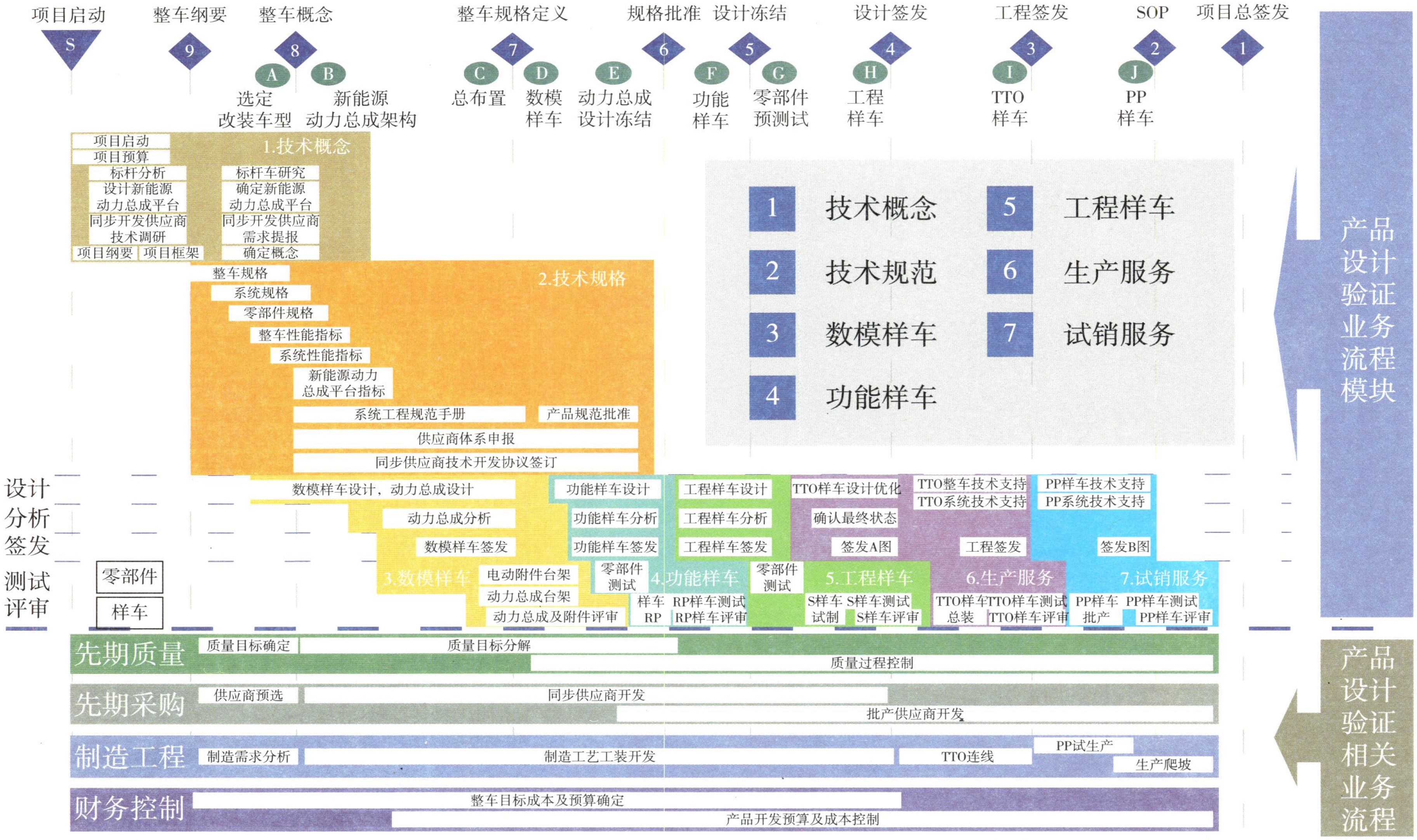

图1-1 电动汽车整车开发流程

1.2 总体思路

古人说“运筹帷幄之中，决胜千里之外”，意思就是做事之前要认真思考，只有考虑仔细，才可避免做事失误。进行整车开发工作也是一样的，在开展概念设计之前，先要理清思路，即在已开发出的市场目标基础上，明确总体思路和系统方案。

思路决定出路。总体思路就是从战略层面上用简单的语言来概述整车开发目标。汽车车型众多，不可能对每一个车型都进行独立开发，因此需要开发一个底盘平台，也就是说开发之始必须考虑到平台化。

与传统汽车比较，电动汽车虽然简单，但零部件同样也是种类众多，因此零部件开发要实现模块化，使之能够在众多车型平台上互用以及方便布置和维修更换。

在进入信息时代的今天，各类技术日新月异，因此开发的车型平台或模块化的零部件还必须具备可扩展能力，不仅仅可以纵向扩展到下一代，而且横向上还可以扩展到能接入新生的零部件系统。

基于上述考虑，电动汽车开发可以遵循的总体思路是：车型开发兼顾平台化，零部件开发兼顾模块化，不论车型开发还是零部件开发都必须同时考虑可扩展性。

1.3 系统方案

总体思路是阐述战略层面的问题，而系统方案则是解决战术层面的问题，基于整车平台化和零部件模块化的需求，在战术层面的系统解决方案如下：

就零部件集成与分离的思路来说，要遵守“物以类聚，人以群分”的原则，工作特性相似的零部件要集成，工作特性差异大的就要分离成不同的零部件模块来实现。

就电驱系统来说，坚持“动静分离，最小实现”的原则，亦即电机控制器要与驱动电机分离，因为一个是运动部件，一个是静止部件，对于车上需要强制水冷的零部件，为了最小实现，就要集成到一起来，例如：可以将电机控制器 MCU、DC/DC、车载充电机 OBC、转向电机控制器以及电力配置单元 PDU 等集成到一个大的电力电子单元 PEU 中，实现共用水冷系统、减小空间和重量以及降低成本。

就零部件模块化开发来说，要遵守“它山之石，可以攻玉”的原则。这个世界只在意你的高度，没有人会关注你站在什么地方。标杆竞品有很多值得借鉴之处，在合理的情况下，产品开发更需要站在巨人的肩膀上，在知识产权没有异议的情况下，可以借它山之石来提高自己产品的高度。

就电池系统来说，要坚持“辩证否定，对立统一”的原则，亦即对之前的电池布置路线要进行分析，否定后才有创新，例如，充电和放电看似是对立的事物，由于工作特性类似，就可以坚决统一到一个电池包中实现。

最终实现“全面兼容，有限集成”的原则，亦即纯电驱动底盘平台要兼容各种车型平台需求，动力电池要集成电池系统电力配置单元 PDU、充电、放电、电池模块和电池管理系统 BMS，电力电子单元 PEU 集成 MCU、DC/DC、高压 DC350V、OBC、油泵电机控制、气泵电机控制器、电驱系统电力配置单元 PDU、DC/AC380V、直流对充。

上文只是在整车开发过程中对战略和战术层面的一些粗略总结，事实上可能并不适用于所有车型种类，本书是从方法论的角度提出整车项目开展之初需要在战略和战术两个层面进行“运筹帷幄”，做到“项目未动，思绪万千”，为下一步项目的顺利开展打下思想基础。

2 市场调研

在传统燃油汽车基本上已经全方位布局各类细分市场面前，动力电池的技术瓶颈尚未完全突破，纯电动汽车还不能完全替代传统燃油车，围绕纯电动汽车的市场调研更多的是调查传统燃油车市场需求情况，然后找到适合纯电动汽车发展的市场间隙。下文将以物流车为例，在车型需求、配送货品、满载率、配送时间和距离等几个方面开展市场调研及分析。

调研目的是根据公司对纯电动汽车的研发需求，了解目前各物流相关单位的车辆运营需求，对纯电动车辆的推广性提出有效的参考依据。例如北京市作为全国最重要的物资和商品集散地之一，现从事物流行业的企业有1000余家，车辆保有量在7万台左右（不含违规的客车改货车的部分），邮政运输车5000多辆。据北京市运输管理局与北京统计信息咨询中心《北京市四环路内货运需求调研研究》课题研究资料表明，北京市道路运输货运量2.9亿吨，其中四环内货运量1.5亿吨，占道路货运量的比重为53.5%，大量物流车辆在城市运营，形成大量的排放，对北京市大气环境造成影响，如在物流领域推广纯电动汽车，代替目前燃油动力物流用车，将会减少因尾气排放对城市环境的污染，同时将对纯电动汽车的推广应用起到积极的示范作用。

针对各大物流企业，其车辆物流运输主要分为城市物流、城郊物流和城际物流三大类型。对于城郊、城际物流用车，车辆类型多为中重型卡车，且单车日行驶里程长，日累计运距可达到1000km。纯电动物流车辆受行驶里程、承载能力限制，不适合城郊、城际物流用车，这里重点针对城市物流配送领域展开调研。

还是以北京市为例，调研人员调研的对象为新发地农产品电子交易中心有限公司、城市一百物流有限公司、德邦物流股份有限公司、物美商业集团股份有限公司等企业，调研人员还收集了《货运车辆》杂志社就“城市配送”问题开展相关调研获得的分析数据，最终得出以下调研结果。

2.1 车型种类

开发纯电动物流车，首先要找一个市场占有率最高的大众车型，这样有利于将来市场销售，图2-1给出了城市配送物流车车型需求情况。

图2-1显示市内配送车辆以厢式货车为主，比重约为63.07%，保有量在45000辆左右；普通栏板货车的比重约为29.51%，保有量在21000辆左右；整体式封闭货车（轻客类）比重约为5.84%，保有量在4200辆左右。

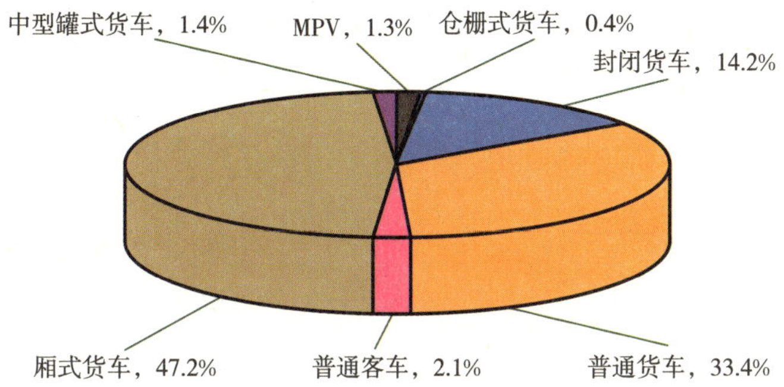

图 2-1 城市配送物流车型需求

2.2 轴距调查

轴距是物流车辆的一个重要参数指标，图 2-2 给出了城市物流车辆不同轴距情况所占市场份额情况。

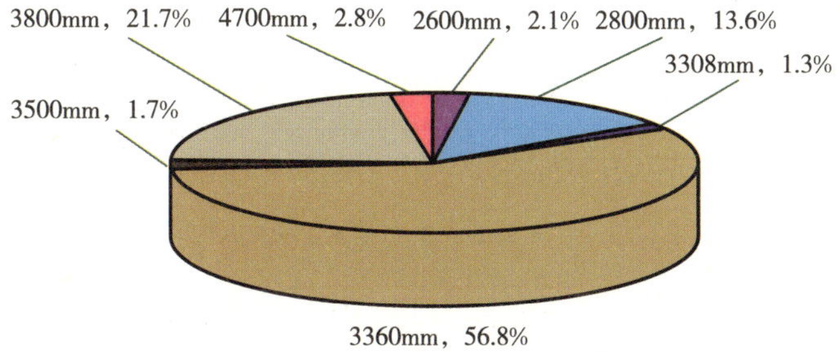

图 2-2 城市配送物流车型轴距段比重分析

图 2-2 显示城市配送物流行业车型的轴距段主要为 3360mm，比重为 56.8%。

2.3 货厢容积

货箱容积通常用货箱长度来计算，图 2-3 给出了当前市面上不同货箱长度车辆的份额情况。

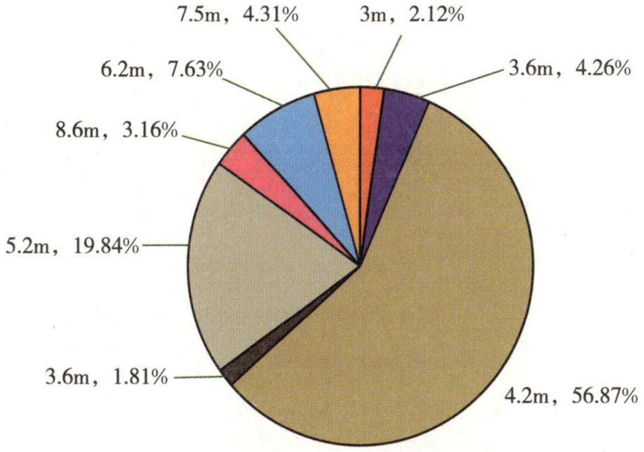

图 2-3 物流及邮政运输车货厢需求分析

从图 2-3 中可以看出，市内配送车辆以 4.2 米厢长（载重 1.5～2 吨）车型为主，占总量的 56.87%，保有量在 37000 辆左右；5.2 米厢长（载重 4.5 吨）车厢占总量的 19.84%，保有量在 13000 辆左右。

2.4 货品类别

货品类别有助于整车开发定位，图 2-4 为被调研企业的货品类别情况。农副产品通常为重载类货物，服装鞋帽通常为轻抛货物。不同的货物对整车容积需求不一样，重载货物通常对容积要求不高，对车长有需求；轻抛货物不仅对车长有要求，而且对容积需求非常大。

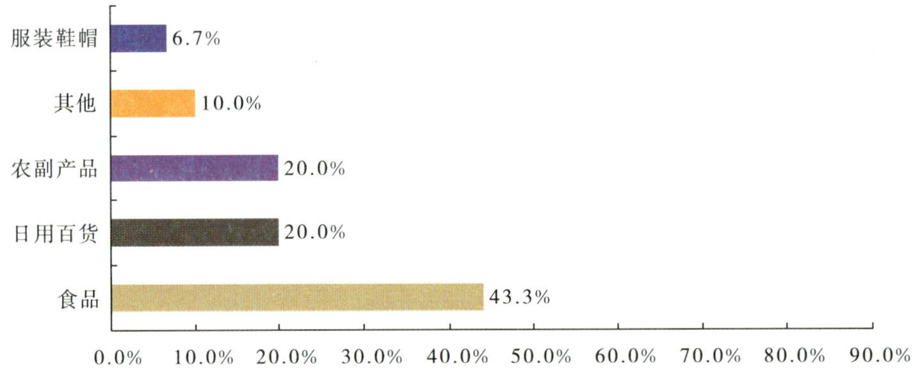

图 2-4 被调研物流企业配送货品类别

在所有的被调研企业中，43.3%的企业配送食品，20%的企业配送日用百货，20%的企业配送农副产品，另有 10%的企业配送其他货品，如建材、药品等。

2.5 装载情况

装载情况是指车辆实际载货情况，如有些满载，有些可能半载等，图 2-5 给出了不同企业的日平均单车满载率情况。

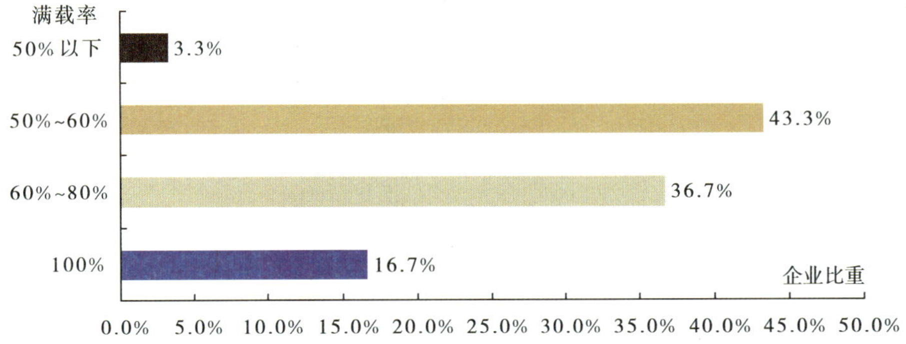

图 2-5 被调研企业日平均单车满载率

在所被调研的企业中，46.6%的企业日平均单车满载率在 60%以下，53.4%的企业日平均单车满载率在 60%以上。

2.6 配送时间

由配送时间实际上可以得到物流车单次使用时间，为将来整车及相关系统可靠性开发提供依据。图 2－6 给出了被调研企业的单车日配送时间分布状况。

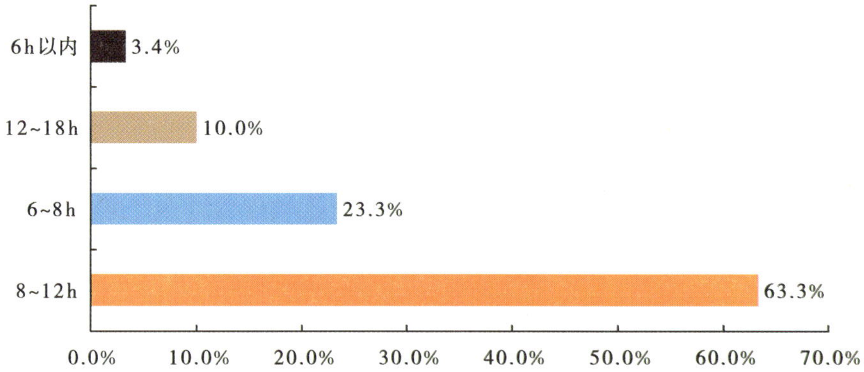

图 2－6 被调研企业单车日配送时间

调研结果显示，63.3％的企业单车日配送时间为 8～12h，26.6％的企业单车日配送时间小于8h，10％的企业单车日配送时间为 12～18h。

2.7 单日运距

单日运距与电动物流车的续驶里程直接相关，图 2－7 给出了被调研企业单车日配送累计运距情况。

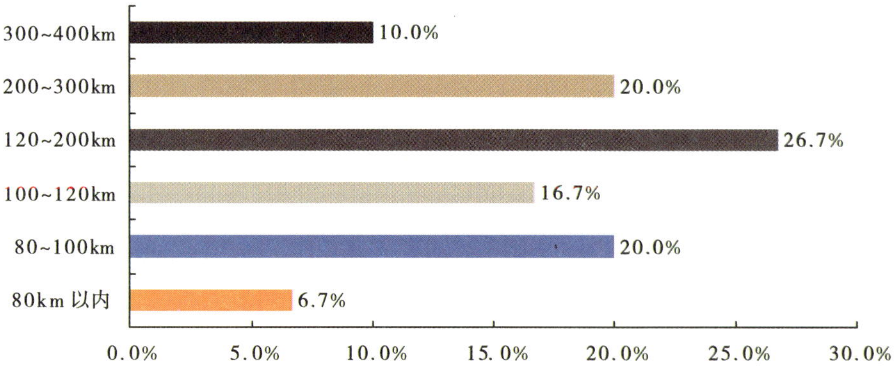

图 2－7 被调研企业单车日配送累计运距

在所有被调研的企业中，所有的企业日配送累计运距在 400km 以内，其中 43.4％的企业单车日配送累计运距在 100～200km 之间，56.7％的企业单车日配送累计运距在 120km 以上。结合现阶段纯电动卡车的技术水平，初步建议针对日均运距为 100～200km 的目标市场进行重点分析研究。

2.8 整车参数

通过对一些关键参数的调研后，下面对市场上主流车型的参数进行集中对比分析。

2.8.1 蔬菜运输

以新发地农产品电子交易中心为例：在蔬菜运输方面，在运营的车型主要为3360mm轴距的厢式运输车，车辆厢体内部尺寸为4165mm×1900mm×2100mm，标定载质量1495kg，实际承载3000kg。详见表2-1。

表2-1 新发地所用车辆主要参数情况

价格（万元）		13～14
尺寸参数	整车外形尺寸（长×宽×高）（mm）	5995×2150×2900
	货厢内部尺寸（长×宽×高）（mm）	4165×1900×2100
	轴距（mm）	3360
	座位数（人）	3
质量参数	总质量（kg）	4325
	整备质量（kg）	2700
	额定质量（kg）	1495
动力系统	燃料	柴油
	排量（mL）	3760
	功率（kW）	105
性能参数	最高车速（km/h）	95
实际运营数据	运营时间（h/天）	8～12
	运营里程（km/天）	150～200
	载重量（kg）	3000
	运营速度（km/h）	80
运营模式	运营模式	以租用的形式出租给个人负责运营，承租人自负盈亏
	运营主体	新发地批发市场商户
	车辆配备	新发地批发市场商户
车辆情况	车辆来源	新发地公司采购
	车辆数量	50
	车辆维修	厂家服务站
	报废年限	4～5年

2.8.2 城市快递

以城市一百物流为例：在运营的城市快递配送车型为微面、轻客类封闭式货车和卡车类厢式运输车。承载能力为750～2990kg。表2-2所示为城市一百物流车辆主要参数情况。

表 2-2 城市一百物流车辆主要参数情况

车型	轻客	轻卡	
价格（万元）	7～8	13～14	
尺寸参数	整车外形尺寸（长×宽×高）（mm）	5070×1690×1935	5995×2150×3250
	货厢内部尺寸（长×宽×高）（mm）	—	3850×2050×1900
	轴距（mm）	2590	3300
座位数（人）	2	3	
质量参数	总质量（kg）	2600	6495
	整备质量（kg）	1720	3310
	额定质量（kg）	750	2990
动力系统	燃料	汽油	柴油
	排量（mL）	1997	3856
	发动机功率（kW）	78	84
性能参数	最高车速（km/h）	130	95
实际运营数据	运营时间（h/天）	8～12	
	运营里程（km/天）	150～200	200～300
	载重量（kg）	1000	3000
	运营速度（km/h）	80	80
运营模式	运营模式	公司自有车辆运营	
	运营主体	城市一百物流	
	车辆配备	根据业务网点的投递数量配备车辆	
车辆情况	车辆来源	自行采购	
	车辆数量	20	5
	车辆维修	厂家服务站	
	报废年限	4～5 年	

2.8.3 城市物流

以德邦物流为例：从表 2-3 可知，在运营的车型为 3360mm 轴距的厢式运输车，车辆厢体内部尺寸为 4165mm×1810mm×1900mm，标定载质量 1495kg，实际承载 2000kg。

2.8.4 城市配送

在运营的车型为 3360mm 轴距的厢式运输车，其中冷藏车比重约 30%，现自有车辆仅 10 台，租用第三方物流车辆比重在整体运营车辆的 90%以上（租用车辆约 100 台）。运营区域为京津冀区域，单车日均运营里程在 150km 左右，载重 2～3 吨。根据物美运营区域分析，推广纯电动物流车仅限于在北京市区域内，且现自有车辆比重较低，其中至少 30%为冷藏车（纯电动车不适用），剩余 70%比重的为普通厢车。

表 2-3 德邦物流车辆主要参数情况

价格（万元）		14～15
尺寸参数	整车外形尺寸（长×宽×高）（mm）	5995×1900×2900
	货厢内部尺寸（长×宽×高）（mm）	4165×1810×1900
	轴距（mm）	3360
座位数（人）		2
质量参数	总质量（kg）	4325
	整备质量（kg）	2700
	额定质量（kg）	1495
动力系统	燃油	柴油
	排量（mL）	2780
	功率（mL）	96
性能参数	最高车速（km/h）	110
实际运营数据	运营时间（h/天）	8～12
	运营里程（km/天）	150
	载重量（kg）	2000
	运营速度（km/h）	90
运营模式	运营模式	公司自有车辆运营
	运营主体	德邦物流公司
	车辆配备	根据公司业务配备车辆
车辆情况	车辆来源	自行采购
	车辆数量	650
	车辆维修	厂家服务站
	报废年限	4～5 年

2.9 调研总结

新能源轻卡产品在蔬菜运输、快递运输、烟草运输、搬家公司等行业中较为优先被选用，客户可接受价格为 15 万～20 万元，使用工况主要在北京六环内行驶，道路大多为城市拥堵道路及桥梁，单程运距在 100 千米，每天使用一至两趟。目标用户群体使用具体特征见表 2-4。

表 2-4 目标用户群体使用特征分析

目标用户群体特征	采购单位	为各地物流企业及邮政系统
	使用单位	为各地城内短途物流公司、邮政公司等
目标用户对产品购买主要关注点	采购单位	质量好、零排放、价格低
	使用单位	质量好、承载大、动力性好、易操纵、维修方便、舒适、续驶里程长、可靠性好、防腐性好

（续表）

目标用户使用特点及评价	使用特点	城市物流配送，短途物流等。
	工　况	城市道路、城乡接合部
	单日里程	≥200km

通过调研及对比评估，纯电动物流车辆受行驶里程、承载能力限制，虽不能全面满足物流车领域，但可以满足续驶里程较短的城市物流配送需求。目标市场约为7000辆，车辆以轴距为3360mm的车辆（4.2m货箱）为主，绝大部分车辆日行驶里程不超过80～120km，车辆承载不超3吨，从现有纯电动车辆技术水平来看，在城市配送物流领域，零排放的纯电动物流车具有较好的市场前景。城市配送物流车产品需求具体特征见表2-5所示。

表2-5 城市配送物流车产品需求特征

用　途	蔬菜运输	快递运输	市内搬家	烟草运输	生鲜冷链
使用频次	一天两趟	一天两趟	一天两趟	一天两趟	一天两趟
载重（t）	2～4	1.5	3	1.5	3～4
单程运距（km）	≤100	≤20	≤100	≤100	≤100
行驶里程（km）	≥200	≥100	≥200	≥200	≥200
货厢长度（m）	4.2	3.6/4.2	4.2	4.2	4.2/5.2
年均里程（km）	50000	30000	50000	50000	50000
平均车速（km/h）	40～60				60
最高车速（km/h）	80～90				
意向价格（万元）	15～20				
道路条件	城市拥堵路况及桥梁较多				
使用区域	北京地区，重点考虑北方低温环境，—20℃～50℃				
保修里程	5年/20万公里				
充电方式	直流＋交流				
换车周期（年）	5～7				
备　注	运输过程需要保鲜	10公里内多频次分发	对不限行非常需求	租邮政快递4.2m轻卡	市内无重货多点卸货

3 标杆分析

俗话说“它山之石，可以攻玉”，这句话用在竞争车型对比上就叫标杆分析，即通过对比分析可得知竞品的优劣之处，以便自己吸取别人的长处，规避别人的缺点。下面以纯电动物流车为例，分别对总质量3吨、5吨和8吨左右的车型进行各类参数对比分析。

3.1 微型物流车

市场上3.5吨纯电动车型较多，本书将3.5吨以下的物流车定义为微型物流车。下面对标杆为国内较为优秀的该类车型（北汽福田、河北长安、山东凯马、福建龙马、重汽王牌）的参数进行对比分析（如表3-1所示）。

表3-1 纯电动物流车3吨车型标杆分析

厂　家		北汽福田	河北长安	山东凯马	福建龙马	重汽王牌
整车参数	长（mm）	5390	5330	4920	4690	4880
	宽（mm）	1740	1780	1760	1750	1770
	高（mm）	2080	2650	2540	2045	2190
	总质量（kg）	3480	3490	3490	3490	3495
	整备质量（kg）	2200	2326	1960	2000	2265
	轴距（mm）	2800	2900	2960	2950	2850
	最高车速（km/h）	90	85	80	80	80
	等速里程（km）	≥300	≥290	≥100	≥150	≥100
电机参数	电机类型	永磁同步	永磁同步	永磁同步	交流异步	交流异步
	额定功率（kW）	60	25	30	20	35
	峰值功率（kW）	100	55	60	40	70
电池参数	电池类型	三元	三元	磷酸铁锂	磷酸铁锂	磷酸铁锂
	电池能量（kWh）	69	72	30	50	28.8
	平台电压（V）	368	300	300.8	320	288

从表 3-1 中可以看出，市面上已有的 3 吨级电动物流车电池类别方面有三元电池，也有磷酸铁锂电池；电机类型有永磁同步电机，也有交流异步电机；续驶里程有超过 300km，也有 100km 左右的。总体来说车型参数多种多样。

3.2 轻型物流车

本书将 3.5～6 吨的物流车定义为轻型物流车，5 吨纯电动物流车总质量多小于 4.5 吨，原因是总质量小于 4.5 吨以及整车长小于 6 米，可以上蓝牌，持 C1 证的人可以驾驶。表 3-2 为纯电动物流车 5 吨车型标杆分析。

表 3-2 纯电动物流车 5 吨车型标杆分析

厂家		北汽福田	中瑞北方	成都雅俊	唐骏欧铃	南京金龙
整车参数	长（mm）	5995	5680	5995	5997	5950
	宽（mm）	1900	1995	1980	2035	2020
	高（mm）	2900	2300	2900	2910	2715
	总质量（kg）	4495	4495	5625	4495	4480
	整备质量（kg）	2200	3220	3900	3495	3550
	轴距（mm）	3360	2800	3360	3360	3360
	最高车速（km/h）	90	90	80	90	80
	等速里程 km	≥260	≥200	≥200	≥200	≥200
电机参数	电机类型	永磁同步	交流异步	交流异步	交流异步	永磁同步
	额定功率（kW）	60	40	55	30	100
	峰值功率（kW）	100	80	90	60	150
电池参数	电池类型	三元	磷酸铁锂	磷酸铁锂	三元	磷酸铁锂
	电池能量（kWh）	83	77	75	76.6	75.68
	平台电压（V）	442	352	538	537.6	352
	布置位置	纵梁两侧	两侧＋内侧	纵梁两侧	纵梁两侧	纵梁两侧

从表 3-2 中可以看出，5 吨级电动物流车的电池和电机类型与 3 吨级类似，分别都有磷酸铁锂电池和三元电池以及永磁同步电机和交流异步电机。电池布置位置多为纵梁两侧。

3.3 中型物流车

本书将 6～12 吨的物流车定义为中型物流车，质量大于 12 吨的物流车市面较少，且当前动力电池水平还不能满足此类物流车需求，因此本书不做赘述。8 吨纯电动物流车用途多为环卫车，电池电量为 95kWh 以上，多数布置在驾驶室后侧，标杆分析见表 3-3。

从表 3-3 中可以看出，8 吨级电动物流车，驱动电机多为永磁同步电机，电池采用磷酸铁锂电池的较多，电池布置在纵梁两侧和驾驶室后侧，在续驶里程方面，尚未发现有超过 300km 的车型。

表 3-3　纯电动物流车 8 吨车型标杆分析

厂　家		北汽福田	江淮	东风	重汽豪沃	一汽
整车参数	长（mm）	5995	5355	5954	6880	6880
	宽（mm）	2150	1860	1882	2250	2250
	高（mm）	2900	2213	2202	2990	2990
	总质量（kg）	8275	7350	7500	8280	8280
	整备质量（kg）	4010	3500	3550	5830	5830
	轴距（mm）	3360	3360	3349	3560	3560
	最高车速（km/h）	90	80	80	80	80
	等速里程（km）	≥260	≥200	≥210	≥190	≥190
电机参数	电机类型	永磁同步	永磁同步	永磁同步	永磁同步	永磁同步
	额定功率（kW）	80	40	55	50	50
	峰值功率（kW）	150	80	100	96	96
电池参数	电池类型	三元	磷酸铁锂	磷酸铁锂	磷酸铁锂	磷酸铁锂
	电池能量（kWh）	110	96	100	92.2	92.2
	平台电压（V）	588	384	614	384	384
	布置位置	纵梁两侧	纵梁两侧	驾驶室后	驾驶室后	驾驶室后

4 财务核算

“工欲善其事，必先利其器”。市场经济环境下，钱就是所谓的“器”。电动汽车开发更离不开资金的投入，任何投资都是冲着收益而来，所以项目开展之前通常都会进行财务分析，只有在财务需求满足的情况下才能开展项目开发。本章将介绍电动汽车整车项目开发过程中一些简单的财务分析知识。

4.1 物料成本

对于整车开发项目，样车成本占有相当一部分投入，若是全新开发整车，从骡子车、工程样车到工装样车，通常来说需要试制超过 100 辆各类样车，目前研制纯电动汽车通常是在传统车基础上进行改款，需要超过 20 辆以上的各类样车供开展各类测试验证工作。表 4－1 以轻卡为例，对改款的整车物料成本预算进行了分析。

表 4－1 整车物料成本预算分析

系统		方案简述	批量生产费用/台（元）
新能源系统	电池系统	三元材料电芯，额定电压 3.67V，容量 94A/h	180777
		自行开发 BMS 软硬件	9223
		电池系统额定电压 588V，能量 110kW/h	100000
	电驱系统	驱动电机（600/1400Nm，80/150kW，3800rpm）	30000
		电力电子单元 PEU（集成 MCU、DC/DC、PDU、OBC）	45000
		高压线束及插件共平台开发，尺寸根据需求更改	6000
	电控系统	32 位整车控制器 VMS	2000
	远程终端系统	GPS&GPRS 集成天线，单 SIM 卡终端	1700
	小计		374700
传统系统	车身系统	车身系统	10688
	底盘系统	电液转向、制动系统、传动系统	37006
	动力附件系统	包含散热系统、变速操作以及悬置系统	3234
	电子电器系统	包含空调系统、信息娱乐系统以及低压线束	17445
	小计		68373
合计			443073

目前市场一辆高端轻卡在 10 万元左右，即使将来升级到国六，预计价格将在 15 万元左右，从表 4－1 中可以看出，开发一辆电动轻卡的总物料成本超过 40 万元，远远超过传统车的成本，即使将来电池等部件成本降低一半甚至更多，电动车的终端价格还是将高于燃油车的价格。表 4－1 中的价格仅用于案例分析，与实际数字有所偏离，且各类零部件和材料的价格随着市场环境以及时代发展会有较大差异。

4.2 投资预算

新能源整车项目开发，除了样车材料成本，还有全新零部件开发费用、试验及公告认证等方面的费用。表 4－2 为在传统轻卡上进行改款的纯电动轻卡的投资预算分析。

表 4－2 传统的纯电动轻卡的投资预算分析

项　目	费　用（万元）	备　注
开发费用	900	新能源 500 万元，电器 200 万元，底盘 200 万元
试制样车费用	800	单车费用 82.97 万元
公告认证	100	含公告、CCC 费用
试验费用	100	用于道路性能和可靠性试验
示范运行	100	50000km
合　计	2000	—

从表 4－2 可以看出，即使在已有底盘基础上进行简单改款的项目投资费用也将超过 2000 万元，并且还有很多生产线调整以及后续推广的费用未计入，整车开发是一个资金高投入的项目。

4.3 成本分析

上面两节只是讲述了整车物料成本以及项目投资预算，把开发出来的产品车变成商品车，还需要计算物流成本、生产成本以及财务成本等各类辅助成本，表 4－3 初步给出一个纯电动物流车整车成本计算模式。

表 4－3 整车成本分析

车　型	市场建议	财务建议	差异
标准出厂价（含税）（元）	530000	545000	15000
计划出厂价（含税）（元）	527700	542700	15000
折扣额（含税）（元）	52770	54270	1500
直接材料（含税）（元）	443073	423073	－20000
变动成本合计（元）	5741	5741	0
固定成本合计（元）	8281	8281	0
总成本合计（元）	392717	375623	－17094

（续表）

车　型	市场建议	财务建议	差异
附加值（元）	27228	55861	28632
附加值率（%）	6.7	13.4	6.7
边际贡献（元）	21487	50120	28632
边际贡献率（%）	5.3	12.0	6.7
销售利润（元）	13206	41839	28632
销售利润率（%）	3.3	10.0	6.8

说明：

（1）项目预算——开发投入2000万元全部为研发预算，按照6年累计销量分摊，单台分摊843元。

（2）变动、固定费用水平按照基础车型推算。

（3）建议将电动物流车型根据成本加成原则确定标准出厂价。

4.4 降本计划

目前单台新能源整车成本远远超过燃油车成本，补贴只是暂时的，市场化才是企业的生存之道。随着新能源技术发展，电池、电机等关键零部件价格可能跳水，因此有必要对将来整车降本进行分析，以指导新能源汽车整个生命周期的开发生产和销售工作。依据单台收益分析、业务现状，初步确定新能源8吨车销售利润率为10%，表4-4给出纯电动物流车成本现状：

表4-4 纯电动物流车成本现状

	当前成本状况（元）	成本目标（元）
价格建议	530000	545000
直接材料成本目标建议	443073	423000

将成本目标分解如下。柴油车单台年均服务费为2000元左右；根据营销管理本部大客户营销公司的统计，纯电动环卫车最新单台年均服务费为5500元，质保期为5年。结合市场调研竞品服务政策（质保期为5年），确定新能源轻卡服务政策为：质保期为5年，单台年均服务费为5000元。财务在核算项目收益时已考虑单台年均服务费2000元，故降成本目标增加15000元（3000元×5＝15000元）。

成本风险：2017年至2020年补助标准适当退坡。其中，2017年至2018年补助标准在2016年基础上下降20%，2019年至2020年补助标准在2016年基础上下降40%，新能源系统需滚动降低成本（降本幅度不低于补贴政策退坡幅度）。综上分析，表4-5给出了新能源系统降本计划。

表4-5 新能源系统降本计划

车　型	2016年	2017年	2018年	2019年	2020年
成本目标（元）	388393	310714	310714	233036	233036
降成本额度（元）	—	77679	0	77678	0

经过评估，在示范运营初期，使用纯电动物流车辆代替传统能源车辆，采购成本提高了102.7％，运营成本降低10％。保有量达到1000辆以上时，采购成本比燃油车的高76.7％。保有量达到3000辆以上，且电池成本按预期降低至一半时，采购成本比燃油车高56.7％，运营成本降低37.2％。

在城市物流配送领域推广纯电动汽车，需在运营初期由政府主导并给予物流企业购车补贴，以充分调动物流企业使用纯电动车辆示范运营的积极性，到推广后期纯电动物流车保有量达到一定规模时，政府补贴可根据车辆成本逐步降低，并逐步实现市场化。

5 法规研究

新能源汽车由于价格过高，发展初期需要依靠国家的相关政策的法规的支持，特别是需要补贴政策的保障。

5.1 国家政策

2012年至2015年，国家新能源产业扶持政策密集出台，其中有关新能源汽车的政策如表5-1所示。

表5-1 国家有关新能源汽车政策一览表

序号	时 间	政 策
1	2010年3月24日	工信部与六个汽车企业就新能源汽车路线达成共识。
2	2010年5月31日	财政部、科技部、工信部、国家发改委联合发布《关于扩大公共服务领域节能与新能源汽车示范推广有关工作的通知》。
3	2010年6月1日	财政部、科技部、工信部、国家发改委联合出台《关于开展私人购买新能源汽车补贴试点的通知》。
4	2011年3月16日	《中华人民共和国国民经济和社会发展第十二个五年规划纲要》。
5	2011年7月14日	科技部出台《国家“十二五”科学和技术发展规划》。
6	2011年11月10日	财政部、科技部、工信部及国家发改委联合下发《关于进一步做好节能与新能源汽车示范推广试点工作的通知》。
7	2011年11月14日	工信部公布了此前印发的《“十二五”产业技术创新规划》。
8	2012年3月4日	工信部出台《电动汽车科技发展“十二五”专项规划》。
9	2012年3月6日	财政部、国家税务总局、工信部发布《关于节约能源、使用新能源车船、车船税政策的通知》。
10	2012年7月9日	国务院印发《节能与新能源汽车产业发展规划（2012—2020年）》。
11	2012年8月6日	财政部、科技部、工信部、国家发改委联合发布《财政部关于扩大混合动力公交车推广范围的通知》。
12	2013年9月17日	工信部、财政部、科技部、国家发改委联合发布《关于继续开展新能源汽车推广应用工作的通知》。

（续表）

序号	时　间	政　　策
13	2013 年 12 月 1 日	财政部、科技部、工信部、国家发改委联合发布《关于支持北京、天津等城市或区域开展新能源汽车推广应用工作的通知》。
14	2014 年 1 月 28 日	财政部、科技部、工信部、国家发改委联合发布《关于进一步做好新能源汽车推广应用工作的通知》。
15	2014 年 6 月 11 日	财政部、科技部、工信部、国家发改委发布《关于印发〈政府机关及公共机构购买新能源汽车实施方案〉的通知》。
16	2014 年 8 月 1 日	国财政部、国家税务总局和工信部发布《关于免征新能源汽车车辆购置税的公告》。
17	2015 年 3 月 13 日	交通运输部《关于加快推进新能源汽车在交通运输行业推广应用的实施意见》。
18	2015 年 4 月 29 日	财政部、科技部、工信部和国家发改委联合发布《关于 2016—2020 年新能源汽车推广应用财政支持政策的通知》。
19	2015 年 5 月 7 日	财政部、国家税务总局和工信部发布《关于节约能源、使用新能源车船、车船税优惠政策的通知》。
20	2015 年 10 月 9 日	国务院办公厅印发《关于加快电动汽车充电基础设施建设的指导意见》。
21	2016 年 1 月 19 日	财政部、科技部、工信部、国家发改委和国家能源局发布《关于“十三五”新能源汽车充电设施奖励政策及加强新能源汽车推广应用的通知》。
22	2016 年 7 月 28 日	国务院《关于印发〈“十三五”国家科技创新规划〉的通知》，其中关于新能源汽车一项，指出实施“纯电驱动”技术转型战略，根据“三纵三横”研发体系，突破电池与电池管理、电机驱动与电力电子、电动汽车智能化技术、燃料电池动力系统、插电/增程式混合动力系统、纯电动力系统的基础前沿和核心关键技术，完善新能源汽车能耗与安全性相关标准体系，形成完善的电动汽车动力系统技术体系和产业链，实现各类电动汽车产业化。

从表 5-1 中可以看出，国家各个部委都非常重视新能源汽车发展，并陆续出台了大量促进新能源汽车发展的政策。

5.2　补贴政策

财政部、科技部、工信部和国家发改委《关于进一步做好新能源汽车推广应用工作的通知》要求，新能源汽车生产企业在销售新能源汽车产品时按照扣减补助后的价格与消费者进行结算，对企业垫付的补助资金，中央财政按程序将再拨付给生产企业。纯电动专用车电池容量 1800 元每千瓦时，最高不超过 13.5 万元。2017 年至 2020 年除燃料电池汽车外，其他车型补助标准适当降低，其中 2017 年至 2018 年补助标准在 2016 年基础上下降 20%，2019 年至 2020 年补助标准在 2016 年基础上下降 40%。纯电动车电车电池容量为 75kW 最佳，超过部分将不享受补贴。补助标准适当退坡，对新能源车推广虽然不利，但可促使企业降低成本。

财政部、税务总局、工信部《关于免征新能源汽车车辆购置税的公告》规定，对纳入免征车型目录（不包括铅酸电池）、续驶里程符合要求、检测达标的新能源汽车，可免除购置税，这样可降低购车成本，对新能源汽车推广使用有利。

财政部、国家税务总局、工信部在《关于节约能源、使用新能源车船、车船税优惠政策的通知》

中，对获得许可在境内销售的三类新能源汽车免征车船税，以便降低使用成本，这对新能源车推广有利。

5.3 地方政策

过去几年，全国许多地方都出台了纯电动物流车推广方案。各地有关纯电动物流车政策汇总如表 5-2 所示。

表 5-2 各地有关纯电动物流车政策汇总

地　区	相关政策
北京市	《北京市电动汽车推广应用行动计划（2014—2017 年）》：全力推进末端物流电动化，打造绿色末端物流配送体系；适应电子商务快速发展需要，聚焦末端物流配送，在邮政快递、电子商务末端物流等领域推广应用电动物流车。
重庆市	重庆新能源物流车全国销量第一，重庆的做法是组成的“2+2+1+20”的新能源汽车生产体系（由长安汽车、力帆汽车 2 家乘用车公司，恒通客车、重庆五洲龙 2 家客车公司，重庆瑞驰 1 家专用车公司以及近 20 家零部件企业组成）。
深圳市	《深圳市新能源汽车推广应用若干政策措施》：对纯电动专用车（物流、环卫等）按电池容量每千瓦时补贴 2000 元，每辆车补贴额不超过 15 万元。
江苏省	《关于加快新能源汽车推广应用的意见》：新能源公交客车、出租汽车、环卫车、物流车等车辆要全部安装车辆运行技术状态实时监控装置，进行可靠有效的监控管理，私人用车根据个人意愿安装实时监控装置。
山西省	《关于加快推进电动汽车产业发展和推广应用的实施意见》：在电动专用车方面，重点推进大运汽车制造有限公司年产 1000 辆电动码头车、5000 辆电动物流车，山西襄矿绿丝梦科技有限公司年产 1000 辆电动挖掘机、1000 辆电动装载机等项目建设。鼓励在煤矿、电厂等区域内使用电动工程机械、电动运输车辆。
江西省	《江西省人民政府办公厅关于加快新能源汽车推广应用的实施意见》：推广新能源物流车。
武汉市	出台了《武汉市鼓励单位和个人购买使用新能源汽车地方配套补贴实施办法（暂行）》。
南京市	加快社会服务领域新能源汽车推广应用，要求新增或更新城市物流配送车辆、新能源汽车比例不低于 30%，新能源城市物流配送车辆应满足《城市物流配送汽车选型技术要求》（GB/T 29912—2013）。
兰州市	要求新增或更新的公交、公务、物流、环卫车辆中新能源汽车比例不低于 30%。

表 5-2 仅仅列出了部分地方有关新能源汽车生产和使用的鼓励政策。据不完全统计，加入新能源汽车推广的城市超过 80 个。总体来说，推广政策力度最大的还是北京、上海等经济发达的地区。

5.4 限行政策

目前，全国共有 317 个城市出台了汽车限行政策。载质量 1.5 吨以上限行城市有 57 个，比重占 19%；载质量 2 吨以上限行城市有 153 个，比重占 48%。未来限行将呈加严趋势。但新能源电动车却不受限行政策的限制，因此限行政策有利于新能源汽车的推广。

以北京为例（见表 5-3 所示），传统动力车辆受限行政策限制，白天（除上下班高峰时间段）进城需办理北京城市货运绿色通行证，而所使用的新能源电动车不受限行政策的限制，因此每年每车可节省 8000 元费用。

表 5－3　北京地方政策

<table>
<tr><th>文　　件</th><th>内　　容</th></tr>
<tr><td>北京市交通委、环境保护局《关于对部分机动车采取交通管理措施降低污染物排放的通告》</td><td>本市车每天 6 时至 23 时，五环路（不含）以内道路禁止载货汽车通行，五环路主路禁止核定载质量 8 吨（含）以上载货汽车通行。外市车每天 6 时至 24 时，禁止载货汽车和专项作业车进入六环路（不含）以内道路行驶</td></tr>
<tr><td rowspan="3">北京城市货运绿色通行证

</td><td>在限行时间进入车辆的罚款 100 元，扣 3 分</td></tr>
<tr><td>个人车辆挂靠在物流单位办理，每季度换一次证，每年挂靠管理费 8000 元</td></tr>
<tr><td>该证新增数量逐年减少</td></tr>
</table>

随着国家补贴政策的逐渐退出，城市限行政策将是电动物流车辆相较传统动力汽车获得优势的重要条件之一。

5.5　国家标准

2008 年以来，工信部、国标委、科技部、能源局等部门研究制定了一系列电动汽车标准体系建设的规划文件，包括《电动汽车综合标准化技术体系》《电动汽车充电技术及设施标准体系建设工作方案》《战略性新兴产业标准化发展规划》等，完善了标准体系建设的顶层设计。

按照上述规划文件的要求，目前我国已发布电动汽车标准 75 项，涵盖电动汽车基础通用、整车、电池电机电控等关键总成、基础设施、充电接口和通信协议等各个领域，明确了电动汽车的分类和定义、动力性经济性安全性的测试方法和技术要求，规定了电池电机等关键零部件的技术条件，规范了充电基础设施建设，统一了车与设施之间的充电接口和通信协议。

可以说目前我国电动汽车标准体系已初步建立，对规范我国电动汽车产业发展具有重要意义。

《新能源汽车生产企业及产品准入管理规则》引用了整车、电池、电机等 22 项电动汽车标准，作为新能源汽车准入管理的技术支撑和依据。其次，电动汽车标准，尤其是测试方法类标准，在新能源汽车推荐车型目录、国家补贴政策、“863”课题和创新工程的立项和验收中统一了基准。另外，在新能源汽车车船税优惠、购置税免征政策中，也都直接用电动汽车标准作为审核产品是否满足鼓励政策要求的依据。在支撑政府对新能源汽车的管理中，标准发挥了重要作用。

跟国外比，我国电动汽车标准基本处于国际前列，且具有较强的话语权。国外有的标准，我国都有，有些标准我国要求更严、更细、更全。比如在电池方面，国外只规定电池系统的安全保护功能，对电池单体和模块没有安全要求，而我国大部分企业和专家都认为安全的电池单体和模块是组成安全的电池系统、最终保证整车安全的基础，因此我国的安全标准体系中，在电池单体、电池模块、电池系统等级别都提出了既科学合理又比较严格的安全要求。

在整车层面，模拟经常发生的洗车、暴雨、道路积水等情况，提出了整车防水安全要求；模拟上述情况，检验整车是否出现漏电等安全隐患，保证用户的安全。

在整车性能指标方面，我国也比欧美国家提出了更详细的要求，比如我国对纯电动乘用车提出了最高车速不低于 80km/h、续驶里程不低于 80km 的要求，这些对于保证电动汽车的节能减排效果、提高消费者对电动汽车的接受程度具有重要作用。

另外，我国在电动汽车电池规格尺寸、高压部件电压等级、换电站、电池管理系统、驱动电机等方面有 30 多项标准在国际上都是开创性的，这些标准制定出台后，引起了全球汽车行业的关注，并开始了相关国际标准的立项和制定工作。

电动汽车充电接口确实非常重要，产业界、行业专家、媒体也都给予了高度关注。实际上除此之外，电动汽车整车及零部件的安全标准（如防触电漏电保护、碰撞后的安全要求等）、整车性能指标标准（如最低续驶里程、能耗、加速性能）等、插电式混合动力汽车的排放标准等，也都非常重要。例如，GB/T 18384《电动汽车安全要求》系列标准规定了电动汽车的电气安全要求，包括车载储能装置、功能安全和故障防护、人员触电防护等；GB/T 28382《纯电动乘用车技术条件》规定了电动汽车的续驶里程、最高车速等关键性能指标等。正在报批的《电动汽车碰撞后安全要求》规定了电动汽车发生碰撞事故后，整车及电池需要满足的安全要求，以便确保人员不能发生触电危险，并可以安全逃生。

按照新能源汽车部件分类的不同，电动汽车行业标准列举如下。

5.5.1 整车标准

电动汽车整车方面的相关国家标准见表 5 - 4 的所示。

表 5 - 4 电动汽车整车方面国家标准

序号	检验项目	标准名称	标准号
1	电动汽车安全	电动汽车安全要求　第 1 部分：车载储能装置	GB/T 18384.1—2015
2		电动汽车安全要求　第 2 部分：功能安全和故障防护	GB/T 18384.2—2015
3		电动汽车安全要求　第 3 部分：人员触电防护	GB/T 18384.3—2015
4		燃料电池电动汽车安全要求	GB/T 24549—2009
6	电磁场辐射	电动车辆的电磁场辐射强度的限值和测量方法（宽带 9kHz～30MHz）	GB/T 18387—2008
7		车辆、船和内燃机　无线电骚扰特性　用于保护车外接收机的限值和测量方法（宽带 30～1000MHz）	GB 14023—2011
8	能耗	电动汽车能量消耗率和续驶里程试验方法	GB/T 18386—2005
9		轻型混合动力电动汽车能量消耗量试验方法	GB/T 19753—2013
10		重型混合动力电动汽车能量消耗量试验方法	GB/T 19754—2015
11	纯电动乘用车技术条件	纯电动乘用车技术条件	GB/T 28382—2012
12	燃料电池发动机	燃料电池发动机性能试验方法	GB/T 24554—2009
13	燃料电池电动汽车加氢口	燃料电池电动汽车加氢口	GB/T 26779—2011
14	燃料电池电动汽车车载氢系统技术要求	燃料电池电动汽车车载氢系统技术要求	GB/T 26990—2011
15		燃料电池电动汽车车载氢系统试验方法	GB/T 29126—2012
16	轻型混合动力电动汽车排放	轻型混合动力电动汽车污染物排放测量方法	GB/T 19755—2005
17	碰撞后安全要求	电动汽车碰撞后安全要求	GB/T 31498—2015
18	超级电容电动城市客车	超级电容电动城市客车	QC/T 838—2010

（续表）

序号	检验项目	标准名称	标准号
19	定型试验	电动汽车定型试验规程	GB/T 18388—2005
20		混合动力电动汽车定型试验规程	GB/T 19750—2005
21		超级电容电动城市客车定型试验规程	QC/T 925—2013
22		电动汽车动力性能试验方法	GB/T 18385—2005
23		混合动力电动汽车动力性能试验方法	GB/T 19752—2005
24		燃料电池电动汽车最高车速试验方法	GB/T 26991—2011

从表 5 - 4 可以看出，电动汽车相关的国家标准包括电动汽车安全、电磁场辐射、电动汽车能耗、纯电动乘用车技术条件、燃料电池发动机、燃料电池电动汽车加氢口、燃料电池电动汽车车载氢系统技术要求、轻型混合动力电动汽车排放、碰撞后安全要求、超级电容电动城市客车和整车定型试验等 11 个类别。

5.5.2 电池标准

电动汽车动力电池相关的国家标准见表 5 - 5 所示。

表 5 - 5　电动汽车动力电池方面国家标准

序号	检验项目	标准名称	标准号
25	储能装置（单体、模块）	电动道路车辆用锌空气蓄电池	GB/T 18333.2—2015
26		车用超级电容器	QC/T 741—2014
27		电动汽车用动力蓄电池循环寿命要求及试验方法	GB/T 31484—2015
28		电动汽车用动力蓄电池安全要求及试验方法	GB/T 31485—201
29		电动汽车用动力蓄电池电性能要求及试验方法	GB/T 31486—2015
30	储能装置（电池包）	电动汽车用锂离子动力蓄电池包和系统　第 3 部分：安全性要求与测试方法	GB/T 31467.3—2015
31	通信协议	电动汽车非车载传导式充电机与电池管理系统之间的通信协议	GB/T 27930—2015

从表 5 - 5 可以看出，动力电池相关的国家标准有 7 个，分为单体、模块、电池包和通信协议等类别。

5.5.3 电机标准

电动汽车驱动电机相关的国家标准见表 5 - 6 所示。

表 5 - 6　电动汽车驱动电机方面国家标准

序号	检验项目	标准名称	标准号
32	电机及控制器	电动汽车用电机及其控制器　第 1 部分：技术条件	GB/T 18488.1—2015
33		电动汽车用电机及其控制器　第 2 部分：试验方法	GB/T 18488.2—2015

从表 5 - 6 可以看出驱动电机标准分为技术条件和试验方法两个部分，且于 2015 年更新了标准。

5.5.4 电气标准

电动汽车电气相关国家标准见表 5-7 所示。

表 5-7 电动汽车电气相关方面国家标准

序号	检验项目	标准名称	标准号
34	电动汽车操纵件	电动汽车操纵件、指示器及信号装置的标志	GB/T 4094.2—2005
35	电动汽车仪表	电动汽车用仪表	GB/T 19836—2005
36	电动汽车除霜除雾	电动汽车风窗玻璃除霜除雾系统的性能要求及试验方法	GB/T 24552—2009
37	DC/DC	电动汽车 DC/DC 变换器	GBT 24347—2009

从表 5-7 可看出，电气相关国家标准包括电动汽车操纵件、电动汽车仪表、电动汽车除霜除雾和 DC/DC 四个类别的 4 个标准。

5.5.5 充电标准

电动汽车充电接口相关国家标准见表 5-8 所示。

表 5-8 电动汽车充电接口方面国家标准

序号	检验项目	标准名称	标准号
38	电动汽车传导充电用连接装置	电动汽车传导充电用连接装置 第 1 部分：通用要求	GB/T 20234.1—2015
39		电动汽车传导充电用连接装置 第 2 部分：交流充电接口	GB/T 20234.2—2015
40		电动汽车传导充电用连接装置 第 3 部分：直流充电接口	GB/T 20234.3—2015

从表 5-8 可以看出，充电接口相关的标准可分为交流和直流相关的两个部分。

5.5.6 网络通信标准

电动汽车网络通信的国际标准见表 5-9 所示。

表 5-9 电动汽车网络通信方面国际标准

序号	项　　目	标准名称	标准号
41	网络通信	道路车辆 控制器局域网络 第 1 部分：数据链层和物理信	ISO 11898-1：2003
42		道路车辆 控制器局域网络 第 2 部分：高速媒体存取单元	ISO 11898-2：2003
43		道路车辆 控制器局域网络 第 3 部分：容错收发器标准	ISO 11898-3：2006
44		道路车辆 控制器局域网络 第 4 部分：时间触发通信	ISO 11898-4：2004
45		道路车辆 控制器区域网络 第 5 部分：低功率模式的高速媒体	ISO 11898-5：2007

和传统汽车相比，全球在电动汽车的研发、示范和推广方面的数据积累还比较缺乏。在这种情况下，我国电动汽车标准化采取的主要策略是先解决有无，后逐步完善。“先解决有无”就是基于前期研究成果，在尽量借鉴国内外传统汽车、电力电工等相关行业的工程经验及现有标准的基础上，尽快建立电动汽车标准体系；“后逐步完善”就是在标准发布实施后，从行业及时调研总结标准实施过程中发现新问题，及时对标准进行修订完善。

目前我国正在制修订的电动汽车标准还有 77 项，其中现有标准修订 16 项，基础设施规划设计、建设运营、电池回收利用等新标准制定 61 项。这些标准中，目前已完成报批稿 23 项，不久将批准发布。另外我国将加快电动汽车典型工况等基础性标准的研究制定，引导行业加强基础数据积累，进一步提高参与国际标准制定的力度和成效。

6 市场需求

通过市场调研与分析可知，国家对纯电动专用车推广力度较大，在蔬菜运输、快递运输、烟草运输、搬家等领域，纯电动卡车市场需求强烈，客户可接受价格为15～20万元，市内城市配送用车主要以3360mm轴距段车型为主，车辆承载最大为3吨。物流行业系统电动车辆需求基本特征如表6-1所示。

表6-1 纯电动物流车市场需求

序号	关键参数单位	指　标	备　注
1	整车尺寸（mm）	5995×1900×2900	长×宽×高，6米以内车身
2	货厢尺寸（mm）	4165×1900×2100	长×宽×高，4.2米长和2米宽货厢
3	整备质量（kg）	＜4500	（小于6米且小于4.5吨）→蓝牌→C1证驾驶
4	超载质量（kg）	≥3000	城市蔬菜水果等货物重量较大
5	轴距（mm）	3360	接近6米车长的轴距
6	最高车速（km/h）	≥90	城市物流车法规要求不小于90km/h
7	工况里程（km）	≥220	环境等其他因素下降幅度≤20％
8	爬坡度（％）	≥20	超载能力好
9	充电方式	快充＋慢充	直流＋交流
10	整车寿命（年）	≥5	国家补贴要求：8年/12万公里
11	价格需求（万元）	≤15	扣除补贴以后整车含电池价格
12	选装需求	液压尾板接口、倒车影像、前盘后鼓、气刹制动、ABS、中控锁、电动窗	
13	配置需求	离合助力、动力转向、空调、暖风、机械锁、手摇玻璃窗、前翻驾驶室、仿桃木内饰、发动机转速表、收放机带AUX接口、导流罩	

表6-1对加速时间没有要求，原因之一就是物流车是生产工具，传统的燃油车加速较慢，调研过程中，不论是物流车驾驶员，还是经销商等都对加速时间不提要求。

第二部分
规格设计

规格（Specification）设计的任务就是将通过市场分析等手段得到的整车概念转换成整车规格，且这个规格必须是切实可行的，因此，在初步确定整车各系统规格的基础上，还要进行整车系统仿真分析，验证整车规格是否能够满足从市场、法规和财务分析得到的整车需求。本书第二部分将以纯电动城市物流车为例，阐述纯电动整车规格设计的过程。首先是根据市场需求得到整车各系统的需求，再根据系统需求对整车架构、网络架构、电气原理、电子电器和底盘系统等进行可落地方案设计，然后对设计方案进行整车系统分析，在验证其符合市场需求的基础上，再进行整车布置方案验证，最后通过对在规格开发过程中整车关键参数指标的总结，得出整车需求，以此来指导下一步零部件总成的详细工程开发。

7 系统需求

本章将把第 6 章的市场需求转换成汽车开发的语言来表达，以便指导下一步零部件详细设计开发。

7.1 动力需求

本书第 6 章关于市场需求的纯电动物流车要求爬坡度不小于 20%以及能够装载 3 吨以上的货物，这些市场需求实质上就是对应于驱动电机最大力矩需求。由电机的最大力矩需求可推导出逆变器 IGBT 的最大电流需求；由电池电压平台，最终还能反算出动力电池功率需求。动力需求推算流程如图 7－1 所示。

图 7－1 动力需求推算流程

这里以开发纯电动物流车为例。20%的坡度和 3 吨载荷量，配置相应的动力系统，则需要最大力矩超过 1500Nm 的电机，才能满足整车动力需求。因此，相对应的电机峰值功率超过 150kW，相应的需要配置放电功率超过 200kW 的动力电池系统，才能同时满足驱动电机、附件电机以及整车上其他用电的需求。

经过上述动力需求分析，最重要的是得到了驱动电机转速-力矩-功率需求曲线，如图 7－2 所示，可以其指导驱动电机选型或者开发。

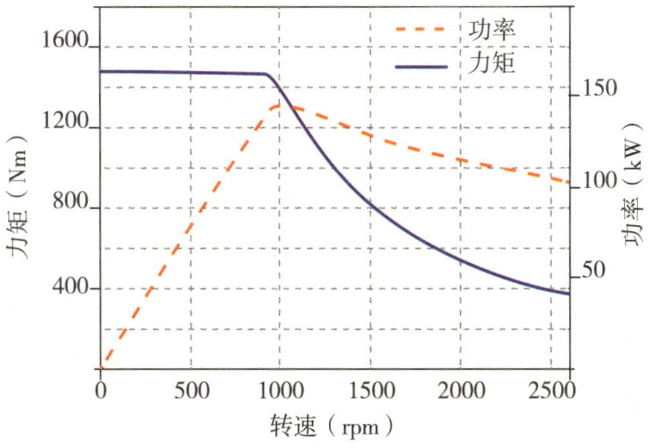

图 7－2 驱动电机转速-力矩-功率需求曲线

7.2 车速需求

对于传统燃油汽车来说，有三个车速比较重要，分别是最高车速、最低车速和经济车速，对于纯电动汽车来说，由于采用电机驱动，因此最低车速接近零，不必考虑，就剩下最高车速和经济车速两个方面。

7.2.1 最高车速

以纯电动城市物流车为例，客户要求能够在北京四环、五环上行驶，最高车速不低于 80km/h，但是 GB/T 29912—2013《城市物流配送汽车选型技术要求》中明确要求“车辆最高设计车速应不低于 90km/h”，因此，此次纯电动城市物流车最高车速必须不低于 90km/h。目前电动汽车的里程还只能满足城市用途需求，而在城市行驶时，以最高限速城市环路为基准，北京五环通常也限速 90km/h。图 7-3 为北京某物流车公司配送车辆 GPS 跟踪数据，从图中可以看出，该物流车此次配送最高车速超过 100km/h。

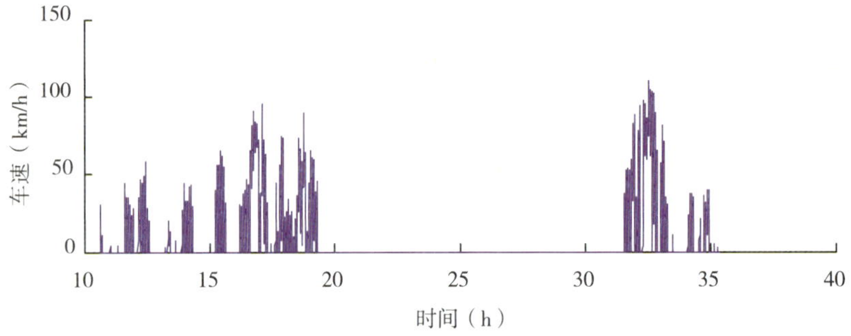

图 7-3 北京城市物流车运行速度记录

此外，车速高导致动力电池输出功率大，动力电池输出功率大导致动力电池效率低从而减小整车续驶里程，所以，纯电动城市物流车最高车速不宜设置过高，应稍微大于 90km/h 即可。在传动系统一定的情况下，就可以推导出电机峰值转速。

7.2.2 经济车速

经济车速，亦即车辆运行在该车速时最具有经济性或节能性。北京市交通委发布北京市交通运行分析报告显示，高峰时段平均车速为每小时 25.8 公里。表 7-1 是采集北京某物流公司运行车辆数据，从表中的数据记录可以得知北京城市平均车速不高于 30km/h。

考虑到要兼容环卫车的低速行驶需求，以纯电动城市物流车为例，可以初步确定经济车速为 30km/h。

表 7-1 北京城市物流车运行记录数据

时　间	持续时间（h）	实际距离（km）	平均车速（km/h）	运动平均车速（km/h）
11～19 点	8.0092	99.029	14.182	29.305
7～11 点	3.4739	75.267	23.105	44.706
合计	11.4	175.3	15	—

图 7-4 为驱动电机转速-力矩-效率曲线，若是采用电机的效率 MAP 来计算，电机的高效转速在 1100rpm 左右，正好与额定转速吻合，车速 $=1200\times 0.377\times r_d/i_g=1200\times 0.377\times 0.388/7.142=28.6$（km/h），故经济车速为 30km/h 左右。

综上所述，纯电动城市物流车最高车速由国标 GB/T 29912—2013 决定，经济车速来自于城市交通平均车速。

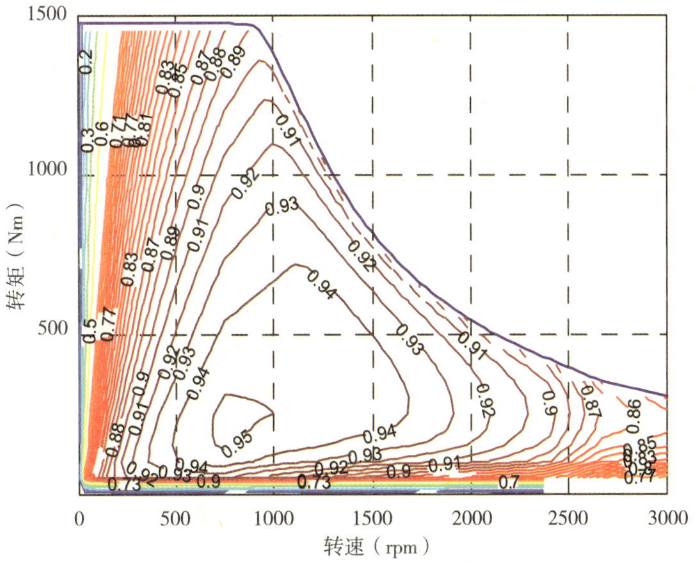

图 7-4　驱动电机转速-力矩-效率曲线

7.3　里程需求

自从电动汽车面市开始，里程焦虑一直阴云不散笼罩在驾驶员脑海中，直到现在也未解决，在市场调研过程中，不论是客户，还是经销商，对纯电动城市物流车续驶里程需求都是综合工况超过300km，并且在低温以及空调开启的情况下也要超过此值，若是达到，任何在城市使用的车辆都可以完成一整天的配送任务而不需要充电。根据目前动力电池技术水平来说，要实现300km的综合续驶里程，可能还是不现实，这样，开发的车辆就必须有市场针对性，待动力电池技术升级后，再行开发更高水平电动物流车。图 7-5 是北京某物流公司城市配送车辆位置跟踪路线，从图中可以看出该

图 7-5　北京某物流车公司城市配送车辆位置跟踪路线

车辆主要是围绕北京五环进行货物配送，根据查证北京五环全程 98.58km，加上上下五环具体配送路程，如表 7-1 中所记录为 175.3km，可以得知物流车配送一次距离约为 180km，电池还要求有一定剩余电量，可以得出续驶里程超过 200km 的纯电动物流车在北京才有使用价值。

综上所述，在类似北京的大城市，要满足物流配送基本需求，纯电动物流车最低综合续驶里程必须超过 200km。

7.4 空间需求

电动物流车客户除了最关心里程外，还关心装载空间，城市货物多为轻抛货物，需要大空间，所以物流客户需求是空间越大越好，但是按照《机动车类型术语和定义》(GA 802—2014) 关于货车的区分标准：车身长度小于 6 米，总质量小于 4500kg，定义为轻型货车，上蓝色牌照，其他货车上黄色牌照。上黄牌和蓝牌车辆的区别和要求如下。

(1) 对驾驶证的要求：黄牌车需要 B 照以上才可驾驶，蓝牌车需要 C 照以上才可驾驶；

(2) 限行状况：黄牌车要办理通行证，才能进市区；蓝牌车可随意在市区运行；

(3) 收费标准：黄牌车收的多，蓝牌车收的少；

(4) 车辆车检期限：黄牌车需办理营运证，一个季度年审一次；蓝牌车不需要办运营证，两年年审一次。

基于上述分析，可以得出如下 4 个约束：车身长度需接近 6 米，该类车型货厢最长能到 4.2 米，能够满足 4.5 吨的总质量及 3 吨的载质量。因此，对市面上传统燃油卡车的载质量-总质量-轴距的数据进行了简单统计，见表 7-2。

表 7-2 市面卡车的载质量-总质量-轴距统计数据

载质量（吨）	总质量（吨）	轴距（mm）
1.5	3.5	2490、2600、2800、3360
2	4.5	2600、1800、3360
2	5.5	3360、3800
2.5	6	3360、3650
2.5	6～7.5	3360、3800
3	8	3360、3800、4200、4500

从表 7-2 中可以看出，轴距为 3360mm 的底盘应用车型较多，以轴距为 3360mm 的底盘开发纯电动通用平台可以覆盖满载质量从 3.5 吨到 8 吨的所有产品，能满足上述分析得到的 4 个约束条件。因此，可以明确纯电动城市物流车首选开发车型参数为：6 米车身，4.2 米货厢，3360mm 轴距。

7.5 电压需求

动力需求决定了动力系统功率，也就是动力电池功率需求，里程需求决定了动力电池能量需求，还剩下一个重要参数就是动力电池电压平台需求。整车电压平台的确定非常复杂，需要对高压安全等级、逆变器中 IGBT 功率管电压与电流等级、高压线束及其插接件电压与电流等级、电动空调及

PTC 电压等级、DC/DC 电压等级、熔断器和继电器电压等级等方面进行综合评价。

7.5.1 安全标准

国际电工电子委员会 IEC 61010 测试规程的四类工作区域都将电压分为 600V 和 1000V 两个等级，不同的电压及工作区域将使用不同的测试设备，鉴于测试设备的通用性，建议母线标称电压不超过 600V。

国标 GB/T 25087—2010《道路车辆圆形、屏蔽和非屏蔽的 60V 和 600V 多芯护套电缆》中规定线缆耐压等级最高的为标称电压 600V，超过 600V 暂时未找到道路车辆线缆相关的国标要求，因此建议母线标称电压不超过 600V。

7.5.2 电机电压

从电机控制器的关键器件 IGBT（占电机控制器总成本的 50%）成本对电压的敏感度来考虑，在相同功率情况下，1200V 系列的 IGBT 产品价格比 600V 系列的 IGBT 产品高 5%～10%，IGBT 的成本基本保持不变。而电压高于 600V 系列的产品，可以选用截面积更小的线束，连接器的体积也可以大大缩小，这两方面都可以降低成本。从电机效率方面考虑，目前电机及其控制器系统上最常使用的功率器件是 IGBT，考虑到电池电压的波动以及开关电压尖峰，在 $V_{max}/2$ 周围，电压利用率最好，可完全发挥 IGBT 的能力，而超过 1200V 的 IGBT 不是常用系列产品，因此建议母线标称电压不超过 600V。

GB/T 18488.1《动汽车电机及其控制器　第 1 部分：技术条件》中规定了电源电压 600V 以内的等级要求：电气间隙不小于 8mm 和爬电距离不小于 12mm。若是电气间隙再大就不方便电池电机系统的母线母排设计，因此建议母线标称电压不超过 600V。

7.5.3 附件电压

在本章 GB/T 24347《电动汽车 DC/DC 变换器》中规定 DC/DC 输入/输出电压等级要求为 12～600V 中 12 倍数的电压数值，而 DC/DC 变换器的关键器件对电压敏感度不强，因此建议 DC/DC 变换器（输入）电压等级与动力电池系统一致。

空调压缩机电压等级推荐值需要综合考虑，目前空调压缩机必须使用三相 IGBT，即 6 个 IGBT 组成一个模块，而目前 IGBT 产品系列中 600V/1200V IGBT 最低工作电流只有 50A 等级；空调压缩机功率较小，在两种不同电压等级中选用的 IGBT 的电流范围相同，导致 1200V IGBT 成本是 600V 的 2 倍多。GB/T 22068《汽车空调用电动压缩机总成》中规定电源额定电压等级最高到 600V，超过该值的情况没有标准要求，因此建议母线标称电压不超过 600V。

从 PTC 和高压线束及其插接件成本考虑，同等功率下，电压越高，所需电流越小，可以选用截面积更小的线束，连接器的体积也可以大大缩小，这两方面都可以降低成本；电压等级的高低对绝缘防护措施的成本影响有限；PTC 加热器电压等级越高，附属线缆等成本越低。因此建议 PTC 加热器电压等级与动力电池系统一致，建议母线标称电压不超过 600V。

7.5.4 器件电压

关于接触器工作电压平台，如图 7-6 所示，在同样工作电流下，接触器工作电压由 600V 上升到 800V 或更大，接触器电气寿命下降速度加快，且电压等级为 600V 以上继电器产品的成本呈现跨

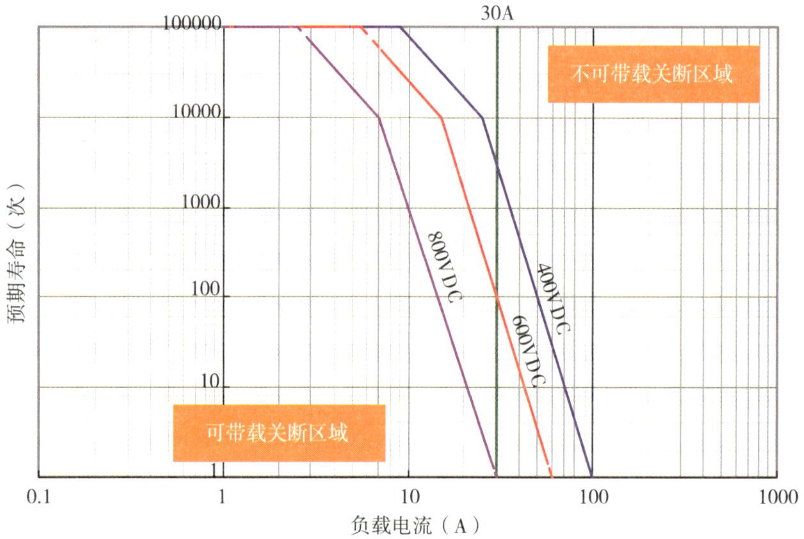

图 7-6 继电器电压-电流-寿命曲线

越式增长，目前电动汽车主流的接触器产品的电压等级分度为 400V、600V、800V，在能满足电动汽车整车电压等级要求情况下，建议母线标称电压不超过 600V。

从图 7-6 可以看出，为了防止接触器损坏，最大负载电流不能超过 30A。此外，当给接触器通反向电流时，接触器的工作寿命将减少一半以上。

在同样电流下，熔断器的电压等级的提高会导致熔断器体积增大，相应的也会增加产品重量，这样非常不利于产品向轻量化、小型化发展，综合熔断器电压等级选型约束，建议母线电压不超过 600V。

电阻器的电压等级对成本不敏感，电阻器的电压等级建议与动力电池系统一致。

7.5.5 电池电压

在本章 7.3 节中关于续驶里程需求超过 200km、初步估算整车质量 3 吨、装载 3 吨的车辆，综合工况电耗为 55kWh，则动力电池能量需求为 110kWh。以选用某电池公司 94Ah 三元材料电池为例，该电池单体标称电压为 3.68V，采用两并 188Ah，则可计算电池系统标称电压约为 110kWh/188Ah≈585V，电池串联数为 585V/3.68V≈159 串，取整为 160（串），重新计算电池系统母线标称电压为 160×3.68V=588.8V<600V，满足上述分析得到的母线标称电压推荐范围。

若是母线标称电压 588VDC，则逆变器 IGBT 将选择 1200V 平台系列产品。根据在本章 7.1 节中关于电机峰值功率需求为 150kW，可以初步设定电机额定功率为 80kW 来核算电压平台选择与 IGBT 电流之间的协调关系，具体分析见表 7-3 所示。

表 7-3 电压平台与 IGBT 电流核算

序号	电机功率（kW）		MCU 功率（kW）		母线标称电压等级（VDC）	母线电流（A）		结论
	额定功率	60s 峰值功率	额定功率	60s 峰值功率		额定母线电流	60s 峰值母线电流	
1	80	150	150	200	300	500	667	母线电流过大
2					336	446	595	
3					360	417	556	
4					400	375	500	

（续表）

序号	电机功率（kW）		MCU 功率（kW）		母线标称电压等级（VDC）	母线电流（A）		结论
	额定功率	60s 峰值功率	额定功率	60s 峰值功率		额定母线电流	60s 峰值母线电流	
5	80	150	150	200	480	313	417	两个 IGBT 并联后电流可以满足
6					540	278	370	
7					588	255	340	
8					600	250	333	

根据表 7-3 分析所得，母线标称电压平台选择在 600VDC 范围以内，建议值为 588VDC。

7.6 充电需求

根据本书第 6 章中的市场需求，电动物流车需标配快充和慢充功能。这里的慢充是指 220V 市电交流充电，快充是指采用直流充电桩直接给动力电池充电。为了实现电动物流车自由充电，下面就充电标准、充电方式和充电时间给出开发需求。

7.6.1 充电标准

根据国标要求，电动物流车充电系统技术开发中必须遵循相关充电接口标准：GB/T 18487.1—2015《电动汽车传导充电系统　第 1 部分：通用要求》、GB/T 18487.2—2001《电动车辆传导充电系统电动车辆与交流/直流电源的连接要求》、GB/T 20234.1—2015《电动汽车传导充电用连接装置　第 1 部分：通用要求》、GB/T 20234.2—2015《电动汽车传导充电用连接装置　第 2 部分：交流充电接口》、GB/T 20234.3—2015《电动汽车传导充电用连接装置　第 3 部分：直流充电接口》、GB/T 27930—2015《电动汽车非车载传导式充电机与电池管理系统之间的通信协议》、QC/T 895—2011《电动汽车用传导式车载充电机》。

7.6.2 充电方式

电动汽车的发展目前正处于初期阶段，充电基础设施远未完善，整车必须具备市场需求中所提出的交流慢充和直流快充功能，以备不时之需。

对于电动物流车这类动力电池能量较大的车辆，更多的时候是采用直流快充，较少情况采用交流慢充，只是在一些特殊情况需要采用交流慢充得以自行返回目的地。此外，慢充的优点在于充电电流和功率都较低，对电池寿命影响和对电网冲击都较小，还可充分利用电力低谷时段充电，降低成本。交流慢充功能在停车或者卸货的时候均可以直接连上市电，对车辆进行补电，提升整车续驶里程。

7.6.3 充电时间

不论是电动物流车，还是乘用车，驾驶员都希望有一种充电方式可以挑战传统燃油车的加油速度，但目前看来这类想法还不现实。市场调研得出，电动物流车驾驶员能够忍耐的充电时间 t_{max} 不超过 2h。

7.7 软件要求

为了与软件开发中所指的软件需求区分，在这里采用软件要求对在汽车电控开发中所需要遵循的 CAN 总线协议、标定协议、诊断协议以及程序下载等方面进行软件规范。

7.7.1 总线协议

为了实现 CAN 网络平台化开发，整车 CAN 总线协议必须遵守 SAE J1939 协议，该协议是美国汽车工程协会（SAE）的推荐标准，用于为中型和重型道路车辆上电子部件间的通信提供标准的体系结构。它由卡车与大型客车电气与电子委员会（Truck and Bus Electrical and Electronics Committee）下属的卡车与大型客车控制和通信网络附属委员会（Truck and Bus Control and Communications Network Subcommittee）开发编写。SAE J1939 基于德国 Bosch 公司开发的控制器局域网络，可达到 250kbps 的通信速率。它描述了重型车辆现场总线的一种网络应用，包括 CAN 网络物理层定义、数据链路层定义、应用层定义、网络层定义、故障诊断和网络管理。在 SAE J1939 协议中，不仅仅指定了传输类型、报文结构及其分段、流量检查等，而且包括内容本身也做了精确的定义。目前，SAE J1939 是在商用车辆、舰船、轨道机车、农业机械和大型发动机中应用最广泛的应用层协议。

7.7.2 标定协议

基于 CAN 总线的 CCP（CAN Calibration Protocol）匹配标定协议，实现对 ECU 的精确控制以及参数匹配修改，满足预定的要求，对 ECU 进行精确的匹配标定以及优化各项控制参数。CCP 协议由 ASAM 自动化测试系统标准协会（Association for Standardization of Automation and Measuring Systems）制定。CCP 协议实现了 ECU 在运行过程中，内部变量的在线监测以及有需要时对某些变量的在线修改。

7.7.3 诊断协议

遵守统一诊断服务 UDS 诊断协议，它只是一个应用层协议（ISO 14229—1），所以它既可以在 CAN 线上实现，甚至也能在 Internet 上实现。UDS 提供的是一个诊断服务的基本框架，主机厂和零部件供应商可以根据实际情况选择实现其中的一部分或是自定义出一些私有化的诊断服务来，所以基于 UDS 协议的诊断又常常被称为 Enhanceddiagnostic（增强型诊断），UDS 不是法规要求的，没有统一实现标准，其优势在于方便生产线检测设备的开发，同时更方便售后维修保养和车联网的功能实现。形象地说，就是使用一套仪器，对当前汽车出现的问题进行分析，而这套仪器与汽车交谈所使用的语言就是 UDS（不是唯一的方法），优势是这套协议在汽车电子上目前使用非常多，大家比较熟，比较好沟通。

7.7.4 平台软件

为了实现汽车电子软件平台标准化，底层驱动软件开发必须符合 AUTOSAR 规范，API 采用 AUTOSAR 标准接口以及实时操作系统 AUTOSAR OS。AUTOSAR 是 Automotive Open System Architecture（汽车开放系统架构）的首字母缩写，是一家致力于制定汽车电子软件标准的联盟。AUTOSAR 是由全球汽车制造商、部件供应商及其他电子、半导体和软件系统公司联合建立，各成员保持开发合作伙伴关系。自2003年起，各伙伴公司携手合作，致力于为汽车工业开发一个开放的、标准化的软件架构。AUTOSAR架构有利于车辆电子系统软件的交换与更新，并为高效管理愈来愈复杂的车辆电子、软件系统提供了一个基础。此外，AUTOSAR在确保产品及服务质量的同时，提高了成本效率。使用AUTOSAR的好处：能在新的汽车平台和架构中更好地重新使用ECU；能更好地使用预先验证和测试过的（表现车辆功能的）软件组件；能减少测试和安全认证成本；能减少下游设计错误——一套AUTOSAR方法可让功能得到架构级别的定义和验证；通过改善网络效率和功能运用而减少整体硬件成本；能减少整体网络架构分析和设计审查的成本；通过使用标准化的数据交换格式（AUTOSAR XML或arxml），改善原始设备制造商和一级供应商之间的通信。

7.7.5 应用软件

需使用Simulink基于模型开发应用层软件，且软件开发过程符合V模型软件开发流程。V模型大体可以划分为下面几个不同的阶段步骤，即用户需求、系统需求、概要设计、详细设计、编码、单元测试、集成测试、系统测试、验收测试，如图7-7所示。

图7-7左边一列是开发设计，右边一列是针对左边对应的设计开发进行验证测试。

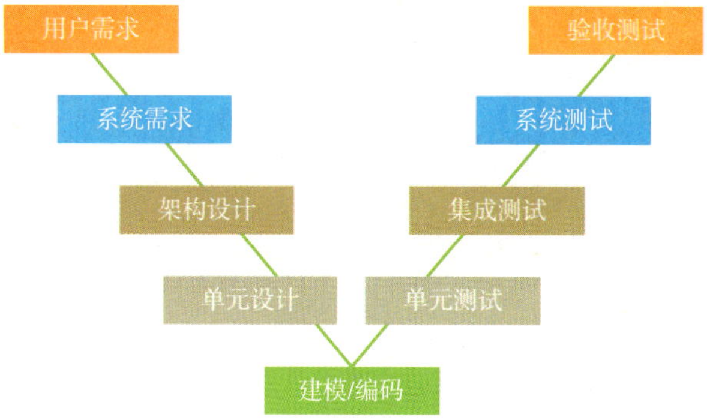

图7-7 基于V模型的应用层软件开发

7.8 高压安全

国际标准ISO 6469-3：2001《电动汽车安全技术规范 第3部分：人员电气伤害防护》中，规定车上的高压部件应具有高压互锁装置，因此，整车所有高压连接器（插接件）以及手动维修开关MSD都必须采用高压互锁，亦即危险电压互锁回路（Hazardous Voltage Interlock Loop，HVIL），通过使用电气小信号，来检查整个高压产品、导线、连接器及护盖的电气完整性（连续性），识别回路异常断开时，及时断开高压电，如图7-8所示。

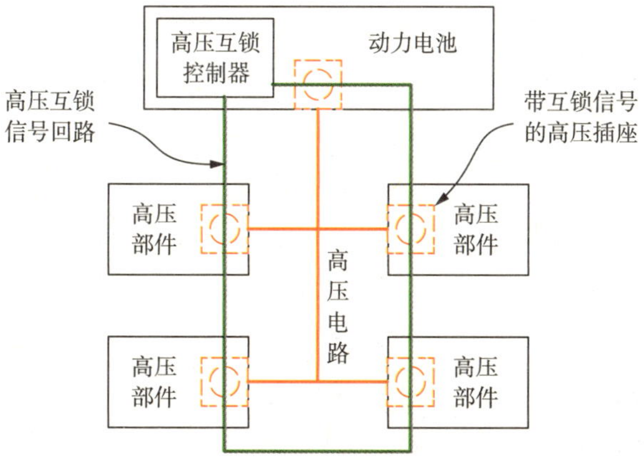

图7-8 高压互锁回路示意图

高压互锁的目的是用来确认整个高压系统的完整性的，当高压系统回路断开或者完整性受到破坏的时候，就需要启动安全措施。高压插接件采用高压互锁后，可以有效防止高压插接件虚接时大电流通过导致插接件损坏或烧毁的情况。

在动力电池组中间位置配置高压维修开关（又称为“手动维修开关”）MSD（Manual Service Device），作为新能源汽车高压系统安全及维修人员保护装置。在进行高压系统维修时，断开高压连接，保护维修人员安全；在高压系统出现短路危险时，内置熔断器熔断、保护高压系统安全。在维修时，手动维修开关 MSD 为纯电动及混合动力汽车的高压电力系统提供安全的维修环境及对电力系统起到安全保护的功能。

整车低压系统配置低压电源总开关：为了防止长久停车过程中，低压蓄电池亏电，整车必须配置一个低压开关，以备驾驶员在停车后切断低压蓄电池电源，完全隔断车上各类控制器的静态功耗。

7.9 静态功耗

静态功耗指某稳定状态下消耗的功率，是电源电压与电源电流之乘积。汽车整车开发中，因为可以将电压视作一定，通常用静态电流来替代表示静态功耗。12/24VDC 系统作为车辆启动系统，通常由一个铅酸蓄电池来提供启动电流，为了保证车辆在搁置一段时间后还具备启动能力，所以采用静态电流限值来保障搁置时间。

以 12V 低压系统用的 45Ah 铅酸蓄电池为例，SOC 为 100%时，实际电压为 13.8V，电压降至 12V 时就可能导致继电器不能吸合，此种情况能量利用率为 40%，可持续放电 18Ah。以整车静置半个月（15 天）还能够启动为基准，则整车静态电流 $I_{leak} \leqslant 18Ah/(15 \times 24h) = 0.05A = 50mA$，即以 50mA 的电流漏电，正常温度和未衰退的情况下，半个月内能够保证车辆启动。把环境温度和电池衰退等因素考虑上，给一个 0.6 的保守系数，则要求整车漏电流 $I_{leak} \leqslant 30mA$。

7.10 功能安全

基于 ISO 26262 功能安全开发整车及其零部件系统。ISO 26262 是从电子、电气及可编程器件功能安全基本标准 IEC 61508 派生出来的，主要定位在汽车行业中特定的电气器件、电子设备、可编程电子器件等专门用于汽车领域的部件的，旨在提高汽车电子、电气产品功能安全的国际标准，此标准一经提出，即受到了各大汽车制造商、汽车零部件商的高度重视，并积极推动该标准在产品开发中的执行。

系统的功能安全性主要决定于产品设计。在产品设计和开发阶段即采取措施，尽可能减少甚至避免系统性失效和随机硬件失效，是提高功能安全性最有效和最经济的方法，也是使产品满足 ISO 26262 的必要条件。

系统性失效往往由产品设计缺陷导致，在设计中应用归纳和演绎的分析方法是提前识别以避免潜在系统性失效的途径。ISO 26262 要求所有功能安全相关的设计均需采用归纳分析方法，如失效模式和影响分析（FMEA），并还要求具有 ASIL C 和 D 的功能安全相关设计采用演绎分析方法，如故障树分析（FTA）。除此之外，重用已经实践验证并受信任的设计、安全架构和标准接口等，也是避免系统性失效的有效途径。ISO 26262 鼓励重用受信任的设计原则，并规定对于具有 ASIL D 的系统，弃用受信任的设计原则的决定需要论证。

图 7－9 展示了 ISO 26262 定义的汽车安全生命周期包含了从概念设计、产品开发到批产后各阶段的主要安全活动。功能安全的概念设计必须与整个系统的概念设计同步进行。在概念设计阶段，要基于系统定义和系统初步架构，分析可能存在的功能安全风险并评估风险的等级，然后根据功能安全风险定义安全目标和针对每个安全目标的功能安全概念。

在产品开发阶段，ISO 26262 按汽车工业中常用的 V 型开发流程定义相关安全活动。V 型的左侧是技术安全需求（功能安全概念的技术实现途径）的制定、系统设计；V 型的右侧是系统集成、安全确认和发布。硬件和软件的开发也遵循相似的小 V 型开发流程。

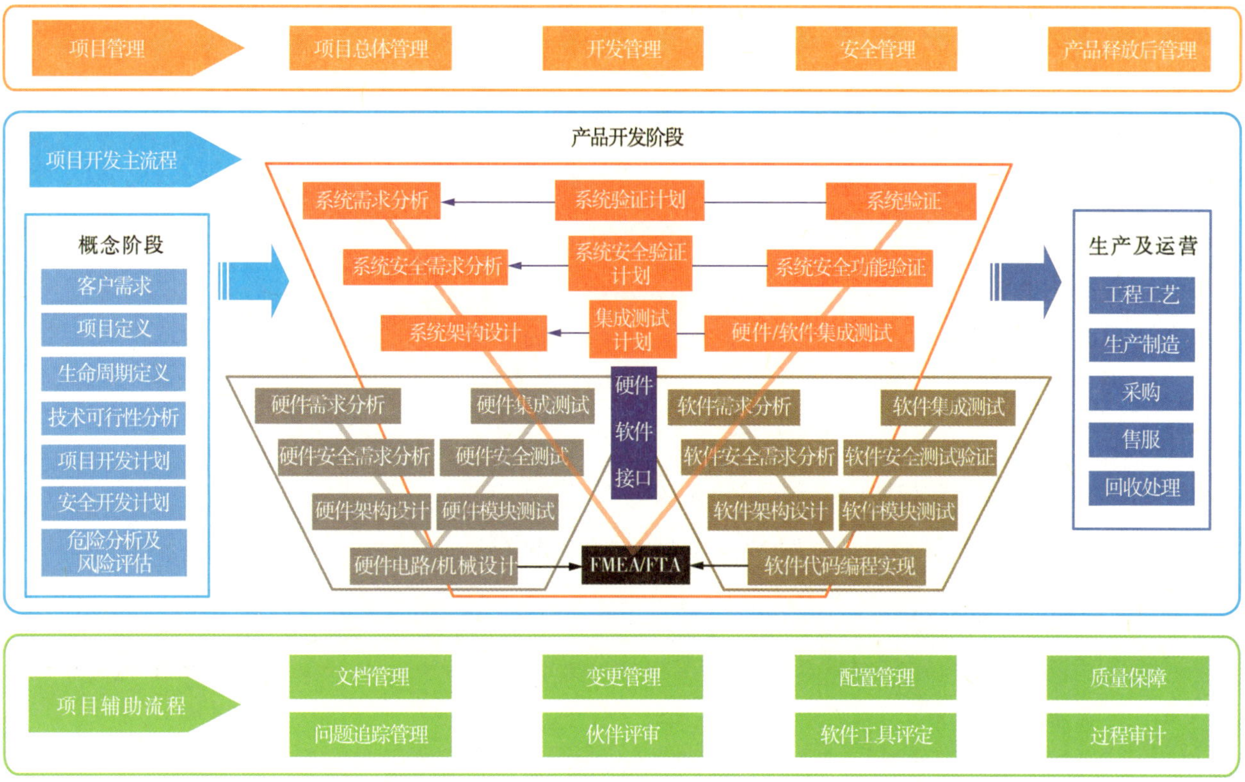

图 7-9 ISO 26262 开发流程体系

在批产之后的阶段，需要提供必要的文档及方法，以保证在生产、售后服务和报废等环节中，安全目标不被破坏；需要监控售后产品，对发现有违背安全目标的案例要采取相应措施。

综上所述，整车控制器 VMS、电机控制器 MCU 和电池管理系统 BMS 等控制器必须满足 ASIL C 或以上的功能安全等级。

7.11 防护要求

电力电子单元 PEU、动力电池包以及高压线束及其插接件防护等级必须达到 IP67。汽车线束是由电线、绝缘包扎材料和插接件等部件组成的，其中插接件是线束的核心部件，线束的整体性能在很大程度上都是由插接件的性能决定的，要保证全车电器的稳定性和安全性，必须重视线束插接件的选择。

俗话说，“十坏九线”，插接件的好坏直接影响汽车线束的质量，从而进一步影响动力系统可靠性，对插接件选择的每一个细节都要高度重视，力求做到细致全面，保证线束的质量。

动力电池包下线检测项目中需有气密性检测一项。在电池包内加到不少于 7 个标准大气压，测试 30min，包内气压降低若不超过 1000Pa 视为通过。

7.12 电磁屏蔽

整车 EMC 包括两个部分，一个是电磁骚扰 EMI，一个是电磁抗扰 EMS。在电动物流车开发过程中，高压线束等高压器件要做电磁骚扰方面的高压屏蔽设计，要加上屏蔽层，防止这类部件发出电磁波。对于整车通信用的 CAN 总线以及其他弱电控制器要做电磁抗扰方面的低压屏蔽设计，防止外界电磁能量干扰整车通信等。

7.12.1 高压屏蔽

整车高压系统是整车电磁干扰的最大来源，特别是驱动电机及其控制器的交变大功率电磁转换。因此，为了尽量防止高压系统的电池辐射，要求所有的高压线束都必须带屏蔽层，且连接该线束的高压插件都必须接地，如图 7-10 所示。

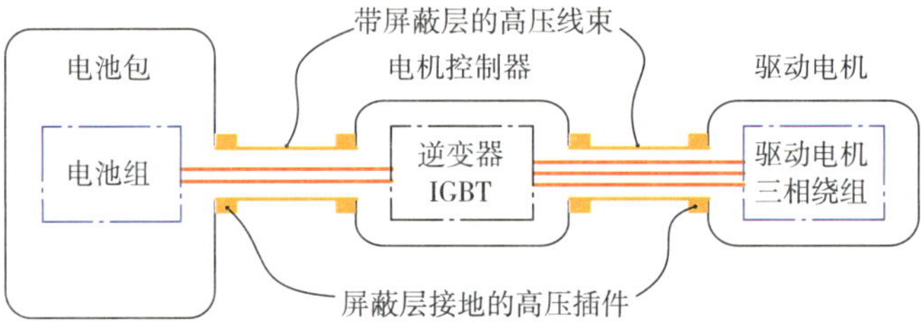

图 7-10 整车高压器件全屏蔽原理示意图

从图 7-10 可以看出，实现该图的设计后，整车上的所有高压元器件或零部件都被罩上了屏蔽层，可有效地防止高压系统对外电磁辐射。

7.12.2 低压屏蔽

低压屏蔽，亦即对比较重要的 CAN 总线采用带屏蔽层的双绞线进行通信传输，且屏蔽层必须接地，这样可以有效防止外部电磁干扰。图 7-11 为带屏蔽层的多芯双绞线。

图 7-11 带屏蔽层的双绞线

如图 7-11 所示，对整车上所有的 CAN 总线和电机旋变电路都采用带屏蔽层的双绞线，通过低压插件针脚将屏蔽层接地，可以有效防止外界对 CAN 总线的电磁干扰，特别是来自高压系统的电磁辐射干扰。

电机旋变是一个特殊的线路，它自身存在交变电流，可以对外电磁干扰，同时，它也是信号线路，容易受到其他零部件发出的电磁辐射干扰。因此，驱动电机旋变线必须采用带屏蔽层的双绞线，且屏蔽层必须通过低压插件接地。

8 动力构型

在任何领域中，事物的多样性都是存在的，纯电动力系统一样也有多种构型，本章将在现有架构分析的基础上，论述满足系统需求的动力架构。

8.1 构型分析

纯电动力系统构型种类虽然不像混合动力系统那样多，但也有好多种，在这里进行简单粗略的划分，大致可以分 5 类，分别是：直接驱动、变速驱动、轮边驱动、轮毂驱动、双电机驱动。双电机驱动与直接驱动类似，因此在这里不做分析。其他 4 类动力系统构型的分析对比如表 8－1 所示。

表 8－1 纯电动力主要构型对比分析

	直接驱动	变速驱动	轮边驱动	轮毂驱动
架构	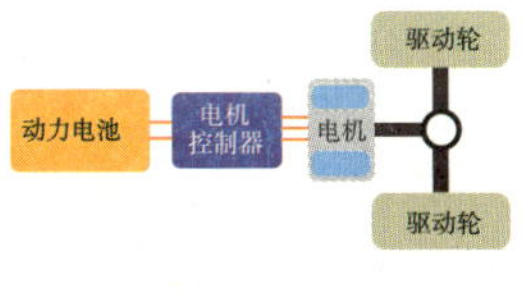	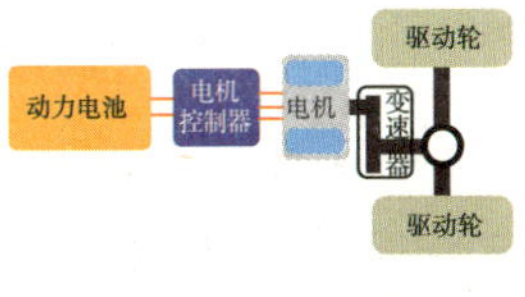	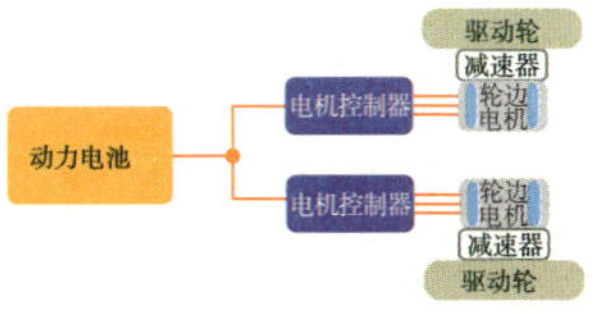	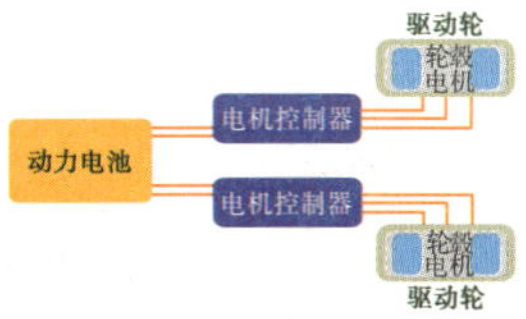
定义	电机直接或通过减速器与驱动桥连接将动力传递给驱动轮	电机通过多级变速器与差速器连接将动力传递给驱动轮	电机通过单级减速器直接将动力传递给独立的驱动轮	将电机、传动、制动和减震装置集成于独立的驱动轮轮毂内
特点	动力系统结构简单；电机性能要求较高；电机尺寸较大；电机成本很高	匹配电机资源丰富；车辆动力性优越；存在机械传动损失；电机尺寸相对较小	驱动形式灵活、多变；车辆动力性优越；控制实现差速和独立驱动，难度大	驱动形式灵活、多变；车身结构简单；电机性能较差；整车操稳性较差；控制实现差速和独立驱动，难度大
	技术成熟，广泛应用		前沿技术，处在研究阶段	

电动汽车传动装置的作用是，将电动机输出的力矩传给汽车的驱动轴，驱动车轮，带动汽车行驶。电机转速范围是从零到最高转速，且堵转力矩特别大，从而电机可以带负载启动，所以传动系中可以没有离合器。由于电机可以轻易实现正反转功能，所以传动系中无需设置倒挡。因此电机所具备的特点与车辆动力传动系的需求非常一致。

变速器更准确的称呼应该是变力器，因为速度只是运动的结果或表象，运动的内在原因是受力，没有力的变化，就没有运动变化，所以称呼变力器更为准确。

对于传统动力系统来说，因为发动机输出力矩范围非常小，且高效区域也非常小，所示汽车工程师开发出变速箱来拓宽发动机的力矩范围，以便在更大范围高效驱动车辆。电动机的力矩转速外特性与传动系力矩需求趋势非常一致，如图 8－1 所示，电动机转速较低时候为恒扭矩输出，充分发挥了电动机扭矩大的优点，而达到较高速度时候则转为恒功率输出。

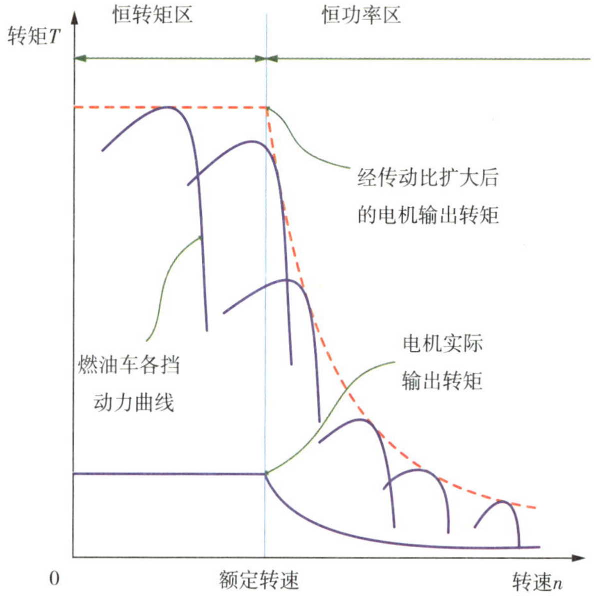

图 8－1　电机输出力矩与传动系力矩需求对比

从图 8－1 可以看出，传统燃油汽车换挡动力曲线最终组合出一个动力系统需求力矩曲线（图中虚线），完全与经传动比放大后的电机输出力矩一致，因此，电机传动系统理论上可以省去变速器。变速器省去后，下一个问题就来了，即怎样配一个传动比放大电机范围，让电机力矩外特性与传动系需求的外特性一致。

在直驱动力系统中，在最高车速和爬坡度需求确定的情况下，传动比与电机力矩和转速之间的关系可以用图 8－2 来简单表示，从图中可以看出电机转速随着速比的增加而增加，扭矩随速比的增加而减少，两条曲线在传动比 $i=10.5$ 附近出相交，因此可以知道，给传动系设置一个传动比为 10.5 的减速器，有利于平衡驱动电机的转速和力矩之间的关系，方便电机选型，否则会出现大力矩低转速，或者高转速小力矩的电机需求。

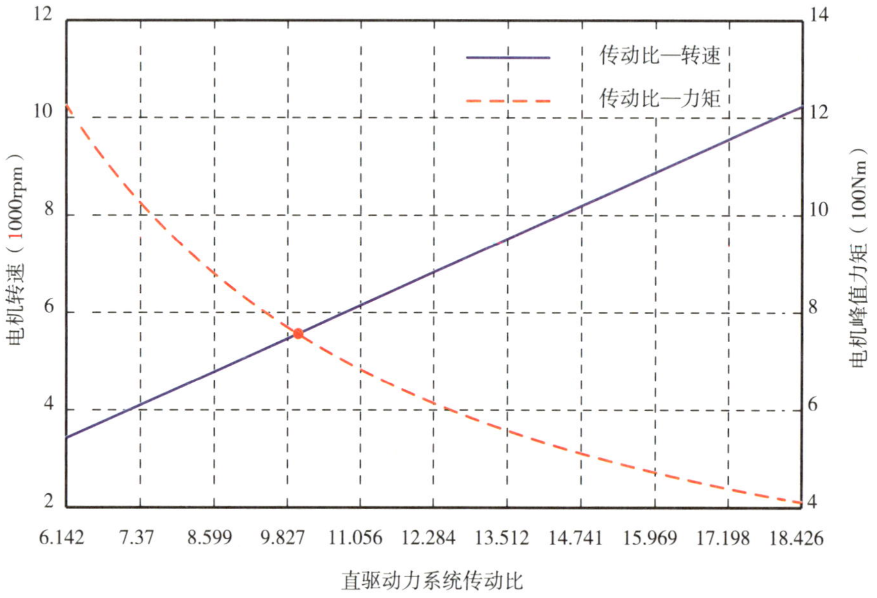

图 8－2　直驱动力系统传动比—电机转速—电机峰值力矩关系图

纯电动卡车发展初期，由于电机力矩较小且国内自动变速箱技术水平不高，多采用在传动系中配置手动变速箱以满足驱动力矩需求，对于此类传动系统，若是驾驶员换错挡，从5挡换到2挡，电机转动惯量非常小，车辆反拖电机，将导致电机转速突然蹿升超过最高转速，电机产生的反电势也将蹿升，导致IGBT容易被烧毁，因此，目前市场主流电动卡车很少采用手动变速箱。采用自动变速器虽然能有效地解决此问题，但是一方面在国内目前缺乏优良的自动变速器资源，另一方面自动变速器成本较高且增加传动系统复杂程度，降低可靠性。因此可以不在传动系中安装变速器，而采用电机直驱方案。

无变速箱，电动车在高速区间的传动效率低下，能耗骤升。但是采用直连方案，无离合器、变速箱等传动装置，转矩传递效率更高、结构更简单，对传统车型改动少，同时又极大地降低了制造成本，可靠性高。

8.2 动力架构

综合市场需求及上面分析结果，考虑到当前零部件配套等方面的因素，初步确定采用直驱方案，该方案如图8-3所示，即通过传动轴驱动电机直接驱动后桥主减大齿轮，然后分配到两边半轴驱动车轮；电机控制器采用大集成方案，集成电机控制器MCU和DC/DC、车载充电机OBC、转向油泵电机控制器、制动气泵电机控制器以及为高压空调和PTC提供电力的电力配置单元等；动力电池包集成电池模组、电池管理系统、直流充电和交流充电回路等功能。

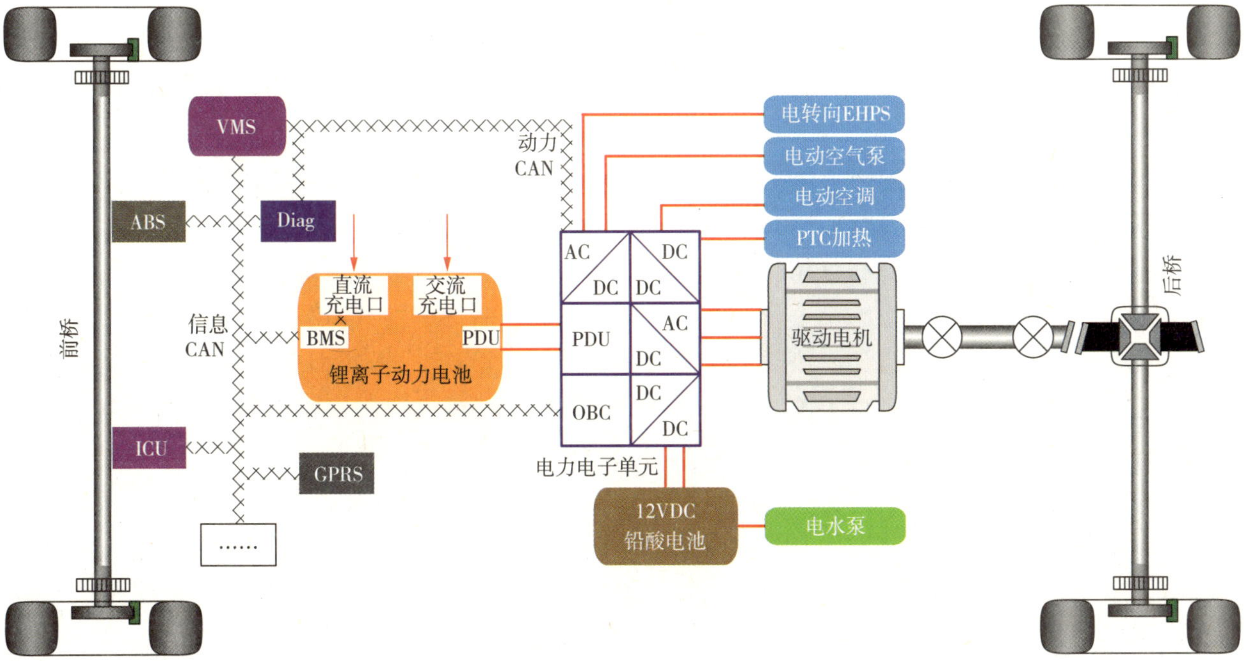

图8-3 整车动力系统架构原理

从图8-3中可以看出，整个动力架构方案集成度比较高。在集成过程中，考虑到动静分离，因此电机与电机控制器未集成到一起。有限集成，不是什么都集成到一起，而是相似特性的零部件集成到一起，例如所有车上的电力电子部件都集成到一个电力电子单元PEU中共用水冷单元。

9 网络架构

本书将网络架构分为内部网络架构以及整车与外部的网络接口两部分，其中内部网络架构部分主要讲述纯电动汽车内部各控制器之间采用CAN网络的通信结构方案，外部网络接口部分主要讲述纯电动汽车与外部网络通信的接口，目前较为普遍采用的是类似GPRS通信的远程监控终端。

9.1 内部网络架构

随着电控系统的日益复杂，以及对汽车内部控制功能电控单元相互之间通信能力要求的日益增长，采用点对点的链接会使得车内线束增多，这样在内部通信的可靠性、安全性以及重量方面都给汽车设计和制造带来了很大的困扰。因此为了减少车内连线、实现数据的共享和快速交换，同时提高可靠性等，在快速发展的计算机网络上，实现CAN、LAN、LIN、MOST等基础构造的汽车电子网络系统，即车载网络。车载网络是早期的汽车内部传感器、控制和执行器之间的通信用点对点的连线方式所连成复杂的网状结构。

车载网络是为了在提高性能与控制线束数量之间寻求一种有效的解决途径。在20世纪80年代初，出现了一种基于数据网络的车内信息交互方式。车载网络的分类有两种方式：一种是基于传统的SAE总线分类，另一种是新型专用总线。传统的SAE总线分类：A类面向传感器/执行器控制的低速网络，数据传输位速率通常只有1～10kbps，主要应用于电动门窗、座椅调节、灯光照明等控制；B类面向独立模块间数据共享的中速网络，位速率一般为10～100kbps，主要应用于电子车辆信息中心、故障诊断、仪表显示、安全气囊等系统，以减少冗余的传感器和其他电子部件；C类面向高速、实时闭环控制的多路传输网络，最高位速率可达1Mbps，主要用于悬架控制、牵引控制、先进发动机控制、ABS等系统，以简化分布式控制和进一步减少车身线束。

CAN是Controller Area Network的缩写，是ISO国际标准化的串行通信协议，在当前的汽车产业中，出于对安全性、舒适性、方便性、低公害、低成本的要求，各种各样的电子控制系统被开发了出来。由于这些系统之间通信所用的数据类型及对可靠性的要求不尽相同，由多条总线构成的情况很多，线束的数量也随之增加。为适应“减少线束的数量”“通过多个LAN，进行大量数据的高速通信”的需要，1986年德国电气商博世公司开发出面向汽车的CAN通信协议，此后，CAN通过ISO 11898及ISO 11519进行了标准化。

网络架构（Network Architecture）是为设计、构建和管理通信网络提供构架和技术基础的蓝图。

网络构架定义了数据网络通信系统的每个方面，包括但不限于用户使用的接口类型、使用的网络协议和可能使用的网络布线的类型。网络架构最典型的是有一个分层结构。分层是一种现代的网络设计原理，它将通信任务划分成很多更小的部分，每个部分完成一个特定的子任务和用小数量良好定义的方式与其他部分相结合。图 9－1 为电动汽车动力系统简化的网络架构。

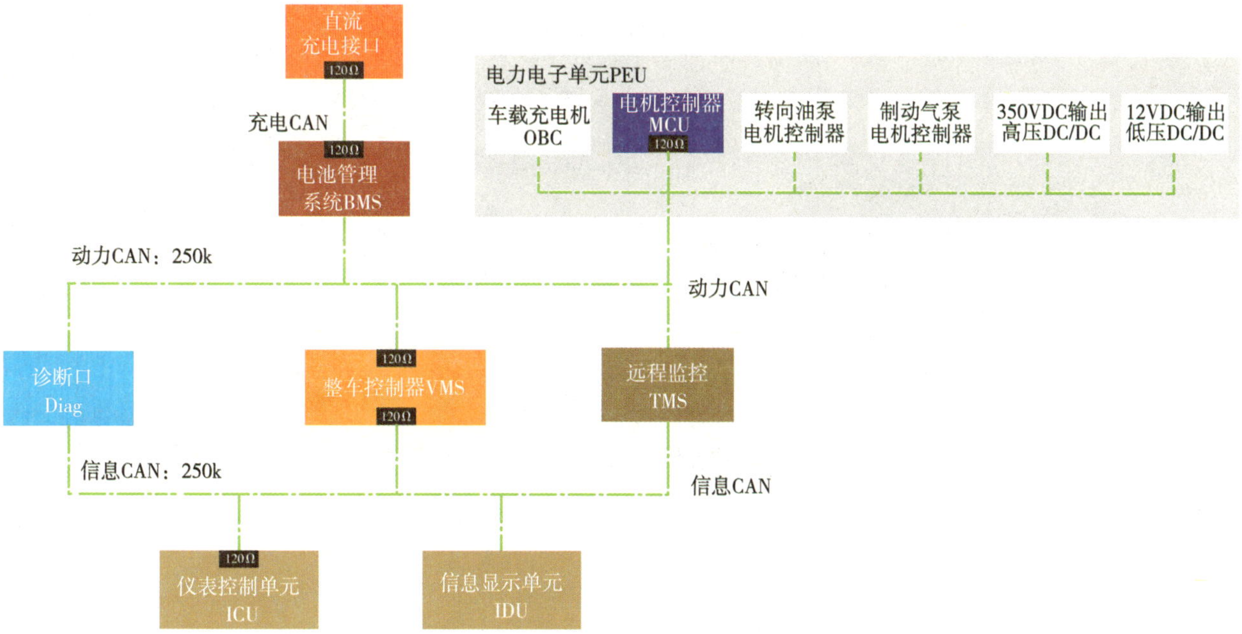

图 9－1　纯电动汽车 CAN 网络架构

图 9－1 中的网络架构将整个动力系统架构分为三个子网络，分别是负责动力系统通信的动力 CAN1，负责与仪表等系统通信的信息 CAN2，以及负责与快速充电接口通信的快充 CAN3。

乘用车开发没有统一的 CAN 总线标准，商用车 CAN 总线开发通常参考 SAE J1939 标准，以 VCU 为网关，满足平台车规范及要求。采用双路总线，一路动力 CAN、一路信息 CAN，通信速率为 250kbps。报文格式采用扩展帧，总线负载率控制在 30%以下，终端电阻安装在最远端控制器内部，采用分列式终端电阻。在 CAN 总线网络开发方面，纯电动汽车与传统汽车没有本质区分，只是在此基础上增加或减少网络节点。

9.2　外部网络接口

为加速电动汽车推广和应用以及加强其安全监管，充分运用信息化手段实现对电动汽车的运行情况进行实时监控，工业和信息化部装备工业司与全国汽车标准化技术委员会共同研究制定了《电动汽车远程服务与管理系统技术规范》，该标准适用于电动汽车，适用车型包括乘用车和商用车。标准分为三个部分：第一部分为总则，规定了电动汽车远程服务与管理系统的总体结构和功能，对公共平台、企业平台和车载终端的关系进行了定义；第二部分为车载终端，规定了电动汽车远程服务与管理系统车载终端的技术要求和试验方法；第三部分为通信协议及数据格式，规定了电动汽车远程服务与管理系统中协议结构、通信连接、数据包结构与定义、数据单元格式与定义。

目前纯电动汽车与外界通信接口通常采用通用分组无线服务技术（General Packet Radio Service，GPRS），是第一代移动通信技术的代表，原理见图 9－2 所示。

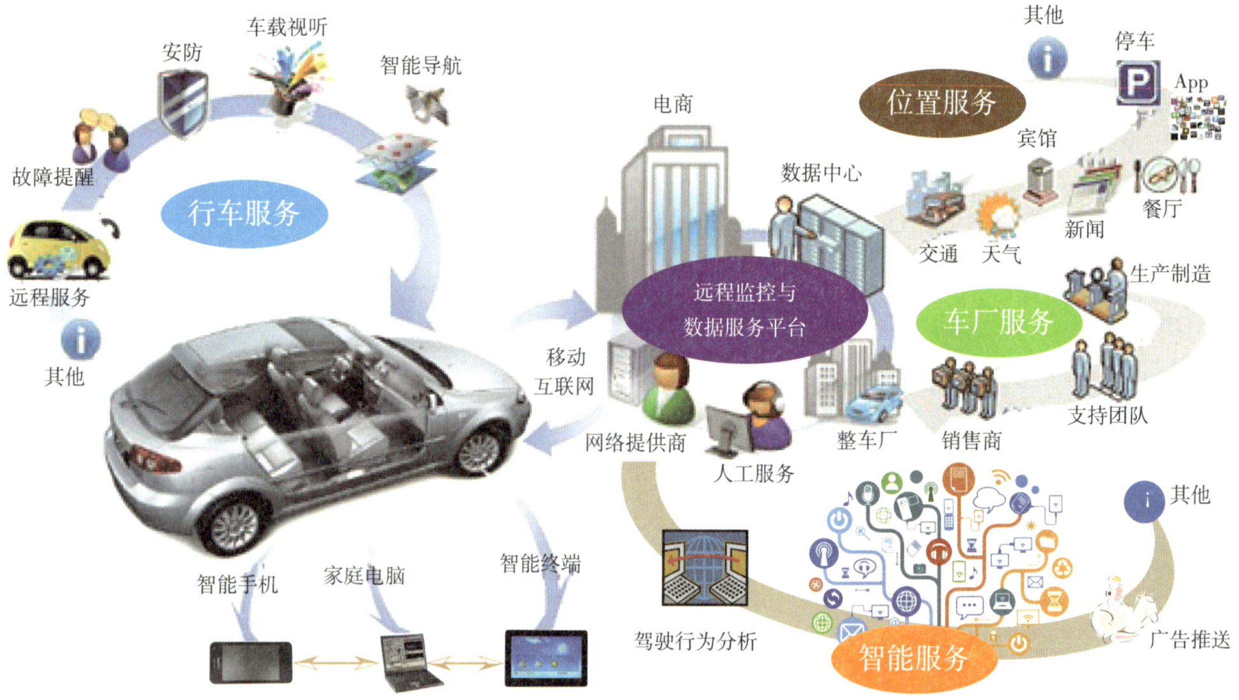

图 9-2 车载远程监控终端原理示意图

远程监控终端能够监控车辆运行状态以及电池、电机实时数据，能够实现车辆位置查询、电池过放电报警等功能，对于整车厂来说，通常不自行开发，都采用外购的方式。表 9-1 为远程监控终端参数需求表。

表 9-1 远程监控终端参数需求表

序号	参数	指标
1	通信制式	GPRS
2	最快传输时间间隔	2s
3	本地存储	SD 存储卡
4	CAN 总线接口	2
5	内置 GPS	4Hz 刷新率，2.5 米定位精度
6	休眠模式	本地休眠×2，用于点火和充电状态唤醒
7	远程固件升级	支持
8	远程故障诊断	SAEJ1939 DM1、UDS、广播故障
9	通信速率	高速 CAN，CAN2.0B，250k、500k
10	供电范围	7VDC～30VDC
11	防护等级	IP54
12	工作条件	工作电压范围：8～36V；工作温度：－40℃～70℃；存储温度：－40℃～85℃
13	振动及冲击标准	振动标准：MIL－STD 810F 514.5 procedure I 冲击标准：MIL－STD 810F 517.5 procedure I

除了整车的参数远程监控和诊断以及程序刷新功能外，远程监控终端通常还具备查询和监控等方面功能。关于车辆位置具体查询，可通过授权的手机拨打车辆远程监控终端的 ID 号码（车载终端里面的手机卡号码），车载终端接收到来电请求后，会用短信自动回复来电的用户，短信内容包含：车辆在当前所在位置的精确坐标代码、日期、卫星时间（精确到秒）和当前行车速度；超速报警（车速超过设定值时，自动报警）；越界报警（设定好目标区域，车辆超出时报警）；远程监听（车载终端设备内置一高灵敏传话器，在不妨碍个人隐私并由管理员授权的情况下，管理员和控制服务中心监听车内发出的任何声音）；车载单线通话（呼叫监控中心，拿下车载通话器，按下上面的红色按钮，松开后等待呼叫接通）；紧急救援（呼叫监控中心，按下隐藏在车内紧急按钮，车载设备依次拨打管理员、服务中心和 VIP 会员号码）；GPS 里程表设置（启动和清零里程表，监控中心启动和清零里程表）；主电掉电报警（断电后报警终端设备的输入电源与车辆电源断开，车载终端报警）；电池过放报警（防止电池过放电，当动力电池 SOC 低于设定值时，发出警报，监控中心响应）。

10 电气原理

电动汽车电气原理的范畴：在传统汽车低压电气原理的基础上，又增加了高压原理。下面将分别阐述这两个方面的设计要求。

10.1 高压原理

整车高压安全对整车高压系统的人员触电防护、高压安全功能和高压系统故障防护等方面均提出了具体需求，以保持高压系统安全运行和确保人员及车辆的安全。

10.1.1 参考标准

整车高压原理设计要参照国内外一些相关标准。表 10-1 给出了高压相关的一些标准。

表 10-1 电动汽车高压相关标准

序号	标准号	标准名称
1	GB/T 18384.1—2001	电动汽车安全要求 第 1 部分：车载储能装置
2	GB/T 18384.2—2001	电动汽车安全要求 第 2 部分：功能安全和故障防护
3	GB/T 18384.3—2001	电动汽车安全要求 第 3 部分：人员触电防护
4	GB/T 28382—2012	纯电动乘用车技术条件
5	GB/T 4094.2—2005	电动汽车操纵件、指示器及信号装置的标志
6	SAE J2344：1998	电动汽车安全
7	UL94	设备和器具部件材料的可燃性能试验
8	ECE R100：01	电动车辆安全
9	GB/T 4208—2008	外壳防护等级
10	SAE J1654：2000	高压电缆
11	ISO 6722.1：2011	道路车辆 60V 和 600V 单芯电缆 第 1 部分：铜导线的尺寸、试验方法及要求
12	GB/T 25085—2010	道路车辆 60V 和 600V 单芯电线
13	GB/T 25087—2010	道路车辆圆形、屏蔽和非屏蔽的 60V 和 600V 多芯护套电缆
14	SAE J1742：2005	道路车辆车载电线束高压连接试验方法和一般性能要求

（续表）

序号	标准号	标准名称
15	ISO 6469：2009	电动道路车辆安全规范
16	GB/T 20234.1—2011	电动汽车传导充电用连接装置　第1部分：通用要求
17	GB/T 20234.2—2011	电动汽车传导充电用连接装置　第2部分：交流充电接口
18	GB/T 20234.3—2011	电动汽车传导充电用连接装置　第3部分：直流充电接口
19	GB 7258—2012	机动车运行安全技术条件
20	GB/T 18387—2008	电动车辆的电磁场发射强度的限制和测量方法
21	ISO 26262：2009	道路车辆功能安全
22	SAEJ1742：2010	车载高压线束连接测试方法和一般要求

10.1.2　高压安全

根据上述的国内外高压相关标准，电动汽车高压安全包括高压下电泄电、人员触电防护、绝缘电阻检测、电位均衡、外壳防护、电气防护、高压环路互锁、开盖互锁防护、短路及过流保护、手动维修开关、充电行车互锁、高压上电预充电、动力电池碰撞安全防护、爬电距离要求、阻燃要求、高压线束安全、高压连接器和急停开关等方面。

高压下电泄电要求，高压回路在断开与动力电池的连接后，其电压应在1s内降至60VDC以下。建议参考ECE R100.01中的要求，正负极接触器断开后1s内电压降至60VDC以下，高压上电指令优先于下电泄电。

人员触电防护要求，Ⅰ类绝缘要求高压部件外壳为可导电材料，仅依靠基本绝缘对内部带电部件进行防触电保护，高压部件外壳与电底盘良好连接。

绝缘电阻检测要求，电动车辆应具有实时的绝缘电阻检测装置，监控母线两极对电底盘的绝缘电阻，且绝缘阻值应满足GB/T 18384中对绝缘电阻的要求。

电位均衡要求，应满足GB/T 18384中电位均衡的要求。

外壳防护要求，高压系统零部件需标有警示标志并注有文字说明，高压带电部件应有防护外壳保护，防护外壳具有足够的机械抵抗力，且防尘防水等级应满足GB/T 4208—2008中规定的要求。

电气防护要求，防护外壳与其内部的带电部件之间应满足GB/T 18384—2001中规定的耐压试验要求。

高压环路互锁功能要求，整车应能检测高压回路连通状态，并做故障处理。

开盖互锁防护要求，高压部件开盖处设置互锁开关，在开盖时断开高压连接。

短路及过流保护功能要求，整车高压回路应具有过流保护功能。

高压配电回路要求，应设计高压熔断器，在高压负载或高压线束发生短路或过流故障时起到保护作用。

手动维修开关要求，高压电路中应设计高压维修开关，在电动汽车维护检修时切断动力电池的输出。动力电池的电气中间位置应设计手动维修开关，多箱系统的应在每个箱体的电气中间位置设置手动维修开关。

充电行车互锁功能要求，进行充电操作时应满足GB/T 20234—2011《电动汽车传导充电用连接装置》中的要求。充电线连接状态下，车辆禁止行驶；充电结束后，需经过至少2次连续有意识的动作，车辆才能恢复行驶。

高压上电预充电功能要求，高压系统上电须经过预充电过程，以降低高压系统与动力电池连通时冲击电流对主接触器的冲击，预充电电压需达到动力电池电压的 95%，再闭合正极接触器。

动力电池碰撞安全防护功能要求，车辆在发生碰撞事故时，在一定时间内（可标）断开动力电池与整车的连接并在规定时间内（可标）泄放无源高压回路中的电能至 0.2J 以下。

爬电距离要求方面，连接端子的带电部分和电底盘之间，或者两个电位不同的带电部分之间的沿绝缘材料表面的最短距离须满足 GB/T 18384 中关于爬电距离的要求。

阻燃要求，动力电池及其他高压器件的塑料部分的阻燃性能应满足 UL94《设备和器具部件材料的可燃性能试验》中的 V0 等级。

高压线束安全要求，高压电缆需有保护层，耐压性能需满足 SAE J1654 中的性能要求，火花测试达到 SAE J1654 中表 1 的要求，高压线缆的耐热能力应满足 GB/T 25085 和 GB/T 25087 中对耐热能力的要求，耐热性能应满足 ISO 6722：2011 中对耐热能力的要求。

高压连接器要求，应该满足 SAE J1742 中的性能要求，高压连接器与高压电缆之间必须为加强绝缘，高压连接器对接之后的防护等级应能达到 IP67 以上，高压连接器公端和母端必须考虑装配顺序，装配时先上电的部件插座端为母端，高压插头端为公端。

急停开关要求，整车应设有急停开关，具有在行车紧急情况下切断动力电池与整车的连接功能。急停开关设置在驾驶员的手可触及的地方，用以紧急情况下手动断开高压连接，急停开关还应具有防止误操作的保护装置。

整车开发过程中，会有不同类型的样车试制，由于样车试制目的不一样，通常不同样车对高压安全方面的功能需求不尽相同。表 10-2 给出了功能样车、工程样车和产品样车在高压安全功能方面的要求。

表 10-2 各类样车在高压安全功能方面的要求

<table>
<tr><th colspan="3">安全需求</th><th>功能样车</th><th>工程样车</th><th>产品样车</th></tr>
<tr><td rowspan="9">人员触电防护</td><td colspan="2">高压下电泄电</td><td>●</td><td>●</td><td>●</td></tr>
<tr><td>Ⅰ类绝缘</td><td rowspan="2">二选一</td><td>●</td><td>●</td><td>●</td></tr>
<tr><td>Ⅱ类绝缘</td><td>—</td><td>—</td><td>—</td></tr>
<tr><td colspan="2">绝缘电阻检测</td><td>●</td><td>●</td><td>●</td></tr>
<tr><td colspan="2">电位均衡</td><td>●</td><td>●</td><td>●</td></tr>
<tr><td colspan="2">外壳防护要求</td><td>●</td><td>●</td><td>●</td></tr>
<tr><td colspan="2">电气防护要求</td><td>●</td><td>●</td><td>●</td></tr>
<tr><td colspan="2">高压环路互锁</td><td>◉</td><td>◉</td><td>●</td></tr>
<tr><td colspan="2">开盖互锁防护</td><td>○</td><td>○</td><td>○</td></tr>
<tr><td rowspan="10">功能安全及故障防护</td><td colspan="2">短路及过流保护</td><td>●</td><td>●</td><td>●</td></tr>
<tr><td colspan="2">手动维修开关</td><td>●</td><td>●</td><td>●</td></tr>
<tr><td colspan="2">急停开关</td><td>○</td><td>○</td><td>○</td></tr>
<tr><td colspan="2">充电行车互锁</td><td>●</td><td>●</td><td>●</td></tr>
<tr><td colspan="2">高压上电预充电</td><td>●</td><td>●</td><td>●</td></tr>
<tr><td colspan="2">碰撞安全防护</td><td>○</td><td>○</td><td>◉</td></tr>
<tr><td colspan="2">爬电距离要求</td><td>●</td><td>●</td><td>●</td></tr>
<tr><td colspan="2">阻燃要求</td><td>●</td><td>●</td><td>●</td></tr>
<tr><td colspan="2">高压线束要求</td><td>●</td><td>●</td><td>●</td></tr>
<tr><td colspan="2">高压连接器要求</td><td>●</td><td>●</td><td>●</td></tr>
</table>

注：“●”为必须要求，“◉”为建议要求，“○”为可选要求，“—”为无此要求。

10.1.3 整车高压原理

整车高压原理反应了整车上高压部件之间的高电压回路架构，图 10－1 给出了一种集成式的整车高压原理，从图中可以看出，直流和交流充电功能被集成到动力电池包中，电力配置单元 PDU、逆变器、DC/DC 和车载充电机 OBC 等被集成到电力电子单元 PEU 中。整车高压电路较为简洁，电力电子单元 PEU 相当于人的“心脏”，通过它向整车其他部件供电。

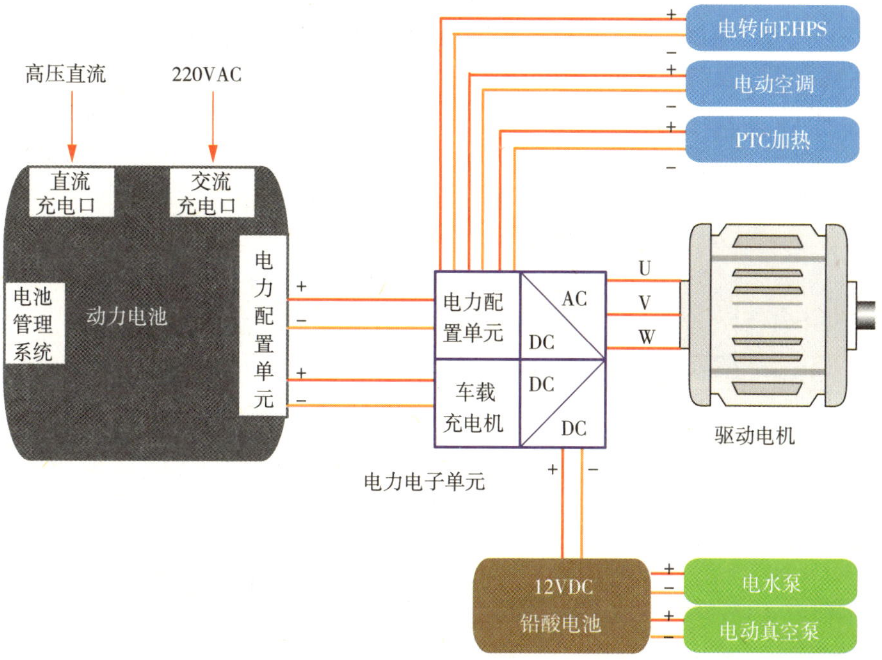

图 10－1 整车高压原理示意图

从图 10－1 可以看出，交流充电回路是，通过电池包上的交流充电口接入 220VAC 交流电，再通过电池包内部的电力配置单元将交流电传送给电力电子单元 PEU 中的车载充电机 OBC，OBC 将电流逆变成直流电，然后通过 PEU 中的电力配置单元再传送回电池包的电力配置单元给动力电池充电。

10.1.4 电池高压原理

图 10－2 给出了一种动力电池系统高压原理。从图中可以看出，该系统把直流和交流充电功能集成到电池包内部，将高压母线正负继电器和高压预充功能集成到电池包内，将电池管理系统 BMS 集成到电池包内，在电池包内配置了手动维修开关 MSD，采用 4 点电压测量，采用在正极设置电流传感器。综上所述，整个电池包集成了动力电池模组、电池管理系统 BMS、直流充电功能、交流充电功能、高压母线通断和预充等功能。

图 10－2 中直流和交流充电功能中设置了熔断器，实际上也可以不设置熔断器，前提条件是这两路线束采用与母线一致的高压线，这样可以由 MSD 中的熔断器来保护这两条线路。

10.1.5 电驱高压原理

图 10－3 给出了一种集成式电力电子单元 PEU 的高压原理。从图中可以看出，该电力电子单

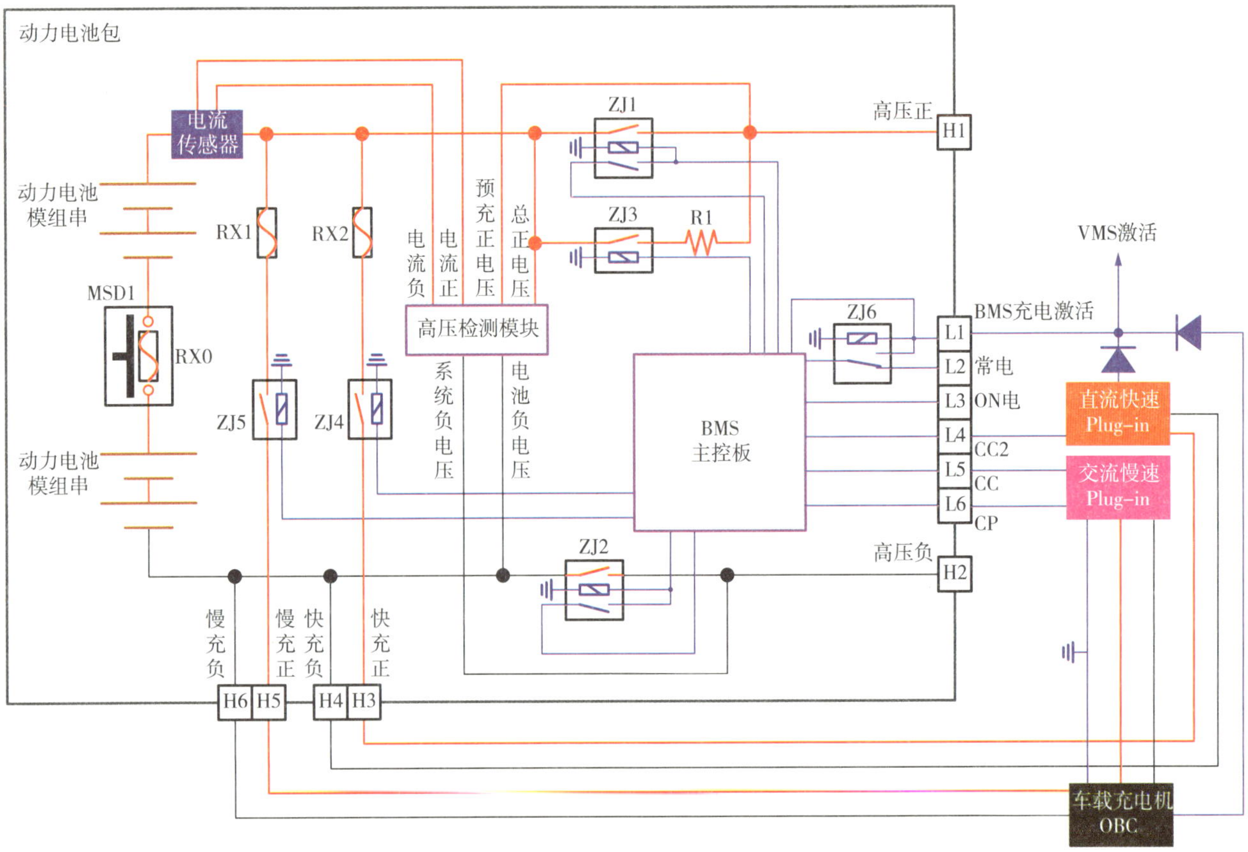

图 10-2 动力电池系统高压原理

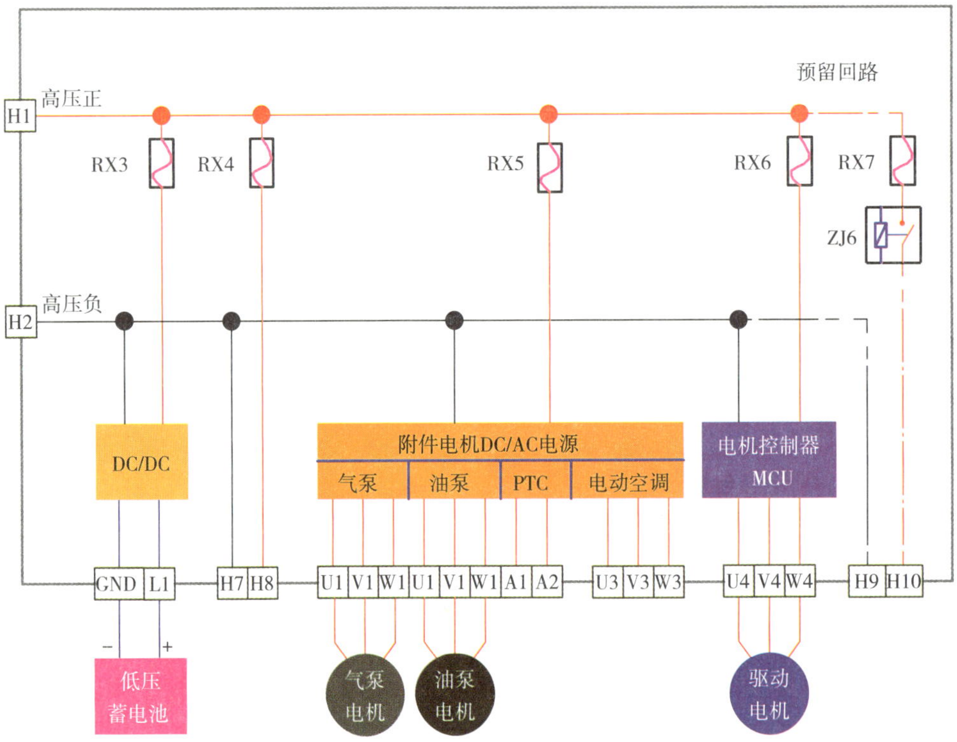

图 10-3 电力电子单元 PEU 高压原理

元集成了驱动电机控制器 MCU、DC/DC、转向油泵电机控制器、制动气泵电机控制器、电动空调高压接口、PTC 高压接口等，在母线回路的每一个分支回路都设置了熔断器，且预留了一路高压输出。

从图 10-3 可以看出，电力电子单元负责给整车所有的高压部件提供高压源，PEU 中的一些需要冷却的功率器件可以共用一个冷却水板，形成一个水冷集成式电力电子单元。

10.2 低压原理

整车电气需求设计，主要对整车电气设计所需的标准、系统需求、电气架构以及静态电流要求进行明确。低压系统设计的主要内容包括：明确（高）低压电源电压等级，确定整车常规及极限功耗下的功率，确定仿真用电器功耗、低压电气原理设计、整车上下电时序等。

10.2.1 参考标准

表 10-3 给出了整车低压系统设计过程中需要参考的标准情况。

表 10-3 整车低压系统设计相关标准

序号	标准号	标准名称
1	GB/T 4094.2	电动汽车操纵件、指示器及信号装置的标示
2	GB/T 18384	电动汽车 安全要求
3	GB/T 18385	电动汽车 动力性能 试验方法
4	GB/T 18386	电动汽车 能力消耗率和续驶里程 试验方法
5	GB/T 18488	电动汽车用电机及其控制器
6	GB/T 19596	电动汽车术语
7	GB/T 19836	电动汽车用仪表
8	GB/T 20234	电动汽车传导充电用连接装置

10.2.2 整车电气原理

图 10-4 给出整车低压电气原理，从图中可以看出，整车电气主要由电池、电机、电控三大电组成。

整车低压电气方面通常会有一些需求，比如，为了监测电池母线主正/负接触器的关闭情况，要求主正/负极接触器自带辅助触点，或采用 4 点电压监测分析，由 BMS 控制实现反馈监控。为了防止高压插接件的虚接等情况，整车各高压接插件以及 MSD 要求设置低压互锁信号，由 BMS 进行检测控制。为了给母线上挂载的电容充电，防止主正/负接触器闭合瞬间大电流，要求整车高压系统中必须设置预充电回路，从而避免高压接触器损坏。

10.2.3 整车低压电耗

表 10-4 分永久耗电器、中长期耗电器、短期耗电器三类用电需求统计整车低压耗电情况。

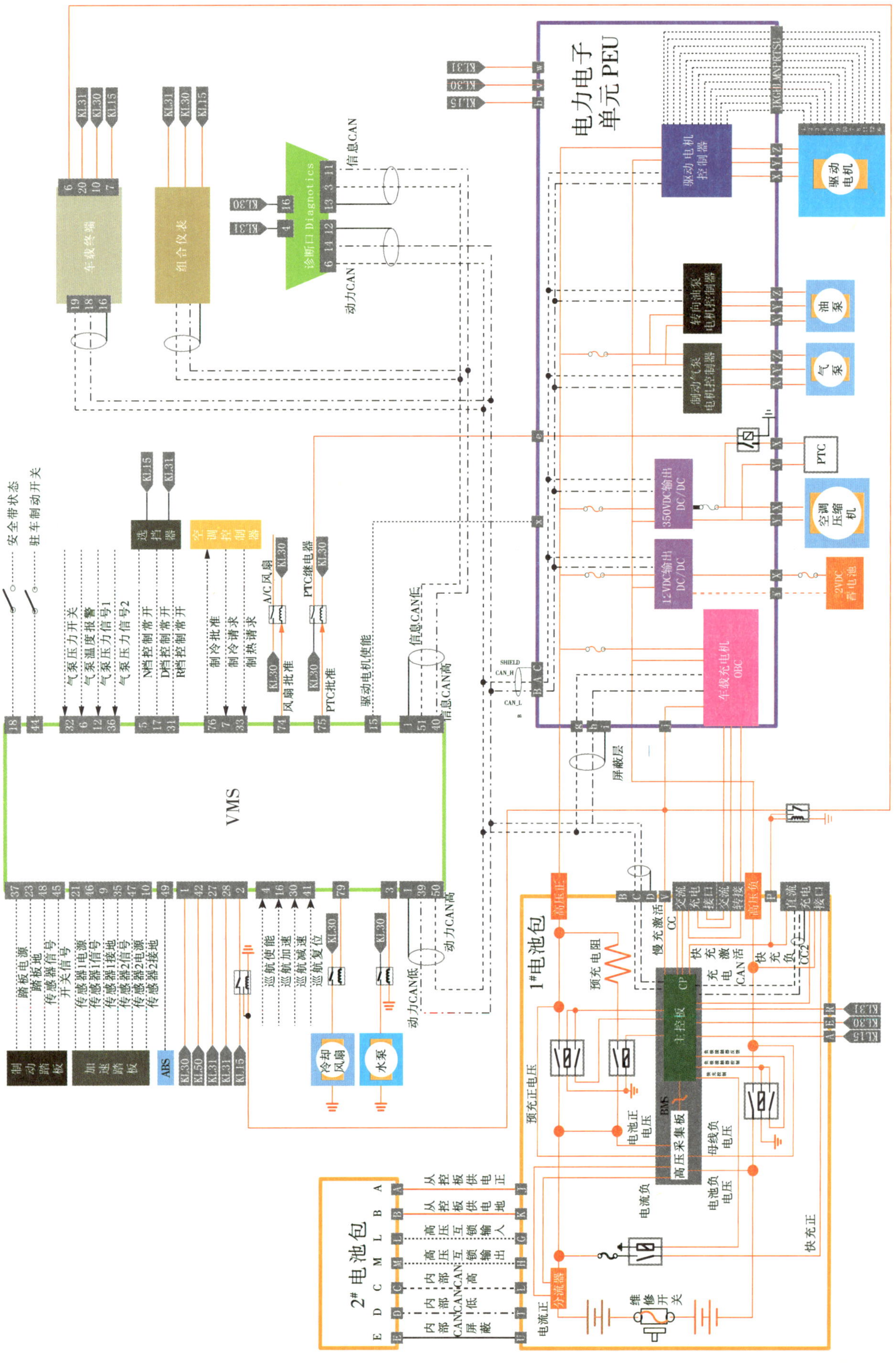

图10-4 整车低压电气原理

表 10－4 整车低压耗电需求

序号	类	部 件	功率（W）	计算值（W）		需求值（W）		合计（W）
1	永久耗电器	整车控制器	2.5	×1	50	×1	50	1339.5
2		动力电池	120	×1	120	×1	120	
3		水泵	900	×1	900	×1	900	
4		仪表	48	×1	48	×1	48	
5		电机	30	×1	23	×1	23	
6		电力电子单元 PEU	195	×1	195	×1	195	
7		GPRS	3.5	×1	3.5	×1	3.5	
8	中长期耗电器	远光灯	135	×0.5	67.5	×1	135	564.5～1054.6
9		小灯	5.6（×4）	×0.5	11.2	×1	22.4	
10		牌照灯	5.6（×2）	×0.5	5.6	×1	11.2	
11		收音机	100	×0.6	60	×1	100	
12		冷却系统电子扇	456	×0.7	319.2	×1	456	
13		空调系统—鼓风机	170	×0.5	85	×1	170	
14		空调系统—冷凝风机	160	×0.1	16	×1	160	
15	短期耗电器	转向灯	24×4	×0.1	9.6	×1	96	167～1802
16		制动灯	24×2	×0.1	4.8	×1	48	
17		室内灯	5×2	×0	0	×1	10	
18		倒车灯	21（×2）	×0.1	4.2	×1	42	
19		洗涤泵电机	34（×2）	×0	0	×1	68	
20		点烟器	100	×0	0	×1	100	
21		中控门锁	120	×0	0	×1	120	
22		喇叭	90	×0	0	×1	90	
23		电动窗	360	×0	0	×1	360	
24		雨刮器电机	96	×0.25	24	×1	96	
25		雾灯	(62＋24）×2	×0.2	34.4	×1	172	
26		组合式空气干燥器总成（带消声器）	100	0.1	10	×1	100	
27		ABS	400	×0.2	80	×1	400	
总 计								2071～3197.1

从表 10－4 可以看出，整车低压功率需求范围为 2～3kW。为了能够满足整车低压系统正常工作，所匹配的低压 DC/DC 功率必须大于 2kW，选择 2.8kW 以上最优。

10.2.4 整车静态电流

在整车静态放置 30 天的情况下，静态电流引起的蓄电池电量下降值不大于蓄电池额定容量的 25％，计算公式如下：

$$\frac{\text{整车静态电流（mA）}\times 24\text{h}\times\text{存放天数}}{1000\times\text{低压蓄电池容量（Ah）}}\leqslant 25\% \tag{10-1}$$

表 10－5 给出了整车静态电流统计数据。

表 10－5 整车静态电流统计

序号	零部件名称	静态电流限值（mA）
1	VMS	0.4
2	BMS	0.5
3	PEU	1
4	GPRS 远程监控控制器	1
5	ABS	1
6	组合仪表总成	3
7	CD 机总成	5
8	中控锁控制器	3
9	鼓风电机（24V）	0.2
10	（电子风扇）调速电阻（24V）	0.19
合　计		15.29

若是选取蓄电池容量 80Ah（串联蓄电池容量按照单个蓄电池计算），根据式（10－1）可以得出整车静态电流上限值为 27mA，与表 10－5 中的统计数据 15.29mA 对比，可以得出设计需求可以满足。

10.2.5 整车上电时序

图 10－5 给出了一种电动汽车整车上电时序，简单来说就是先上低压和后上高压的操作顺序。

钥匙拧到 ACC 之后，低压附件部分电气上电和 VCU 引电模块上电。整车进入 ACC 状态后，当钥匙旋转到 ON 位置时，则通过某特定 DAC 引脚“通知”整车控制器的电源管理芯片，控制整车控制器主芯片得电运行。整车控制器得电后随即低压电源继电器闭合，将低压蓄电池 12/24V 弱电引至电机控制器、动力电池管理系统、发动机控制器等子控制器。待所有子控制器上电完成并自检成功后，通过 CAN 总线向整车控制器反馈上弱电成功信号。然后启动整车控制器 VCU 通知电池管理系统 BMS 启动高压预充和闭合直流母线主正/负接触器，闭合成功后经整车控制器确认完毕后，由其点亮仪表盘相应指示灯，至此，整车进入 ON 状态。

10.2.6 整车下电时序

图 10－6 给出了一种电动汽车下电时序，与上电时序一样，整车上的各个控制器下电也需要预先安排一个时序，以免损坏车上的电气部件。

电动汽车下电时序总体的原则就是先下高压，再下低压，与上电刚好相反。上电时序是先上低压，后上高压。

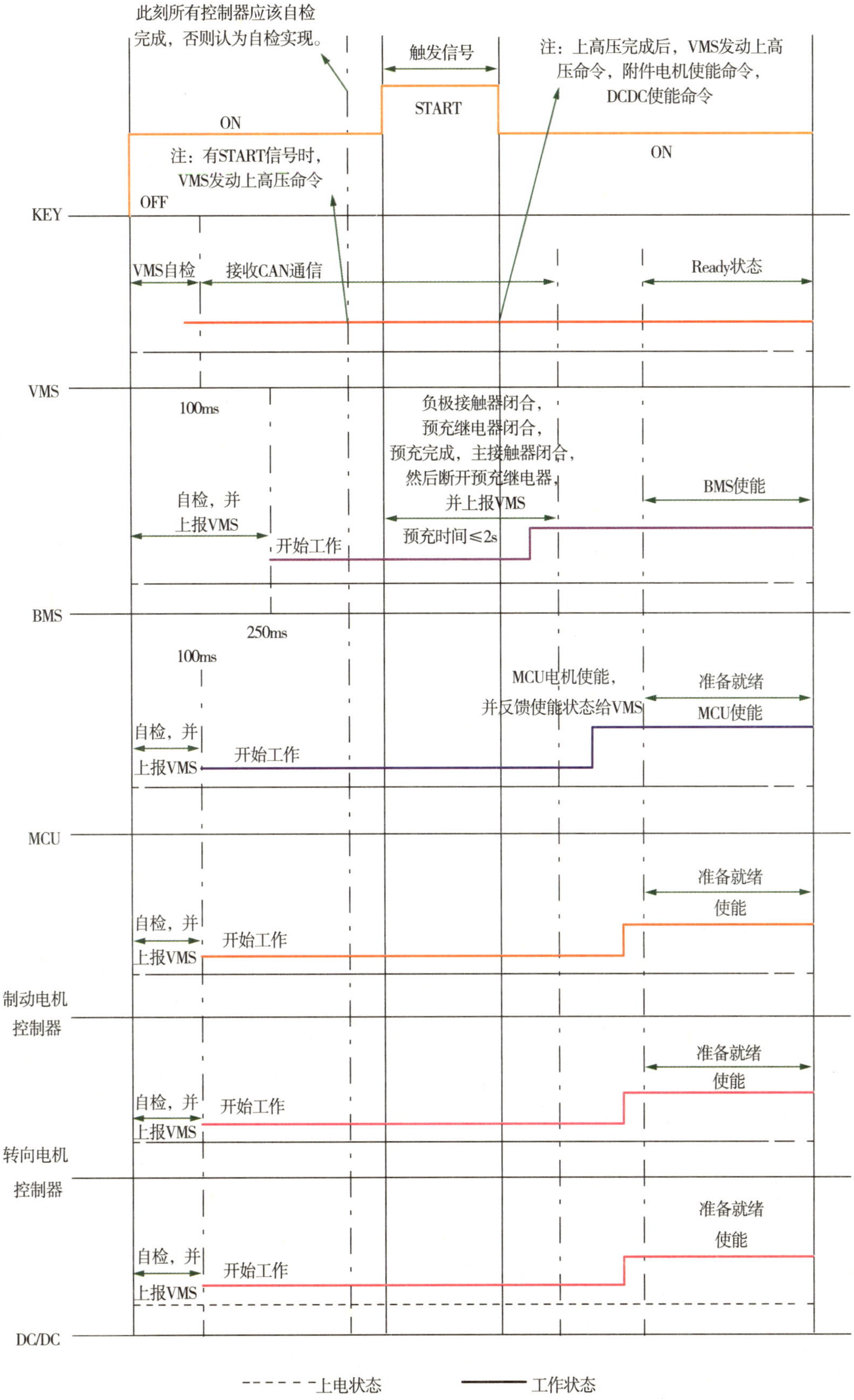

图 10 - 5　电动汽车上电时序

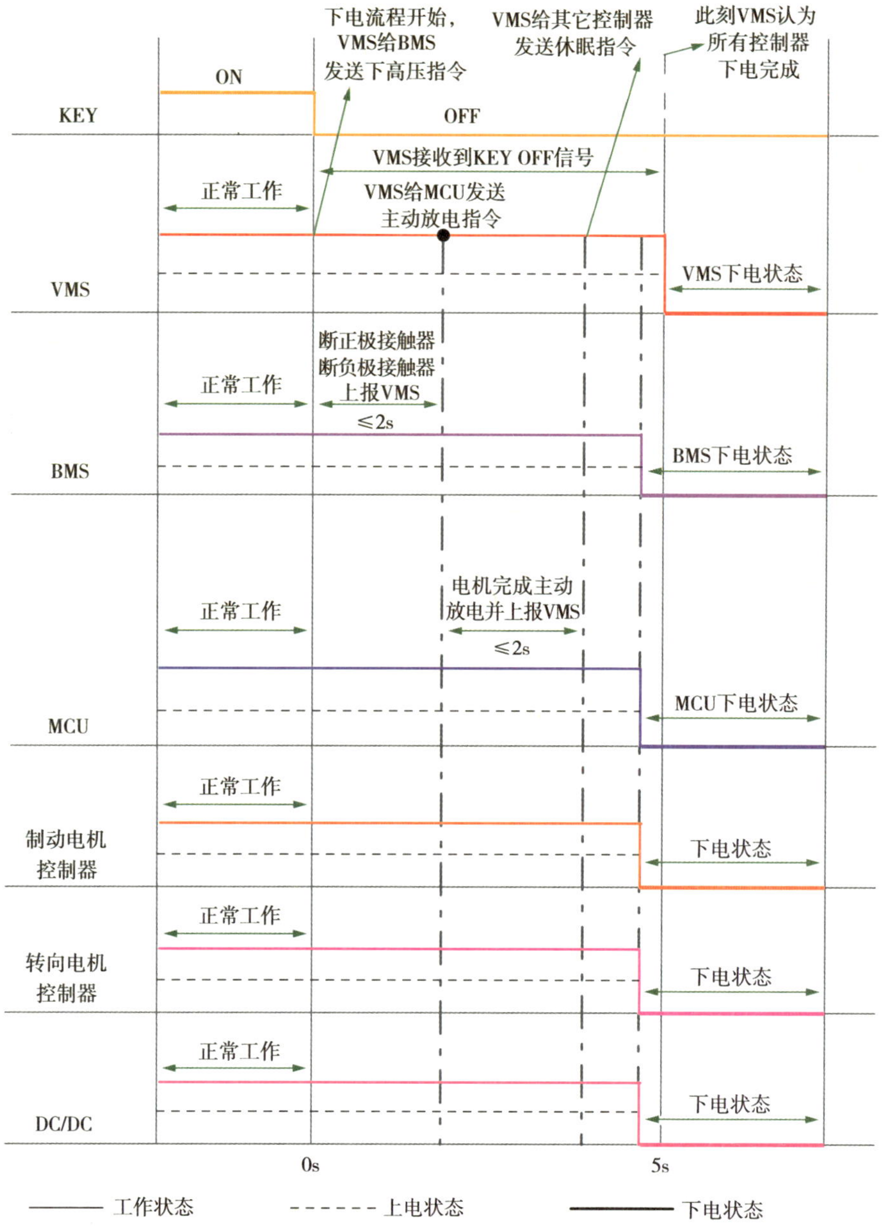

图 10-6 电动汽车下电时序

11 电子电器

整车上的电子电器包括仪表、低压线束、空调、车灯和娱乐等系统，本章只讲述在传统车辆基础上需要改动的低压线束、组合仪表和空调系统三个关键的电子电器部件。

11.1 整车低压线束

整车低压线束设计需要参考标准 SAE J1742：1998、QC/T 29106—2014 汽车电压电线束技术条件、QC/T 413 汽车电气设备基本技术条件和 Q/FT A036 汽车产品用低压电线束技术条件等。

低压插接件的选取要保证与电气的良好接触，使接触电阻合适，提高可靠性，优先选用双弹簧式压紧结构的插接件，根据导线的截面积和通过的电流的大小合理选择插接件。低压线束技术指标如表 11－1 所示。

表 11－1 低压线束技术要求

序号	内容		单位	低压线束
1	电气性能	绝缘电阻	MΩ	20
		耐压	V	2500
		连接电阻	Ω	3
		工作电压	V	600
		工作电流	A	120
2	耐候性能	温度	℃	−40～125
		温度升高	℃	30
		冷冻环境	℃	−40
		防护等级	—	IP67
3	机械性能	振动	—	SAE J2223
		盐雾	—	96H
		老化	—	150℃ 108h

表 11－2 给出了导线公称截面积及对应最小拉力。

表 11-2 导线公称截面积及对应最小拉力

导线公称截面积（mm^2）	0.30	0.50	0.85	1.00	1.50	2.00	2.50	3.00	4.00	5.00	7.00
最小拉力（N）	40	80	100	120	140	160	200	260	300	360	500

表 11-3 给出了端子与电线之间的电压降关系需求。

表 11-3 端子与电线之间的电压降关系需求

导线截面积（mm^2）	试验电流（A）	电压降（mV）	导线截面积（mm^2）	试验电流（A）	电压降（mV）
0.50	5	3	3.00	35	18
0.85	10	5	4.00	35	18
1.00	15	8	5.00	40	20
1.50	20	11	7.00	40	≤20
2.00	30	16	10.00	50	≤25
2.50	30	16	—	—	—

11.2 高压线束及插件

高压线束及插件是电动汽车与传统汽车最大区别之一，对电动汽车的重要性之于人体的血管，下文将从开发需求、技术要求等方面简单介绍。

11.2.1 开发需求

高压线束总成是专为连接电动汽车电能系统与动力单元及高压附件的能量传输通道，表 11-4 给出了高压线束开发需求。

表 11-4 高压线束开发需求

序号	设计要求		单 位	参 数
1	电气性能	绝缘电阻	MΩ	20
2		耐压	V	2500
3		连接电阻	mΩ	3
4		工作电压	V	1200
5		工作电流	A	0～350
6	耐候性能	工作温度	℃	-40～125
7		温升极限	℃	60
8		存储环境	℃	-20～85
9		防护等级	—	IP67
10	机械性能	振动	—	SAE J2223
11		盐雾	—	96H
12		老化	—	150℃ 108H

注：在表中规定的环境要求范围内，高压线束应能完全发挥其产品性能，且储存两年后能正常工作。

11.2.2 技术要求

高压线束包括线缆、端子、接插件、固定件、橡胶件、波纹管、保护结构、屏蔽结构等，必须满足性能、尺寸、重置、布置、电磁干扰、噪声干扰、安全性、可靠性、耐久性、维修性、目标市场法律法规符合性等相关的高压线束标准。

在工作环境下，工作电压的额定电压为588V，最大峰值电压为670V，在此电压范围内，电气功能不能降低，所有的高压线束的组件都应在寿命周期内满足此系统电压要求。

高压线束必须满足电流要求，电流不会因为温度上升导致电气性能的减弱或者消失，最大稳态电流温度不应超过电缆绝缘层和所接触附件所能承受的最高温度。

11.2.3 高压插件

高压插件，也称高压端子，一般要求在温度循环变化、震动、电动力学应力和热应力等条件下，都应该保持正常的连接。如果采用螺栓螺母连接，则它们需要有反锁装置用以降低系统的易损坏性，例如采用弹簧垫片或锁紧螺母。连接器的防护等级要达到IP67。连接器应有一个锁紧装置以避免意外分离或接触不良。如果线束是通过圆形接线端子连接在用电器的极柱上，则应通过间距或者机械机构来保证接线端子不能和极柱之外的任何非绝缘体接触。连接器要具有高压互锁的功能，以防止意外操作。如果连接器断开，应达到IP2XB的防护要求。

(1) 连接器要求：电缆和电缆连接装置应有正向锁止的特性，要符合SAE J1742标准的要求，锁止力应满足表11-5中要求。

表11-5 高压电缆连接器锁止力要求

序号	电缆尺寸（mm^2）	力（N）
1	10，16，25	150
2	35	550

注：表中需求的锁止力是基于连接器中最大电缆尺寸。

(2) 连接电阻要求：连接电阻需满足表11-6的要求。

表11-6 高压线缆连接电阻要求

电缆尺寸（mm^2）	初始最大连接电阻（mΩ）	生命周期结束后最大连接电阻（mΩ）
10，16，25	1	1
35	0.5	0.5

(3) 高压端子在护套内的保持力要求：见表11-7所示。

(4) 高压端子铆压后端子与线缆的最小拉力要求：见表11-8所示。

表11-7 高压端子在护套内的保持力

电缆尺寸（mm^2）	力（N）
10，16，25	150
35	450

表11-8 高压端子铆压后端子与线缆的最小拉力

电缆尺寸（mm^2）	力（N）
10，16，25，35	600

(5) 绝缘电阻要求：绝缘电阻应通过在没对相邻的触点之间施加500VDC来测量，然后把所有触点连接在一起，用金属箔包裹连接器并接地，测量所有触点和金属箔之间的绝缘。绝缘电阻应至少为20MΩ。

(6) 耐受电压测量要求：电压为2500VAC或者2800VDC。测量方法为每两个相邻的触点测试1分钟，然后把所有触点连接在一起，用金属箔包裹连接器并接地，测量所有触点和金属箔之间的来电压，试验中不得发生电介质击穿或者烧毁现象。

(7) 密封连接器的水密性试验要求：密封连接器的水密性试验为IPX7，测试方法参照GB 4208中相关要求。

(8) 老化测试要求：将样品放置于试验仪器内，温度升至105℃，保持1080小时。试验过程中连接器不应断开。对配对之连接器，通过目测不应有龟裂和变形。

(9) 震动测试要求：震动的要求应按照SAE J2223—2的要求进行，并满足其要求。

(10) 盐雾测试要求：此测试应参照ASTM B 117 5.1.1要求，试验时连接器的触点完全啮合，电缆接通，周期为96小时。试验样品应通过绝缘检测测试。

所有连接器的针脚都应有明确的数字、字母、符号等标记来识别。

11.2.4 高压电缆

高压线束颜色（Color of High Voltage Harness）：高压线束的颜色为橙色，包括电缆、护套和线束保护件（包括胶带、波纹管），用来警示高压。在电机的三相线两端必须有不同颜色的带有编码（U、V、W）的标识来区分。

防水性能要求：高压线束与用电器啮合后要求防护等级为IP67，其中线束在车身上的穿孔要求也为IP67。

机械防护要求：高压线束布置方案需要考虑避免其受到损坏，其中车辆底盘部位外露的部分必须有机械保护，以防止高压线束因石头等硬物及积雪刮擦而损坏。

振动和机械冲击不应造成电缆绝缘体的损坏，同时也不能导致电气连接器的松落。作为最低限度的要求，连接系统必须保证在任何平面上以最大为3*g*加速度振动情况下仍能持续稳定的工作，并且以总位移为1mm的最简单的简谐波形式振动。

绝缘要求要求：BOL高压线束总成的绝缘电阻应大于20MΩ，EOL高压线束的绝缘电阻应大于1kΩ/V。测试时需要在（20±10）℃的环境温度下，在有一个大小为三倍动力电路标称电压的直流电压持续作用并且达到稳定状态下进行。此时，高压线束不连接任何其他部件。

目标寿命要求：高压线束的目标寿命在暴露环境下一般为10年，或客户使用17万公里，或总使用时间为9300小时。

高压安全要求：在最高转速下保持零部件完整，要提供高压互锁连接头，还要提供防腐蚀保护；高压线束上必须贴有高压用电安全标识。

材料要求：由供应商根据产品的设计、耐久性和性能等要求来确定具体材料的选择。所有零部件必须满足我国颁发的《汽车产品回收利用技术政策》及欧洲有关汽车零部件回收的相关法律法规。供应商应负责提供每个零部件的详细材料分解表，并标出塑料零部件的可再循环利用的鉴别标志。

11.2.5 性能需求

高压线束及插件在电气、机械、温度、环境、热和燃烧等条件下的性能需求见表11-9所示。

表 11－9 高压线束及插件性能需求

序号		项 目	标准	性能指标	备 注
1	电气	绝缘体积电阻率	ISO 6722	≥109ΩMmm	
2		耐电压	ISO 6722	＞3kV	
3		耐高压测试	ISO 6722	＞5kV	30min
4		导体电阻	ISO 6722	ISO 6722	在 20℃
5	机械	耐拉伸性	ISO 6722	≥12N/mm²	
6		延展性	ISO 6722	＞150％	
7		耐磨性	ISO 6722	≥5000 次	
8	热	热收缩性	ISO 6722	≤4％	175℃，15min
9		压力测试	ISO 6722	无断裂	(150±2)℃
10	霉菌	霉菌测试	ISO 6722	无霉菌	
11	阻燃	抗火焰传播性	ISO 6722	灭火时间＜70s	在小于 50mm 中心火焰距离内无燃烧
12	低温	低温卷绕试验	ISO 6722	无裂纹/无断裂	耐受电压 1kV，1min
13		动态冷弯曲试验	ISO 6722	无裂纹/无断裂	
14		低温冲击试验	ISO 6722	无裂纹/无断裂	
15	高温	缺口冲击试验	ISO 6722	无裂纹/无断裂	
16		热老化试验	ISO 6722	无裂纹/无断裂	(180±2)℃/336H 耐受电压 1kV，1min
17		热过载	ISO 6722	无裂纹/无断裂	(230±2)℃/20H 耐受电压 1kV，1min
18		老化试验	ISO 6722	无裂纹/无断裂	(150±2)℃/3000H 耐受电压 1kV，1min
19	环境	湿热测试	ISO 6722	无裂纹/无断裂	耐受电压 1kV，1min
20		耐臭氧性	ISO 6722	无裂纹	
21	耐腐蚀	多级机油	ISO 6722	无裂纹/无断裂	
22		自动变速箱油	ISO 6722	无裂纹/无断裂	
23		防冻剂	ISO 6722	无裂纹/无断裂	
24		发动机舱盖密封胶	ISO 6722	无裂纹/无断裂	
25		润滑油	ISO 6722	无裂纹/无断裂	
26		汽油	ISO 6722	无裂纹/无断裂	
27		柴油	ISO 6722	无裂纹/无断裂	
28		转向齿轮油	ISO 6722	无裂纹/无断裂	
29		制动液	ISO 6722	无裂纹/无断裂	

11.3 组合仪表系统

组合仪表的开发包括需求、显示内容和测试标准。

11.3.1 开发需求

电动汽车组合仪表显示内容、开发参数等见表 11－10 所示。

表 11-10　组合仪表开发需求

序号	指　标	单　位	参　数
1	额定电压	V	24
2	工作电压范围	V	16～32
3	工作温度范围	℃	−40～80
4	静态电流	mA	不大于 3
5	防尘	—	正面防尘
6	车速表耐久性	km	10 万
7	转速表耐久性	h	400
8	气压表耐久性	—	3 万次
9	电压表耐久性	—	2 万次
10	电流表耐久性	—	3 万次

电动车仪表外形全新设计，采用“实体表头+8 寸 TFT 液晶显示屏+指示灯”的形式，软件、硬件全新设计。仪表表盘分三个部分：实体表头、8 寸 TFT 液晶屏、指示灯。整个仪表设计样式见图 11-1 所示。

图 11-1　组合仪表样式

从图 11-1 可以看出，实体表头有两个，分别为车速表和电机转速表。8 寸 TFT 液晶屏包括两个虚拟表头（电压表、电流表），并对里程（小计、总计）、能耗（平均、瞬时）、挡位（D、N、R）、故障信息及部分报警灯和电动车特殊需求进行显示。指示灯 40 个，15 个在液晶屏内显示，25 个在液晶屏外显示。

11.3.2　显示内容

电动汽车仪表开发必须遵守国家标准 GB/T 19836—2005《电动汽车用仪表》，表 11-11 给出了指示仪表装置的显示内容。

表 11－11　指示仪表装置显示内容

序号	名　称	图　标	颜　色
1	车速表	表头	
2	动力系统功率表	表头	
3	SOC 显示	表头	
4	电池温度显示	表头	
6	平均电耗	文字显示	
7	续航里程	文字显示	
8	挡位指示	RND	
9	系统准备完毕指示灯	READY	绿色
10	小计里程	文字显示	
11	总里程	文字显示	

表 11－12 给出了警告和指示信号装置的显示内容与图标。

表 11－12　警告和指示信息装置显示内容

序号	名　称	图　标	颜　色
1	动力电池故障指示灯		红
2	高压断开指示灯	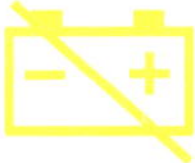	黄
3	电机系统过热指示灯		红
4	驱动电机故障指示灯		红
5	充电插头接入指示灯		红
6	充电指示灯		黄/绿
7	系统故障指示灯		红
8	SOC 低指示灯	SOC	红
9	绝缘报警指示灯		红
10	电池温度过高报警		红

（续表）

序号	名　称	图　标	颜　色
11	低电压指示灯	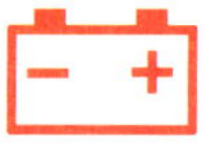	红
12	互锁指示灯	LOCK	红
13	CAN 故障灯	CAN	红
14	巡航指示灯		绿

通过表 11－11 和表 11－12 可以看出，指示仪表装置显示的内容为整车的一些信息，通过数字或仪表来通知驾驶员；而警告和信号指示装置为整车的一些典型信息（如故障等），通过约定的信号灯来提醒驾驶员。

11.3.3 信号逻辑

表 11－13 给出了仪表各类信号的工作逻辑。

表 11－13　仪表信号工作逻辑

序号	系统	名　称	建议符号	颜色	是否蜂鸣	显示方式		点灯逻辑	是否自检
						常亮	闪亮		
1	电池	电压表						显示范围为 330～680V，其中绿区为 435～665V；红区为 330～435V，665～680V	N
2		电流表						显示范围为－400～400A，其中绿区为－320～320A	N
3		SOC 显示							N
4		SOC 警示	SOC	红色	N	√	√	① 接收 CAN 信号常亮（SOC≤15%）； ② 接收 CAN 信号闪烁（SOC≤10%）	Y
5		充电线连接		红色	N	√		充电线连接时常亮，充电互锁状态常亮	Y
6		动力蓄电池充电指示灯	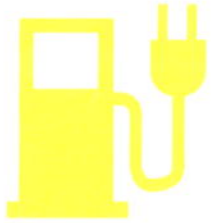	黄色 绿色	N	√	√	正常充电时显示黄色，充电故障时黄灯闪烁；充电完成时显示绿色；拔掉充电插头时则熄灭	Y
7		动力电池故障指示灯		红色	N	√		严重故障、致命故障时点亮	Y
8		低电压指示灯	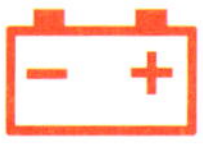	红色	N	√		DC/DC 电压故障时点亮	Y

（续表）

序号	系统	名　称	建议符号	颜色	是否蜂鸣	显示方式		点灯逻辑	是否自检
						常亮	闪亮		
9	电池	高压断开指示灯	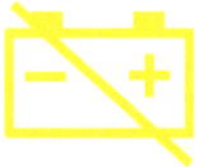	黄色	N	√		高压继电器正常断开时点亮；高压正负极接触器失效时不亮	Y
10		电池温度过热指示灯		红色	N	√		电池系统温度过高时点亮	Y
11		绝缘电阻/爬电距离指示		红色	N	√	√	① 一般故障，常亮；② 严重故障，闪烁	Y
12	电机	转速表						指示电动机的即时转速为 0～4500rpm，其中 3500～4500rpm 为红区	N
13		电机过热		红色	N	√		电机过热报警常亮	Y
14		电机运行		绿色	N	√		电机正常运行时常亮；一般故障为黄色，严重和致命故障为红色	Y
15		电机超速指示		红色	N	√		电机超速时点亮	Y
16	系统	系统准备完毕指示灯	READY	绿色	N	√		系统上高压电完成	Y
17		系统故障		红色	Y	√	√	系统故障时点亮，其中：一级故障，点亮指示灯；二级故障，指示灯闪烁；三级故障，指示灯闪烁并蜂鸣	Y
18		互锁监测警示	LOCK	红色	N	√		高压环路互锁异常时，常亮	Y
19		CAN 故障指示灯	CAN	红色	N	√		CAN 故障时，由 VMS 常亮，仪表检测不到，自己常亮	Y
20		D 挡指示灯	D	绿色	N	√		挂 D 挡，常亮	N
21		N 挡指示灯	N	绿色	N	√		挂 N 挡，常亮	N
22		R 挡指示灯	R	绿色	Y	√		挂 R 挡，常亮，蜂鸣	N

（续表）

序号	系统	名　　称	建议符号	颜色	是否蜂鸣	显示方式		点灯逻辑	是否自检
						常亮	闪亮		
23	系统	巡航指示		绿色	N	√		自动巡航，常亮	N
24		行驶里程总计	液晶屏显示	数字					
25		行驶里程小计	液晶屏显示	数字					
26		剩余行驶里程	液晶屏显示	数字					N

通常仪表测试过程就是根据表 11－13 中的点灯逻辑进行实际测试操作。

11.4　电动空调系统

电动空调系统包括空调控制器、HVAC 总成（蒸发器带空调 ECU 总成、暖风机带 PTC 总成、鼓风机总成）、冷凝器总成、电动压缩机总成、空调管路、储液器等，辅助加热方面为在传统暖风箱基础上去掉水箱增加 PTC。

具体布置方面，HVAC 总成装配在驾驶室内，仪表板下侧，副驾驶侧；空调控制器装配在仪表板上，中间部位；冷凝器总成装配在右踏板与车架之间；压缩机总成装配在空气压缩机下方、转向电机右方、散热器后方；管路装配在底盘上，储液器装配在二横梁右部前方。详细布置情况见图 11－2 所示。

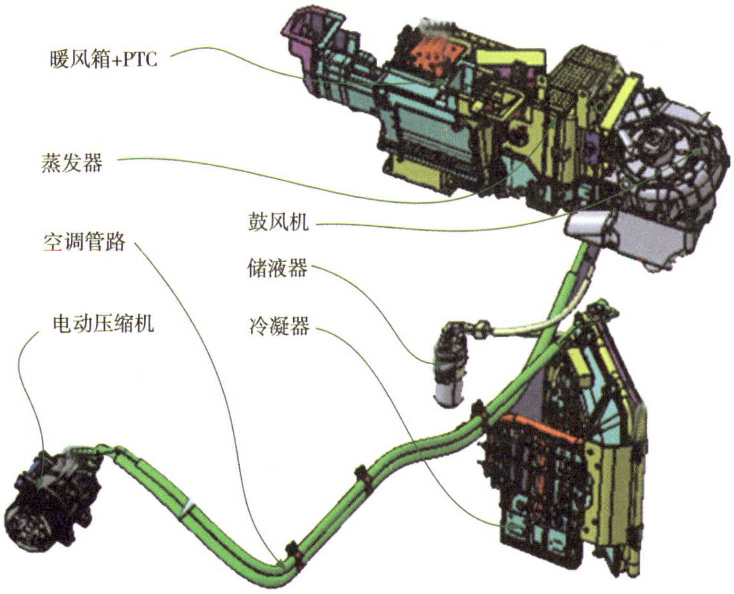

图 11－2　电动空调系统构造拓扑图

图 11－3 为电动空调系统电气原理图。

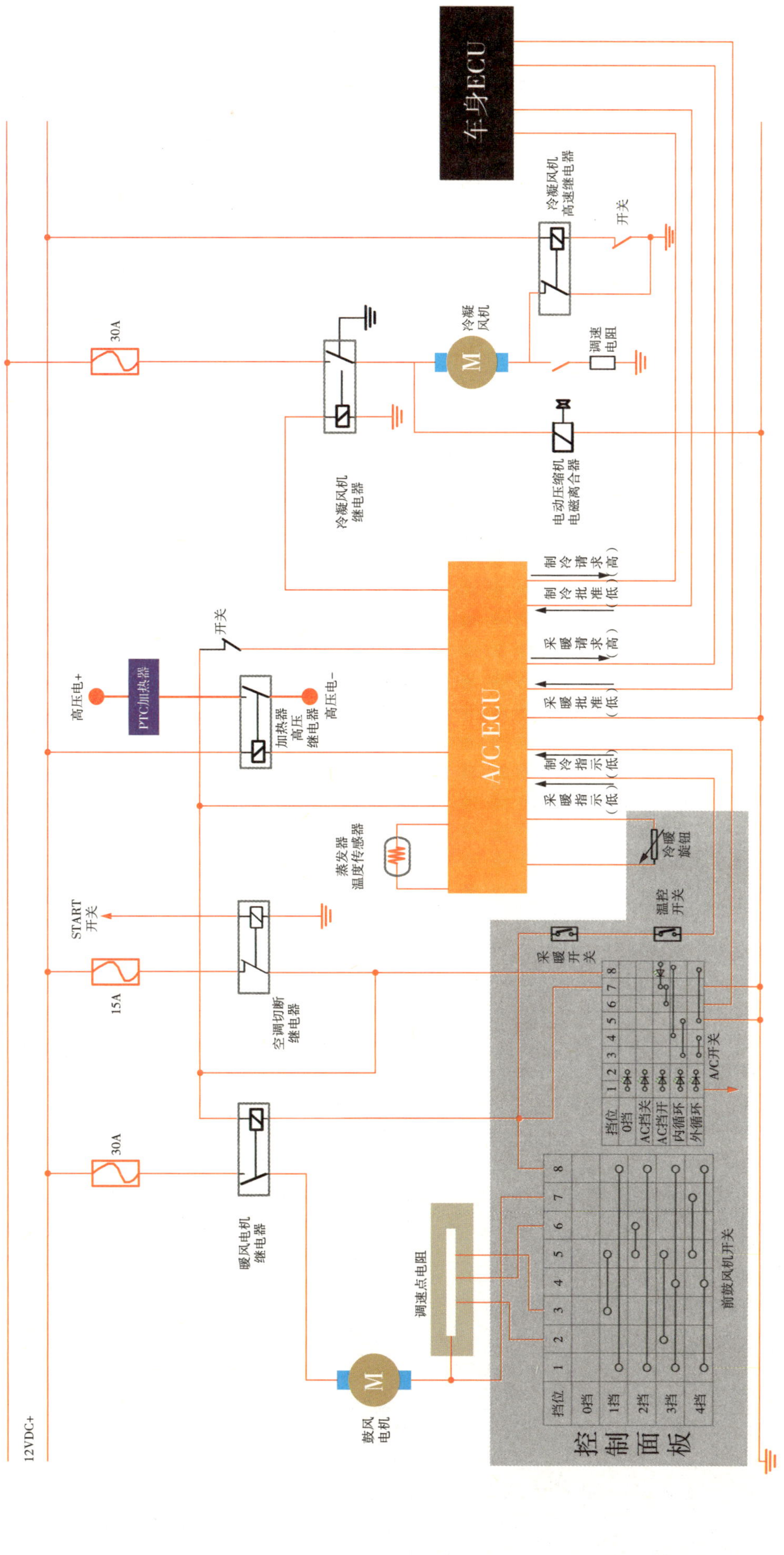

图11-3 电动空调系统电气原理

图 11-3 中，高电平不低于 11VDC 或 23VDC，低电平在 2VDC 以下。若有特殊要求，则按图纸设计要求执行。

表 11-14　电动空调系统性能指标

序号	分类	指　标	单位	参　数	备　注
1	压缩机性能	电动空调功率	kW	4	变频
2		排量	mL/r	27	
3		制冷性能	kW	见附表	
4		高压工作电压	V	350	250～450
5		低压工作电压	V	24	
6		噪声	dB	90	
7		防护等级	—	IP67	
8		绝缘电阻	MΩ	≥20	动力线与外壳
9		工作环境温度	℃	15～55	
10		湿度	%	≤100	
11	PTC性能	功率	kW	≥2	350m³/h
12		工作电压	V	350	200～450
13		消耗功率	kW	≤2.8	350m³/h
14		防护等级	—	PTC：IP55；接插件：IP67	
15		启动电流	A	≤30	
16		绝缘电阻	MΩ	≥10	
17		表面温度	℃	130	断开温度 130，闭合温度 90
18	法规	高压安全	—	GB/T 18384.1—2001、GB/T 18487.1—2001、GB 4943—2001	
19		电磁兼容	—	GB/T 18387—2001	

图 11-4 为电动空调系统性能指标曲线。

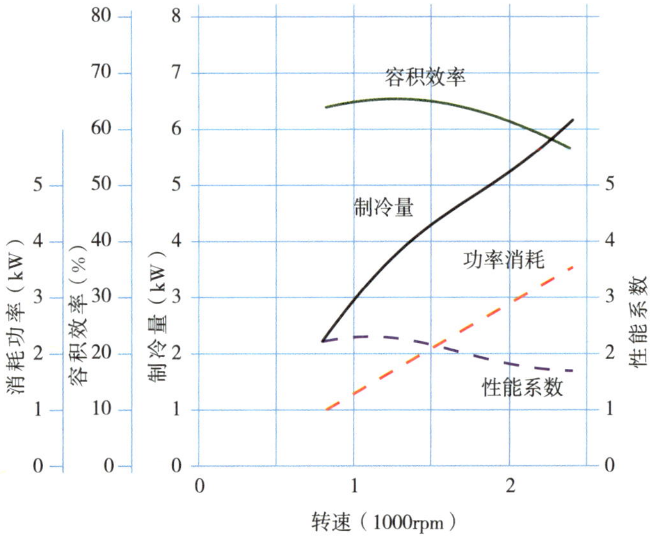

图 11-4　电动空调性能需求

表 11 - 15 为电动空调系统测试需求。

表 11 - 15 电动空调系统测试需求

序号	测试项目	测试目的	测试描述
1	制冷性能	检验制冷能力	QC/T 658—2000 中的 100km/h 和怠速工况
2	结霜试验		
3	采暖	检验采暖能力	GB/T 12782—2007
4	除霜	检验除霜能力	GB/T 24552—2009
5	可靠性	可靠性	随整车

电动空调系统是比较成熟的零部件系统，不需要进行全新研发，但需要提出系统指标以及设计原理，让供应商根据需求开发出与整车需求相匹配的空调系统。

12 底盘系统

底盘系统包括的子系统较多，本章只介绍在传统车辆底盘基础上需要改动的部件，有转向系统、制动系统、冷却系统、电机悬置、挡位操纵杆、传动轴和车架等。

12.1 转向系统

图 12－1 给出了电机助力转向系统助力能力分析。

表 12－1 电机助力转向系统助力能力分析

车 型	转向齿条力（N）	转向柱	转向齿轮	双齿轮	齿轮+柱
SUV/卡车	15000				
	14000	先进转向技术可提升			
	13000				
	12000				
	11000				
中型车	10500				
	10000				
	9500				
	9000				
	8500				
轻型车	8000				
	7500				
微型车	7000				
	6500				

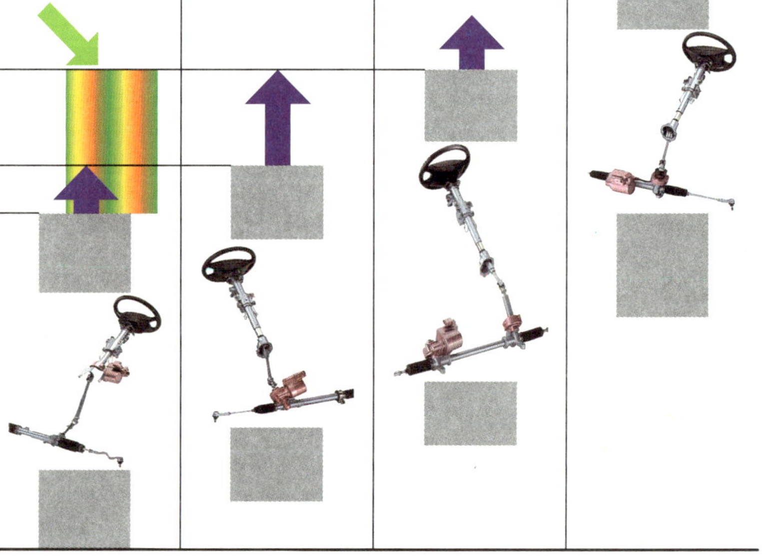

从表 12－1 可以看出采用纯电机助力，齿条推力最大达到 15000N，亦即前轴载荷不能超过 2000kg，而轻型卡车前轴满载达到 2.5 吨，计算需齿条推力最大超过 15000N，因此纯电机助力转向系统不适配轻型卡车，建议选择电液助力转向系统。

图 12 - 1 为带电液助力的转向系统构造图。该系统包括三辐条转向盘、上下前后可调吸能转向管柱、双万向节传动轴、贯通循环转向器、叶片泵、储油罐、转向油泵总成和油泵电机控制器等零部件。

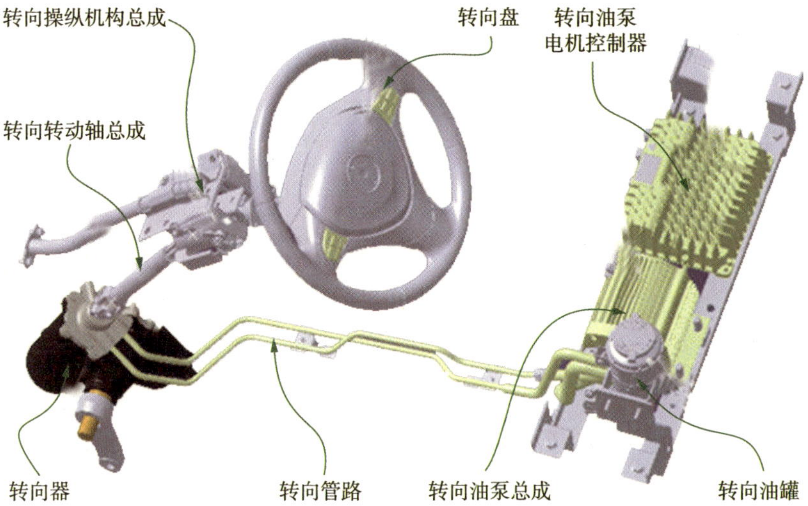

图 12 - 1 电液助力转向系统构造

转向系统的技术参数：转向盘直径 Φ425mm、转向管柱前后调节 9.9°以及上下调节 40mm、转向器缸径 80mm、转向油泵最大压力（8±0.5）MPa，流量 7L/min、油罐容积 0.6L。

12.2 制动系统

图 12 - 2 为电动真空助力制动系统构造图。该系统采用双回路液压制动、前盘后鼓式制动器、标配 ABS、电动真空泵，驻车采用中央驻车制动器。

图 12 - 2 所示的电动真空助力制动系统技术参数：总泵缸径 Φ32mm；前盘制动器双缸浮钳结构，缸径 Φ54mm，有效半径 R118mm；后制动器双向双领蹄结构，缸径 Φ30.16mm，有效半径 R150mm；驻车制动器规格 Φ202mm ×50mm；配置 ABS，双真空罐。

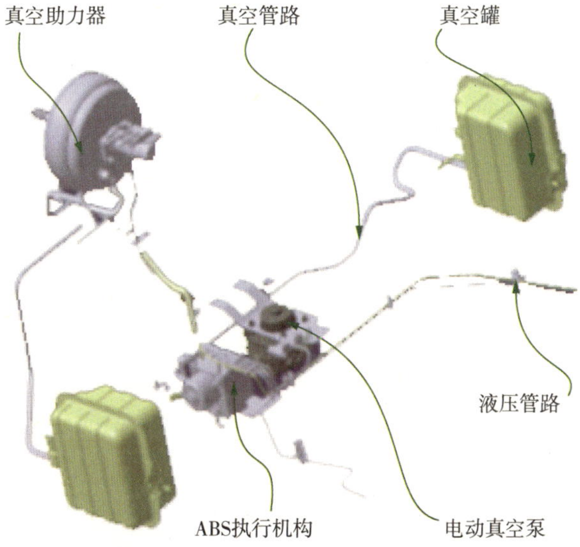

图 12 - 2 电动真空助力制动系统构造

12.3 冷却系统

图 12 - 3 为一种电动冷却系统构造图。该系统包括散热器总成、低压 12VDC 电子风扇、后高位副水箱结构、电子水泵驱动水循环系统等，负责冷却电力电子单元 PEU 与驱动电机总成，两部件冷却水路串联循环，先冷却前者，再冷却后者。

采用直流无刷电子水泵，通过温度、转速的控制策略，实现水泵的实时控制，有效降低能量消耗，同时提高水泵运转使用寿命。电子水泵带有工作反馈装置传感器，可通过整车控制器 VMS 有效监控水泵运转状况，确保其冷却单元的正常运转，提高使用生命周期。

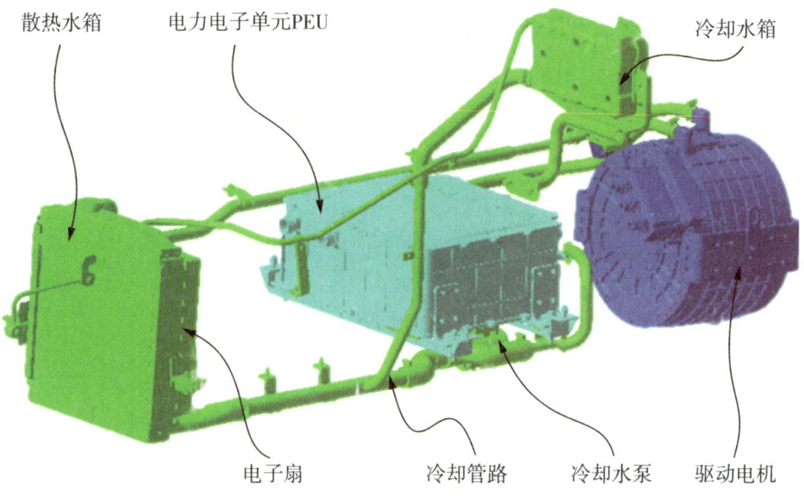

图 12-3　电动冷却系统构造

图 12-3 所示的电动冷却系统技术参数：散热器芯体尺寸 438mm×360mm×32mm，正迎风面积 1.02m^2，散热面积 7.54m^2；电子扇输入电压 12VDC，静压为 150Pa，风量不低于 2000m^3/h；电子水泵输入电压 12VDC，水流量 40L/min，扬程 5m，进出水口管径 38mm。

12.4　电机悬置

相对于发动机悬置，驱动电机悬置要简单很多，因为发动机悬置更多的是面向解决发动机振动问题，而电机动平衡非常高，几乎没有振动，因此只需要进行简单隔振计算，更多的是校核悬置结构强度。图12-4给出了一种电机安装四点悬置设计，软垫安装夹角 20°。

从图 12-4 可以看出，电机悬置布置在左右纵梁内侧，支架为全新设计，借用传统车型软垫。

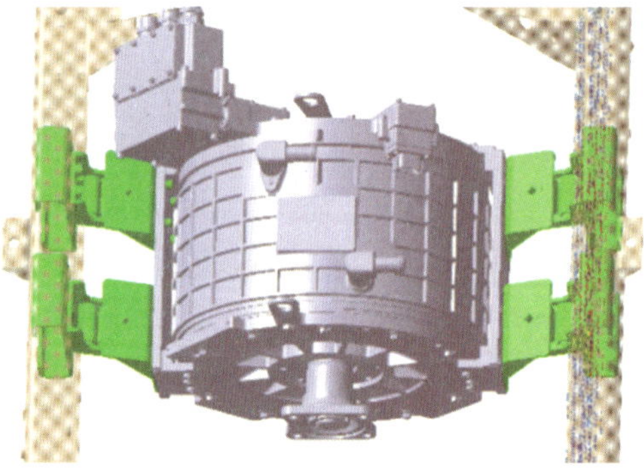

图 12-4　驱动电机四点悬置设计

12.5　挡位操纵

为了与传统汽车在操作上对接，电动汽车可以采用图 12-5 所示换挡操纵结构形式：电控操纵器满足人机布置；电控操纵器支架根据地板及操纵器边界开发，采用简单焊接件；操纵护壳根据人机工程边界开发。

从图 12-5 中可以看出，挡位默认位置为 N 挡，挡位杆前向旋转 5.7°就换到倒挡 R 挡，后向旋转 6.5°就换到前进挡 D 挡。本次挡位操作器未设计 P 挡，只能换挡实现 R/N/D 挡位功能，且要求换挡力小于 30N，目的是为了操作轻便。

此外，还要求：从 N 挡换到 R/D 挡时，必须按下换挡按钮且同时踩下自动踏板，挡位杆才能旋转；从 R/D 挡返回 N 挡时，不需要按下按钮就可以返回，若在此过程中按下了按钮，挡位杆不能返回 N 挡。

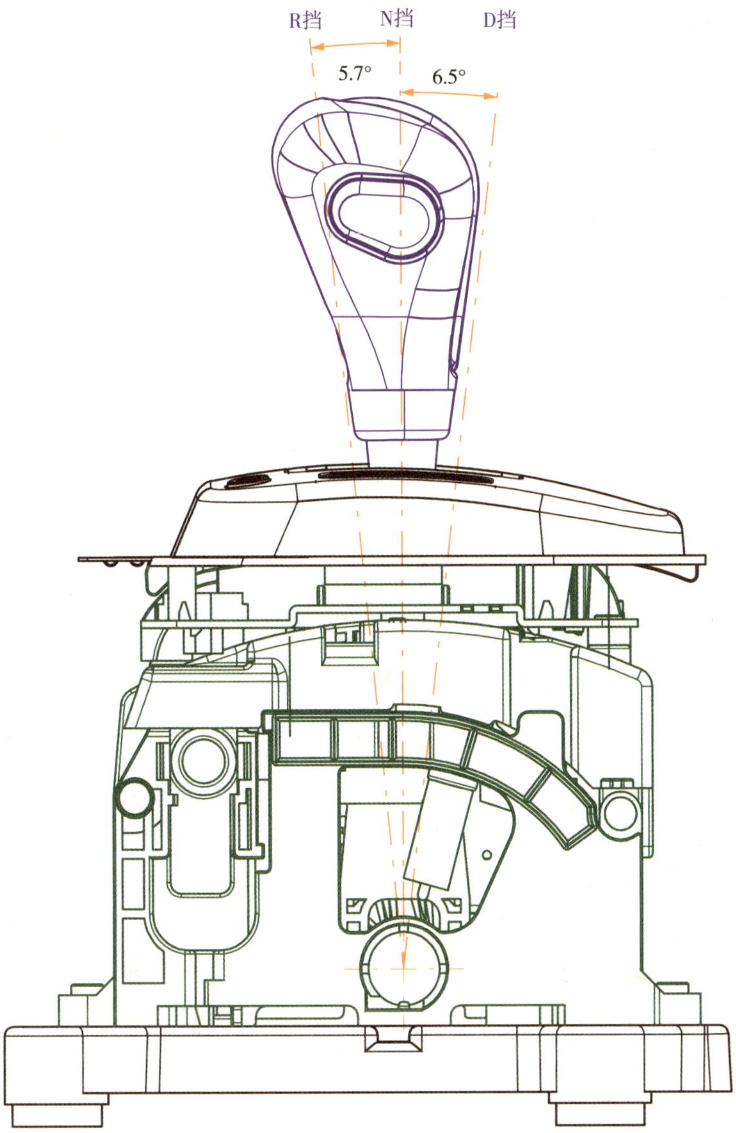

图 12－5 换挡手柄构造示意图

12.6 传动轴

图 12－6 为传动轴的构造图。该结构型式为：十字轴式传动轴，前后法兰连接，中间带滑动花键。

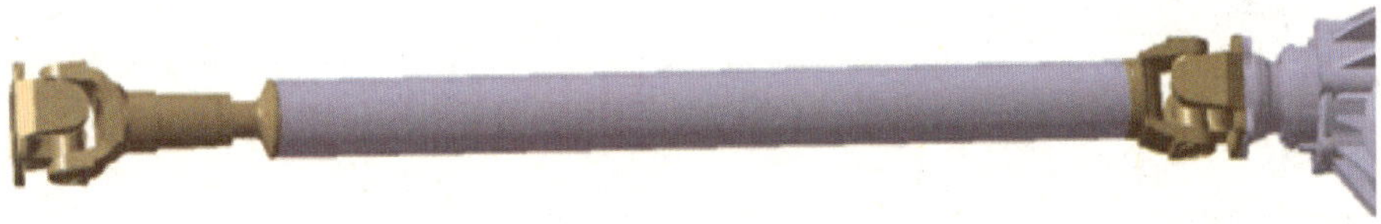

图 12－6 传动轴构造

该传动轴的技术参数：轴管规格 Φ89mm×2.5mm，万向节规格 Φ39mm，止口 Φ95mm，螺栓孔分布 Φ120mm×40°，且要求整车运动过程中，万向节输入和输出轴线夹角不能超过 7°。

12.7 车架

图 12-7 为底盘纵横梁构造图。

图 12-7 底盘纵横梁构造

由图 12-7 可知，该结构形式在传统底盘的基础上，增加后悬长度 195mm，增加后横梁、后拖车钩、备胎横梁。

12.8 底盘配置

图 12-8 为带有轮胎、车桥、板簧等部件的底盘构造图。

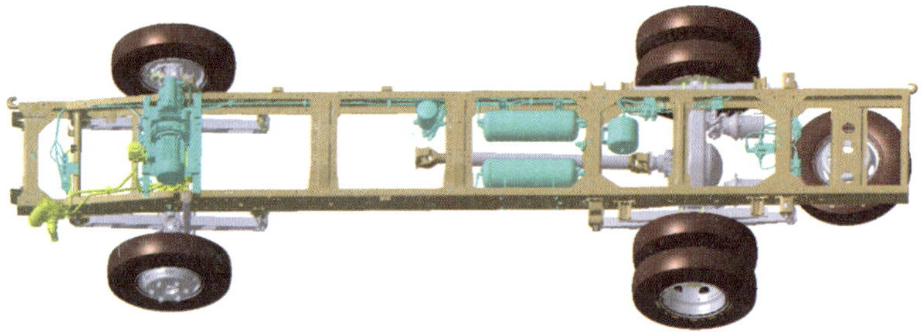

图 12-8 专用车底盘构造

由图 12-8 可知，该底盘包括悬架、车桥、轮胎、驻车制动器、传动轴。底盘上配置备胎；传动轴根据电机位置进行长度调整设计；转向系统在传统车的基础上更换转向电机总成，泵罐分体设计；制动系统在原传统车的基础上更换制动空压机带电机总成，以提升性能，降低噪声，延长保养周期。表 12-2 给出底盘上各部件的参数需求。

表 12-2 底盘上各部件参数需求

部件名称	参 数	单 位	指 标
后桥	额定承载	吨	5.5
	断面尺寸	mm	110×110×8
	扭矩容量	Nm	9000
	轮距	mm	1525
	制动器类型	—	气压鼓式
	制动器规格	mm	Φ310×100
	气室规格（行车/驻车）	寸	20/16

（续表）

部件名称	参　数	单　位	指　标
前钢板弹簧	片长	mm	1200
	片宽	mm	70
	片数×片厚	mm	1×15～3×14
后钢板弹簧	主片长/副片长	mm	1250/850
	片宽	mm	70
	主片数×片厚/副片数×片厚	mm	6×11/6×9
前轴	断面尺寸	mm	70×75×12
	主销中心距	mm	1370
	轮距	mm	1530
	下沉量	mm	95+8
	制动器类型	—	气压鼓式
	制动器规格	mm	Φ310×100
	气室规格	寸	16
车轮	轮胎规格	—	7.50R16
转向器	工作缸径	mm	Φ80
	传动比	—	18.85
	摇臂长度	mm	180

13 系统分析

根据市场分析所得到的需求进行动力系统构型、网络架构、电气原理、底盘和电子电器系统的初步开发后，本章将对初步开发的整车系统进行仿真分析，并依据分析结果调整各子系统设计参数以满足整车设计需求。

13.1 动力性能分析

与传统车相似，电动车辆的动力性主要用三个方面的指标评价，即最高车速、加速时间和最大爬坡度。在行驶时，汽车会受到各种阻力（包括滚动阻力、空气阻力、坡度阻力和加速阻力）影响，这些阻力的总和叫作总阻力。总阻力计算公式为：

$$\sum F_V = m_V g f_V \cos\alpha_V + m_V g \sin\alpha_V + \frac{C_D A_V}{21.15} v_a^2 + \delta_V m_V \frac{dv_a}{3.6dt} \tag{13-1}$$

式中：m_V为汽车总质量，kg；g 为重力加速度，m/s^2；f_V为滚动阻力系数；α_V为坡道角，°；C_D为空气阻力系数；A_V为迎风面积，m^2；v_a为行驶车速，km/h；δ_V为车辆旋转质量换算系数。汽车的动力性能指标可以通过公式（13－1）进行估算。

13.1.1 最高车速

最高车速是指车辆满载时，在良好的水平路面上（如干燥、平坦、清洁的沥青路面或水泥路面）所能达到的最高行驶速度，它的测定是在微风甚至无风条件下，将车辆加速踏板踩到底，以尽可能的高速通过200m路段所测试的结果。在实际运行中，由于道路、气候条件和受车辆本身技术状况所限，最高车速是极难达到的。电动汽车的最高车速计算公式为：

$$\begin{cases} F_M(n_m) \geqslant \sum F(v_a) \\ n_m \leqslant n_{nmax} \\ v_{amax} = 0.337 r n_{nmax}/i_0 \end{cases} \tag{13-2}$$

式中：n_m驱动电机的工作转速，rpm；F_M为驱动电机以最大限流工作时车辆获得驱动力，N；n_{nmax}为驱动电机的最高工作转速，rpm。根据式（13－2）可以计算车辆动力性的最高车速指标v_{amax}。

13.1.2 加速时间

加速时间是指汽车从静止状态下，由第一挡起步，并以最大的加速强度（包括选择最恰当的换挡时机）逐步换至高挡后，到某一预定的距离车速或车速所需的时间，常用从静止加速到 100km/h 所需的时间（s）来评价。车辆加速时间计算公式为：

$$t_f=\frac{1}{3.6}\int_{v_1}^{v_2}\frac{dt}{dv_a}dv_a=\frac{1}{3.6}\int_{v_1}^{v_2}\frac{dt}{F_t-mgf-\dfrac{C_DA}{21.15}v_a^2}dv_a \tag{13-3}$$

式中：v_1 为加速行驶起始车速，km/h；v_2 为加速行驶终止车速，km/h。

13.1.3 最大爬坡度

最大爬坡度是指在满载无拖挂，在干燥硬实路面的条件下，车辆节气门全开（电动汽车则为全加速踏板情况下），以最低挡所能通过的最大坡度。车辆爬坡度计算公式为：

$$i_{max}=\tan\alpha_{max}=\tan\left\{\arcsin\left[\frac{F_T-\dfrac{C_DA}{21.15}v_a^2}{mg\sqrt{1+f^2}}\right]-\arctan f\right\} \tag{13-4}$$

已知驱动电机最大力矩 T_{Mmax}，计算车轮力矩 T_r：

$$T_r=T_{Mmax}\times i_{max}\times\eta_r \tag{13-5}$$

已知轮胎的动载半径 r_T，计算车轮平衡力 F_T：

$$F_T=T_r/r_T=M_{max}\times g\times(\sin\alpha_{max}+f) \tag{13-6}$$

由式（13－6）可以计算得出最大爬坡度 α_{max}，最大爬坡能力用 $\tan\alpha_{max}\times100\%$ 表示。其中，i_{max} 是传动系总的传动比；η_r 为传动系传动效率；M_{max} 为车辆最大设计总质量，kg。

13.2 动力系统设计

动力系统设计包括驱动电机性能参数选择、传动比确定、动力电池参数确定等。电动汽车传动系统设计流程如图 13－1 所示。

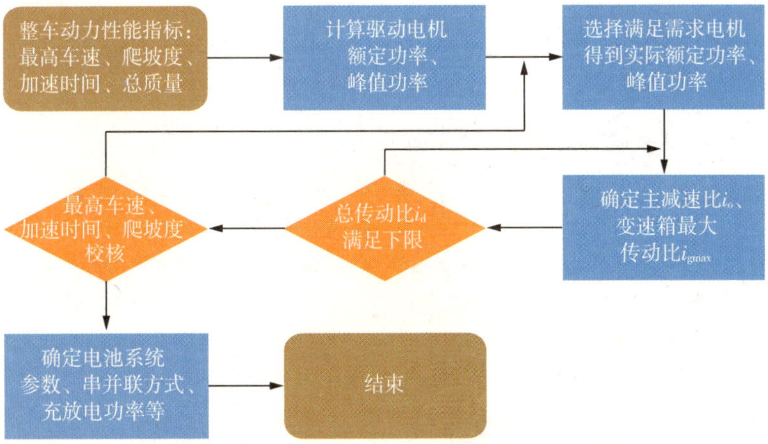

图 13－1 电动汽车传动系统设计流程

驱动电机的额定功率、峰值功率：额定功率满足车辆以最高车速匀速行驶，且应有适当的后备功率用于加速和爬坡；峰值功率应满足汽车的最高车速、最大爬坡度以及加速时间的要求，取三者最大值。

驱动电机的额定转矩、峰值转矩：当电动汽车以最高车速在平地上匀速行驶时，电机的输出转矩即为额定转矩；峰值转矩根据整车最大爬坡和加速时间转矩需求确定，取二者最大值。

驱动电机的额定转速、最高转速：电机系统最高效率区在额定转速以上区域，额定转速以整车经济车速确定；电机的最高工作转速满足整车最高车速并具有 100r/min 冗余量。

传动比上下限：传动比上限由电机最高稳定转速和最高形式车速确定；传动比下限分三种情况，整车最大爬坡度行驶 1km 对应电机系统峰值转矩克服爬坡阻力、最高车速短时行驶 1min 对应电机最高稳定转速时输出的最大转矩克服行车阻力、最高常用车速行驶对应电机相应转速输出的持续转矩克服行车阻力。

电池组数量、容量、能量的选择：动力电池串联起来为电机供电并提供足够的功率以满足电机的峰值功率要求，由此确定电池模块数量范围；动力电池容量主要由续驶里程决定，同时兼顾空间结构和底盘承载能力；电池系统能量要满足续驶里程指标，以及极限工况下电池系统功率释放的能力，由等速（40km/h 等速）、工况续驶里程（ECE 工况）和极限工况功率需求（夏季夜晚超车或全功率加速）决定。

13.2.1 电机系统参数

电机系统是机械和电磁体集成的，有短时和持续工作特性，有高效区和安全区之分；整车持续特性对应电机系统持续工作和高效区，整车加速等短时特性对应电机短时工作区；电机系统控制有误差精度、不可超速等。

电机系统峰值功率：纯电动汽车行驶阻力全部由电机系统输出转矩克服，电机峰值功率的选择须满足汽车的最高车速、最大爬坡度以及加速时间（起步加速时间和超车加速时间）的要求，分工况计算。

最高车速v_{max}对应的车辆需求功率P_{vmax}为：

$$P_{vmax}=\frac{1}{\eta_t}\left(\frac{m_V g f_V v_{max}}{3600}+\frac{C_D A_V v_{max}^3}{76140}\right) \tag{13-7}$$

最大爬坡度α_{max}对应的车辆需求功率$P_{\alpha max}$为：

$$P_{\alpha max}=\frac{1}{\eta_t}\left(\frac{m_V g f_V \cos\alpha_{max} v_a}{3600}+\frac{m_V g \sin\alpha_{max} v_a}{3600}+\frac{C_D A_V v_{max}^3}{76140}\right) \tag{13-8}$$

原地起步加速到指定车速的全力加速时间t_{max}对应的车辆需求功率P_{tmax}为：

$$P_{tmax}=\frac{\delta_V m_V u_m^2}{3600\,\eta_t t_{max}}+\frac{m_V g f_V v_a}{3600\,\eta_t}+\frac{C_D A_V v_a^3}{76140\,\eta_t} \tag{13-9}$$

电机最大功率P_{Mmax}取三者最大值，即

$$P_{Mmax}\geqslant \max(P_{vmax},\ P_{\alpha max},\ P_{tmax}) \tag{13-10}$$

电机系统额定转速：电机系统最高效率区在额定转速附近区域，额定转速以整车经济车速确定，即

$$n_{\mathrm{Mr}} \geqslant \frac{v_{\mathrm{an}} i_{\mathrm{T}}}{0.377 r} \tag{13-11}$$

式中：n_{Mr}为电机额定转速，rpm；v_{an}为整车常用车速。

电机系统最高转速：电机最高工作转速n_{Mmax}满足整车最高车速并具有 100rpm 冗余量，即

$$n_{\mathrm{Mmax}} \geqslant \frac{v_{\max} i_{\mathrm{T}}}{0.377 r_{\mathrm{d}}} + 100 \tag{13-12}$$

电机系统最大转矩：最大转矩根据整车最大爬坡转矩 $T_{\alpha\max}$ 和加速时间转矩 $T_{t\max}$ 需求确定，二者取最大值。

满足整车最大爬坡度转矩：

$$T_{\alpha\max} = \frac{1}{\eta_{\mathrm{r}}} \frac{m_{\mathrm{V}} g f_{\mathrm{V}} \cos \alpha_{\max} + m_{\mathrm{V}} g \sin \alpha_{\max} + \dfrac{C_{\mathrm{D}} A_{\mathrm{V}}}{21.15} v_{\alpha\max}^2}{i_{\mathrm{T}} r_{\mathrm{d}}} \tag{13-13}$$

式中：$\alpha_{\max}$为最大爬坡角，°；η_{r}传动系统效率。

满足整车加速性能：电机系统外特性满足整车加速时间要求，根据汽车行驶方程式

$$\left(a_{\mathrm{V}} = \frac{\mathrm{d}v}{\mathrm{d}t} = \frac{1}{\delta m_{\mathrm{V}} \eta_{\mathrm{r}}} \frac{T_{\mathrm{r}} i_{\mathrm{T}}}{r} - m_{\mathrm{V}} g f_{\mathrm{V}} - \frac{C_{\mathrm{D}} A_{\mathrm{V}}}{21.15} v_{\mathrm{a}}^2 \right) \tag{13-14}$$

推出T_{tmax}，即

$$T_{\mathrm{tmax}} = \int_0^{\mathrm{d}t} = \int_{v_0}^{v_{\mathrm{r}}} \frac{\mathrm{d}v_{\mathrm{a}}}{\dfrac{3.6}{\delta_{\mathrm{V}} m_{\mathrm{V}} \eta_{\mathrm{r}}} \left(\dfrac{T_{\mathrm{r}} i_{\mathrm{T}}}{r_{\mathrm{T}}} - m_{\mathrm{V}} g f_{\mathrm{V}} - \dfrac{C_{\mathrm{D}} A_{\mathrm{V}} v_{\mathrm{a}}^2}{21.15} \right)} \tag{13-15}$$

式中：T_{r} 为电机系统输出转矩，其值为

$$T_{\mathrm{r}} = \begin{cases} T_{\mathrm{tmax}} \quad n_{\mathrm{e}} \leqslant n_{\mathrm{er}} \\ \dfrac{0.377\, T_{\mathrm{tmax}} n_{\mathrm{er}}}{9549\, v_{\mathrm{a}}} \quad n_{\mathrm{e}} > n_{\mathrm{er}} \end{cases} \tag{13-16}$$

取两者大值，即

$$T_{\max} = \max(T_{\alpha\max},\ T_{\mathrm{tmax}}) \tag{13-17}$$

根据本书前面提供的参数，结合上述计算，得出电机系统的初步参数如表 13－1 所示。

表 13－1 驱动电机参数

序号	参 数	单 位	取 值	备 注
1	额定功率	kW	47.75	
2	额定转速	rpm	1186	常用车速
3	峰值功率	kW	127.5	
4	最大工作转速	rpm	3360	最高车速
5	最大转矩	Nm	1256	低速爬坡

注：表中所计算得到的参数尚未圆整。

13.2.2 传动比的设计

传动比上限：传动系速比的上限由电动机最高稳定转速和最高行驶车速确定，即

$$i_{max}=\frac{0.377\,n_{Mmax}r_T}{v_{amax}} \tag{13-18}$$

式中：n_{Mmax}为电机最高稳定转速，rpm；v_{amax}最高车速，km/h。

通过计算，满足最高车速时传动系的总传动比上限为17.52。

传动比下限：根据整车车速、电机转矩短时持续工作特性以及电机系统高效安全区域，分下述三种工况条件确定传动系速比下限值，然后取三者最大值。

整车最大坡度行驶1km，对应电机系统峰值转矩克服爬坡阻力，则

$$i_{\alpha min}\geqslant\frac{r_d}{T_{emax}\eta_r}\left(m_V g f_V\cos\alpha_{max}+mg\sin\alpha_{max}+\frac{C_D A_V}{21.15}v_a^2\right) \tag{13-19}$$

式中，T_{emax}电机最大输出转矩；

现有后桥资源中，最大减速比为6.142，后轴承受扭矩9000Nm，计算的后桥扭矩不得大于9000/6.142=1465Nm，即驱动电机最大转矩不得大于1465Nm。通过计算，满足最大爬坡度时总传动比下限为5.19。

最高车速行驶短时行驶1min，对应电机最高稳定转速时输出的最大转矩克服行车阻力，则

$$i_{vmin}\geqslant\frac{r_d}{T_{mnmax}\eta_r}\left(m_V g f_V+\frac{C_D A_V}{21.15}v_{amax}^2\right) \tag{13-20}$$

式中：T_{mnmax}是电动机最高稳定转速时的输出最大转矩，Nm。通过计算，满足短时最高车速传动系的总传动比下限为1.32。

13.2.3 动力电池参数

电池系统是电化学系统，充放电能力受温度和荷电状态等因素影响，参数匹配需要考虑充电放电截止电压、最大充放电电流等限制因素。

电池系统能量：电池系统能量需要满足整车续驶里程指标以及极限工况下电池系统功率释放能力，可从等速、工况续驶里程和极限工况功率需求来计算电池系统能量参数。

根据电池性能特点，电池放电深度通常取85%，因此整车运行瞬时功率需求为：

$$P_e=\frac{1}{\eta_r}\left(\frac{m_V g f_V v_a\cos\alpha_v}{3600}+\frac{m_V g v_a\sin\alpha_v}{3600}+\frac{C_D A_V v_a^3}{76140}+\frac{\delta_V m_V v_a}{3600}\frac{dv_a}{dt}\right) \tag{13-21}$$

40km/h匀速行驶200km能量需求计算：根据国家标准和式（13-21），计算得该工况下整车克服行驶阻力能量需求80kWh，附件系统每小时综合耗电4kWh，电池能量需求共计84kWh。

NEDC工况下行驶160km能量需求计算：根据国家标准和式（13-21），计算得该工况下整车克服行驶阻力能量需求100kWh，附件系统每小时综合耗电5kWh，电池能量需求共计105kWh。

整车极限工况下的能量需求：整车功率需求极限情况为夏季夜晚超车或全功率加速，此时电池系统峰值放电必须满足整车加速时电机系统峰值功率、空调系统开启和DC/DC工作，计入各系统效

率，该工况下峰值功率需求为 120kWh。当前电池系统以 3.5 倍率放电可持续 30s，推出电池系统能量不低于 120kWh。

综上所述，参考国标 GB/T 18386—2005《电动汽车能量消耗率和续驶里程试验方法》，电池系统能量选取三者最大值，即 120kWh。

电池系统端电压和容量：电池系统能量是端电压和容量相乘的结果。端电压和容量的选取决定了电池组的电池数量和连接方式等拓扑结构。其中，电池系统给各高压系统供电，其端电压以及工作电压范围选取决定了各高压部件的工作电压范围、耐压要求、散热冷却、功率器件选型。电池端电压高，电池串联数量、高压部件耐压要求高，但高压电缆通过电流小，损耗低；端电压低，同功率情况下电流增大，高压电缆通过电流变大，损耗增高，但部件耐压要求低，功率器件电流容量要求增高。

统筹考虑各高压部件的直流侧电压范围、电池的技术状态以及整车的对电池组的物理边界，电池能量大于 110kWh。电池端电压和电池组容量的关系如表 13-2 所示。

表 13-2 能量满足整车要求时电池端电压和容量关系

端电压（V）	384	420	500	588	650
容量（Ah）	281.25	257.14	216	183.67	166

本项目选用某三元锂离子电芯，现有 94Ah 成熟产品，综合考虑，选择 2 并 160 串型式，可满足需求。

13.2.4 参数匹配校核

根据参数匹配结果，结合部件资源，得出动力系统部件参数如表 13-3 所示。

表 13-3 动力系统参数匹配

电机系统参数			
类　型	额定/峰值功率	额定/最高工作转速	绝缘等级
永磁交流同步电机	80/130kW	1200/3500rpm	H
防护等级	冷却方式	系统输入电压范围	工作制
IP65	液冷	360～650V	S9
电 池 系 统			
类　型	标称电压	电压范围	电池组容量
三元锂电池	588V	432～664V	188Ah
持续放电功率	峰值放电功率（30s）	电池组成形式	电池组能量
27.6kW	97.7kW	2 并 160 串	110kWh
减速箱参数			
形　式	最大输入转矩	速　比	传动效率
单级主减	1465Nm	6.142	0.94

从表 13-3 匹配结果来看，可以从当前零部件市场选配现成的资源进行开发。

13.3 仿真匹配分析

根据前面动力系统设计得到的参数，基于 Matlab 等软件建立整车动力系统模型，进行整车动力性能和续驶里程仿真校核。

13.3.1 整车仿真分析

整车参数仿真分析结果如表 13－4 所示。

表 13－4 整车仿真分析结果

序号	参 数	单 位	结 果	备 注
1	0～50km/h 加速时间	s	8	
2	最大爬坡度	%	27	
3	最高车速	km/h	87	
4	ECE 工况电耗	kWh/100km	50.7	不带空调
5	ECE 工况电耗	kWh/100km	54.6	带空调
6	40km/h 等速电耗	kWh/100km	42.2	不带空调
7	40km/h 等速电耗	kWh/100km	44.7	不带空调
8	ECE 工况续驶里程	kWh/100km	217/195/174	不带空调 DOD=1/0.9/0.8
9	ECE 工况续驶里程		201/181/161	带空调 DOD=1/0.9/0.8
10	40km/h 等速续航里程		260/235/208	不带空调 DOD=1/0.9/0.8
11	40km/h 等速续航里程		246/221/197	不带空调 DOD=1/0.9/0.8

说明：电机效率 MAP 对整车经济性影响很大，本次仿真电机效率为仿真输入值；NEDC 工况中最高车速为整车最高车速 90km/h；设定制动能量回馈比例为 18%。

13.3.2 驱动系统仿真

驱动系统关键参数仿真结果如表 13－5 所示。

表 13－5 驱动系统关键参数仿真分析结果

<table>
<tr><th>序号</th><th>参数</th><th>项 目</th><th colspan="2">子项目</th><th>项目要求</th><th>说 明</th><th>计算值</th><th>结果取值</th></tr>
<tr><td rowspan="2">1</td><td rowspan="2">峰值驱动功率</td><td rowspan="2">动力性要求</td><td>加速性能</td><td>0～50km/h 加速</td><td>≤25s</td><td>计算 0～50km/h 加速时间为 25s 时的功率</td><td>57kW</td><td rowspan="2">120kW @950～3500rpm</td></tr>
<tr><td>加速性能</td><td>0～50km/h 加速</td><td>≤25s</td><td>通过一系列仿真计算，选取 0～50km/h 加速时间为 10.5s 时的功率</td><td>110kW</td></tr>
<tr><td>2</td><td>峰值发电功率</td><td>行驶工况的要求</td><td>制动功率需求</td><td>60～40km/h</td><td>—</td><td>5s 之内车速从 60km/h 减速至 40km/h（满载）</td><td>124kW</td><td>130kW @950～3500rpm</td></tr>
<tr><td>3</td><td>峰值功率持续时间</td><td>动力性要求</td><td>加速性能</td><td>0～50km/h 加速</td><td>≤25s</td><td>满足加速时间需求，峰值功率为序号 1 和序号 2 中确定的功率</td><td>≥25s</td><td>30s</td></tr>
</table>

（续表）

序号	参数	项目	子项目		项目要求	说明	计算值	结果取值
4	峰值扭矩	动力性要求	爬坡性能	最大爬坡度	≥20%	稳定车速为 15km/h，爬坡度为 20%	≥1191Nm	1300Nm
5	峰值扭矩持续时间	动力性要求	爬坡性能	最大爬坡度	≥20%	稳定车速为 15km/h，爬坡度为 20%，坡长为 10m	3s	30s
		动力性要求	加速性能	0～50km/h 加速	≤25s	同序号 3 中所确定的持续时间	≥25s	
6	额定驱动功率	行驶工况的要求	匀速性能	40km/h 匀速	—	根据 40km/h 匀速工况进行仿真计算（满载）	15kW	60kW @950～3500rpm
				60km/h 匀速	—	根据 60km/h 匀速工况进行仿真计算（满载）	27kW	
				80km/h 匀速	—	根据 80km/h 匀速工况进行仿真计算（满载）	46kW	
		动力性要求	爬坡性能	9%坡度	—	四级公路山岭重丘区坡度为 9%，稳定车速为 23km/h（满载）	56kW	
7	额定发电功率	行驶工况的要求	制动功率需求	ECE 工况	—	根据 ECE 工况进行仿真计算	37kW	40kW
8	额定扭矩	行驶工况的要求	最大驱动扭矩需求	ECE 工况	—	根据 ECE 工况要求进行仿真计算	577Nm	600Nm
		动力性要求	爬坡性能	9%坡度	—	四级公路山岭重丘区坡度为 9%	583Nm	
9	最高转速	动力性要求	最高车速性能	最高车速	≥80km/h	计算在 80km/h 时所需的转速	≥3160rpm	3500rpm

13.3.3 电池系统仿真

电池关键参数仿真结果见表 13-6 所示。

表 13-6 电池系统仿真分析结果

序号	参数	项目	子项目		项目要求	说明	计算值	结果
1	电池总能量	续驶里程要求	续驶里程性能	不带空调 ECE 续驶里程	≥200km	满足续驶里程性能要求所需能量	104kWh	104kWh
				带空调 ECE 续驶里程	≥160km	满足续驶里程性能要求所需能量	95kWh	
2	峰值放电功率	满足电机峰值驱动功率和负载要求	—	—	—	满足电机峰值放电功率和负载要求，系统效率为 88%，空调峰值功率为 2.2kW	140kW	140kW

（续表）

序号	参数	项　目	子项目		项目要求	说　明	计算值	结果
3	峰值充电功率	满足电机峰值发电功率要求	—	—	—	满足电机峰值放电功率和负载要求，系统效率为 88%	115kW	120kW
4	峰值功率持续时间	满足电机峰值放电和峰值发电功率持续时间要求	—	—	—	满足电机峰值放电和峰值发电功率持续时间要求	30s	30s
5	额定放电功率	满足电机额定驱动功率和负载要求	—	—	—	满足电机额定放电功率和负载要求，系统效率为 88%，空调峰值功率为 2.2kW	71kW	75kW
6	额定充电功率	满足电机额定发电功率要求	—	—	—	满足电机额定充电功率和负载要求，系统效率 88%	36kW	60kW
		充电要求	充电性能	快充	—	快充 2h，SOC 从 20%达到 100%	52kW	

13.3.4　整车参数匹配

基于最高车速、最大爬坡度和后桥力矩容量进行驱动电机需求计算，见表 13－7。后桥主减速比 6.142，后轴承受扭矩 9000Nm，后桥扭矩不得大于 9000/6.142＝1465Nm。

表 13－7　驱动电机需求

整　车			电机要求		
性能要求	单位	数值	要求	单位	数值
最高车速	km/h	≥80	最高转速	rpm	≥3375
最大爬坡度	%	≥20	最高扭矩	Nm	$1400 \geqslant T_{max} \geqslant 1200$

结合分析，得出所需的电机关键参数如表 13－8 所示。

表 13－8　电机关键参数选型

序号	参　数	单　位	参数值
1	峰值驱动功率	kW	120@1000～3500rpm
2	峰值发电功率	kW	130@1000～3500rpm
3	峰值功率持续时间	s	30
4	峰值扭矩	Nm	1200
5	峰值扭矩持续时间	s	30
6	额定驱动功率	kW	50@1000～3500rpm
7	额定发电功率	kW	35@1000～3500rpm
8	额定扭矩	Nm	600
9	最高转速	rpm	3500

基于续驶里程需求，综合分析，得出所需的电池关键参数如表 13-9 所示。

表 13-9 电池关键参数选型

序号	参 数	单 位	参数值
1	额定电压	V	588
2	电池能量	kWh	104
3	峰值放电功率	kW	140
4	峰值充电功率	kW	120
5	峰值功率持续时间	s	30
6	额定放电功率	kW	60
7	额定充电功率	kW	60

13.4 整车参数校核

电机参数：最大功率 150kW，实际可达 170kW，通过 MCU 控制在 150kW，为后期提升动力性能留余量；最大输出力矩 1500Nm，第一步控制在 1200Nm，后期可提升；最高转速 3800rpm。

最高车速：此次开发电动车没有变速箱，采用直连方案，理论上 3360rpm 对应 80km/h，因此，3800rpm 对应车速超过 90km/h。最高车速不宜过高，因为超过 90km/h，风阻损失变得可观，不利于续驶里程，以及动力电池大功率放电带来的后果不仅是缩短寿命，同时也会导致放电量减小，进一步缩短续驶里程。因此，此次电动车设计最高车速不超过 95km/h。

最大爬坡度：后桥最大承受 1460Nm，电机能够发出 1500Nm，但是通过 MCU 控制在 1400Nm，第一步是 1200Nm，因此，电动物流车的爬坡能力跟传统车相当（之前计算 1200Nm 时的爬到度为 22%），且具备一定超载能力。

传统车型动力性能：原车 5S400MT 变速箱，最大输入力矩 360Nm，速比为 5.015、2.543、1.536、1.00、0.789，倒挡为 4.481。ISF2.8 柴油机，最高转速 3600rpm，最大力矩 360Nm@1800～3000rpm，最好参数（360Nm@1800～3000rpm），一挡最大输出力矩 1800Nm，3600rpm@0.789，对应理论车速 108.6km/h。

电动车型动力性能：最大输出力矩 1400Nm，可调至后桥最大设计力矩 1460，3800rpm 对应超 90km/h。

电动车型经济车速：电机额定转速为 1200rpm，对应的理论计算车速为 28.6km/h，北京市交通委发布 2013 年北京市交通运行分析报告显示高峰时段平均车速能到 25.8km/h，与平均车速接近，且可以兼容环卫车的低速行驶需求。

依据上述分析看来，此次开发电动车动力性能与传统车基本一致。

14 整车布置

经过动力系统参数设计，以及完成市场上现有的零部件体系匹配，接下来的任务就是怎么把这些零部件有序的布置到整车上。

14.1 电池包布置

根据标杆分析，当前动力电池的布置位置主要有纵梁外侧、驾驶室后方、底盘中部纵梁内侧，如图 14-1 所示。

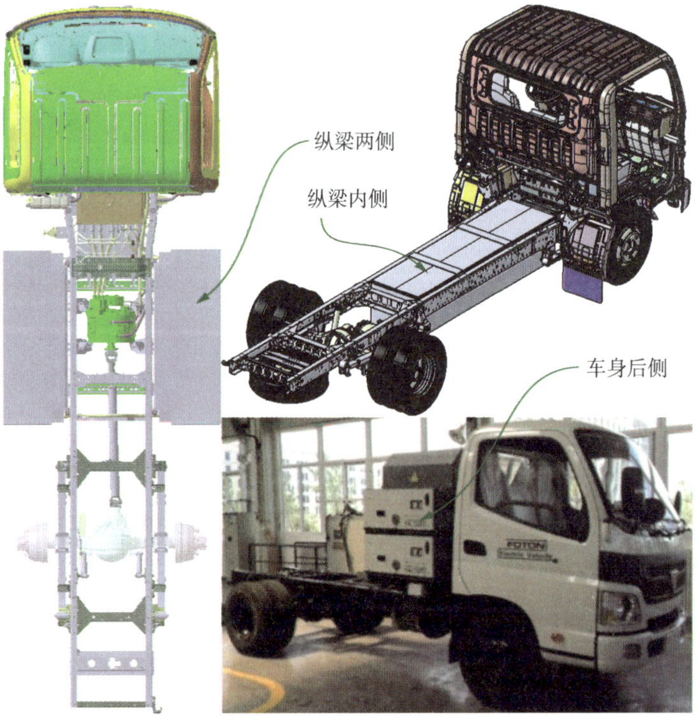

图 14-1 动力电池布置位置（纵梁外侧、驾驶室后方、纵梁内侧）

综合分析市场需求及各方案利弊，最终选择方案三，即将动力电池布置在纵梁外侧（见表 14-1 所示）。因为布置在纵梁外侧，维护便捷，可扩展性强，不影响货箱空间。

表 14-1 动力电池布置位置分析

	方案一	方案二	方案三
布置方式	车身后侧	纵梁内侧	纵梁两侧
总成本	60 万元	55 万元	50 万元
总重量	1200kg	920kg	945kg
维护便捷性	优	差	优
货箱容量	差	差	优
可扩展性	优	差	良
整车性能	差	优	良
结论			推荐

14.2 整车总布置

图 14-2 为电动汽车底盘初步总布置情况。

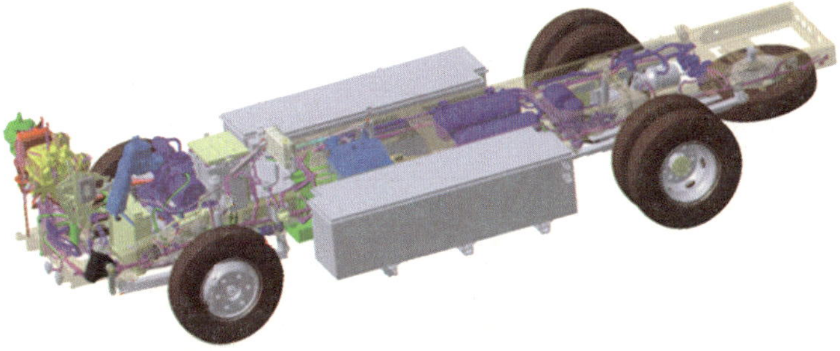

图 14-2 底盘总布置情况

图 14-3 为电动汽车带车身结构的总布置情况。

图 14-3 带车身结构总布置示意图

从图 14-3 可以知道，动力电池布置在纵梁两侧，集成快充接口、慢充接口，即全部在电池包里；动力系统采用直连方案；集成电力电子单元 PEU 布置在驾驶室下，集成车载充电机；GPRS 布置在制动踏板支架上。

15 整车需求

通过本书第一部分进行的市场分析，得到市场对整车的需求情况；再经过本书第二部分进行的概念设计，将市场需求转换成了整车设计参数，以此指导下一步整车各子系统的工程设计开发。整车需求参数见表15-1所示。

表15-1 整车需求

序号	市场需求		单位	指标	整车需求	单位	参数值	备 注
1	整车	整车尺寸	mm	5995×2150×2950	轴距	mm	3360	进城<6000
2		总质量	kg	≤4495	整备质量	kg	≤2810	进城<4500
3		超载质量	kg	≥3000	制动器类型	—	液刹	液刹最大可到6T
4		工作环境温度	℃	-30～55 -30～65	电池类型	—	三元	工作/存储
5		设计寿命	年/公里	≥10/50	电池循环寿命	次	≥3000	全生命周期内不换电池
6		整车成本	万元	≤15	电池系统价格	CNY/Wh	≤2500	补贴后接近传统车价格
7	动力性能	工况里程	km	≥200	电池能量	kWh	≥80	
8		爬坡度	%	≥20	电机峰值力矩	Nm	≥900	
9		最高车速	km/h	≥90	电机峰值转速	rpm	≥4100	
10	充电	快速/慢充时间	h	2/12	慢充功率	kW	≥6	

从表15-1可以看出，概念设计时选择市场上现有的各关键零部件可以满足市场需求。

第三部分
工程开发

本书第三部分将分别介绍与电能系统、电驱系统、电控系统等工程设计开发相关的问题。

16 电能系统

电能系统是一个非常复杂的子系统，由电池系统和能量管理系统组成，通常也简称为电池系统，包括由电池单体构成的电池模组、电池模组间的高压连接线路、电池管理系统及其低压线束、高压回路控制的继电器等元器件。本章将从电池系统需求入手，介绍电池系统概念开发、电芯选型、模组开发、电池包设计、电池管理系统以及试制验证等方面设计开发工作。

16.1 系统需求

电池系统的需求来源于整车需求，亦即电池系统需求必须满足整车开发需求，以实现整车开发目标，表 16－1 为由整车需求推导的电池系统需求。

表 16－1 从整车需求推导出电池系统基本需求

序号	整车需求				电池系统需求		
		参 数	单位	要 求	参 数	单位	要 求
1	整车	车型	吨	8	车型	吨	8
2		工作环境温度	℃	－30～55	工作温度范围	℃	－30～55
3		储存温度	℃	－30～65	储存温度范围	℃	－30～65
4		综合工况续驶里程	km	≥200（300）	额定能量	kWh	≥110
5		空间尺寸	mm	1850×580×480	能量密度	Wh/L	≥210
6		整备质量	kg	≤4005（1100）	比能量	Wh/kg	≥100
7		布置位置	—	纵梁两侧	防护等级	—	IP55
8		整车质保	年/万千米	5/20	日历/循环寿命	年/次	5/2000
9		设计寿命	年/万千米	≥8/30	日历/循环寿命	年/次	10/3000
10		整车成本	万元	≤45（50～27）	电池成本	万元	≤28
11	电机	额定输入电压	V	588	额定电压	V	580±10
12		输入电压范围	V	432～664	工作电压范围	V	432～664
13		持续驱动功率	kW	≥80	放电倍率	C	0.7
15		峰值驱动功率	kW	≥150	峰值放电倍率	C	1.5
16		峰值发电功率	kW	≥60	峰值充电倍率	C	0.5

（续表）

序号	整车需求				电池系统需求		
	参　数		单位	要　求	参　数	单位	要　求
17	充电	慢充充电时间	h	12	充电倍率	C	0.1
18		快速充电时间	h	2		C	≥0.5

从表 16-1 可以看出，整车需求从电池的储存和工作温度、比能量、循环寿命、成本、工作电压平台等方面进行了规范，整个后期电池系统工程设计需按照规范来开展。

16.2 概念开发

根据表 16-1 中得到的电池系统需求，先期开展电池系统概念开发，得到电池系统具体实现方案。

16.2.1 系统构型

图 16-1 给出了一个简单的电池系统总体架构。

从图 16-1 可以看出该电池系统由 1 个主控板、数个从控板、1 个 MSD、数个电芯、高压继电器、低压线束及各种接插件组成。主控板负责高压继电器逻辑控制、总电压采集、高压接插件及 MSD 连接状态监测、电流采集、充电控制、整车通信、从板信息收集、故障诊断、程序升级等功能；每个从控板设定采集电芯电压（0～5V），并配置了温度传感器分布在箱体内的每个电池模组上。

图 16-1 中的电池系统比较简单，尚未包括水冷系统、加热系统以及温度控制系统等方面的子系统。

16.2.2 电气原理

图 16-2 为一种电池系统电气原理图。从图中可以看出，电池包内集成正极、负极接触器，预充电接触器和预充电阻，MSD、BMS 系统和电流传感器。快充、慢充及锂电池包内的接触器均由 BMS 控制，建议采用正控逻辑；正极、负极接触器具备辅助触点，反馈信号至 BMS。

预充电回路为整车高压系统预充，预充电电压应为系统电压的 95%；BMS 主板的供电应有 ON 电、常电和充电唤醒接口，平时 ON 电激活，充电时由外充电源激活和供电；BMS 系统应具有绝缘电阻检测及母线电压、电流检测功能，电流检测可采用分流器或霍尔电流传感器，BMS 系统应有相应的绝缘电阻检测和故障处理策略，绝缘电阻检测要求可参见电池设计输入表中的相应要求；BMS 主板应能检测符合充电国标的充电控制和确认信号 CC/CP/CC2，交流充电方式按国标中的充电模式 3 连接方式 B 的典型控制导引电路原理设计，必须可通过家用 16A 插座和交流充电桩实现交流充电；在动力电池组的中间位置应具有维修开关和高压熔断器，如电池包为分箱系统，则建议每箱的电气中间位置设置维修开关和高压熔断器；MSD 应布置在电池组的电气中间位置，如电池包为分箱系统，则建议布置在每箱的电气中间位置；MSD 和连接电池分箱之间的高压接插件应形成电池包内的互锁回路，互锁信号由 BMS 检测；动力电池包总正、总负输出的高压接插件采用互锁接插件，与 PEU 和电机形成主回路的高压互锁控制，互锁信号由 VMS 检测。

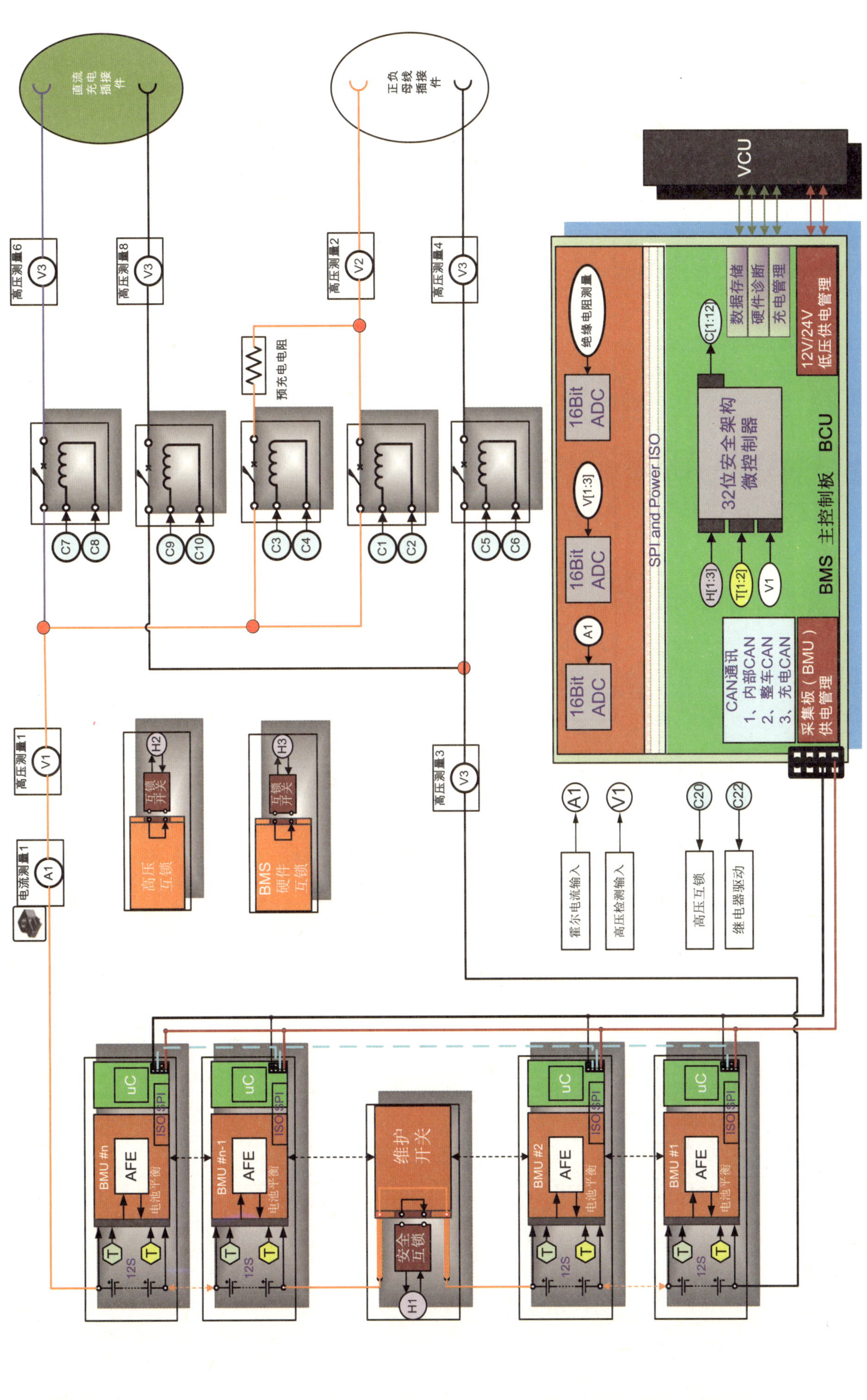
直流充电插接件
正负母线插接件
VCU
高压测量6
高压测量8
高压测量2
高压测量4
预充电电阻
绝缘电阻测量
16Bit ADC
16Bit ADC
16Bit ADC
SPI and Power ISO
数据存储
硬件诊断
充电管理
12V/24V 低压供电管理
32位安全架构微控制器
BMS 主控制板 BCU
CAN通讯
1、内部CAN
2、整车CAN
3、充电CAN
采集板（BMU）供电管理
高压测量1
电流测量1
高压互锁
BMS 硬件互锁
互锁开关
高压测量3
霍尔电流输入
高压检测输入
高压互锁
继电器驱动
BMU #n
BMU #n-1
BMU #2
BMU #1
AFE
电池平衡
uC
ISO SPI
12S
维护开关
安全互锁

图16-1 电池系统架构

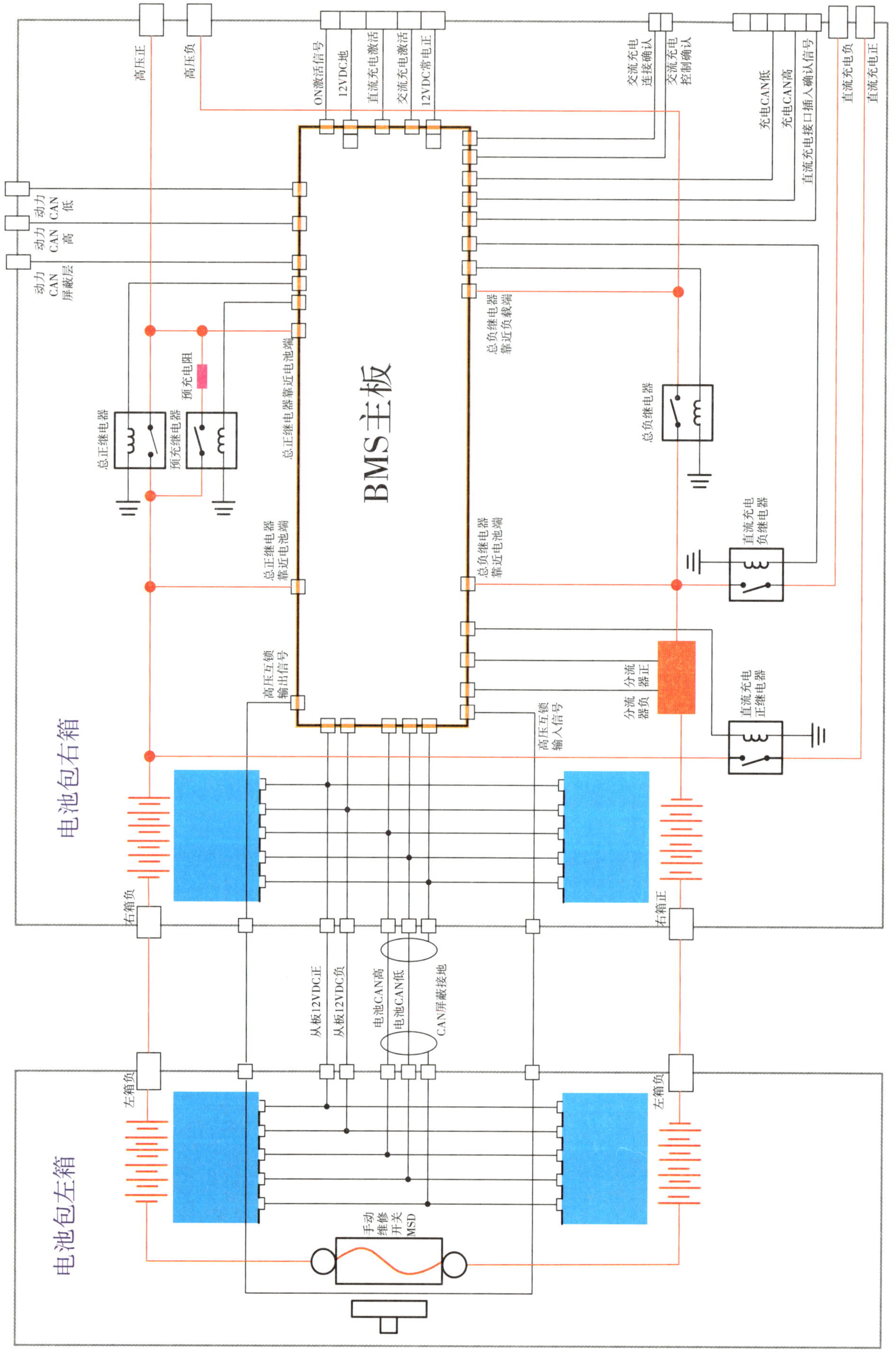

图16-2 动力电池系统电气原理

电池管理系统采用主从式架构，主控板与从控板之间通过 CAN 总线通信，图 16-3 为电池系统内部 CAN 网络结构示意图。

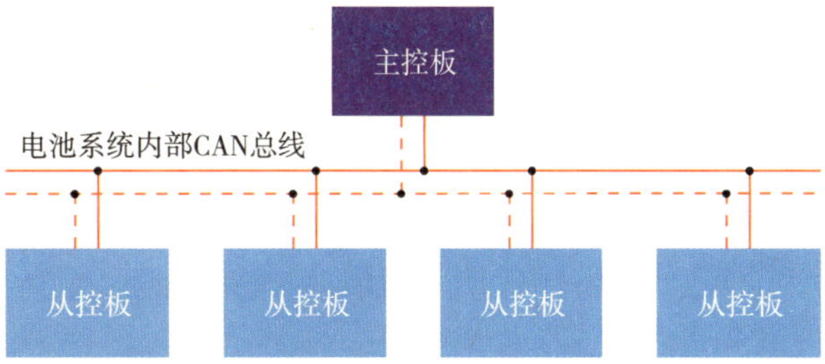

图 16-3 电池系统内部 CAN 总线架构

从图 16-3 可以看出，每个模组布置一个从控板，从控板与模组集成在一起，配置灵活，可扩展和制作标准化模组，满足共平台需求。

16.2.3 系统定义

经过前面的系统构型和电气原理设计，表 16-2 给出了电池系统定义。

表 16-2 电池系统定义

序号	项　目	单位	需　求
1	电池厂商和型号	—	—
2	电池类型	—	三元
3	额定电压	V	588
4	电池总电压范围	V	432～664
5	电池总电流范围	A	−240～380
6	电池总容量	Ah	188
7	电池串并联形式及数量	—	2P160S
8	电池箱数量	箱	2
9	模组形式	—	2P5S
10	单体电池标称电压	V	3.68
11	单体电池电压范围	V	2.7～4.15
12	工作电压平台	V	24
13	电源供电电压	V	18～32
14	BMS 静态功耗	mA	≤1
15	工作温度	℃	−40～125
16	工作湿度	%	20～95
17	存储温度	℃	−40～125
18	总电压采集范围	V	0～700
19	总电压采集精度	%FSR	≤±0.5
20	总电压采集分辨率	V	0.1
21	总电流采集范围	A	−300～400

（续表）

序号	项　目	单位	需　求
22	总电流采集精度	%FSR	≤±0.5
23	总电流采集分辨率	A	0.1
24	温度测量范围	℃	−40～125
25	温度测量精度	℃	≤±2
26	温度测量分辨率	℃	0.1
27	温度采集点数量	个	64
28	单体电压测量范围	V	0～5
29	单体电压测量精度	mV	≤±10
30	单体电压测量分辨率	V	0.001
31	电池均衡方式	—	被动均衡
32	SOC 估算精度	%	≤8
33	绝缘监测要求	—	GB/T 18384
34	绝缘电阻精度	%	≤5
35	高压环路互锁	—	需要检测
36	慢充满足标准	—	GB/T 20234.2
37	快充满足标准	—	GB/T 20234.3
38	外壳防护要求	—	IP67
39	CAN 通道数量	通道	3
40	继电器驱动数量	个	≥8
41	继电器控制方式	—	高、低边驱动
42	接触器状态反馈检测	—	需具备

表 16－2 的动力电池系统定义来源于表 16－1 的系统需求，在开发之前，应给出明确的定义，以指导后期电池系统开发。

16.3　电芯选型

电芯的种类较多，根据正极材料划分，有三元材料、磷酸铁锂、锰酸锂等类型，其中三元材料还可以分为镍钴锰 NCM 和镍钴铝 NCA；根据包装类型划分，有软包和硬包之分，其中硬包又可以分为方形和圆柱形等。具体选择哪一种类型，怎么选择，需要综合考虑。

16.3.1　电芯需求

工程开发与科学研究最大的差异之一在于工程开发的目的是为了满足需求，而科学研究的目的是为了发明创新，科学研究之初没有明确需求。例如，整车开发是为了满足市场需求，电池系统开发是为了满足整车对电池的需求，电芯选型是为了满足电池系统的需求。根据电池系统需求，初步获得以下电芯性能需求（见表 16－3 所示）。

表 16－3 电芯性能需求

序号	项 目	单位	技术需求	备 注
1	电芯材料体系	—	NCM	镍钴锰
2	额定电压	V	3.7	
3	电压范围	V	2.7～4.2	
4	比能量	Wh/kg	≥160	
5	持续放电倍率	C	1	25℃，SOC≥50％
6	峰值放电倍率	C	2	25℃，5s，SOC≥50％
7	持续充电倍率	C	0.5	25℃
8	峰值充电倍率	C	1.3	25℃，5s，SOC＜50％
9	充放电温度范围	℃	－20～55	
10	低温工作能力	kW	3.3	－15℃充电功率
11		kW	≥30	20℃冷启动功率，5s
12		％	≥80	－15℃电池总能量
13	存储温度范围	℃	－40～65	
14	自放电	％	≤5	25℃，28天
15	循环寿命	次	≥2000	标准循环测试容量≥80％
16	日历寿命	年	15	25℃，100％SOC
17	法规要求	—	QC/T 743—2006	电芯及模块满足

表 16－3 中直接给出了电芯材料体系选型为镍钴锰，在接下来的章节中将讲述为什么选择这类材料。

16.3.2 电芯材料

为解决当前磷酸铁锂低温性能和一致性的问题，此次方案选用三元材料电芯。三元材料能量密度高、低温性能较优、一致性较好。图 16－4 是各类电池材料比能量与材料电位关系。

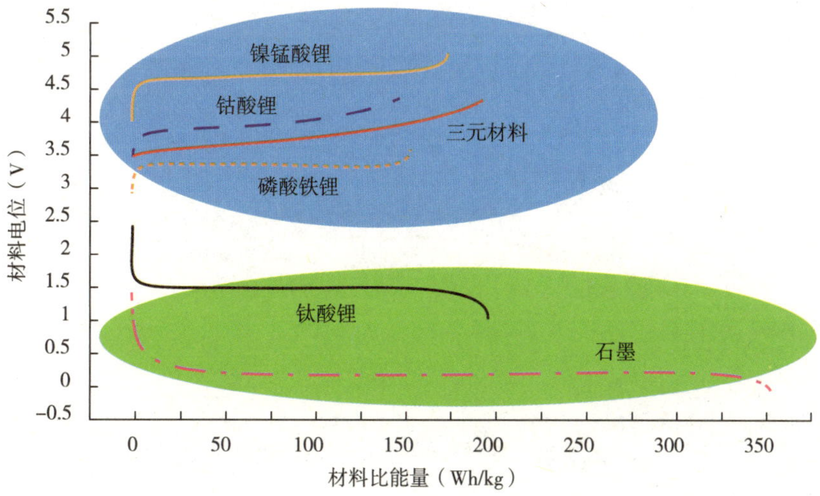

图 16－4 电池材料比能量与电位关系

从图 16－4 可以看出，在整个工作电位范围内，三元材料和钴酸锂材料的电位斜率较大，而磷酸铁锂和镍锰酸锂的电位斜率很小，很难通过开路电压来标定电池容量。

针对三元材料和磷酸铁锂材料，表 16－4 给出了它们之间的基本参数对比情况。

表 16－4　三元材料与磷酸铁锂材料基本参数对比

参数		单位	三元材料	磷酸铁锂
电压平台		V	3.6～3.7	3.2～3.3
电芯比能量		Wh/kg	≥200	≥120
系统比能量		Wh/kg	≥110	≥80
正极材料		—	$LiNi_xMn_yCo_{(1-x-y)}O_2$	$LiFePO_4$
工作温度	放电	℃	－30～55	－15～60
	充电	℃	－20～55	－10～60
循环寿命		次	＞3000	＞3000
正极材料成本		万/吨	12～13	10 万/吨
制作工艺		—	工艺简单，易把控	工艺复杂，对生产环境要求高

从表 16－4 可以看出，低温下，磷酸铁锂电池需要加热，否则会出现不能充电情况。虽然磷酸铁锂正极材料不含有稀有金属，但二价铁的不稳定性导致其生产控制工艺复杂，因此磷酸铁锂正极材料成本很难有较大的下降空间。相对于三元（NCM）材料，磷酸铁锂材料导电性差，为提高其导电性，颗粒必须很细，达到纳米级别，颗粒越细，混料、涂布等环节对生产环境及工艺控制要求就越高，导致电池的制成工艺比三元材料复杂。

磷酸铁锂和 NCM 最大的差别在于比能量，磷酸铁锂理论比能量约 170Wh/kg，镍钴锰 NCM 约 280Wh/kg，根据国务院颁布的《节能与新能源汽车产业发展规划（2012—2020 年）》中提及的目标：2015 年动力电池模块比能量要达到 150Wh/kg，到 2020 年，动力电池模块比能量达到 300Wh/kg。而磷酸铁锂电池受材料自身比能量限制，不能达到此目标，因此，三元电池极有可能在今后几年成为动力电池的主流。

图 16－5 给出了某款三元材料电池和磷酸铁锂电池荷电状态 SOC 与开路电压之间的关系曲线。

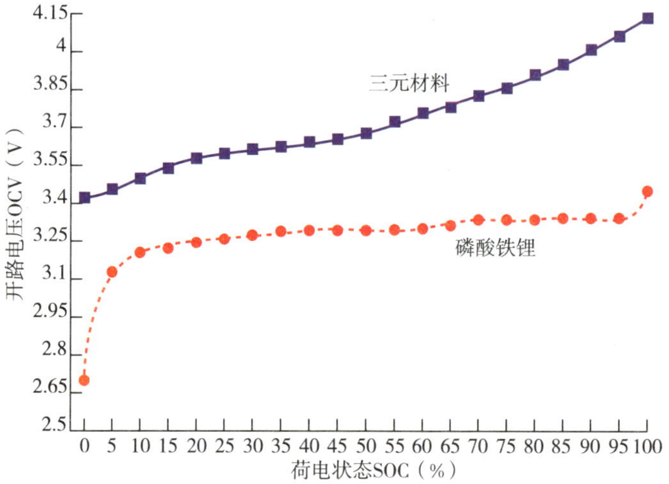

图 16－5　三元材料和磷酸铁锂电池荷电状态与开路电压关系曲线

从图 16-5 中可以看出：整个工作区间（0%～100% SOC），NCM 电池的 OCV—SOC 曲线接近线性关系，OCV 随 SOC 变化明显；而磷酸铁锂电池的 OCV—SOC 曲线呈现中间区域平坦，两端陡峭的形状；OCV 是电池管理系统中重要的参数，OCV—SOC 曲线变化过于平缓或有突变，加上电压采集误差，很容易影响电池 SOC 估算精度以及 SOC 估算难度。因此，从控制层面来说，磷酸铁锂电池系统的电池管理系统比三元电池系统要复杂。

热失控是引起电池安全问题的主要原因，很多的状况会造成热失控的发生：第一，是内短路；第二，是诸如快充等特殊的使用环境造成的热失控；第三，是寿命的衰减，出现了一些异常反应。对于锂离子电池正极材料的安全性问题，可以通过高温产热量、高温失氧量和温升来判定。

图 16-6 给出了锂离子电池正极材料高温产热量情况，从图中可以看到材料温度升到 214℃时，镍酸锂 LNO（三元镍钴锰 NCM 材料与之类似）即自发产生 893J/g 的热量；钴酸锂在 251℃附近产生 570J/g 的热量；锰酸锂在 248℃附近产生 335J/g 的热量；磷酸铁锂在 270℃附近生产 124J/g 热量。相对于磷酸铁锂材料，三元镍钴锰 NCM 材料在相对低温度下（214℃）释放的热量较大。

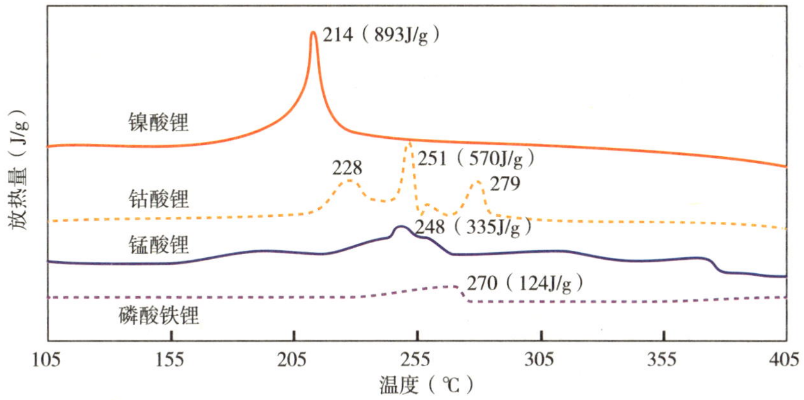

图 16-6 锂离子正极材料高温放热量情况

图 16-7 给出了不同体系锂离子电池高温失氧量情况，从图中可以看出，各种材料在半荷电状态下，在升高材料温度的时候磷酸铁锂失重更小，三元材料镍钴锰 NCM 和镍钴铝 NCA 分解出气体而失重较大，而这些气体（大部分为 O_2）正是不安全的因素之一。

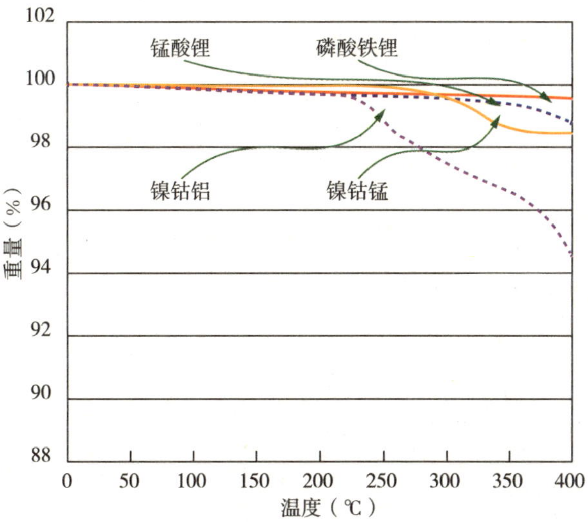

图 16-7 不同体系锂离子电池高温失氧量情况

图 16－8 为锂离子电池温升速率曲线。

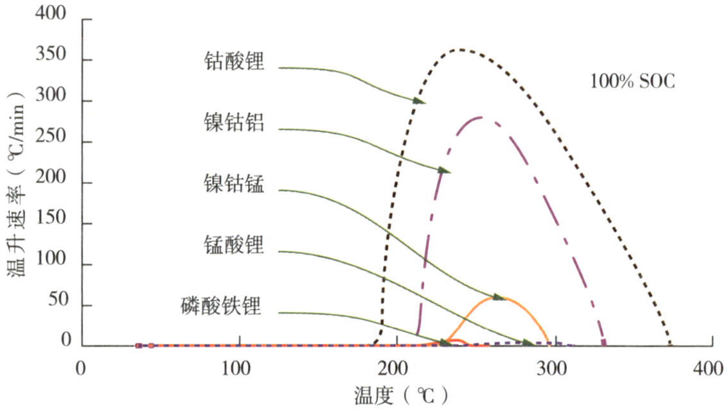

图 16－8　锂离子电池温升曲线

从图 16－8 可以看出，磷酸铁锂随温度升高其升温速度几乎没有变化，三元镍钴锰 NCM、镍钴铝 NCA 和钴酸锂材料温升速率较大，其实也就是钴酸锂温升速率较大导致三元材料温升相应较大。对于正极材料而言，磷酸铁锂材料的安全性高于 NMC 材料，这也正是业内关于两者安全性的争论重点。

锂离子电池在正常充放电反应外，还存在许多潜在的放热副反应，图 16－9 给出了锂离子动力电池在不同温度情况下不同材料的比功率情况，也是通常说的热失控发生机制。

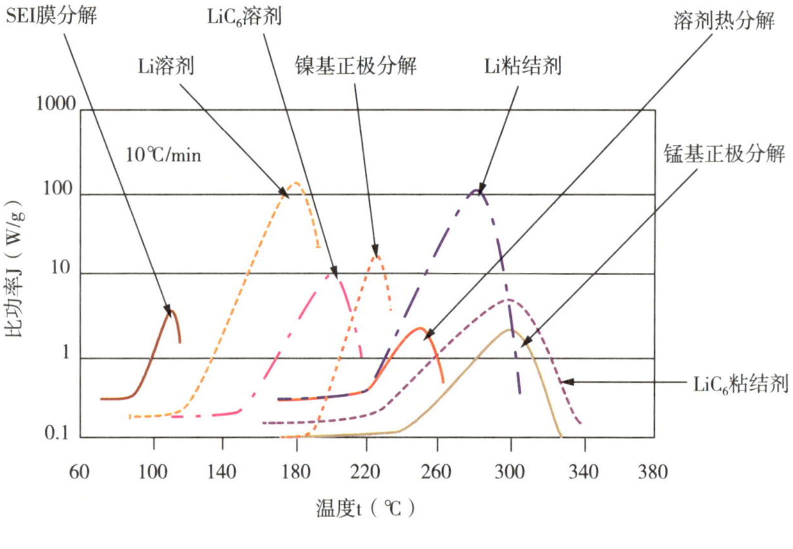

图 16－9　锂离子电池热失控发生机制

从图 16－9 可以看出，不应认为采用安全性高的正极材料制作的电池就一定安全，还应该考虑其隔膜、电解液、电池外壳等一系列因素，表 16－5 对电池内部材料的热电化学性进行了对比。

表 16－5　锂电池材料热电化学性

正极	190℃分解（三元材料），230℃分解（磷酸铁锂材料）
负极	95℃左右，负极上 SEI 膜分解
电解液	高于 60℃出现微量吸热，$LiPF_6$ 在 117℃～160℃分解，有机溶剂 60℃～250℃发生热分解反应
隔膜	130℃发生热蠕变
外包装	140℃PP 层融化（以铝塑膜为例）

从表 16－5 中可以看出，电池正极材料并不是锂离子电池发生安全问题的关键点，负极材料才是热安全的最短板。当电池温度过高或充电电压过高时，容易引发的主要过热副反应有：

(1) SEI 膜分解导致电解液在裸露的高活性炭负极表面的还原分解；

(2) 充电态正极的热分解；

(3) 电解质的热分解；

(4) 黏结剂与高活性负极的反应。

尽管电池能够通过当前法规测试，但也不能保证电池不会发生热失控。图 16－10 为锂离子电池各类材料随温度变化的相对放热量。

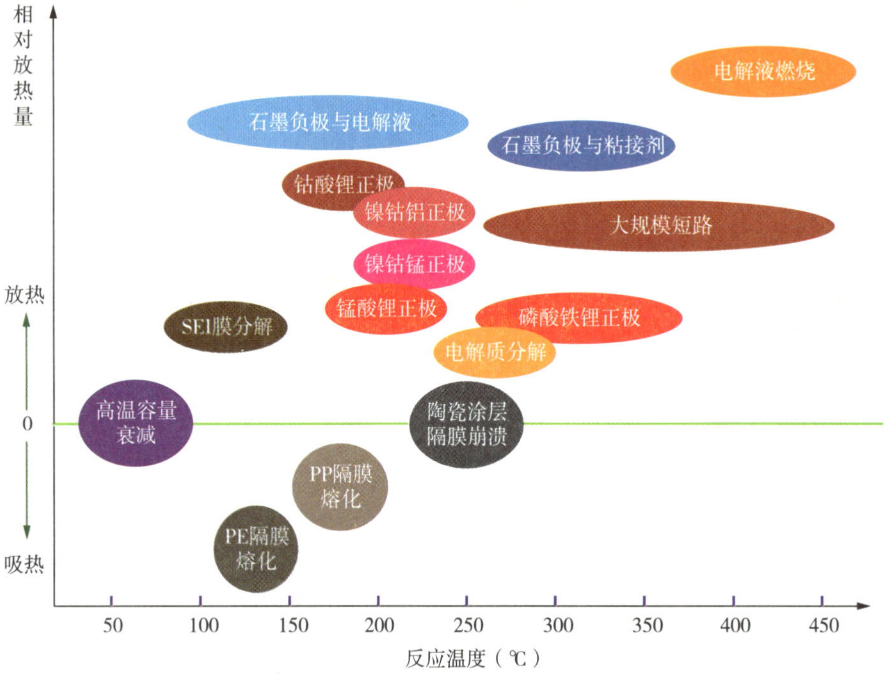

图 16－10 锂离子电池各类材料随温度变化的相对放热量

实际上，电池安全问题是一个系统安全问题，电池系统是由材料、机械零部件、控制管理等多个系统组成的复杂系统，多个系统共同影响电池系统的安全，各个系统环环相扣，任何一个环节出现问题都可能导致电池系统安全性破坏。图 16－11 为影响电池系统安全的几大要素。

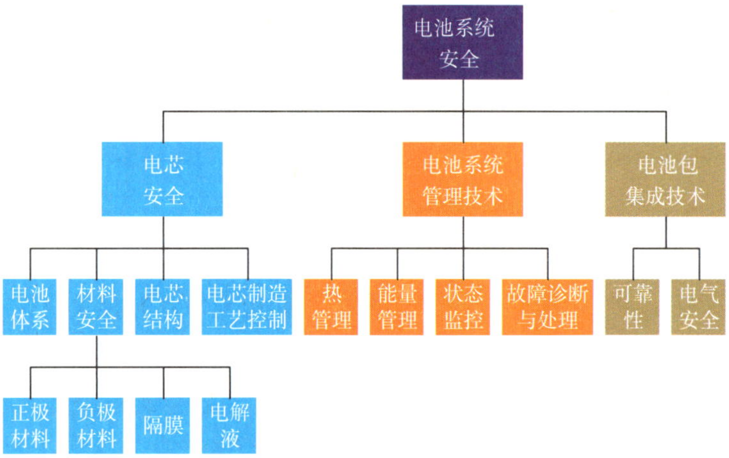

图 16－11 电池系统安全要素分析

通过以上分析，可以大致得出以下结论：

(1) 在基本参数性能方面，尤其是比能量，三元材料明显优于磷酸铁锂材料；

(2) 基于电池 OCV－SOC 特性，磷酸铁锂电池的管理系统比三元电池复杂；

(3) 负极材料才是热安全的最短板，不能以正极材料的热失控温度来判定电池安全性；

(4) 电池安全问题是一个系统安全问题，是整车架构—电池包—电池单体的多层级多系统的安全问题，需要分模块、分系统逐级解决。

从能量密度的角度来说，三元材料比磷酸铁锂和锰酸锂材料有绝对的优势，但安全性能却是一直限制其大规模应用的一个难题，容量较大的纯三元电池很难通过针刺和过充等安全性测试，这也是大容量电池中一般都要混合锰酸锂一起使用的原因，从目前市场情况来看，主要有如下几种解决三元材料安全性问题的方案：

(1) 选择安全性能最优配比的三元材料。众所周知，三元材料中的镍含量越高，材料的稳定性越差，安全性也就越差，目前安全性最好的主流三元镍钴锰配比为 1∶1∶1，即通常所说的“111 三元”。“111 三元”之所以稳定性最好，主要原因：一是镍所占的比例较低（相对于 422、523 等），材料制备过程中更容易形成完整的层状结构，同时兼顾了能量密度；二是锰的比例较高（相对于 422、523 等），锰是三元材料中其结构稳定性的重要元素；三是镍和锰的比例为 1∶1，镍和锰同时为稳定性最高的正 2 价和正 4 价，“111 三元”是最适合做高电压的三元材料，如果高电压电解液瓶颈突破，其能量密度不会逊色于任何高镍的三元，循环和电极加工性能都要高几个档次。综上所述，在大容量纯三元电池中，“111 三元”具有最好的安全性。

(2) 对三元材料本身进行改善。三元材料本身就是从掺杂中发展出来的新型材料，如果再在三元中掺杂其他元素，不仅会对其电化学性能产生未知影响，还会对制备工艺提出更多要求。成本的提高同样会限制三元在动力中的应用，而包覆工艺对产品的一致性会产生影响，所以在保证产品适合产业化的前提下对材料的安全性能进行改善才是能够使三元真正应用于动力电池中的最好方法。三元材料是类似钴酸锂的一次颗粒，除了在压实密度和电极加工性能方面有很大的优势之外，对于安全性也有提高。其原因：一是微米级的一次颗粒具有更完整的层状结构，层状结构越完整，材料的稳定性就越好，体现为循环性能和安全性能的提高；二是粒径较大的一次颗粒具有更好的动力学稳定性，之前有公司宣称采用纳米级三元材料做出的动力电池安全性能好，宣传纳米材料就应该重点宣传倍率性能而规避安全性，因为纳米级的材料本身就具有很高的活性，纳米化使材料的稳定性和安全性不同程度的降低，上面提到微米级，就是为了区别于纳米级。

(3) 把一次粒径做大的另一个优势就是降低了比表面积，减少了材料因为与电解液的接触带来的副反应对材料结构的破坏，对循环和材料稳定性都很有帮助。尽管如此，三元材料在电池中的安全性是其本身的性质，就像锰酸锂的高温，即使通过彻底改性，完全消除了锰酸锂的 3V 平台，控制也做很多优化，仍然需要电解液和负极的匹配才能完全满足高温性能要求。

下面从不同的角度来说明如何做好三元材料在电池中的安全性：

① 降低电池的充电上限电压。目前国内某些企业已经很好地解决了 35Ah 纯三元电池的安全性问题，其充电上限电压为 4.1V，这样对于整个电池体系的稳定性都有较大的提高。

② 通过做聚合物纯三元电池来提高电池安全性能。这里说的是真正意义上固体聚合物电解质的锂离子电池，而不是通常意义上的软包电池。

③ 尝试使用陶瓷隔膜。陶瓷隔膜是在隔膜表面涂覆三氧化二铝的一种隔膜，对三元材料的安全性效果很好，但是由于涂覆工艺多变和三氧化二铝种类的繁杂，尽管国内外很多厂家申请了许多相

关的专利，但是实用性较好的产品还是很少。通过陶瓷隔膜的使用，很大程度上提高了三元材料的安全性能。

这里对解决三元材料安全性问题的这三种方法都只是做了粗略的介绍，但这些方法都是有实例可循的，而且各有利弊。锂电池的每种材料和锂电池本身都较复杂，所以没有完美的材料，也没有完美的工艺，只有不断优化匹配和不断地提高技术。本章节中给出的一些关于锂离子电池特性的示意图来源于网络，本书借此用来从定性的方面表达电池各特征参数之间的相对关系和趋势，没有从定量的角度去刻画各特征参数变化数值差异。

16.3.3 电芯资源

表 16-6 为可选用电芯资源及方案。

表 16-6 电芯资源情况

电池厂家	单　位	企业 1	企业 2	企业 3	企业 4
电池类型	—	三元材料	三元材料	三元材料	三元材料
单体电芯容量	Ah	94	36.2	5.3	37
单体电芯电压	V	3.67	3.65	3.7	3.65
单体电芯形状	—	方形铝壳	软包	圆柱	方形钢壳
成组方式	—	2P160S	6P158S	40P156S	5P158S
额定电压	V	576	576.7	577.2	576.7
额定容量	Ah	188	217.2	212	185
额定能量	kWh	110	125	122	107
合作意向	—	高	高	一般	一般

对表 16-6 关于可选电芯资源及方案的主观评价：企业 1 电芯批量生产，性能优越，电芯成本有优势，但其不提供电池系统总成；企业 2 电芯批量生产，性能优越，电芯成本有优势，但其不提供电池系统总成；企业 3 电芯批量生产，电芯成本有优势，系统比能量有待提高；企业 4 采用 ATL 电芯，系统集成能力较强。

各厂家电池系统需要根据不同的车型及要求定制开发，由于企业 1 和企业 2 电芯性能优越，模块成组技术成熟，尤其是价格优势明显。建议采购企业 1 电芯或模块，系统集成设计可自主开发或委托国内厂商进行系统级集成及产品制造。

基于国内三元电芯技术现状和进口电芯价格，拟定某企业产品，在确保产品质量的同时降低成本，综合分析，最终选定 94Ah 电芯。国际车企同类车型同样选择该款电芯，该款电芯正极为 NCM，负极为石墨，方形铝壳，外形如图 16-12 所示。

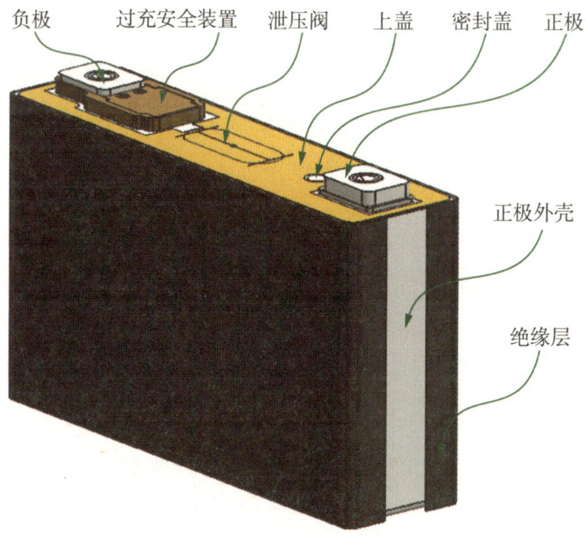

图 16-12 初选电芯外形结构

图 16-12 中 94Ah 电芯参数如表 16-7 所示。

表 16-7 初选电芯参数

序号	项 目	单 位	要 求	备 注
1	电池类型	—	锂离子电池	
2	额定电压	V	3.68	
3	电压工作范围	V	2.7～4.15	
4	质量比能量	Wh/kg	≥160	
5	体积比能量	Wh/L	≥300	
6	直流内阻	mΩ	≤1	10s，50%SOC，25℃
7	持续放电倍率	C	≥1.5	25℃
8	脉冲放电倍率	C	≥4	5s，50%SOC，25℃
9	脉冲放电倍率	C	≥3	30s，50%SOC，25℃
10	持续充电倍率	C	≥1	25℃
11	脉冲充电倍率	C	≥2.5	5s，50%SOC，25℃
12	脉冲充电倍率	C	≥1.5	30s，50%SOC，25℃
13	低温放电容量	%	≥70	−20℃，0.5C，相对常温
14	低温充电容量	%	≥70	−15℃，0.1C，相对常温
15	SOC 工作范围	%	10～100	
16	自放电率	%	≤5	25℃，28 天
		%	≤15	55℃，7 天
17	能量效率	%	≥95	25℃，1C
18	工作温度范围	℃	−15～55	充电
		℃	−20～55	放电
19	运输或储存温度范围	℃	−40～60	
20	循环寿命	次	≥3200	1C/1C，25℃，EOL80%
21	日历寿命	年	15	25℃，100%SOC，EOL80%
22	法规要求	—	QC/T 743—2006；GB/T 30512—2014	

电芯层面安全保障要求：

(1) 电池内部气压控制。对于电量较大电芯，需要采用泄压阀等装置，在电芯内部气压过高时，电芯自行泄压，以免造成电池系统出故障。

(2) 电芯过流保护。在电池系统中，每一颗电芯都需要做过流熔断设计，即在电芯内部或模组层面，在电流回路上设计保险丝，当电流超过阈值时，通过熔断电芯层面的保险丝来保护电池系统。

(3) 电芯过压保护。对电量较大电芯，须设计过压保护装置，当在充电过程中电芯两端电压超过安全阈值时，该装置自动断开，以免电芯发生充电过压失控，保护电池系统安全。

(4) 电芯内短路安全保护。当外部导电物体刺入电芯时，电芯内部会发生内短路，因此，当发生此类事故时，要防止电芯燃烧导致整个电池系统燃烧。

16.4 模组开发

动力电池系统通常分为三个层级：第一个层级就是电芯层面，是电池系统中最小个体；第二个层级是模组层面，由数个电芯通过适当的串并联方式组合成一个模组；第三个层级是系统或包的层面，通常由数个模组串联起来，组成一个电池包。

16.4.1 成组数量

电池模组开发前优先确定模组中电芯数量，模组中电芯的数量通常会根据整车给予电池系统的空间来综合考虑，然后再根据单个模组的重量来进行限制，具体分析请见表 16－8 所示。

表 16－8 模组成组数量分析

	分析数据	数量（支）	小结
模组重量	单支电芯不超过 2.17kg，美国劳工法规定单人作业搬运重量低于 18kg，双人作业搬运重量是 18～32kg	≤14	结合各种分析数据，电池模组开发中电芯数量确定为 10 支，成组后重量不超过 25kg
故障成本	模组生产后是不可逆拆的整体，考虑产品不良率及后期故障更换成本，可根据经验分析	≤10	
生产成本	模组中除电芯外仍包含其他辅料，考虑辅料成本及生产效率，可根据经验分析	≥6	
采集板	采集板最大采集电芯数量为 12 串	≤12	
通用性	不同车型、不同包络空间对模组的限定尺寸	—	
互换性	该电芯由其他公司进行模组开发，电芯数量为 10 支	10	

注：12 是一个非常神奇的数字，用于成组基数，可以为 1P12S、2P6S、3P4S、4P3S 以及 6P2S 等成组方式。国际标准 GB 12330—1990 关于体力搬运重量限值中要求单人单次不超过 15kg。有些企业设定为 23kg 或 25kg，单支电芯为 2.17kg。若采用 12 支成组，外加一些成组结构件，单个模组重量将超过 25kg。因此，本次项目推荐采用 10 支电芯组成模组。

16.4.2 成组方式

电池系统电芯集成采用 94Ah 电芯 2P160S，电池模组开发前需要确定模组中电芯串并联形式。串并联方案分为两种：第一种方案，电池模组中 10 支电芯采用 2 并 5 串的组合方式，系统中 32 个电池模组串联的方式；第二种方案，电池模组中 10 支电芯采用 1 并 10 串的组合方式，系统中 16 个模组先进行串联，然后 2 个 16 串模组进行并联。两种方案优缺点对比见表 16－9。

截至目前，世界上几乎所有的动力电池系统基本上都是采用先并后串的方式。采用先串后并的方式，其缺点有：若是一个电芯损坏，整个回路所有的电芯都将失去作用；若是两个串联回路电压不一致，将出现相互充放电情况。先并后串的优点是即使一个电芯损坏，与其并联的其他电芯可以继续通流工作，对于采用 18650 这样的小电芯，该种方式优点更大。

关于电芯大小以及并联数量的问题。通常来说，电芯大则并联数量少，优点是结构简单成组方便，缺点是电芯成品的差异将导致成组后各电池单体差异较大；电芯小则并联数量多，类似 18650，其缺点是结构复杂成组难度大，优点是成组后电池单体内的电芯数量众多。即使电芯存在一定差异，类似特斯拉电池特斯拉 model S 用了 7104 节电池，但是串联在一起的只有 96 节，并联的只能算一节

表 16－9　成组串并联方式分析

	优　点	缺　点
2P5S	（1）系统集成仅需考虑单体电压一致性； （2）电池管理系统分为 2 级，即主控单元和采集单元，目前是市场主流； （3）电池系统对外直接输出电压； （4）电池系统主回路电气电路简单。	（1）管理系统仅监测每并电芯，单支电芯故障无法监测； （2）单个电芯故障，可能会造成整车动力限功率或丢失。
1P10S	（1）每支电芯均被检测，可以反馈单支故障信息； （2）单个电芯故障，整车限功率，动力不丢失。	（1）系统集成除单体电芯一致性外，还需考虑模组一致性； （2）电池管理系统分为 3 级，即总控单元、主控单元和采集单元； （3）电池系统外部需配备放电电阻； （4）电池系统主回路电气电路复杂； （5）系统并联前需要判定压差，压差过大（大于 5V），需要进行调整。
小结	模组设计采用 2P5S 方式。	

电池，不管你并联多少节，因为电池组也是只计算串联的个数而不是并联的个数，可以计算得到采用 74 颗并联。这么大的基数将克服单个电芯差异问题，带来电池组中各电池单体一致性较高的结果，这个一致就带来电池组中各电池单体的一致。

16.4.3　成组结构

模组的成组结构由成组数量和方式决定，本书将介绍一种 2P5S 的模组结构：模组中若干只电芯排列组合，电芯与电芯/端板之间布置一片硅胶垫；电芯底部布置一片环氧树脂板；侧板与电芯之间布置一片绝缘片；电芯上部放置一个绝缘板；电芯之间的串并联采用连接片，连接片与电芯极柱采用激光焊接方式；模组上方安装一个模组防护罩；模组正/负极处安装防护盖。模组成组的具体结构如图 16－13 所示。

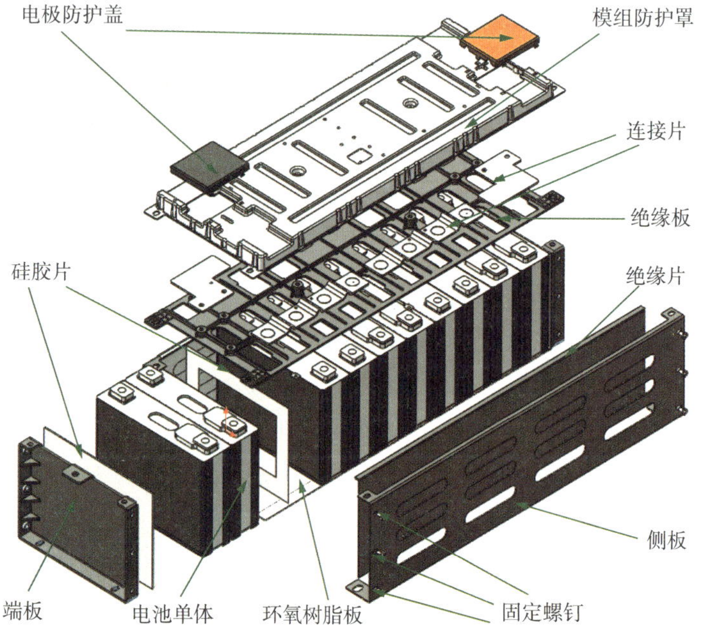

图 16－13　模组成组结构示意图

图 16－13 所示为电池单体。在这里简单阐述一下电芯和电池单体的定义区别：通常把生产制造出来的电池最小个体称为电芯；在电池系统中，通常不会由一颗电芯构成，而是由很多电芯并联后再串联而成，在电池系统中数个电芯并联成的这个最小组合通常称为电池单体。

另外，在电池模组中还包含了温度采集线束（含温度传感器）和电压采集线束，采集线束最终集成在一个插件上，如图 16－14 所示。

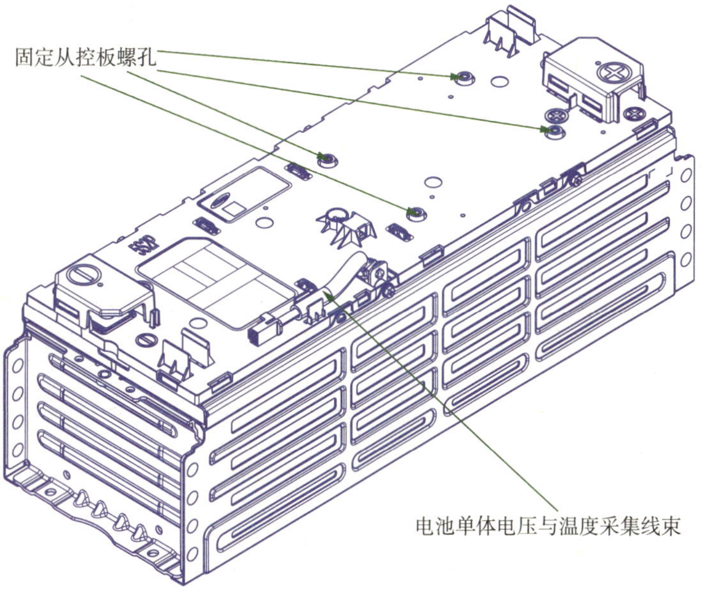

图 16－14　模组顶部结构示意图

由图 16－14 可见，BMS 从控盒布置在模组上盖上方，采取一个从板控制数个模组形式。

16.4.4　模组焊接

目前电池模组激光焊接使用的主要材料为铝片、铜片、镍片。对于铝片来说，采用激光可焊接 2mm 厚的材料，且焊接效果良好；对于铜片来说，可以焊接 1mm 左右的厚度；对于镍片来说，激光焊通常只能焊接不超过 2mm 的镍片材料，超过 2mm 以上的焊接可靠性较差。对于不同材料之间混合焊接，激光焊无法焊接，只能采用转接片的方式焊接，而转接片工艺复杂且成本高；对于同种材料组合焊接，焊接效果良好，可靠性、拉力、熔深均能达到工艺要求。

目前激光焊接方式主要有穿透焊、缝焊。穿透焊是激光能量穿透上层连接片与下层极柱使两个工件的材料熔合在一起的焊接方式；缝焊是激光能量通过连接片与电芯极柱之间的缝隙将两工件材料熔化后连接两个工件的焊接方式。不同焊接方式见图 16－15 所示。

穿透焊的优点是：连接片无需冲孔，工件配合尺寸要求低，加工相对简单，材料成本与加工成本低。穿透焊缺点是：穿透焊需要功率较大的激光焊机，穿透焊的熔深比缝焊的熔深要低，可靠性相对较差。

缝焊优点是：相比穿透焊，缝焊只需较小功率激光焊机，效率高；缝焊的熔深比穿透焊的熔深要高，可靠性相对较好。缝焊缺点是：工件配合尺寸要求高，连接片需冲孔，加工相对困难。

相比铜片，同截面积的铝片，过流能力低，但可以通过增加铝片厚度到 2mm，铝片将超过采用穿透焊铜片的过流能力，采用铜片的优势则不存在。

通过上述方案的比较及对其方案分析，可以看出，采用铝片与缝焊的方式，无论是成本、效率，还是焊接的可靠性，都占优势。图 16－16 所示为焊接试验情况。

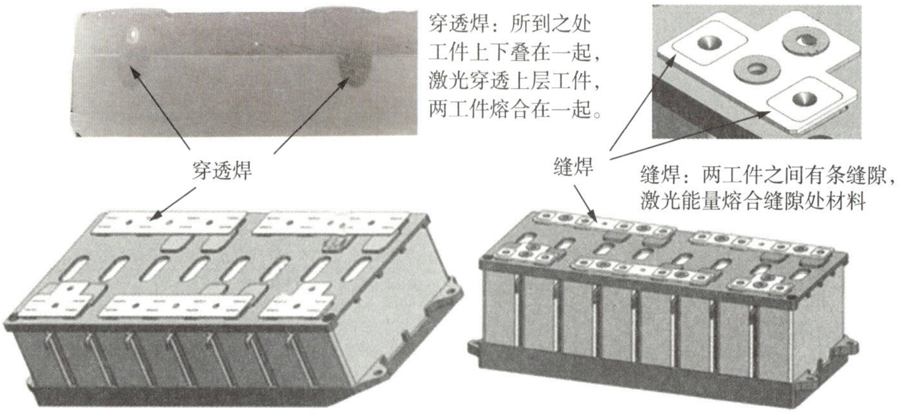

图 16-15　不同焊接方式示意图

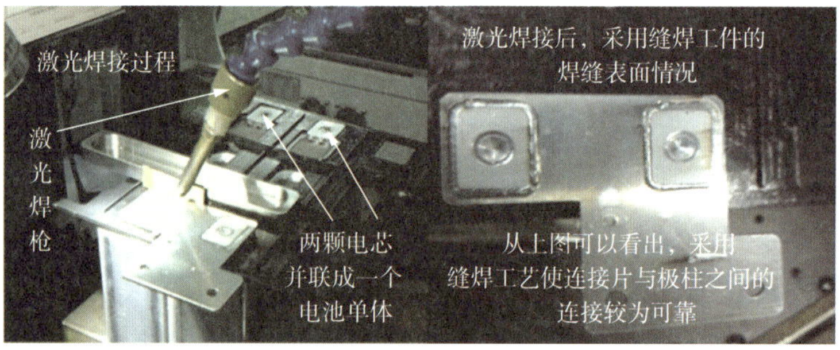

图 16-16　焊接试验情况

缝焊的焊接功率需求为 1kW，远小于穿透焊的 4kW，整个焊接装配过程简单，时间短，但是对电芯有一定的影响。图 16-17 给出了采用缝焊的方式焊接对电芯的影响。

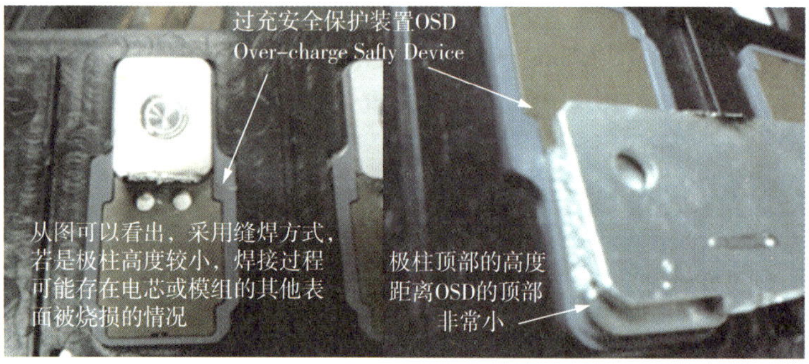

图 16-17　焊接过程中对电芯的影响

从图 16-17 可以看出：电芯过充保护装置 OSD 塑料被烟熏黑，但塑料未烧毁，亦即激光焊接过程中存在 OSD 塑料被激光灼烧的可能。采用缝焊也不是没有缺点，对于极柱高度较小的电芯，存在其他工件表面被动烧损的可能，以及要求连接片与极柱之间的尺寸有较高的配合精度。

16.5　电池包设计

电池包的首要作用是完成一些电气功能，因此下文在介绍电池包电气设计的基础上，先对结构设计进行介绍，最后再对整个电池包的热设计进行分析。

16.5.1 电气设计

本节中的电气设计主要是针对电池包的高压电路设计，低压电路设计将在电池管理系统 BMS 中介绍。高压电路设计包括：高压电气安全、预充电路方案、高压线缆选型、手动维修开关 MSD 和电流传感器等方面的设计开发。

（1）高压电气安全

高压电气安全存在两个方面的设计问题：一个是与结构相关的高压绝缘、电位均衡、防水防尘、电气间隙和爬电距离等方面的设计，这个属于结构开发范畴，参考 GB/T 18384.3—2015《电动汽车安全要求　第 3 部分：人员触电防护》的要求开展设计即可。本章节主要是从系统层面考虑的，在电池系统出现短路、断路以及其他危险时，高压电气系统怎样设计才能既保护司乘人员安全，又尽可能保护电池系统。

图 16－18 显示了电池系统中接触器、主熔断器（通常在手动维修开关 MSD 中）和电芯熔断器之间的关系。图中细虚线以内，为电池系统正常工作的区域，继电器选型设计要求紧包整个区域。细虚线右侧区域表示：在电池系统电流超过最大阈值时，主继电器需要带载分离，这个电流区域为规定最低分离次数下的电流取值情况。细虚线区域上面的区域为电池系统或整车其他系统出现故障时，根据故障处理逻辑，电池管理系统 BMS 主动分离主接触器，这类小电流带载分离的次数也用于规范主接触器设计要求。图中细实线为主接触器设计最大值，超过该曲线的电流或时间，主接触器应该发生断路损坏，否则会带来系统其他方面的问题或影响电池系统安全。

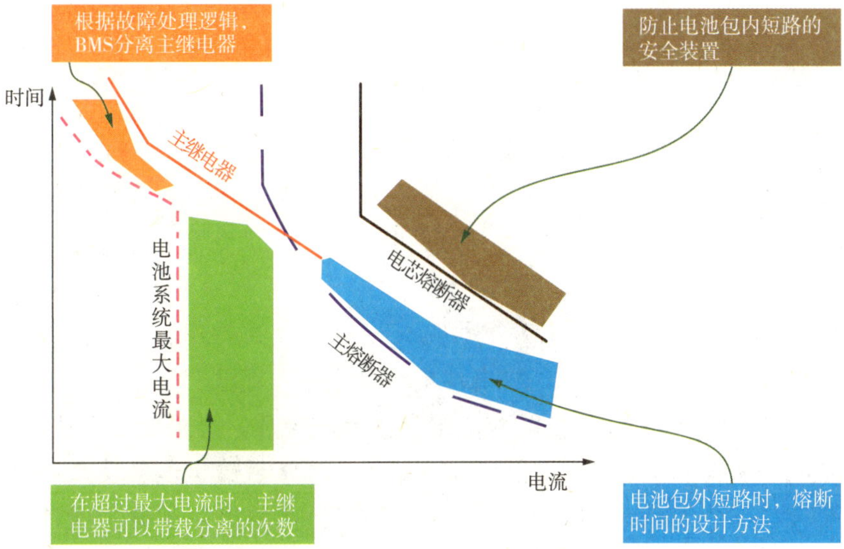

图 16－18　接触器、熔断器和电芯熔断器选型设计关系

关于主熔断器的选型设计问题，图 16－18 中也给出了相应的规范。图中粗虚线为主熔断器熔断的电流时间关系曲线，该曲线上面的黑色区域为电池包外短路时，熔断电流与时间的约束关系，超过该区域以上，熔断器必须立即熔断，否则会带来电池系统安全问题。从图中还可以看出，当电池系统在较小电流和较长时间的工况中出现意外问题时，由主继电器来对电池系统或整车电力系统采取保护；当电池系统处于大电流较短时间的工况中出现过流问题时，由主熔断器担任系统保护角色。

图 16－18 还给出了电芯熔断器的选型设计规范。图中粗实线为电芯熔断器熔断曲线，当电芯发生内短路时，电芯熔断器熔断，保护整个电池的安全。从上面分析可知，当电池系统发生外短路时，

由在手动维修开关中的主熔断器起保护作用；当电池系统发生内短路时，由在电芯层面设计的熔断器起保护作用，并且电芯熔断器的电流熔断阈值和承受时间必须大于主熔断器的相应阈值，且有一定的余量，以便系统出现电流相关故障后，主熔断器先损坏，这样电池系统损失最小以及便于维修。

（2）预充电路方案

开关电源的输入电路大都采用电容滤波型整流电路，在进线电源合闸瞬间，由于电容器上的初始电压为零，电容器充电瞬间会形成很大的浪涌电流，特别是大功率开关电源，采用容量较大的滤波电容器，使浪涌电流达100A以上。在电源接通瞬间，如此大的浪涌电流，严重时，往往会导致输入熔断器烧断或合闸开关的触点烧坏，整流桥过流损坏。在纯电动汽车高压回路中，同样存在着大量的容性负载，高压电路在瞬时上电时，将会对整个高压系统电路造成上电冲击。为此，在上电过程中需要对高压电路进行防电流瞬态冲击的预充电，图16-19给出了预充电路原理。

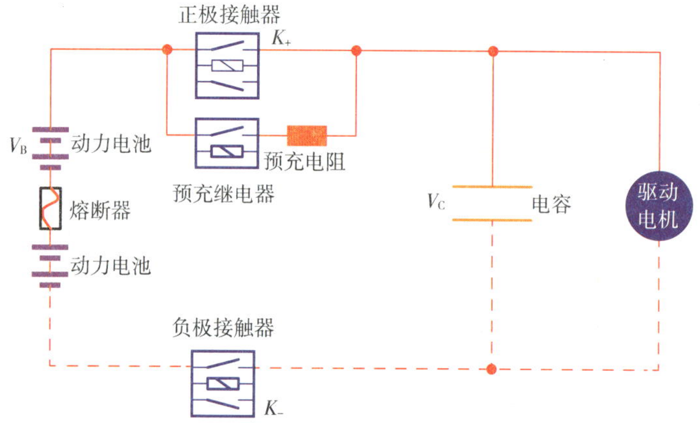

图16-19　高压预充电路原理

在电池系统输出高压电之前，先通过预充电回路对电池系统外部的高压系统进行预充电。预充电回路的设计主要实现了以下三个功能：保护负载电容、保护单体电芯和保护继电器（防止电弧产生）。由于高压零部件的高压正负极之间设计有补偿电容，如果没有预充电电阻，那么在高压回路导通瞬间，补偿电容将会由于瞬间电流过大而烧毁。如图16-19所示，电池所带的电机控制器负载，前端都有较大的电容，在冷态启动时，电容上无电荷或只有很低的残留电压，当无预充电时，正负极主接触器K_+、K_-直接与电容接通，此时电池电压V_B有50V以上高压，而负载电容上电压接近0，相当于瞬间短路，负载电阻仅仅是导线和继电器触点的电阻，一般远小于20mΩ。按欧姆定律，冲击电流$I_{impact}=(V_B-V_C)/R_P$，如此大电流流过，正负极接触器、车载设备和电池本身必损坏无疑。因此，高压系统中必须设计有预充电回路，在动力蓄电池输出高压电之前，先通过预充电回路对电池外部的高压系统进行预充电，根据纯电动物流车项目设计需求，预充电时间要求小于2秒钟，预充电回路控制器件为BCU、预充电继电器和预充电电阻。

预充电过程为：正极接触器先断开，让阻抗较大的预充继电器K_p和预充电阻R_P构成的预充电回路先接通；当预充电路工作时，负载电容上的电压V_C越来越高，预充电电流I_C越来越小。当负载电容上的电压V接近电池电压V_B时（图16-19中的$\Delta V=V_B-V_C$足够小），BMS先接通正极接触器，再切断预充继电器；于是高压电路中不再产生大电流冲击。

设预充电时间即高压系统电容充电放电时间为T_C，V_0为电容上的初始电压值，V_1为电容最终可充到或放到的电压值，V_t为t时刻电容上的电压值，则

$$V_t=V_1+(V_0-V_1)\times e^{-t/RC} \tag{16-1}$$

一般 V_t 取电池系统电压的 95%以上，考虑到电池系统总电压较高，为使接触器两端压差在 20V 以下，本方案取 96%，假定 $V_0=0$，那么

$$V_t=(1-e^{-t/RC})V_1 \tag{16-2}$$

则

$$R_P=t_P/\{C\times\ln[V_1/(V_1-V_t)]\}=-t_P/(C\times\ln0.04) \tag{16-3}$$

根据纯电动物流车项目整车高压线路最大输入端电容按照最大输入电容 2000 微法计算，预充电时间通常$t_C\leqslant2s$，这里取$t_C=2s$，则可以计算得到预充电阻R_P，即

$$R_P=-1.8/(0.002\times\ln0.04)=279.6\Omega \tag{16-4}$$

结合计算结果圆整要求，预充电电阻取$R_P=300\Omega$，综合上述参考因素：选取电阻为 300Ω/300W，电池端电压V_B与电容端电压V_C压差仍然按 588V 计算，在接通一瞬间，流过预充电回路进入电容的最大电流$I_P=588/300=1.96A$。

（3）高压线缆选型

国家标准 GB/T 25085《道路车辆 60V 和 600V 单线电芯》、GB/T 25087《道路车辆　圆形、屏蔽和非屏蔽的用 60V 和 600V 多芯护套电缆》脱胎于 ISO 6722，对额定电压 60～600V 的单芯或多芯电缆做了规定和要求。但是对新能源汽车使用的 600V 以上的高压线缆，汽车行业标准 QC/T 1037—2016《道路车辆用高压电缆》规定了额定电压 AC 1000V/DC 1500V 及以下道路车辆用高压电缆的要求、试验方法、检验规则、包装和标记。

QC/T 1037—2016 大部分测试项目和要求沿用了 GB/T 25085、GB/T 25087，与电缆材料有关的差别主要有如下几点：

① 绝缘检查电压更高，AC 600V/DC 900V 检查电压为 8kV，AC 900V/DC 1500V 检查电压为 10kV；

② 电线外层只能使用鲜艳的橙色；

③ 耐磨要求规定了最小往复次数 1000～1500 次；

④ 耐化学试剂浸渍时间改为 10s，腐蚀性强的如汽油、柴油单次浸渍后热老化 240h，弱腐蚀性液体如冷却液、玻璃水则分 4 次浸渍，热老化 3000h，然后进行卷绕和绝缘测试；

⑤ 阻燃要求更高，延燃试验自熄时间要求小于 30s，而 GB/T 25085 和 GB/T 25087 的自熄时间要求为小于 70s。

基于上述标准，对电池系统高压电缆进行初步设计选型，见表 16-10 所示。

表 16-10　电池系统高压电缆设计选型

	线　缆	铜连接片	规　格
模组间		间距不超过 250mm	$50mm^2$
主回路		间距不超过 250mm，路径不规则	$50mm^2$
预充回路	线径小		$4mm^2$
慢充回路	线径小		$4mm^2$
快充回路		间距不超过 250mm，路径不规则	$50mm^2$
主回路参数	最大持续放电功率为 108kW，最大电流，108 kW/588V=184A； 峰值放电功率为 182kW，时间为 5s，最大电流，182kW/588V=310A		$50mm^2$

从表 16－10 中可以看出，此次高压电缆设计选型主要为 $50mm^2$ 铜芯线，若是电池包内部的铜排或极柱连接片，也必须设计为 $50mm^2$ 的截面积，否则会出现通流瓶颈。

（4）低压线束设计

电池系统的低压线束是一个成本低利润小，但责任重大的零部件，它的设计或制造出了错误，将可能直接导致电池重大故障。本次设计电池系统分为两个电池箱，低压线束部分包括箱体间的低压线束，主控板与从控板间的通信线束，主控板与高压继电器、分流器之间的连接线束。考虑线束的整洁及制造生产，将箱体间的低压线束与整车线束做在一起，两个电池箱分别提供一个线束接口与整车线束对接即可。

电池左箱主要包括电池模组和从控板，低压线束包括与从控板的接插件、高压互锁线的接插件以及整车线束的连接器。电池右箱的线束相对复杂，电池右箱主要包括电池模组、从控板、主控板、高压接触器、快慢充接口等。考虑到实际的制造安装，在低压线束部分通过接插件的形式与电池箱部件连接，电池右箱的低压线束包括主控板连接的接插件、从控板连接的接插件、高压互锁连接的接插件、高压采集点连接端子、与高压接触器连接的接插件、与快慢充接口连接的接插件、与整车线束的连接器等。在样车阶段，为方便调试以及程序刷新，在右箱主线束上需要设计一个诊断接口，增加一根诊断连接线及连接器。

（5）继电器与接触器

电磁式的继电器和接触器，它们的工作原理可以说是一样的，有时就是同一个器件，用在这个电路作为接触器，用到另外一个电路又作为继电器使用，区别的方法就是看它们具体的用途。

继电器的主要作用是用于信号检测、传递、变换或处理，它通断的电路电流通常较小，即一般用在控制电路（与“主电路”对比）。

接触器主要作用是用来接通或断开主电路的。所谓主电路是指一个电路工作与否是由该电路是否接通为标志。主电路概念与控制电路相对应，一般主电路通过的电流比控制电路大。因此，容量大的接触器一般都带有灭弧罩（因为大电流断开会产生电弧，若不采用灭弧罩灭弧，将烧坏触头）。

如果某个主电路工作电流较小，这时完全可以采用通常作为继电器用的电器来作为通断主电路的器件，即将继电器作为接触器使用。但若某个主电路工作电流非常大，以至于使用通断主电路的接触器容量非常大，要使这样的接触器工作的电流也非常大，也就是说它的控制电路中流过的电流非常大，用普通的继电器难以通断其控制电路，这时可以选择某个原来作为接触器使用的继电器来控制该控制电路的通断，这个接触器在这个场合的作用就是继电器了。

① 继电器的触头容量一般不会超过 5A，小型继电器的触头容量一般只有 1A 或 2A；而接触器的触头容量最小也有 10A 到 20A；

② 继电器的线圈有直流和交流之分；而接触器的线圈只有交流；

③ 接触器的触头通常有三个主触头，另外还有若干个辅助触头；而继电器的触头一般不分主辅；

④ 继电器的触头有时是成对设置的，即常开触头和常闭触头组合在一起；而接触器一般主触头都是常开触头，不会成对设置；

⑤ 继电器是起过载保护作用的，接触器不是，继电器中的过载保护是靠双金属片，超过金属片的热度，金属片会弯曲从而起保护作用；接触器的原理是线圈静铁心通电，带动动铁心，接触器主触点吸合；

⑥ 针对特定的要求，继电器与其他装置组合设计成时间继电器、压力继电器等，有附加功能；而接触器一般不会具有附加的功能。

接触器主要是用于一次回路的，可以通过较大的电流（可达几百到一千多安培）；继电器是用于二次回路的只能通过小电流（几安培到十几安培），实现各种控制功能。继电器的触点较多，种类也很多，有时间继电器、交流继电器、电磁式继电器等，分类很细，主要用于二次保护。在继电器的触点容量满足不了要求时，也可以用接触器代替。当接触器的辅助触点不够用时可加一个继电器作为辅助触点来实现各种控制。

接触器与继电器设计不一样，外形也不一样。一个为直接控制电器设备，强调大电流通断可靠性，触电不烧结；一个是为了控制继电器或其他辅助设备（灯光阀体之类），强调功能性。原理是一样的，设计理念不一样，就如同电力电缆和信号电缆，比如用同轴接灯泡也能亮（只要耐压够），其本身也可以供电，如共电式的电视系统；用小线径电力电缆做控制电缆也可以，没什么分别，但是从使用领域和设计方向上看完全是不同的，根本就是两种东西。两个圈，只有一小部分交集。

继电器一般触点容量为5A（当然也有特殊的），这样触头可以增加数量和其他功能（如时间、电流、电压等），使得连锁控制要求能够达到。继电器由于容量小，接触器线圈容量也小，处于主令控制元件和接触器之间，便于使用。接触器主要用于主回路控制使用设备，所以电流从几安培至数千安培。接触器增加了灭弧装置，并且根据使用情况有交流接触器和直流接触器。使用灭弧罩是灭弧装置的一种方法，接触器每组触点独有一个腔体，对灭弧有很大的好处，独立的腔体也是一种灭弧装置，而继电器一般是多组触点共用一个腔体，所以灭弧性能不好，在交流电路中不能承受大电流。低压接触器对灭弧装置而言没有任何意义，AC 24V/20A 的交流接触器和 AC 380/20A 的交流接触器，灭弧装置是一样的，即使是 AC 24V/5A 的中间继电器也是有灭弧装置的，因为它每组触点拥有一个独立的腔体。接触器有灭弧装置可以分断较大的电流，一般指 10A 以上。

（6）手动维修开关

电动汽车高压系统电气断开部位有两处：一处则是主继电器/接触器，前面已讲过；另一处是手动维修开关 MSD（Manual Service Disconnect），也称紧急维修开关，只有在车辆维修、存在漏电危险等特殊情况时才使用手动维修开关。

手动维修开关电气部位布置一般有两种：一种是位于高压电源的正极，另一种是布置于电池组中间。若是手动维修开关位于电池包的正极，在电池正极与紧急维修开关有一段电路，如果采用此类布置方式，需要保证此段电路处于人体不能接触区域。通常来说，MSD 布置在电池组的中间，置于电池包上，这样做的好处是卸下 MSD 后，在切断高压回路的同时还将电池的最高电压降一半以及将电池的能量等分为两部分，有利于后期检修安全。

手动维修开关作为高压安全部件，它的操作部位布置需遵循以下原则：操作部位应能长期保持干操，不易接触到水、饮料等液体，并有适当隔离物进行隔离；操作部位应靠近驾驶人，以便紧急情况时驾驶人能较快操作；操作开关的布置应易于操作，覆盖物的拆卸不应设计得太过烦琐，以便紧急情况时能较快操作。电动轿车若将手动维修开关布置于后备厢，远离驾驶人位置，则不便于紧急操作；若将手动维修开关布置于后排座椅旁，并存在卡扣式的盖板，则方便操作，且能较好地兼顾上述要求。此外，MSD 还需要采用防直触设计。

关于 MSD 的选型，若是电池系统最大放电电流为 310A，在夏季工作条件下熔断器环境温度应在 50℃左右，此处的温度折损系数取 0.85，熔断器使用在直流环境下，故频率折损系数取 1.0，温度传导系数取 0.8，故折损系数 $k_{fuse}=0.85\times1.0\times0.8=0.68$，最小熔断器的额定电流 $I_{fusemin}=310A/0.68=456A$。

电池系统的额定电压为 588VDC，电池系统的等效内阻大约为 100mΩ，短路电流 $I_{fusemin}=588/$

0.1=5880A。根据经验要求，熔断器需要在5ms内熔断。

电池系统包含两个电池包，在设计时其中一个箱体中布置一个MSD，此产品集成了一个熔断器于其内部，既起到了出现危险状况时手动断开电池包高压维护开关的作用，又起到了熔断器作用（在电池系统意外出现严重过载或者短路的情况下，断开电池模块间的串连接）。由于集成到MSD中的熔断器密封散热更加苛刻，而且还跟连接MSD的动力电缆的截面积大小有关，此次系统中采用50mm² 的动力电缆与MSD连接，连接处温升较大，故升级MSD集成的熔断器电流至500A。

（7）电流传感器

电池包电流检测目前存在两种方式，即采用霍尔电流传感器或分流器进行测量，表16－11对两种方式进行了一个简单的比较。

表16－11 不同电流传感器对比

名 称	优 点	缺 点	成本（元）
霍尔电流传感器	汽车级，性能良好，市场广泛应用	远距离采集可能受干扰	200
普通分流器	成本低，有一定的应用	工业级，采集电压需要隔离	50～100
带CAN的分流器	汽车级，带CAN通信，性能良好	成本高，应用还不普及	1800～2000

根据上述对比分析，本方案采用LEM公司的DHAB S/18双量程霍尔开环电流传感器，线性度为±1%，测量范围为±30A和±350A，有利于解决小电流采集精度不高的问题，供电电压为5V，工作温度为－40℃～125℃，这是目前广泛应用的一款专用于新能源汽车电池电流采集的汽车霍尔电流传感器。

16.5.2 结构设计

电池包结构设计需要满足GB/T 18384.1—2001《电动汽车安全要求 第1部分：车载储能装置》和DB11/Z 800—2011《电动汽车电能供给与保障技术规范 商用车动力蓄电池包》。电池系统结构如图16－20所示。

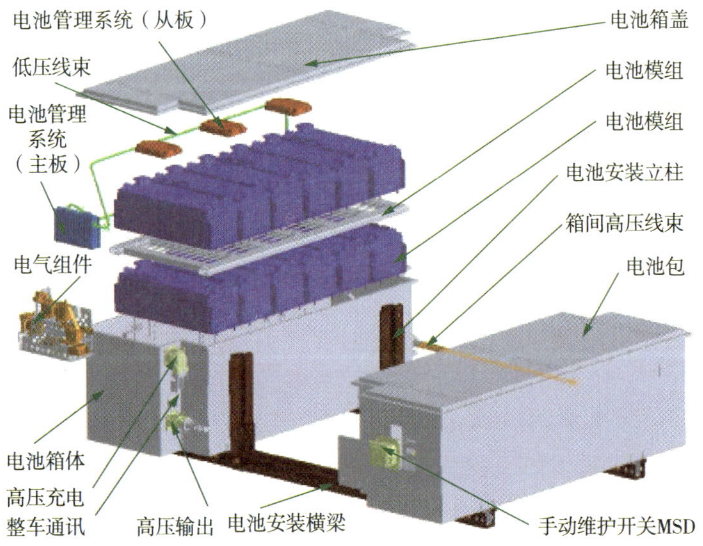

图16－20 电池包外形结构

电池包内部布置如图 16 - 21 所示。

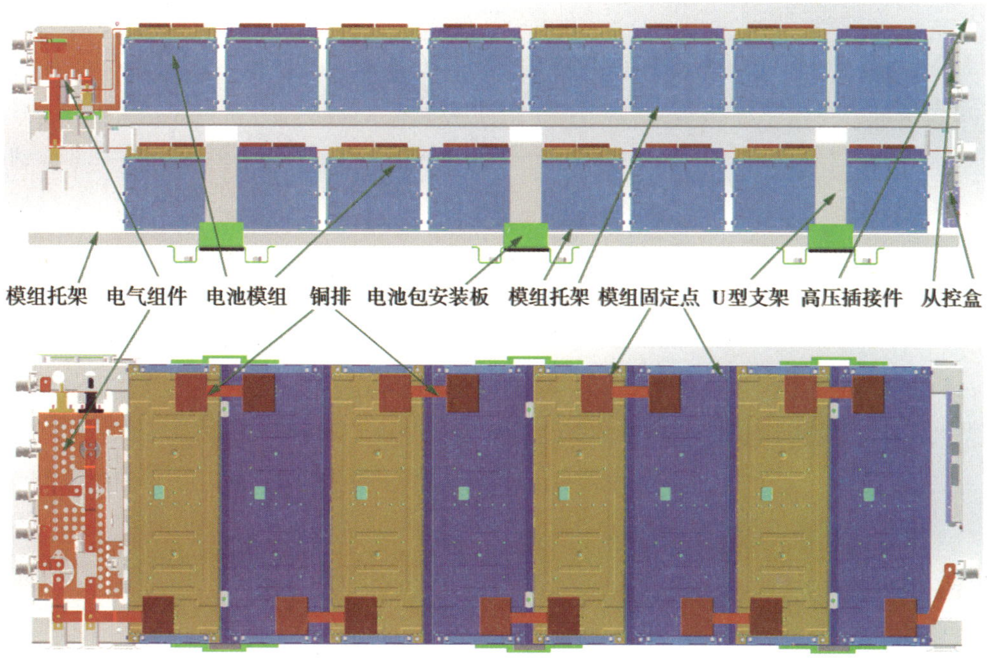

图 16 - 21　电池包内部布置情况

电池包高压控制电气组件布置如图 16 - 22 所示。

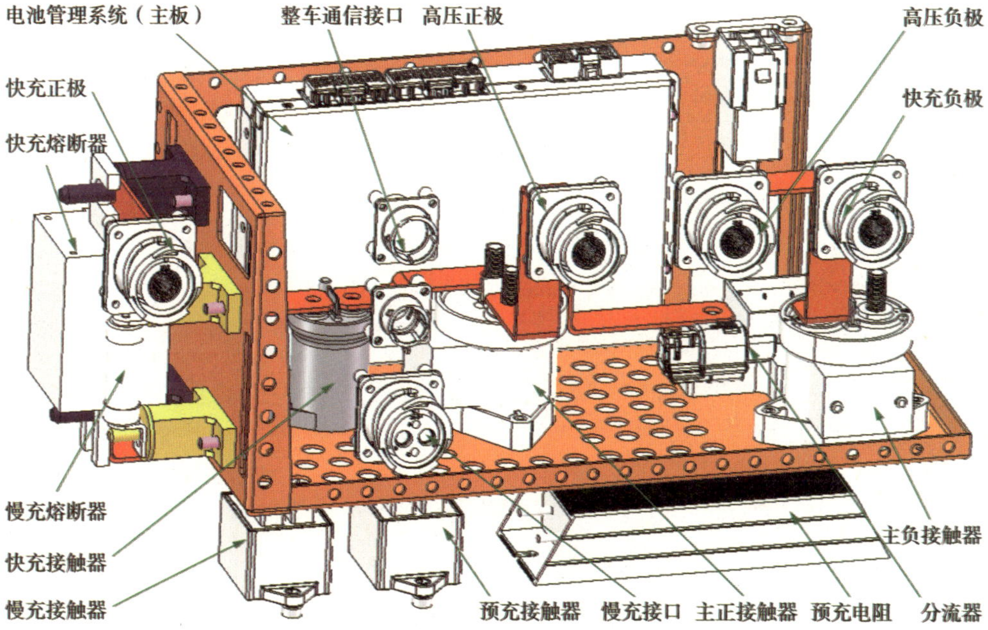

图 16 - 22　电池包高压控制电气组件布置情况

由图 16 - 22 可以看出，该电池包高压回路采用两路电流采集，一路是在正极回路上采用霍尔传感器采集，一路是在负极回路上采用分流器采集。通过两路采集电流，不仅可以有效避免因电流传感器损害给电池系统带来失效的可能性，而且还可以提高电流采集的准确性。

16.5.3 热分析

本次设计的电池包采用自然冷却方式，纯电动的商用车电池系统容量较大，动力电池使用过程中，电池的充放电倍率较小，电池工作过程中产生的热量较小，就散热来说，不需要采用强制冷却；若是采用三元镍钴锰 NCM 等低温充放电特性好的动力电池，可以不用强制加热。商用车对价格非常敏感，因此，采用自然冷却方式较好。本章节将核算若采用自然冷却方式看是否能够满足电池系统工作需求。

放电工况：整车最高车速需求大于 80km/h，以最高车速持续行驶，电池功率约 40kW，换算成电流约为 68A（40000W/588V＝68A），因此以 1/3C（系统容量 188Ah/3＝63Ah）放电工况进行估计。

充电工况：快速充电的恒流阶段以 1/3C 的充电倍率充电，因此以 1/3C 充电工况进行估计；

电池发热量：采用通过理论计算方式估计电池的产热量，总的生热功率＝焦耳热＋反应热。其中焦耳热可通过内阻及电流计算，反应热缺少相关数据无法得知。此处，只考虑焦耳热进行粗略估算，即

$$P_{bat}=I_{bat}^2R_{bat} \tag{16-5}$$

由电芯参数可知，直流内阻为 0.814mΩ，工况按 1/3C 计算，I 为 31.33A（单个电芯 94Ah），则 $P_{bat}=0.799W$。

为方便计算，一个电芯的产热率按照 0.8W 计算。根据 94Ah 单体电芯参数表可知，电芯热容为 0.952kJ/kg，电芯质量为 2100g。按照不考虑散热的极端情况，电芯从 100%SOC 放电至 0%SOC，产生的总热量为：

$$Q_{bat}=2.4\text{Wh}=8.64\text{kJ} \tag{16-6}$$

由 $Q_{bat}=C_{cell}\times m_{bat}\times\Delta T_{bat}$ 可知：

$$\Delta T_{bat}=Q_{bat}/(C_{cell}\times m_{bat})=8.64/(0.952\times2.1)=4.321\text{K} \tag{16-7}$$

因此，在绝热的极端情况下，电池温升只有 4.32℃。考虑到电池模组及电池包结构，按照电池包来进行大体估算。单个电池包尺寸为 1700mm×520mm×440mm；模块尺寸为 500mm×180mm×160mm；电芯尺寸为 173mm×45mm×125mm；每个模块的散热面积大体估算为：

$$S_{bat}=500\times125\times2+180\times125\times2=170000\ \text{mm}^2 \tag{16-8}$$

每箱中有 16 个模块，总散热面积为：

$$S_{pack}=170000\times16=2720000\ \text{mm}^2=2.72\ \text{m}^2 \tag{16-9}$$

只考虑与空气进行热交换，空气量估计为：

$$\lambda_{pack}=1700\times520\times440-500\times180\times160\times16=158560000\ \text{mm}^3=0.15856\ \text{m}^3 \tag{16-10}$$

空气密度按照 1.29kg/m³ 来计算，则一箱中的空气量为：

$$m_{air}=0.15856\times1.29=0.205\text{kg} \tag{16-11}$$

忽略电池箱与外界空气的热交换，电池箱内达到热平衡，则电池箱内电池最大温升为 $\Delta T_{bat}=Q/(C_{cell}\times m_{cell}+C_{air}\times m_{air})$，即

$$\Delta T_{bat}=8.64/(0.952\times2.1\times16+1.012\times0.205)=0.268\text{K} \tag{16-12}$$

电芯在 40℃环境下不同放电倍率温升测试数据见图 16－23 所示。

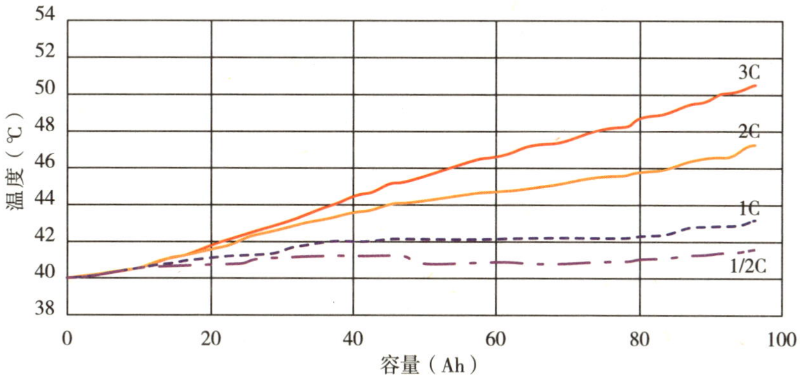

图 16－23 电芯在 40℃环境下不同放电倍率温升图

由图 16－23 可以看出，随着放电倍率的降低，电芯的温升也随之降低，当放电倍率减小到 1C 时，无需外界强制冷却，通过自然冷却方式就能让电芯温升基本得到可控。

若电池系统组成为 94Ah－2P160S，根据整车工况，车速 80km/h，电池功率约 40kW，换算成电流约为 68A，约以 1/3C 放电：

（1）环境温度为 25℃的情况下，放电过程中的最高温度约为 27℃；

（2）环境温度为 40℃的情况下，放电过程中的最高温度约为 42℃。

慢速充电工况，慢充，车载充电机功率为 3.3kW，充电电流约为 5.6A，即 0.03C。以 1/10C 数据来看：

（1）环境温度为 25℃的情况下，充电过程中的最高温度约为 25.5℃；

（2）环境温度为 40℃的情况下，充电过程中的最高温度约为 40.2℃。

快速充电工况，快充，以 1/3C 充电：

（1）环境温度为 25℃的情况下，充电过程中的最高温度约为 26.1℃；

（2）环境温度为 40℃的情况下，充电过程中的最高温度约为 40.6℃。

根据以上计算结果可知，自然冷却方案能够满足整车需求。

16.6 电池管理

电池管理系统 BMS 是动力电池关键技术之一，其控制水平直接决定电池的安全，本章节将从系统需求、硬件开发、策略开发、故障诊断和测试验证等方面来介绍 BMS 开发过程。

16.6.1 系统需求

电池管理系统（BMS）负责对电池组工作状态的监测和控制，并与整车通信网络进行信息交互，是动力电池系统的控制核心，需符合行业标准 QC/T 897—2011 要求，实现的基本功能需求主要可以从系统和控制两个层面来划分。

（1）系统层面的需求

① 系统架构：电池管理系统通常可以分为两种，即一种是主从架构，一种是集成架构。采用主

从式架构，能够方便地进行电池箱布置，主控板和从控板之间通过 CAN 总线通信，大大减少了线束，电池管理系统采集板与电池模组集成在一起，一个采集板管理一个电池模组，可实现标准化电池模组，大大提高系统的适用性和可扩展性。

② 冗余设计：电流采集采用两个电流传感器（一个为分流器，一个为霍尔传感器），保证电流信号的可靠性；采用整车控制器 VCU 和电池管理系统 BMS，同时对高压接触器进行控制，确保高压上电可靠性，保证整车行驶的可靠性。

③ 充电管理：兼容低压为 12/24VDC 直流充电系统；能与车载充电机或充电桩进行通信，完成充电管理，满足交直流充电功能；应能检测符合充电国标的充电控制和确认信号 CC/CP/CC2，交流充电方式按照 GB/T 20234.2 中的充电模式 3 连接方式 B，应能自动识别家用 16A 插座和交流充电桩并实现交流充电；直流充电方式按照 GB/T 20234.3 进行，与非车载充电桩之间的通信协议按照 GB/T 27930 进行。

④ 环境管理：能够对电池包内部的温度和湿度进行调节；控制冷却系统和加热系统，对电池系统进行热管理，以及在电池系统内部进行热平衡。

⑤ 高压控制：具备继电器驱动功能，完成高压上下电，可以控制总正继电器、总负继电器、预充继电器、快充继电器、慢充继电器；具备正/负接触器状态监控功能，可通过辅助触点和电压判断方式确认状态，具备预充功能，预充电电压至少为系统电压的 95%，预充时间不超过 1s。

⑥ 高压安全：在电池串联中间点附近设置带高压熔断器的手动维修开关 MSD，满足系统可以通过机械方式切断高压回路，以及具备高压回路过电流熔断机制。

⑦ 高压互锁：具备高压互锁检测功能，高压互锁信号线穿过手动维修开关 MSD、高压接插件等，能够有效检测维修开关是否断开，高压接插件是否连接，以便有效保护人员和车辆。

⑧ 远程监控：在停车状态下具备电池监控功能，例如停车状态下，当电池发生故障时，具备动力电池低压报警功能，能够通过整车控制器，上报给监控中心；兼容 12/24VDC 电源。

⑨ 电压检测：检测电池电压状态的采集监控管理功能，具备高压采集功能，精度在±0.5%FSR 以内，具备单体电压采集功能，精度在±10mV 以内，电池管理系统采用高压监测来确认高压继电器状态，能够确保高压接触器控制安全可靠。

⑩ 电流检测：具备电流采集功能，精度在±0.5%FSR 以内，电池管理系统采用分流器和霍尔传感器同时进行电流测量，实现高精度的电流采集，能够有效保护电池，并提高 SOC 估算精度等。

⑪ 温度采集：具备在电池系统内多点温度采集功能，精度在±2℃以内。

⑫ 绝缘监测：具备绝缘检测功能，按照 GB/T 18384 进行，绝缘电阻计算精度在 5%以内。

（2）控制层面的需求

① 硬件激活：BMS 硬件具备 3 种以上激活模式，满足 ON 电激活、直流和交流充电激活。

② 隔离设计：在高压采集控制板上，通过隔离芯片将高压部分与低压部分隔离，提高系统的抗干扰性。

③ 均衡控制：具备电池均衡控制功能，支持被动均衡。

④ 故障诊断：支持 UDS 协议，能够进行故障分析存储、分析、处理；具备故障诊断及保护功能，能够实现在线报警，实时故障处理，故障存储、历史故障记录等；设计多等级的故障诊断，能够从多方面保护电池、整车及人员；各种故障诊断能够及时报警，并对故障进行处理；能够对电池系统的状态进行监控，并执行相关诊断。

⑤ 标定匹配：满足 CCP（CAN Calibration Protocol）协议，通过 CAN 总线进行匹配标定，实现

精确控制以及优化各项控制参数，满足预定的要求。

⑥ 通信协议：满足 SAE J1939 协议，BMS 硬件至少具备 3 路 CAN 总线，其中两路分别与整车控制器和充电系统进行 CAN 通信，第三路为电池系统内部各控制器独立的 CAN 总线通信。

⑦ 程序刷新：支持 Bootloader 功能，能够进行 FLASH 刷写。

⑧ 荷电状态：能够估算电池系统的荷电状态（State of Charge，SOC），具备 SOC 估算功能，精度≤8%以内。

⑨ 健康状态：能够估算电池系统的健康（State of Health，SOH），精度≤8%。

⑩ 能量状态，能够估算电池系统的能量状态（State of Energy，SOE），精度≤8%。

⑪ 功能状态：能够估算电池系统的功能状态（State of Function，SOF），精度≤8%；电池的功能状态 SOF 通过电池的 SOC、SOH、近期的使用情况和当前的环境温度等因素计算而得；通过 SOF 值可以得出电池在某种环境下还能工作多长时间，可以计算电动汽车当前的剩余里程。

⑫ 功率状态：能够估算电池系统的能量状态（State of Power，SOP），精度在 8%以内；SOP 是下一时刻，比如下一个 2s、10s、30s 以及持续的大电流的时候电池能够提供的最大的放电和被充电的功率（这里面还应该考虑到持续的大电流对保险丝的影响），该功能可以换算成系统实时的最大充放电电流能力。

综上所述，电池管理系统采用主从式架构，通过布置在每个电池模块上的从控板采集电池信息和监控电池状态，主控板通过内部 CAN 网络获取电池系统的信息，进行 SOC、SOE、SOH 估算，估算电池系统的最大充放电能力，进行高压接触器控制、热管理控制、均衡控制、充电管理、故障诊断等，在电池管理系统设计过程中要充分考虑功能安全，设计相应的故障诊断及电池保护方案，确保电池及整车安全。

16.6.2 硬件开发

本章节将从电池管理系统的硬件需求、主板设计、从板设计以及关键参数指标等方面介绍硬件开发。

（1）硬件需求

电池管理系统硬件应具备的功能有：支持 Bootloader 功能、支持标定和诊断功能、支持下电延时功能、实时时钟、故障数据实时记录、支持高压环路互锁检测功能、硬件故障自诊断功能、电池均衡管理、数据采集（总电压、总电流、单体电池电压等，需要有冗余的手段检测电池过压和欠压）、绝缘电阻测量、实现正负极双边绝缘检测功能、PCB 板温度测量、继电器驱动及状态监控（继电器驱动电路包括续流功能）、CAN 通信（整车 CAN、充电 CAN、内部 CAN）、支持充电管理功能、支持热管理功能等。电池管理系统 BMS 硬件总体需求见表 16-12 所示。

表 16-12 电池管理系统 BMS 硬件总体需求

序号	项 目	需 求
1	控制方式	主从结构，单板最多可控制 12 路电压
2	工作电压	兼容 12V（6～16V）/24V（10～32V）
3	基本功能	SOC、SOH 计算、热管理、均衡功能、放电管理、快/慢充电管理、电池保护、故障管理、电气伤害保护等
4	功能安全	ASIL C 安全等级

（续表）

序号	项　目	需　　求
5	软件架构	AUTOSAR 开放式软件架构
6	电芯类型	镍钴锰 NCM 三元锂离子电池
7	高压安全	整车高压互锁、维修开关高压互锁、控制板连接线高压互锁

（2）参数需求

电池系统的硬件参数需求见表 16－13 所示。

表 16－13　电池系统的硬件参数需求

序号	项　　目	单位	需　　求
1	工作电压平台	V	24
2	电源供电电压	V	18～32
3	工作时的功耗	W	≤50
4	BMS 静态功耗	mA	≤0.2
5	工作温度	℃	－40～85
6	工作湿度	%	20～95
7	存储温度	℃	－40～85
8	总电压采集范围	V	0～800
9	总电压采集精度	%FSR	±0.5
10	总电流采集范围	A	－300～400
11	总电流采集精度	%FSR	±0.5
12	温度测量范围	℃	－40～125
13	温度测量精度	℃	±1
14	温度采集点数量	个	64
15	单体电压测量范围	V	0～5
16	单体电压测量精度	%FSR	±0.5
17	全部单体电压测量时间	ms	≤200
18	电池均衡方式	—	被动均衡
19	均衡能力	mA	≥60
20	外壳防护要求	—	IP55
21	CAN 通道数量	通道	≥3
22	继电器驱动数量	个	≥5
23	继电器控制方式	—	高、低边驱动
24	接触器状态反馈检测	—	需具备
25	绝缘监测要求	—	GB/T 18384
26	绝缘电阻精度	%	≤8
27	高压环路互锁	—	需要检测
28	慢充接口满足标准	—	GB/T 20234.2
29	快充接口满足标准	—	GB/T 20234.3
30	绝缘要求	MΩ	≥20

(3) 主板设计

电池管理系统 BMS 主控板硬件架构如图 16-24 所示。

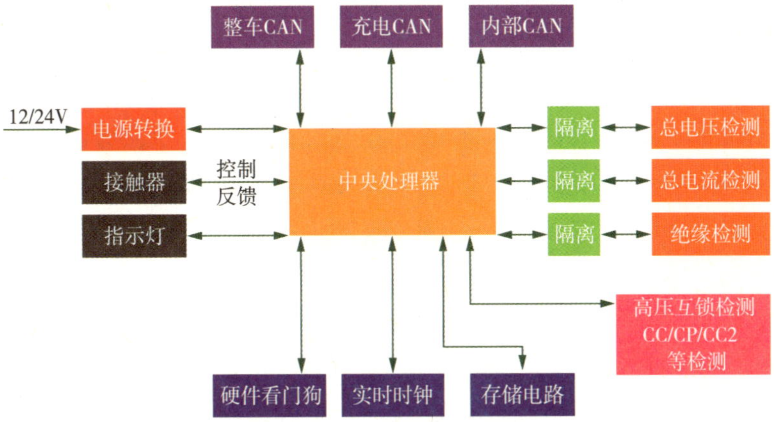

图 16-24 电池管理系统 BMS 主板硬件架构

由图 16-24 可以看出，其主要实现的功能如下：电池组总电压、总电流、绝缘电阻等的检测；总正/总负继电器控制及状态反馈、快充/慢充电继电器控制、预充继电器控制；电池热管理，包括加热及冷却系统控制；检测 MSD 及高压连接器的连接状态；通过内部 CAN 与从控板通信，数据读取和从控板均衡控制、从控板程序升级等；通过整车 CAN 与整车控制器、远程监控设备、车载充电机等实现数据交换、有效实现高压控制、车载充电控制等；通过充电 CAN 与快速充电设备进行通信确认、数据交换，有效实现快速充电；估算系统 SOC 和 SOH 及 SOE、系统实际容量、充放电循环次数、持续充放电功率、瞬时充放电功率等；记录历史数据，记录故障数据，并诊断系统故障状态；在整车搁置不使用过程中，定时自激活系统，检测系统状态并发送给整车控制器，由整车控制器通过 GPRS 发送到监控中心；负责检测 CC/CP/CC2 等外连接信号，实现充电控制。

(4) 从板设计

电池管理系统 BMS 从控板的硬件架构如图 16-25 所示。

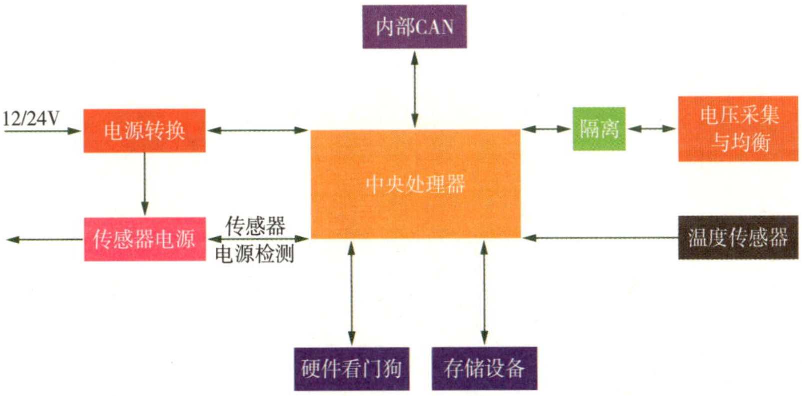

图 16-25 电池管理系统 BMS 从控板的硬件架构

从控板硬件架构如图 16-25 所示，其主要实现的功能如下：采集电池箱体内每一串电池的电压数据；采集电池箱体内各个典型温度场分布点的温度值；通过内部高速 CAN 总线与主控板、上位机等进行数据交换；实现温度场控制，冷却设备及加热设备控制等；根据主控板命令，实现电池单体间的均衡控制；诊断系统故障状态。

(5) 均衡设计

电池包是由很多个电芯组合起来的，通常是数颗电芯并联组成电池单体，然后再将一百个左右电池单体串联组成电池系统。即使同样的制造工艺与材料，每一颗电芯诸如内阻等方面的性能参数也有微小差异，这就带来每一个电池单体内阻等性能指标的差异性，若是工作一段时间后，这种差异性将扩大，导致电池系统性能指标下降。

根据基尔霍夫电流定律，电池系统中电流回路的电流大小一样，内阻大的电池单体放电时电压大，那么根据电功率计算公式可以知道，该电池单体放电量多，结果就是该电池单体中的电芯电压最先下降到电芯截止电压下限，为防止该电池单体过放，BMS 将停止电池系统对外供电，而此时，其他电池单体却存在一定量的电能量未放出，最终的结果就是整个电池系统的容量未得到充分利用。相反，充电过程中，内阻大的电池单体电压高，导致该单体同一时间获得的电能多，随之带来该单体最先达到电芯截止电压上限，为防止电池单体过充，BMS 将停止对电池系统的充电，而此时，电池系统中其他电池单体尚未充满电，最终结果就是整个电池系统的容量未得到充分利用。

基于电芯性能存在不一致性以及上述原因，工程师在设计电池系统电气原理时增加了均衡设计，当电池单体的电压差异超出预设值时，BMS 将启动均衡控制，将电压高单体中的电能适当泄放，尽可能平衡各单体之间的电压，以充分利用电池系统的容量。

图 16-26 所示为被动均衡电路原理图，从图中可以看出，被动均衡实质上就是用一个 MOSFET 开关、一个防反二极管和两个电阻，当需要均衡时，打开 MOSFET 开关，通过电阻适当放掉电池中的能量。

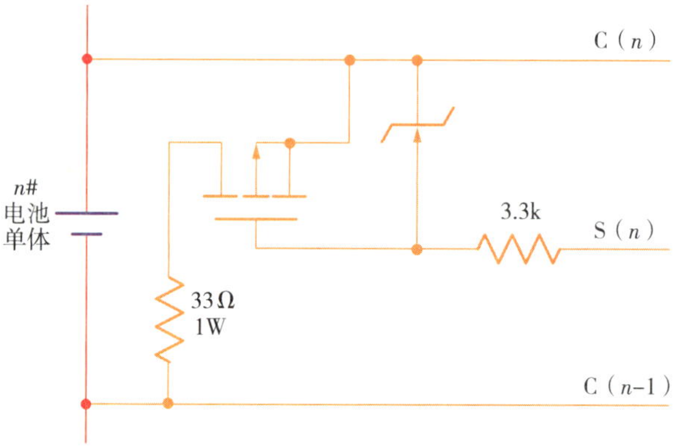

图 16-26 被动均衡电路原理

均衡电流大小选择与均衡板的温升相关，图 16-27 为采用 94mA 和 144mA 均衡

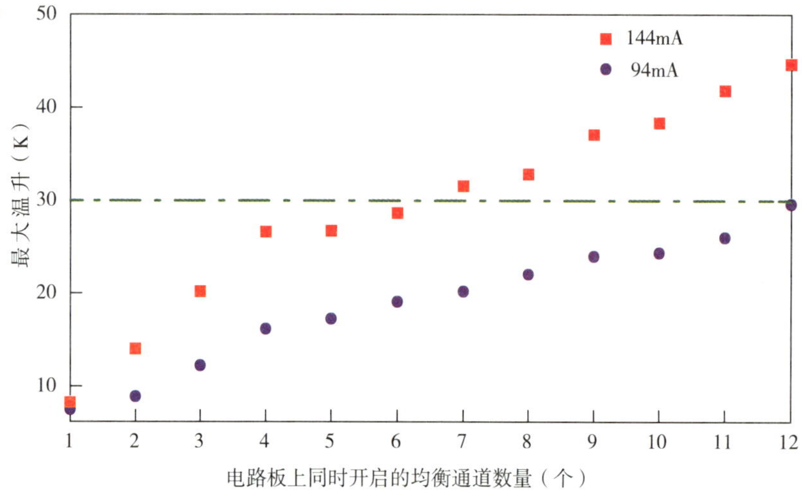

图 16-27 不同均衡电流情况通道数量与温升关系

电流时电路板的温升情况。

由图 16-27 可以看出，若以温升 30K 为电路板承受门限，使用 94mA 均衡电流，可同时开启所有均衡通道，使用 144mA 电流，最大可以同时开启 6 个通道。同时均衡板中设置温度传感器，当温度超过使用范围后，可关闭均衡功能，进行保护。

目前市面上有被动均衡和主动均衡两类均衡方式。被动均衡如上述，就是通过在电路中旁接一个电阻，将电压高的单体中的能量泄放掉，以将各电池单体电压差控制在预设范围内。主动均衡是通过一些内部回路，将电压高的电池单体能量泄放到电压低的电池单体内，提高能量利用效率。主动均衡导致均衡电路非常复杂、大大增加成本以及降低了系统可靠性等。被动均衡的优点是电路简单可靠且成本低，但是部分能量被泄放，电能利用效率相对较低。

电池的均衡也不是随时可以开启，通常电池系统充放电工作过程中不能均衡，因为电池单体动态电压测试精度非常低，导致测得的单体压差的置信度也非常低，不能用来判定打开电池均衡开关，因此，通常是在电池系统充电完成后，电池单体满电情况下，根据静态单体压差情况进行判定是否打开均衡开关。

若电芯一致性好，动力电池实际工作过程中就很少需要做均衡，被动均衡就能满足系统工作需要，采用主动均衡则用处不大且得不偿失。若电芯一致性较差，即使采用主动均衡且假定均衡电路可靠，那么电池单体之间会经常进行充放电均衡工作。电池单体之间进行均衡充放电也会消耗能量，这样计算下来，电能利用率反而比采用被动均衡的电池系统低。此外，同时做到整个电池系统单体之间进行主动均衡非常困难且复杂，通常只是在一个电池模组内部的单体之间进行均衡，不仅效果非常有限且还是未实现整体最优化。因此，把用于主动均衡增加的成本移到购买电芯的成本上，购买一致性好的电芯更为有利，另外，买一致性较差的电芯通常的目标就是为了控制成本，采用主动均衡难免违背设计初衷。综上分析，不论电芯一致性好或差，采用被动均衡最为实用。

国外市场也基本上不用主动均衡，主要是考虑到成本问题。被动均衡浪费的电可以计算，以 96 节串联的电池组为例，可以算出在最差情况下，被动均衡到底浪费了多少电，如果均衡电流是 0.1A，一节电池在被动均衡时大约要浪费 0.4W。最差的情况是有 95 节电池都需要放电，所以，最差情况是有 0.4×95=38W。还不如汽车的一个大灯（大约 45W）费电，如果不是最差的情况，也许只要十几瓦甚至几瓦就够了，所以，被动均衡浪费的电量较小。

16.6.3 软件开发

电控系统的软件通常可以分为应用层和底层软件，亦即控制策略和基础软件。电池管理系统 BMS 控制器软件平台需要满足不同项目的 IO 接口配置需求，支持不同控制策略软件的集成需求。电池管理系统控制策略平台也需要匹配不同电池包，系统高度可配置，标定范围广，可通过参数配置优化目标系统特性，达成平台化设计目标。

（1）软件架构

电池管理系统 BMS 的软件系统总体架构如图 16-28 所示，电池管理系统软件由主控板软件、从控板软件、上位机监控软件三大部分组成，这三大部分又有他们各自不同的结构形式，各部分之间通过 CAN 网络实现数据交换。

（2）功能需求

电池管理系统 BMS 功能需求见表 16-14 所示。

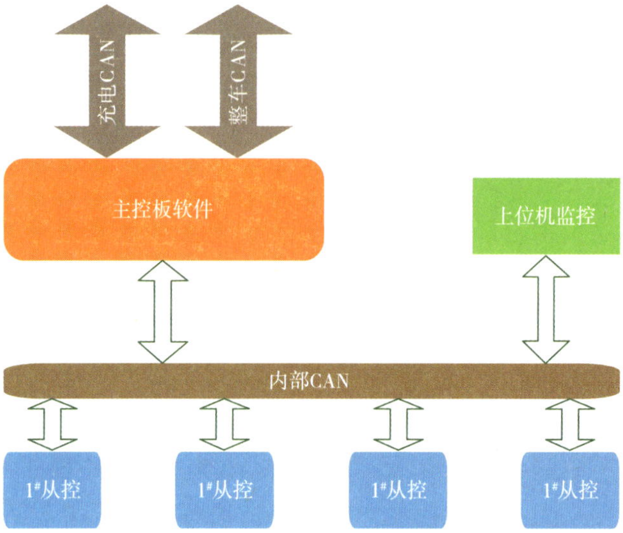

图 16－28　电池管理系统软件架构

表 16－14　电池管理系统 BMS 功能需求

序号	功　能	说　明
1	单体电池电压的检测	BMS 从板通过传感器检测每一个单体电池的电压
2	单体电池温度的检测	BMS 从板通过温度传感器检测每一个电池模块的温度
3	电池组总电压检测	BMS 通过传感器检测电池组的总电压
4	电池组工作电流的检测	BMS 通过传感器检测电池组工作状态下的总电流
5	电池单体反接检测	BMS 能够检测单体电池的反接情况，报警提示
6	均衡管理	主动均衡或被动均衡，BMS 具备均衡失效自诊断功能
7	充电管理	BMS 具备充电管理功能，在充电过程中控制继电器闭合、断开，充电状态控制
8	放电管理	BMS 具备放电管理功能，在整车行驶过程控制放电功率，防止过放
9	电池组 SOC 的估算	BMS 能够实时估算电池组剩余电量
10	电池组 SOH 估算	BMS 能够实时估算电池组损耗状态
11	电池组能量估算	BMS 能够实时估算电池组能量情况
12	电池箱充电次数累计	BMS 能够累计存储电池组的充电次数
13	电池故障分析与报警	BMS 能够分析电池故障，并上报故障信息给 VMS
14	CAN 通信功能	BMS 能够与车载整车控制器、仪表等 CAN 总线设备通信
15	与地面充电机通信	BMS 能够与地面充电机通信，并符合国家标准
16	安全保护	能够对危险情况作出处理，如过充、过放、过流、过温、绝缘漏电、烟雾传感、快拔保险、继电器等
17	BMS 自检	BMS 具有自检测功能
18	延时下电管理	BMS 具有延时下电管理功能
19	记录运行数据、故障数据、历史事件型数据	BMS 具有记录故障数据、运行数据、历史事件数据的功能
20	硬件自诊断功能	BMS 支持硬件自诊断的功能

（3）软件需求

由表16－14可知，电池管理系统BMS应用层至少需提供高压采集、电流采集、绝缘监测、继电器控制、SOC估算、SOF计算、SOH计算、热管理功能、状态管理和调度功能、功率限制、故障诊断、充电管理、电池均衡控制、故障分析及处理、故障存储、高压互锁、通信等功能，由此可以得到电池管理系统应用层软件要求：

① BMS主控板高压采集需至少提供四个高压采集点，即正极继电器前端、正极继电器后端、负极继电器前端、负极继电器后端。BMS需提供高压采集数据的处理、诊断及继电器状态诊断功能。

② BMS需提供电流采集功能，进行电流采集数据的处理及诊断功能。

③ 绝缘监测。BMS需具备实施的绝缘检测功能，根据GB/T 18384中的规定，进行绝缘检测，故障检测周期小于5s。当绝缘电阻小于1MΩ时，要求绝缘电阻检测误差小于8%。

④ BMS能够根据整车上下电控制策略及电池系统状态，对正极继电器、负极继电器、预充继电器进行控制。具备正/负接触器状态监控功能，可通过辅助触点或电压判断方式确认状态。

⑤ BMS提供预充功能，监控预充过程。预充电电压至少为系统电压的95%，预充时间2s以内。

⑥ BMS需具备荷电状态（SOC）估算功能，估算精度为5%以内。

⑦ BMS需具备功能状态（SOF）估算功能，即脉冲充放电功率和持续充放电功率。根据电池状态，计算电池的最大放电功率和最大充电功率。

⑧ BMS需具备健康状态（SOH）计算能力，至少是基于内阻和容量两个方面，估算精度为8%以内。

⑨ BMS需具备热管理功能。能够准确测量电池温度，并支持冷却设备的控制，保证电池包的安全性。

⑩ 状态管理和调度功能。BMS具备状态管理和调度功能，能够根据外部命令和自身状态，控制BMS的上下电，以及根据当前状态，调度各个应用层功能。至少具备行车、充电、待机等模式，并在各个模式下根据控制策略可进行转换。

⑪ 故障诊断。BMS应可以进行多种故障诊断。

⑫ 故障分析及处理。BMS必须具备故障分析及处理功能，能够进行故障的分级，并根据故障状态，执行相应的保护措施。故障诊断处理需要经过认可。

⑬ 充电管理。BMS须具备充电管理功能，能够进行快充充电控制和慢充充电控制。能检测符合充电国标的充电控制和确认信号CC/CP/CC2，交流充电方式按照GB/T 20234.2中的充电模式3连接方式B，应能自动识别家用16A插座和交流充电桩并实现交流充电；直流充电方式按照GB/T 20234.3，与非车载充电桩之间的通信协议按照GB/T 27930。

⑭ 均衡控制。BMS应能够进行均衡控制。可使用被动均衡控制逻辑或主动均衡控制逻辑，进行电池均衡。

⑮ 故障存储。BMS须能够对故障信息等进行存储，并能够读取存储的信息，包括故障码、故障名称、故障时的SOC、温度、电流、单体状态、继电器状态等。

⑯ 高压互锁。BMS须具备高压互锁状态监控功能。

⑰ 通信功能。BMS须提供通信功能，完成与整车控制器、车载充电机、采集板等的CAN通信。

（4）模型架构

在开发应用层软件过程中，需要遵循：功能完整，平台化设计，支持各种电池包系统的控制要求；控制算法基于浮点模型开发，不用定标，自动生成代码和标定数据库文件；根据ISO 26262功能安全设计标准，确定 BMS ASIL C 安全等级要求，包含 3 层安全架构设计。图 16－29 所示为电池管理系统 BMS 控制模型架构。

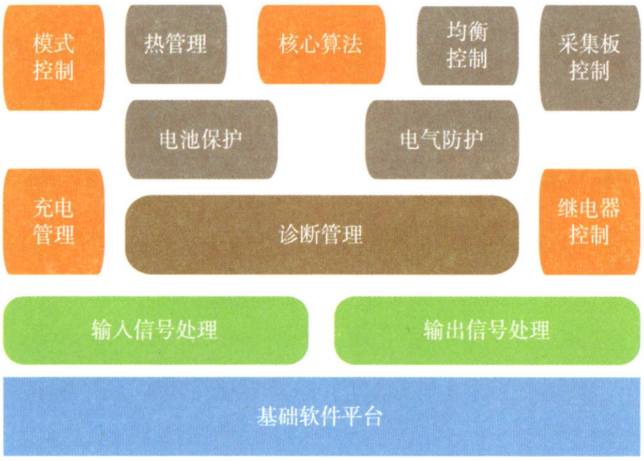

图 16－29　电池管理系统 BMS 控制模型架构

表 16－15 对图 16－29 中电池管理系统 BMS 的控制模块进行简要介绍。

表 16－15　电池管理系统 BMS 控制模块描述

ID	模块项	策略描述	说　明
1	核心算法	SOC 计算、SOH 计算、SOF 计算	SOC 精度 5%以内
2	继电器控制	实现正常和非正常高压上下电控制，并对高压上下电异常做出必要的诊断	符合功能安全要求
3	采集板控制	实现从板的上下电、复位初始化等状态控制和记录	电压测量精度 1.2mV 以内
4	电池保护	监测电池运行过程，进行必要的诊断和保护	电池滥用防护
5	均衡控制	实现整个工作过程单体之间的荷电状态差异维持在合理的范围	被动均衡
6	热管理	实现风扇及加热设备开关，确保电池工作与合理的温场	冷却功能、加热功能
7	电气防护	实现电气绝缘及高压互锁状态监测，确保高压安全	采用 SAE J1766
8	诊断管理	实现应用层所有诊断信息过滤、分级，并发出诊断动作指令	多级故障管理
9	充电管理	实现快充、慢充功能，控制充电过程电池和充电机信息交互、能量管理等	采用 GB/T 27930、GB/T 20234

① 模式切换模块

模式切换模块用来对系统的工作模式进行控制，其主要是通过一个周期性的任务函数，根据当前的工作状态对系统的工作模式进行控制。系统主要有四种工作模式：行车模式（Drive 模式），充电模式（Charge 模式），Bootloader 模式，待机模式（Standby 模式）

② 核心估算模块

核心估算模块只要估算 SOC、SOE、SOH，用来对电池的剩余电量、剩余能量和电池的健康状况进行估算。其主要是通过一个周期性的任务函数，根据电流值进行按时积分，使用电池单体的充电和放电曲线，在一定的修正点对电池的 SOC 值进行修正，从而能保证 SOC 的精度。

③ 均衡控制模块

均衡控制模块用来防止电池包在使用过程中出现单体电池电量差异过大，而造成电池的损坏，以满足电池包在使用过程中在单体电池电量以及单体电池电压一致性的需求。

④ 高压控制模块

高压控制模块主要根据系统运行模式、高压控制请求，按照相应的步骤来控制各个高压电路的相应继电器，实现相应功能的高压电路的导通或断开。

⑤ 热管理模块

热管理模块根据电池包温度进行加热和散热管理。

⑦ 诊断模块

诊断模块用来对整个应用的各个模块的诊断，包括对单体电压、单体温度、总电压、总电流、从板状态、SOC 等模块的诊断。

单体电池电压诊断：将计算得到的单体电压的压差、最大值、最小值与设定的阈值进行比较，当超过或减少为设定阈值时，进行故障报警。

单体温度的诊断：将计算得到的单体温度的温差、最大值、最小值与设定的阈值进行比较，当超过或减少为设定阈值时，进行故障报警。

总电压诊断：将采集得到的总电压与设定的阈值进行比较，当超过或减少为设定阈值时，进行故障报警。

总电流诊断：将采集得到的总电流与设定的阈值进行比较，当超过或减少为设定阈值时，进行故障报警。

从控板故障诊断：将从控板通过内部 CAN 上传从控板硬件故障，根据上传的值进行故障报警。

SOC 诊断：将计算出来的 SOC 值和设定好的 SOC 故障限值进行比较，进行故障报警。

绝缘诊断：将计算出来的绝缘电阻值和设定的绝缘故障阈值比较，判断绝缘情况，进行故障报警。

⑧ 充电模块

充电模块用来对电池充电过程中的通信的数据进行处理及计算，实现相应的充电策略。

（5）基础软件

电池管理系统底层软件要求 BMS 底层软件支持 SAE J1939，满足编程规范 MISRA C 等，BMS 底层软件需提供底层 IO 驱动功能、CAN 通信功能、操作系统调度功能、安全监控复位功能、CAN 程序刷新功能、故障诊断及处理功能、测量标定功能、芯片自检功能等。

① 底层 IO 驱动功能：包括数字量输入输出、模拟量输入、PWM 输出、SPI 输入输出等功能。底层软件提供在控制器应用领域所必需的所有种类信号输入输出功能、片外芯片控制功能，并且提供足够多的通道数量。

② OS 任务管理功能：使用操作系统进行任务调度。

③ 安全监控复位功能：提供软件看门狗和硬件看门狗驱动程序，以看门狗的方式为控制器程序运行提供安全功能。

④ CAN 线程序刷新功能：提供基于 UDS 的 CAN 总线 FLASH 刷写功能，能够支持在整车网路环境下的正确刷写。当刷写过程中出现断电等的情况时，允许在重新上电后正确刷写。

⑤ CAN 通信功能：提供控制器间的基于 CAN2.0B 协议的通信功能，支持 Motorola/Intel 通信格式。

⑥ 故障诊断及处理功能：支持诊断协议，提供诊断协议规定的所有功能，包括读取故障码、读取冻结帧、读取数据流等。

⑦ 测量标定功能：支持测量标定功能，支持标定工具的 Flash 刷写功能。

⑧ 芯片自检功能：Flash Checksum 自检功能，上电时的 RAM 自检功能。

图 16－30 为电池管理系统 BMS 基础软件架构。

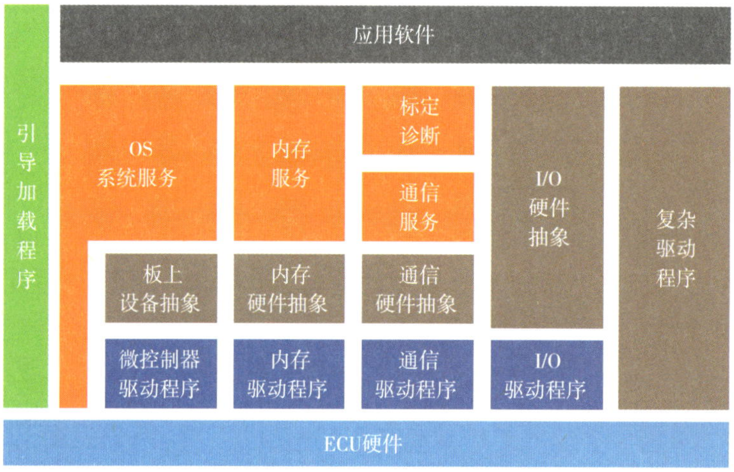

图 16－30　电池管理系统 BMS 基础软件架构

电池管理系统 BMS 基础软件平台的架构设计遵循 AUTOSAR 架构的平台化、分层化、模块化要求，可移植性和可维护性强；功能模块符合相关 ISO 或 SAE 汽车软件标准，支持第三方工具，功能完整，维护方便；BMS 和 VCU、MCU 共用基础软件平台，手写编程规则满足 MISRA C 规范。

（6）应用软件

电池管理系统 BMS 系统通常包括检测模块与运算控制模块。检测是指测量电芯的电压、电流和温度以及电池组的电压，将这些信号传给运算模块进行处理，然后发出指令。运算控制模块是 BMS 的大脑，控制模块一般包括硬件、基础软件、运行时环境（RTE）和应用软件，其中最核心的部分是应用软件。应用软件通常用 Simulink 开发，一般分为两部分：电池状态的估算算法和故障诊断以及保护。

电池状态估算包括 SOC、SOP、SOH 以及均衡和热管理等。电池荷电状态 SOC，简单地说就是电池还剩下多少电，SOC 是 BMS 中最重要的参数，因为其他一切控制都是以 SOC 为基础的，所以它的精度和鲁棒性（也叫纠错能力）极其重要。如果没有精确的 SOC，加再多的保护功能也无法使 BMS 正常工作，因为电池会经常处于被保护状态，更无法延长电池的寿命。因此，SOC 的估算精度十分重要，精度越高，相同容量的电池则有更高的续航里程。高精度的 SOC 估算可以有效地降低所需要的电池成本。

目前 BMS 算法几乎都是电流积分加开路电压的方法，用开路电压计算初始 SOC，然后用电流积分计算 SOC 的变化。问题是如果起始点的电压错了，或者安时容量不准，岂不是要一错到底直到再次充满才能纠正？起始点的电压会出错吗？经验告诉我们，会的，尽管概率很低，如果要保证万无一失，就不能只靠精确的起始点的电压来保证起始 SOC 的正确。以磷酸铁锂电池为例，它的 SOC 与 OCV 关系曲线在 SOC 中从 70%～95%区间大约只变化 2～3mV，从 40%～50%区间内只变化 1mV，而电压传感器的测量误差就有 3～4mV，在这种情况下，SOC 估算就必须具备强大的纠错能力，SOC估计算法必须综合开路电压纠正法和安时积分法等多种算法联合计算才能获得置信度较高的SOC值。

SOP是下一时刻，例如下一个2s、10s、30s以及持续的大电流的时候电池能够提供的最大的放电和被充电的功率。当然，这里面还应该考虑到持续的大电流对保险丝的影响。SOP的精确估算可以最大限度地提高电池的利用效率。比如在刹车时可以尽量多的吸收回馈的能量而不伤害电池，在加速时可以提供更大的功率获得更大的加速度而不伤害电池。同时也可以保证车在行驶过程中不会因为欠压或者过流保护而失去动力，即使是在SOC很低的时候。所谓的电池一级保护、二级保护都是以精确的SOP估算为基础。对于低温、旧电池以及很低的SOC来说，精确的SOP估算尤其重要。例如对于一组均衡很好的电池包，在比较高的SOC时，彼此间SOC可能相差很小，例如1%～2%。但当SOC很低时，会出现某个电芯电压急速下降的情况。这个电芯的电压甚至比其他电池电压低1V以上的情况。要保证每一个电芯电压始终不低于电池供应商给出的最低电压，SOP必须精确地估算出下一时刻这个电压急速下降的电芯的最大输出功率，以限制电池的使用从而保护电池。估算SOP的核心是实时在线估算电池的每一个等效阻抗。

SOH是指电池的健康状态，它包括两部分：安时容量和功率的变化。一般认为，当安时容量衰减20%或者输出功率衰减25%时，电池的寿命就到了。但是，这并不是说车就不能开了。对于纯电动车EV来说，安时容量的估算更重要一些，因为它与续航里程有直接关系，而功率限制只是在低SOC的时候才重要。对于HEV或者PHEV来说，功率的变化更为重要这是因为电池的安时容量比较小，可以提供的功率有限，尤其是在低温的情况下。对SOH的要求也是既要高精度也要高鲁棒性。没有鲁棒性的SOH是没有意义的。精度低于20%，就没有意义。SOH的估算也是基于SOC的估算，所以电池状态SOC估计算法是BMS的核心，其他都是为这个算法服务的。

16.6.4 故障诊断

故障诊断是对系统运行状态和异常情况作出判断，并根据诊断作出判断，为系统故障恢复提供依据。要对系统进行故障诊断，首先必须对其进行检测，在发生系统故障时，对故障类型、故障部位及原因进行诊断，最终给出解决方案，实现故障恢复。

故障诊断的主要任务有：故障检测、故障类型判断、故障定位及故障恢复等。故障检测是指与系统建立连接后，周期性地向下位机发送检测信号，通过接收的响应数据帧，判断系统是否产生故障。故障类型判断就是系统在检测出故障之后，通过分析原因，判断出系统故障的类型。故障定位是在前两步的基础之上，细化故障种类，诊断出系统具体故障部位和故障原因，为故障恢复做准备。故障恢复是整个故障诊断过程中最后也是最重要的一个环节，需要根据故障原因，采取不同的措施，对系统故障进行恢复。

电池系统分三级故障，故障诊断管理过程如图16-31所示。

由图16-31可以看出，电池系统故障主要有主板模式故障、从板故障、电池参数故障、充电故障、通信故障、继电器故障、电气绝缘故障、热管理故障、电池状态故障和均衡状态故障等。从故障管理栏可以看到所有故障被分为三个等级。从故障处理栏可以看出，一级故障处理机制主要是仪表报警以及提醒驾驶员维修检查；二级故障处理机制是向整车控制器VCU发送限制功率值，防止对电池的滥用；三级故障处理机制是向整车发送切断高压请求，经整车控制器VCU允许后下高压，防止电池出现危险状况。电池故障有百条之多，表16-16仅以上电自检故障为例，简单介绍故障诊断的内容。

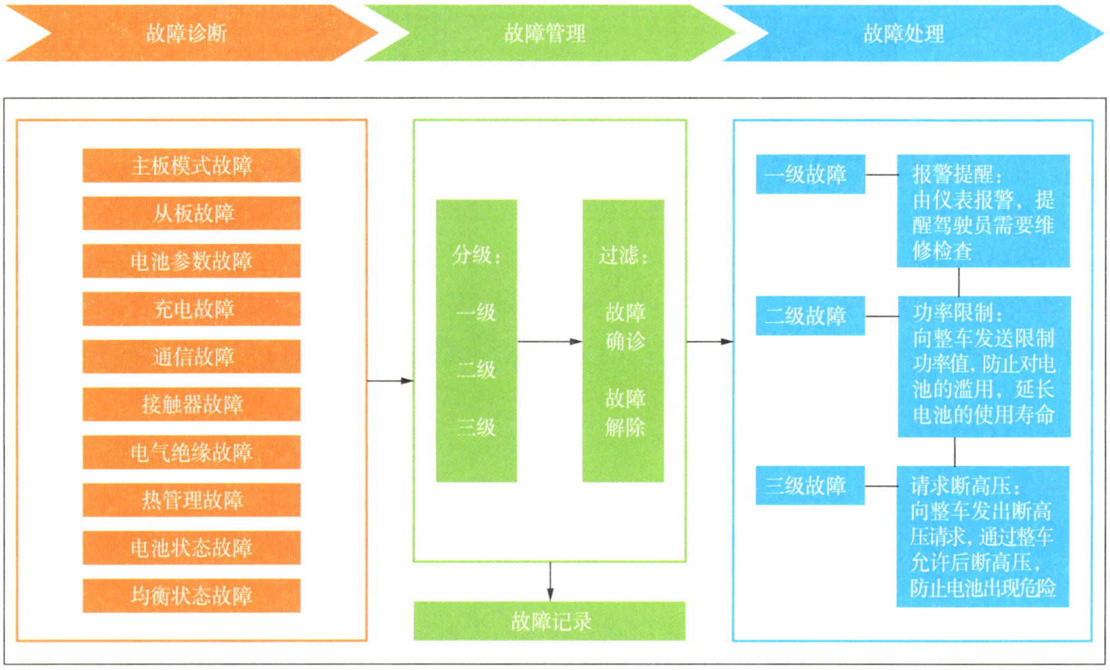

图 16-31 电池系统故障诊断与管理

表 16-16 上电自检故障诊断

序号	自检内容	自检时间	自检故障	故障发生及确认条件	故障处理方式	建议整车的处理方式
1	主控板低压供电电源状态	10ms	主控板低压供电电源异常	供电电源低于 18V 或高于 32V，且持续时间超过 10ms	上报。禁止上高压。停留在自检模式，需重新上电	禁止上高压
2	FM25C160B（历史数据存储器）	10ms	FM25C160B 故障	连续读取 5 次失败	上报	及时维修
3	25LC256ISN（标定参数存储器）	10ms	25LC256ISN 故障	连续读取 5 次失败	上报。禁止上高压。停留在自检模式，需重新上电	禁止上高压
4	实时时钟	10ms	实时时钟故障	读取时间或日期失败	上报	及时维修
5	放电总正驱动电路	10ms	放电总正驱动电路故障	驱动电路异常持续 10ms	上报。禁止上高压。停留在自检模式，需重新上电	禁止上高压
6	快充总正驱动电路	10ms	充电总正驱动电路故障	驱动电路异常持续 10ms	上报。禁止快充充电	及时维修
7	总负驱动电路	10ms	总负驱动电路故障	驱动电路异常持续 10ms	上报。禁止上高压。停留在自检模式，需重新上电	禁止上高压
8	预充电路	10ms	预充电路故障	驱动电路异常持续 10ms	上报。禁止上高压。停留在自检模式，需重新上电	禁止上高压
9	慢充总正驱动电路（辅助 A）	10ms	充电总正驱动电路故障	驱动电路异常持续 10ms	上报。禁止慢充充电	及时维修

（续表）

序号	自检内容	自检时间	自检故障	故障发生及确认条件	故障处理方式	建议整车的处理方式
10	总压采集/电机母线电压检测/继电器粘连检测电路	10ms	总压采集/电机母线电压检测/继电器粘连检测电路故障	SPI 通信失败或电压值异常	上报。禁止上高压。停留在自检模式，需重新上电	禁止上高压
11	总流采集电路	10ms	总流采集电路故障	SPI 通信失败或电流值超过设定范围	上报。禁止上高压。停留在自检模式，需重新上电	禁止上高压
12	绝缘总正采集电路	10ms	绝缘总正采集电路故障	SPI 通信失败或测得值为无效值	上报	及时维修
13	绝缘总负采集电路	10ms	绝缘总负采集电路故障	SPI 通信失败或测得值为无效值	上报	及时维修
14	高压互锁回路	10ms	高压互锁故障	输入输出电压值不一致或电流不一致，报故障	上报。禁止上高压。停留在自检模式，需重新上电	禁止上高压
15	内部 CAN 通信故障	10ms	内部 CAN 通信故障	自检时间内有从板数据没收到	上报	及时维修
16	从控板 1 硬件故障	10ms	从控板 1 硬件故障	从板 6803 采集，温度采集，供电故障	上报	及时维修
17	从控板 2 硬件故障	10ms	从控板 2 硬件故障	从板 6803 采集，温度采集，供电故障	上报	及时维修
18	从控板 3 硬件故障	10ms	从控板 3 硬件故障	从板 6803 采集，温度采集，供电故障	上报	及时维修
19	从控板 4 硬件故障	10ms	从控板 4 硬件故障	从板 6803 采集，温度采集，供电故障	上报	及时维修

典型故障诊断与处理：

（1）当车辆 SOC 较低时，驾驶员猛踩加速踏板，车辆失去动力：设计合理的故障诊断，估算相应的电池最大放电能力，故障状态下，合理进行限功率操作，确保电池能够提供可使用的功率。

（2）高压接触器粘连，导致电池过放电：监测高压接触器状态，执行相关诊断。在停车状态，监测电池状态，若发生电池故障，可通过整车控制器，上报监控中心。

（3）车辆使用过程中，高压连接断开：故障处理策略方面，在整车通信正常的情况下，电池管理系统只上报故障，听从整车控制器的下高压指令。硬件方面，增加继电器供电电源方面的滤波和保护，确保高压继电器不因电源波动等问题，异常断开。冗余保护方面，增加整车控制器的硬线控制信号。在电池管理系统故障的情况下，整车控制器可控制高压接触器保持连接状态，确保高压连接不断开。

16.6.5　测试验证

电池管理系统 BMS 开发要遵循行业标准 QC/T 897—2011《电动汽车用电池管理系统技术条件》。BMS 强制检测项目见表 16－17 所示。

表 16-17 电池管理系统强制检查项目

序号	检验项目	依据标准	检验类别	备 注
1	状态参数测量精度	QC/T 897—2011	零部件	零部件厂家提供零部件报告
2	SOC 估算精度	QC/T 897—2011	零部件	零部件厂家提供零部件报告
3	电池故障诊断	QC/T 897—2011	零部件	零部件厂家提供零部件报告
4	过电压运行	QC/T 897—2011	零部件	零部件厂家提供零部件报告
5	欠电压运行	QC/T 897—2011	零部件	零部件厂家提供零部件报告
6	高温运行	QC/T 897—2011	零部件	零部件厂家提供零部件报告
7	低温运行	QC/T 897—2011	零部件	零部件厂家提供零部件报告
8	耐高温性能	QC/T 897—2011	零部件	零部件厂家提供零部件报告
9	耐低温性能	QC/T 897—2011	零部件	零部件厂家提供零部件报告
10	耐温度变化性能	QC/T 897—2011	零部件	零部件厂家提供零部件报告
11	耐盐雾性能	QC/T 897—2011	零部件	零部件厂家提供零部件报告
12	耐湿热性能	QC/T 897—2011	零部件	零部件厂家提供零部件报告
13	耐振动性能	QC/T 897—2011	零部件	零部件厂家提供零部件报告
14	耐电源极性反接性能	QC/T 897—2011	零部件	零部件厂家提供零部件报告
15	电磁辐射抗扰性	QC/T 897—2011	零部件	零部件厂家提供零部件报告

为了满足行业标准 QC/T 897—2011，电池管理系统 BMS 测试验证方案模板见表 16-18 所示。

表 16-18 电池管理系统 BMS 测试验证方案

<table>
<tr><th>序号</th><th colspan="2">项 目</th><th>S1</th><th>S2</th><th>试验标准</th><th>试验方案</th><th>天</th></tr>
<tr><td>1</td><td rowspan="7">环境测试</td><td>高温运行</td><td>√</td><td></td><td rowspan="8">QC/T 897—2011《电动汽车用电池管理系统技术条件》</td><td rowspan="8">参照 QC/T 897 的要求，进行高温运行试验，电池管理系统正常工作，且满足状态参数精度要求</td><td rowspan="7">40</td></tr>
<tr><td>2</td><td>低温运行</td><td>√</td><td></td></tr>
<tr><td>3</td><td>耐高温性能</td><td>√</td><td></td></tr>
<tr><td>4</td><td>耐低温性能</td><td>√</td><td></td></tr>
<tr><td>5</td><td>耐温度变化性能</td><td>√</td><td></td></tr>
<tr><td>6</td><td>耐盐雾性能</td><td>√</td><td></td></tr>
<tr><td>7</td><td>耐湿热性能</td><td>√</td><td></td></tr>
<tr><td>8</td><td rowspan="3">机械测试</td><td>耐振动性能</td><td>√</td><td></td><td>5</td></tr>
<tr><td>9</td><td>机械冲击</td><td></td><td>○</td><td rowspan="2">ISO 16750-3：2007《道路车辆-电气及电子设备的环境条件和试验 第 3 部分：机械负载》</td><td rowspan="2">按照 ISO 16750—3 的要求，进行试验</td><td rowspan="2">2</td></tr>
<tr><td>10</td><td>自由跌落</td><td></td><td>○</td></tr>
<tr><td>11</td><td rowspan="2">电气测试</td><td>绝缘电阻</td><td>√</td><td></td><td rowspan="2">QC/T 897—2011《电动汽车用电池管理系统技术条件》</td><td>电池管理系统与动力电池相连的带点部件和其壳体之间的绝缘电阻值应不小于 2MΩ</td><td rowspan="2">3</td></tr>
<tr><td>12</td><td>绝缘耐压性能</td><td>√</td><td></td><td>参照 QC/T 897 的要求，进行绝缘耐压性能试验，试验过程中无击穿等破坏性放电现象</td></tr>
</table>

（续表）

序号	项目		S1	S2	试验标准	试验方案	天
13	电气测试	过电压运行	√		QC/T 897—2011《电动汽车用电池管理系统技术条件》	参照 QC/T 897 的要求，进行过电压运行试验，电池管理系统正常工作，且满足状态参数精度要求	4
14		欠电压运行	√				
15		耐电源极性反接性能	√				
16		DC 供电电压		○	ISO 16750－2：2006《道路车辆 电气及电子设备的环境条件和试验 第 2 部分：电气负载》	按照 ISO 16750—2 的要求，进行试验	
17		电压瞬断试验		○			
18		掉电复位能力试验		○			
19		启动时电压波动试验		○			
20		短路测试		○			
21	EMC 测试	电磁辐射抗扰性	√		QC/T 897—2011《电动汽车用电池管理系统技术条件》	参照 QC/T 897 的要求，进行电磁辐射抗扰性试验，电池管理系统在试验后应能正常工作，且满足状态参数精度要求	2
22		大电流注入（BCI）		○	ISO 11452－4：2005《道路车辆零部件窄带辐射抗扰度的测试方法 第 4 部分：大电流注入法》	按照 ISO 11452—2 的要求，进行抗扰试验	10
23		电波暗室		○	ISO 11452－2：2004《道路车辆零部件窄带辐射抗扰度的测试方法 第 2 部分：电波暗室法》	按照 ISO 11452—2 的要求，进行辐射抗扰试验	
24		静电放电试验		○	ISO 10605：2008《道路车辆—静电放电产生的电骚扰的测试方法》	按照 ISO 10605 的要求，进行静电放电试验	
25		沿电源线传导的瞬态骚扰抗扰度		○	ISO 7637－2：2011《道路车辆由传导和耦合引起的电骚扰 第 2 部分》	按照 ISO 7637－2 的要求，进行静电放电试验	
26		沿信号线传导的瞬态骚扰抗扰度		○	ISO 7637－3：2007《道路车辆由传导和耦合引起的电骚扰 第 3 部分》	按照 ISO 7637－3 的要求，进行静电放电试验	
27		辐射骚扰		○	CISPR 25：2008《车辆、船和设备 无线电骚扰特性》	按照 CISPR 25：2008 的要求，进行静电放电试验	
28	功能测试	状态参数测量精度	√		QC/T 897—2011《电动汽车用电池管理系统技术条件》	参照 QC/T 897 的要求，进行电池管理系统状态参数测量精度试验	2
29		SOC 估算精度	√			参照 QC/T 897 的要求，进行 SOC 估算精度试验，要求不大于 10％	
30		电池故障诊断	√			参照 QC/T 897 的要求，进行电池故障诊断试验，至少包括电池温度高、电池温度低、单体（模块）电压高、单体（模块）电压低、单体（模块）一致性偏差大、充电电流（功率）大、放电电流（功率）大等故障诊断项目	

从表 16－16 可以看出，电池管理系统 BMS 一个测试循环需要 70 个工作日。

16.7 试制验证

本章节将简要介绍关于电池包开发测试验证的主要内容。

16.7.1 标准法规

表 16－19 对电池相关的国内、国际标准，根据模块、电池包、BMS 测试三个方面分别进行了介绍。

表 16－19 电池相关的国内、国际标准

	国内标准	国际标准
模块	QC/T 743—2006《电动汽车用锂离子蓄电池》	United States Advanced Battery Consortium
	GB/T 31485—2015《电动汽车用动力蓄电池安全要求及试验方法》	UN38.3《联合国危险物品运输试验和标准手册》
	GB/T 31486—2015《电动汽车用动力蓄电池电性能要求及试验方法》	—
	GB/T 30512—2014《汽车禁用物质要求》	UL（Underwriter Laboratories Inc.）1642：UL Standard for Safety for Lithium Batteries
电池包	GB/T 18384.1《电动汽车 安全要求 第 1 部分：车载储能装置》	ECE R100.01/02 Battery electric vehicle safety
	QC/T 238《汽车零部件的储存和保管》	2006/66/EC Battery Directive
	GB/T 31467.2—2015《电动汽车用锂离子动力蓄电池包和系统 第 2 部分：高能量应用测试规程》	ISO 12405－1/2/3 Electrically propelled road vehicles－－Test specification for lithium-ion traction battery packs and systems
	GB/T 31467.3—2015《电动汽车用锂离子动力蓄电池包和系统 第 3 部分：安全性要求与测试方法》	IEC/EN 60529 Ed.2.1 Ingress of protection provided by enclosures
	GB/T 31484—2015《电动汽车用动力蓄电池循环寿命要求及试验方法》	ISO 9227：2012 Corrosion tests in artificial atmospheres－－Salt spray tests
BMS	QC/T 897—2011《电动汽车用电池管理系统技术条件》	—
	GB/T 423《交变湿热试验方法》	—
	GB/T 17619《机动车电子电器组件的电磁辐射抗扰性极限值和测量方法》	—

由表 16－17 中的各项标准分析可知，事实上，目前我国对电池相关标准制订的严格程度已经超过国际标准。

16.7.2 测试验证

表 16-20 给出了电池系统测试项目，国家标准共计 27 项，企业标准共计 39 项。

表 16-20 电池系统测试项目

序号	分 类	测试项目名称	国 标
1	基本性能	基本功能检查	√
2		压差	√
3		室温能量和容量测试	√
4		高温能量和容量测试	√
5		低温能量和容量测试	√
6		功率和内阻测试	√
7		无负载容量损失	√
8		存储容量损失	√
9		高低温启动功率测试	√
10		能量效率测试	√
11	安全测试	振动试验	√
12		机械冲击	√
13		跌落	√
14		翻转	√
15		模拟碰撞	√
16		挤压	√
17		过温保护	√
18		短路保护	√
19		过充电保护	√
20		过放电保护	√
21		耐压测试	
22		不平衡充电	
23	电磁兼容	电磁兼容测试	
24	环境测试	温度冲击	√
25		湿热循环	√
26		恒定湿热	
27		海水浸泡	√
28		外部火烧	√
29		盐雾	√
30		高海拔	√
31		防尘保护	
32		凝露试验	
33		喷淋测试	
34		防水保护	

（续表）

序号	分　类	测试项目名称	国　标
35	运输要求	高度模拟	
36		温度试验	
37		振动	
38		冲击	
39		外部短路	
40		撞击/挤压	
41		过度充电	
42		强制放电	
43		1.2m 跌落试验	
44	寿命测试	循环寿命测试	√
合　计			27

表 16-21 给出电池模组测试项，全部按国家标准实施，共 22 项。

表 16-21　电池模组测试项目

序号	项目分类	测试项目名称	国标
1	外观	外观	√
2		极性	√
3		外形尺寸及质量	√
4	基本电性能	室温放电容量	√
5		室温倍率放电容量	√
6		室温倍率充电容量	√
7		低温放电容量	√
8		高温放电容量	√
9		荷电保持与容量恢复能力	√
10	安全测试	耐振动	√
11		储存	√
12		过放电	√
13		过充电	√
14		短路	√
15		跌落	√
16		加热	√
17		挤压	√
18		针刺	√
19		海水浸泡	√
20		温度循环	√
21		低气压	√
22		高温存储	
合　计			21

从表16－20和表16－21中可以看出，模组测试项相对较少，主要集中在基本电性能和安全方面；电池系统测试项目较多，主要有基本性能、安全测试、电磁兼容、环境测试、运输要求和寿命测试等。

16.7.3 公告策划

按国家相关管理机构的要求，表16－22给出了电池系统需按国家标准做的测试项目。

表16－22 电池系统按国家标准做的测试项目

类别	技术要求	标准编号	评判标准
模块	室温放电容量	GB/T 31486—2015：5.2.4	放电容量应不低于额定容量，并且不超过额定容量的110%，同时所有测试对象初始容量极差不大于初始容量平均值的7%
	室温倍率放电容量	GB/T 31486—2015：5.2.5	高能量蓄电池模块放电容量应不低于初始容量的90%，高功率蓄电池模块放电容量不低于初始容量的80%
	室温倍率充电性能	GB/T 31486—2015：5.2.6	放电容量应不低于初始容量的80%
	低温放电容量	GB/T 31486—2015：5.2.7	放电容量应不低于初始容量的70%
	高温放电容量	GB/T 31486—2015：5.2.8	放电容量应不低于初始容量的90%
	耐振动性能	GB/T 31486—2015：5.2.10	不允许出现放电电流锐边、电压异常、蓄电池壳变形、电解液溢出等异常现象，并保持连接可靠、结构完好
	过放电	GB/T 31485—2015：6.3.3	蓄电池模块不爆炸、不起火、不漏液
	短路	GB/T 31485—2015：6.3.4	蓄电池模块不爆炸、不起火
	跌落	GB/T 31485—2015：6.3.5	蓄电池模块不爆炸、不起火、不漏液
	加热	GB/T 31485—2015：6.3.6	蓄电池模块不爆炸、不起火
	挤压	GB/T 31485—2015：6.3.7	蓄电池模块不爆炸、不起火
	针刺	GB/T 31485—2015：6.3.8	蓄电池模块不爆炸、不起火
	海水浸泡	GB/T 31485—2015：6.3.9	蓄电池模块不爆炸、不起火
	温度循环	GB/T 31485—2015：6.160	蓄电池模块不爆炸、不起火、不漏液
	低气压	GB/T 31485—2015：6.161	蓄电池模块不爆炸、不起火、不漏液
电池包	电池系统内阻测试	GB/T 31467.2—2015：7.2	电池系统内阻测试
	电池系统绝缘电阻测试	GB/T 18384.1—2015：5.1	绝缘电阻值除以动力蓄电池的标称电压，所得值应大于100Ω/V
	电池系统常温放电容量及能量测试	GB/T 31467.2—2015：7.1.2	常温下1C放电，电池包容量达到188Ah，电池包能量达到110kWh
	电池系统能量效率试验	GB/T 31467.2—2015：7.5	常温下，电池包以1C充放电，电池包能量效率大于或等于80%
	电池系统无负载容量损失试验	GB/T 31467.2—2015：7.3	常温下，电池包搁置168h，电池包容量损失小于或等于5%
	电池包机械冲击试验	GB/T 31467.3—2015：7.2	蓄电池包或系统无泄漏、外壳破裂、着火等现象，试验后的绝缘电阻值大于100Ω/V

（续表）

类别	技术要求	标准编号	评判标准
电池包	电池包振动试验	GB/T 31467.3—2015：7.1	蓄电池包或系统：测试过程中，系统最小监控单元无电压锐变（电压的绝对值部大于 0.15V），无泄漏、外壳破裂、着火或爆炸等现象。试验后的绝缘电阻值大于 100Ω/V；蓄电池电子系统装置：实验过程中，连接可靠，结构完好，无装机松动，且试验后状态参数测量精度满足要求
	电池包跌落试验	GB/T 31467.3—2015：7.3	蓄电池包及系统无电解液泄漏、着火或爆炸现象
	电池包翻转试验	GB/T 31467.3—2015：7.4	蓄电池包及系统无泄漏、外壳破裂、着火或爆炸等现象，并保持连接可靠、结构完好，试验后的绝缘电阻大于 100Ω/V
	电池包模拟碰撞试验	GB/T 31467.3—2015：7.5	蓄电池及系统无泄漏、外壳或爆炸等现象。试验后的绝缘电阻大于 100Ω/V
	电池包挤压试验	GB/T 31467.3—2015：7.6	蓄电池包及系统无着火、爆炸等现象
	电池包温度冲击试验	GB/T 31467.3—2015：7.7	蓄电池包及系统无泄漏、外壳破裂、着火或爆炸等现象，试验后的绝缘电阻大于 100Ω/V
	电池包温热循环试验	GB/T 31467.3—2015：7.8	蓄电池包及系统无泄漏、外壳破裂、着火或爆炸等现象，试验后 30min 内的绝缘电阻大于 100Ω/V
	蓄电池包海水浸泡试验	GB/T 31467.3—2015：7.9	蓄电池包及系统无着火、爆炸等现象
	蓄电池包外部火烧试验	GB/T 31467.3—2015：7.10	蓄电池包及系统无爆炸现象，若有火苗，应在火源移开后 2min 内熄灭
	电池包盐雾试验	GB/T 31467.3—2015：7.11	蓄电池包及系统无泄漏、外壳破裂、着火或爆炸等现象
	电池包高海拔试验	GB/T 31467.3—2015：7.12	蓄电池包及系统无放电电流锐变、电压异常、泄漏、外壳破裂、着火或爆炸等现象。试验后的绝缘电阻值不小于 100Ω/V
	电池包过温保护试验	GB/T 31467.3—2015：7.13	电池管理系统起作用，蓄电系统无喷气、外壳破裂、着火或爆炸等现象。试验后的绝缘电阻值不小于 100Ω/V
	电池包短路保护试验	GB/T 31467.3—2015：7.14	保护装置起作用，新电池系统无泄漏、外壳破裂、着火或爆炸等现象。试验后的绝缘电阻值不小于 100Ω/V
	电池包过充电保护试验	GB/T 31467.3—2015：7.15	电池管理系统起作用，蓄电系统无喷气、外壳破裂、着火或爆炸等现象。试验后的绝缘电阻值不小于 100Ω/V
	电池包过放电保护试验	GB/T 31467.3—2015：7.16	电池管理系统起作用，蓄电系统无喷气、外壳破裂、着火或爆炸等现象。试验后的绝缘电阻值不小于 100Ω/V

（续表）

类别	技术要求	标准编号	评判标准
BMS	绝缘电阻	QC/T 897	在 BMS 的电压采样电路和其壳体之间施加 500V DC 的电压进行绝缘电阻测量
	绝缘耐压性能	QC/T 897	施加 50Hz 的正弦波形交流电压，施加最高工作电压，历时 1min
	电池状态监测	QC/T 897	将电池管理系统采集的数据与检测设备检测的对应数据进行比较
	SOC 估算精度	QC/T 897	将电池管理系统采集的数据与检测设备检测的对应数据进行比较
	故障诊断	QC/T 897	通过模拟系统，建立满足所列故障项目的触发条件
	过电压运行	QC/T 897	将供电电压调至 16V 或 32V，持续运行 1h，并与检测设备比较
	欠电压运行	QC/T 897	将供电电压调至 9V 或 18V，持续运行 1h，记录 BMS 采集数据，并与检测设备比较
	高温运行	QC/T 897	将 BMS 在 65℃高温中运行 1h，记录 BMS 采集数据，并与检测设备比较
	低温运行	QC/T 897	将 BMS 在－25℃低温中运行 1h，记录 BMS 采集数据，并与检测设备比较
	耐高温性能	QC/T 897	将 BMS 在 85℃高温保持 4h，恢复到室温后，运行 BMS，并与检测设备比较
	耐低温性能	QC/T 897	将 BMS 在－40℃低温保持 4h，恢复到室温后，运行 BMS，并与检测设备比较
	耐温度变化性能	GB/T 423.22	从－40℃～85℃，循环 5 次，恢复到室温后，运行 BMS，并与检测设备比较
	耐盐雾性能	GB/T 42167	持续 16h，试验后，运行 BMS，记录 BMS 采集数据，并与检测设备比较
	耐湿热性能	GB/T 2423.4	高温 55℃，2 个循环（48h）
	耐振动性能	QC/T 897	三个方向上，每一方向持续 8h，10～500Hz，运行 BMS，并与检测设备比较
	电磁辐射抗扰性	GB/T 17619	实验过程记录 BMS 采集数据，并与检测设备比较
	耐电源极性反接	QC/T 897	将输入供电电源反接，持续 1min，恢复正常供电，判断其是否正常工作

关于电池系统的设计与开发，本书就介绍到这里，事实上，电池系统开发的内容远不止这些，设计过程的复杂性、开发过程的难度，远不是本书所能够描述的，在这里只是抛砖引玉，目的是为读者确立电池系统开发的基本概念。

17 电驱系统

电驱系统是一个复杂的整车子系统，由电机控制系统和驱动电机等组成，通常也简称为电机系统，包括驱动电机和集成电力电子单元等零部件。驱动电机与减速器耦合后提供车轮驱动力，使用动力电池高压电，可实现驱动与制动，给车辆起步、加速、爬坡等各种工况提供动力，启动时驱动电机提供额外的扭矩，协助加速，刹车或下坡时，驱动电机能把部分动能反过来转换成电能，存储到电池中。

17.1 电机系统需求

根据整车参数需求推导出驱动电机如下性能指标（如表 17－1 所示）。

表 17－1 驱动电机需求

序号	分类	整车指标			电机需求		
		需 求	单位	指 标	参 数	单位	要 求
1	性能	电机峰值力矩	Nm	≥1300	电机峰值力矩	Nm	≥1300
2		电机峰值转速	rpm	≥3800	电机峰值转速	rpm	≥3800
3		经济车速	km/h	30～40	额定转速	rpm	1300～2000
4			km/h		额定力矩	Nm	～600
5		电池电压范围	V	432～664	电压平台	V	588
6		绝缘电阻	MΩ	≥20	绝缘电阻	MΩ	≥20
7		IGBT 电压等级	V	1200	最大反电势	V	≤850
8	环境	工作环境温度	℃	－30～55	工作环境温度	℃	－30～55
9		存储环境温度	℃	－30～65	存储环境温度	℃	－30～65
10		工作环境	—	底盘上	工作环境	—	IP55
11	机械	离地间隙	mm	≥200	外径	mm	≤420
12		整备质量	kg	≤4100	质量	kg	≤200
13	成本	设计寿命	年/万千米	≥10/50	设计寿命	年/万千米	≥10/50
14		整车成本	万元	≤25	驱动电机成本	万元	≤3.5

由表 17－1 中可以看出，电机系统性能需求来自整车在性能、环境、机械和成本方面的需求，因此要相应地从这四个方面对电机系统提出需求指标。

17.2 驱动电机选型

本书介绍的驱动电机就是通常所说的电机本体，或者是转子、定子以及电机壳体组成的将电能转换为机械能的装置。电机从发明至今，已超过百年，电机本体的设计和生产技术已趋成熟，因此本章节将不过多介绍电机设计方面的知识，仅对电机怎样选型等方面内容展开介绍。

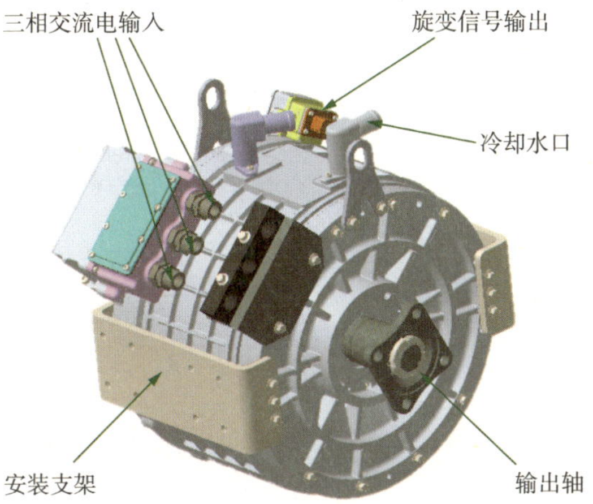

图 17－1 永磁同步电机外形

17.2.1 电机选型

根据整车需求，需要选用低速大扭矩电机。参考供应商提供的资源，选择成熟电机产品及插接件。图 17－1 为所选择的永磁同步电机外形图。

驱动电机性能指标见表 17－2 所示。

表 17－2 驱动电机性能指标

序号	电气特性	单位	标准值	备注
1	直流额定电压	V	588	
2	额定功率	kW	80	
3	峰值功率	kW	150	持续时间：≥不低于 30s
4				额定转速以上的区域
5	额定转矩	Nm	600	
6	峰值转矩	Nm	1400	持续 30s 后能正常运行，0～1200rpm
7	额定转速	rpm	1300	
8	转速范围	rpm	0～3800	
9	峰值电流	A（rms）	330	持续时间：不低于 30s
10	工作制	—	S9	
11	堵转扭矩	Nm	≥1200	
12	相数	—	3	
13	接线方式	—	Y	
14	电机转子动平衡	—	残留量相对为零	
15	功率因数	—	0.9	
16	极对数	—	2～4	
17	轴向力	N	TBD	
18	尺寸	mm	Φ≤420	
19	电机重量	kg	≤200	包括线束在内
20	效率	峰值效率不低于 95%；效率超过 85%则高效区占 70%以上，效率超过 80%则高效区占 80%以上；系统的最高效区应包含额定转速区域。		

采用水冷式永磁同步电机，主要具有以下几个优点：

（1）效率高；

（2）功率密度高、体积小、重量轻；

（3）功率因数高，既满足了负载动态时大转矩的要求，又具有较好的节能效果。

17.2.2 电机验证

根据电机相关国家标准 GB/T 18488—2015，电机测试验证要求见表 17－3 所示。

表 17－3 电机测试验试要求

序号	测试项目		试验分类	
			DV	PV
1	基本功能	本体外观	√	√
2		电机尺寸	√	√
3		电机重量	√	√
4		电机自由转动	√	√
5		标识	√	√
6		定子绕组冷态直流电阻	√	√
7		空载特性	√	√
8		空载检查	√	√
9		最高工作转速	√	√
10		堵转转矩和电流测量	√	√
11		电机转矩—转速特性及效率	√	√
12		耐久试验	√	√
13		再生能量回馈	√	√
14		偶尔过电流试验	√	√
15		过载试验	√	√
16		短时升高电压试验	√	√
17		超速试验	√	√
18		电压波动	√	√
19		水压试验	√	√
20		电气间隙与爬电距离	√	√
21		绕组对机壳及绕组相互绝缘电阻	√	√
22		耐电压及漏电流	√	√
23		接地检查	√	√
24		噪声	√	√
25	可靠性验证	存储后的功能		√
26		正常电压下的极限温度性能测试	√	√
27		温度梯度		√
28		热冲击老化试验		√
29		热循环耐久性		√

（续表）

序号	测试项目		试验分类	
			DV	PV
30	可靠性验证	高温耐久性		√
31		潮湿和盐雾腐蚀		√
32		防护壳保护功能	√	√
33		热冲击		√
34		高压冲洗		√
35		耐化学腐蚀		√
36		振动试验	√	√
37		机械冲击试验		√
38		温升测量	√	√
39		电磁兼容		√
40		寿命品质要求		√

17.3 电机控制需求

上文介绍了电机本体选型方面的内容，本章节将介绍电机控制器开发方面的内容。

17.3.1 电机控制器需求

目前，国内同时具备驱动电机本体和电机控制器开发能力的厂家很少。电动汽车发展之初，电机控制器与驱动电机一般分别是由两个供应商来生产，这有利于采用集成化电机控制器的技术发展。结合整车需求，将整车上控制器类的电力电子类产品进行大集成，首次开发了 7 合 1 的电力电子单元（PEU，Power Electric Unit），PEU 集成了驱动电机控制器、DC/DC、车载充电机、气泵电机控制器、油泵电机控制器、高压直流转换器和电力配置单元（PDU，Power Distribution Unit）等。电力电子器件集成布置，冷却水道共用，结构优化，模块选配，可进一步降低成本。表 17－4 为电机控制器的参数需求。

表 17－4　电机控制器参数需求

序号	分类	电机系统需求			电机控制器需求		
		需　求	单位	指　标	参　数	单位	要　求
1	性能	电机峰值力矩	Nm	≥900	峰值电流	V	≥300
2		电机峰值转速	rpm	≥4100	平台电压需求	V	442
3					IGBT 电压等级	V	1200
4					最大反电势	V	≤850
5		绝缘电阻	MΩ	≥20	绝缘电阻	MΩ	≥20
6	环境	工作环境温度	℃	－30～55	工作环境温度	℃	－30～55
7		存储环境温度	℃	－30～65	存储环境温度	℃	－30～65
8		冷却方式	—	集中水冷	冷却方式	—	集中水冷

（续表）

序号	分类	电机系统需求			电机控制器需求		
		需　求	单位	指　标	参　数	单位	要　求
9	机械	布置位置	—	纵梁之间	空间尺寸（长宽）	mm	≤570×500
10					防护等级	—	IP56
11		整备质量	kg	≤2810	质量	kg	≤50
12	成本	设计寿命	年/万千米	≥10/50	设计寿命	年/万千米	≥10/50
13		整车成本	万元	≤15	电机控制成本	万元	≤4

从表 17－4 中可以看出，电机控制器参数需求由电机系统参数需求转换而来，电机系统参数来源于整车参数需求，整车参数需求来源于市场需求。由此可见，不仅仅是整车，其子系统零部件也是面向市场需求进行开发，整个开发过程就是将市场需求一层一层转换的过程。

17.3.2　电力电子集成化

自然界中，一般来都说是物以类聚。其实不论是自然界，工业界也遵守这个规律。例如智能手机由移动电话、数码相机、录音机、录像机、计算机等娱乐数码产品集成，但初期却是各自独立发展的，进入成熟阶段后，由于它们同属于一大类，于是人们将它们集成起来，从而成就了一个在如今生活中无处不在的产品。

与智能手机发展脉络（先期分立，后期统一）类似，整车上的电力电子部件也正在经历这个变化。起初电动汽车电机控制器 MCU、DC/DC、车载充电机 OBC 和电力配置单元 PDU 等都单独分别存在，且独立发展。当前，国内外相关集成电力电子部件厂商正在根据这些部件的属性和企业各自的特长进行集成化开发。图 17－2 为丰田普锐斯的集成电力电子单元。

从图 17－中可以看出，丰田主要是将整车上的电力电子单元集成到一个控制盒中，可以称之为纯电集成方案，其优势主要是部件集成后，种类减少，便于整车空间布局，便于电气部件管控。高压连接线束减少，部件空间位置要求减小，便于整车布置。冷却水道共用，结构共模，成本降低。它的难点主要是开发难度较大，EMC 问题较难解决；工艺复杂，生产过程装配检测比较困难。

除了上述将电力电子相关集成的方案外，目前还有一个集成方案就是将电力电子部件与机械结构件集成在一起，图 17－3 为日产聆风纯电动汽车的电机控制器与电机本体集成单元。

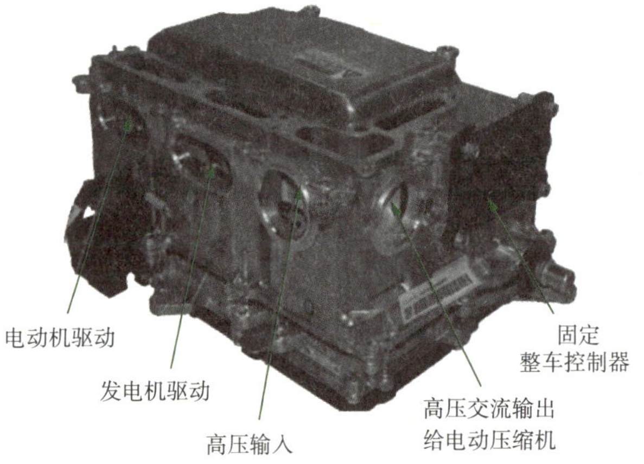

图 17－2　丰田开发的集成电力电子单元

图 17－3　日产开发的电机控制器与电机本体集成单元

图 17-3 的集成方案可以称之为电机集成方案。该方案的主要优势是减少系统内部高压线数量以及减少连接器、水冷循环泵等部件数量，动力总成系统体积重量也得到减少，安装便捷。难点主要为电机产生电磁激振力，与其他相连的零部件固有频率产生共振，电机电磁回路的设计难度大。减小振动和噪音是动力总成重大的技术难题。

目前国内外其他厂商的集成情况：特斯拉走的是纯电集成方案，集成了电机控制器 MCU、DC/DC、电力配置单元 PDU 等；国内北汽福田纯电动物流车采用的电力电子单元，集成了电机控制器 MCU、DC/DC、车载充电机 OBC、转向电机控制器、电力配置单元 PDU 等。可以看出整车电力电子部件走集成化道路是大势所趋。

17.3.3 高压附件需求

表 17-5 给出了电力电子单元集成的制动气泵电机控制器、转向油泵电机控制器、DC/DC、电力配置单元 PDU 的需求。

表 17-5 高压附件需求

部件	序号	指标	单位	参数
制动气泵、转向油泵电机控制器	1	电机类型	—	永磁同步
	2	额定输出功率	kW	1.5
	3	额定输出扭矩	Nm	10
	4	额定转速	rpm	1390
	5	输出电压	VAC	380
	6	输出频率	Hz	50
家用电接口	1	输出功率	kW	2.5
	2	输出电压（单相）	VAC	220
DC/DC	1	额定/峰值输出功率	kW	3/3.6
	2	输出电压	V	28（27.9～28.1）
PDU	1	驱动电机控制器保险	V/A	700/350
	2	附件电机控制器保险	V/A	700/50
	3	DC/DC 保险	V/A	700/15

表 17-5 中家用电接口是整车上预留的一个家用电输出接口，方便整车外接家用电器。

17.3.4 车载充电机需求

目前车载充电机 OBC（On-Board Charger）的主要用途是将民用 220VAC 转换成直流电给动力电池充电，以便电动汽车可以接家用电补电，实现自由充电。表 17-6 给出了车载充电机参数需求。

表 17-6 车载充电机需求

序号	类	参数	单位	指标	备注
1	输入	输入额定电压	VAC	83～265	
2		频率	Hz	45～65	
3		电流	A	32	最大值

（续表）

序号	类	参　数	单位	指　标	备　注
4	直流高压输出	电压范围	V	550～700	
5		电流	A	20	最大值
6		电压精度	%	±1	
7		峰值功率	kW	6.6	
8		效率	%	≥95	额定输入电压和额定输出负载
9		电流精度	%	±2	半载以上
10		电压纹波系数	%	±2	
11	保护功能	输入欠压	VAC	80±4	恢复点范围（90±4）VAC
12		输入过压	VAC	273±8	恢复点范围（265±8）VDC
13		输出过压	VDC	540±4	关机锁死
14		输出欠压	VDC	750±4	关机锁死
15		输出过流	倍	1.2	最大输出电流的，关机锁死
16	低压输出	低压工作电压	VDC	8～18	
17		电压	V	13.8	输出
18		电流	A	7	最大值
19		功率	W	110	最大值
20	环境	工作温度	℃	−40～60	
21		存储温度	℃	−40～105	℃
22		工作湿度	%	5～95	%
23	安规标准	绝缘电压	VDC	2000	高压输出对外壳，最大电流 10mA/3s
24			VAC	3000	输入—输出，最大电流 10mA/3s
25			VAC	1500	输入—外壳，最大电流 10mA/3s
26		绝缘电阻	MΩ	≥20	在输入与外壳间加 500VDC，相对湿度 90%

除表 17－6 中所提需求处，还有输出短路和过温保护等方面的需求。输出短路方面的要求，例如短路到系统地、短路接地、耦合瞬态、反接保护（电气防反接）等。当发生上述情形时，OBC 会反馈一个错误信号；当短路移除时，能够自动恢复。过温保护方面的要求，例如温度 85℃时首先减半运行，10min 后外壳中心温度小于 80℃便自动恢复满载，10min 后温度依然大于 80℃则关机，如果温度大于 90℃则直接关机。

17.3.5　高压原理

电力电子单元集成驱动电机控制器、高低压 DC/DC、车载充电机、气泵电机控制器、油泵电机控制器、电力配置单元等，电力电子系统高压原理如图 17－4 所示。

从图 17－4 中可以看出，除了集成各类电力电子控制器之外，还在各自的高压母线上配置了高压熔断器，以便保护每一根高压母线，因为在电力电子单元中，根据峰值电流的需求，每一根高压母线的截面积是不尽相同的。

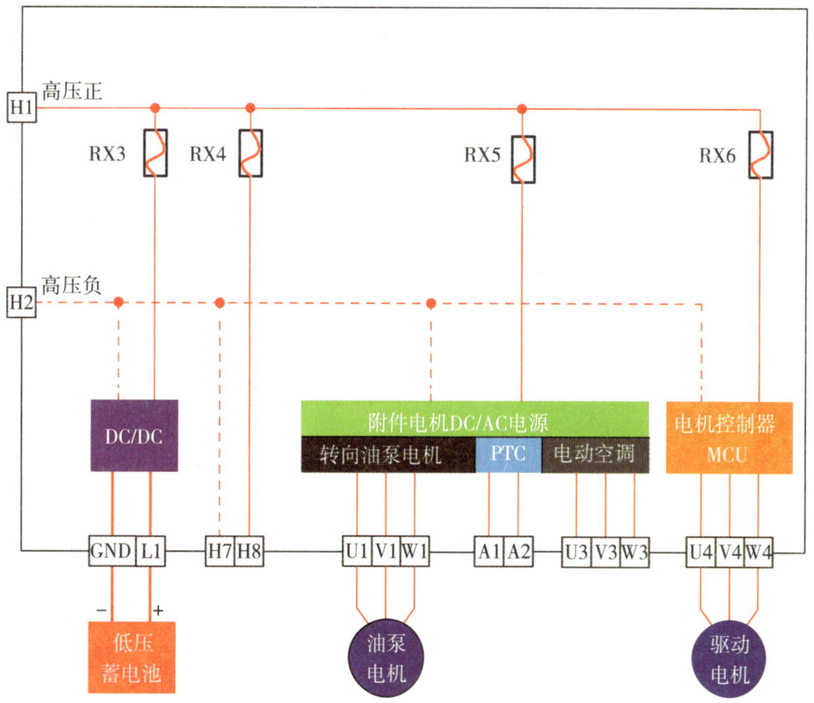

图 17-4　电力电子单元高压原理

17.4　电机控制硬件

根据电机控制器的需求，本节将从硬件电路设计、核心零部件选型、附件电机方案、电力配置单元和冷却水道热分析等方面进行简单介绍。

电机控制器电路设计主要包含主控板和驱动板的原理设计。主控板主要由电池系统、信号采集电路、旋变解析电路、逻辑保护电路、CAN 通信电路等组成，驱动板主要实现 IGBT 的驱动及母线高压采样的功能。图 17-5 为电机控制器电路设计原理图。

17.4.1　主控板方案

主控板选择飞思卡尔高性能处理器 MPC5643L 作为主控芯片，主驱动电机控制器采用汽车级 IGBT 并联技术、赛米控 SKiM459GD12E4 两块并联方案，单个模块的过电流能力 450A@ T_j = 175℃，T_s=70℃。

关于快速放电回路和常规放电回路：快速放电电阻阻值为 40Ω，功率为 400W；常规放电电阻阻值为 390Ω，功率为 200W。快速放电时间小于 2s；常规放电 3min。

采用 TI 专用的 32 位电机控制器芯片 dsp28335，其最小系统必须满足下列要求：

① IO 口 54 个以上；

② ADC 转化精度要求 12 位，模拟量输入端口 16 个；

③ 至少拥有两路 CAN 通信功能，其中的一路作为备用；

④ 至少拥有六路 PWM。

(1) 电源系统需求

关于电源系统，需要提供+12V、+5V、+3.3V、+1.9V，其具体参数要求见表 17-7 所示。

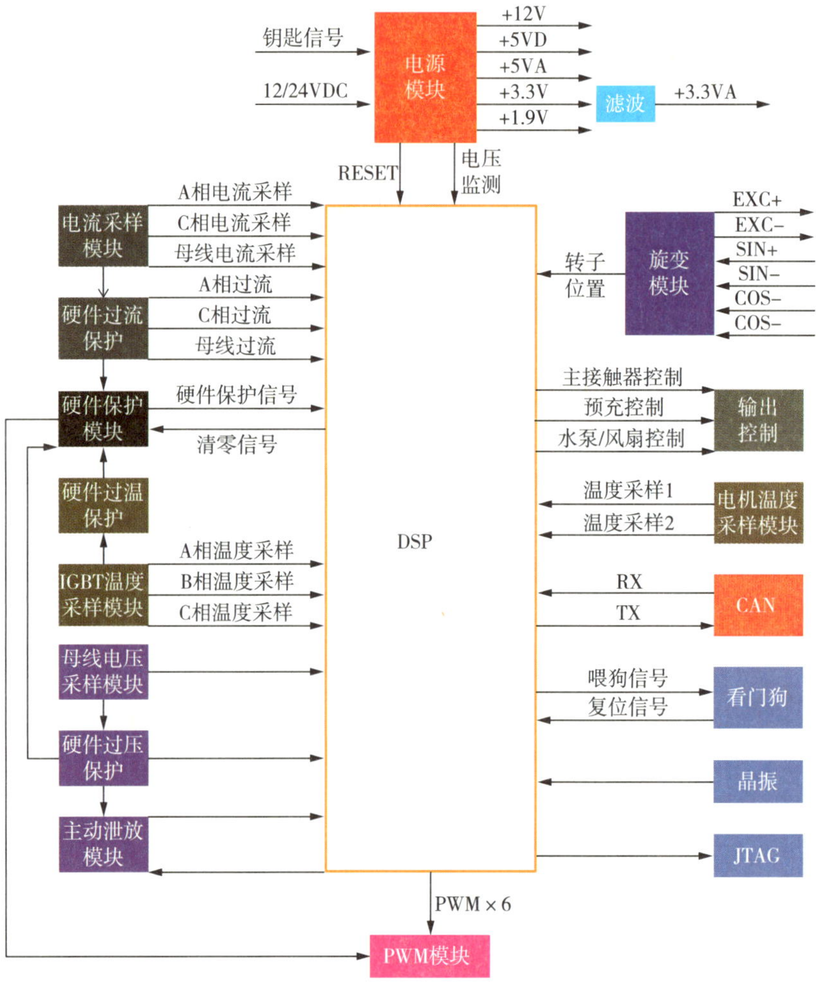

图 17－5　电机控制器电路原理

表 17－7　电源系统需求

序号	电源名称	电压（V）	电流（A）	纹波电压（mV）	噪声电压（mV）
1	输入＋24V 电源	18～32	1.80±0.50	—	—
2	模拟＋5V 电源	5.0±0.1	0.5±0.10	±20	±500
3	数字＋5V 电源	5.0±0.1	1.0±0.1	±20	±500
4	＋3.3V 电源	3.3±0.05	0.5±0.10	±10	±100
5	＋1.9V 电源	1.90±0.05	0.5±0.10	±10	±100
6	旋变电源＋12V	12.0±0.2	0.10±0.10	±100	±500

由表 17－7 可知，实现表 17－7 电源系统需求的方案为：采样 DC/DC 芯片＋LDO。

（2）采样电路需求

主控板主要实现电流、温度、电机同步位置或者速度的采样，具体设计如下：

① 直流母线电流采样，以便直接检测母线电流，实现直流母线过流保护功能；使用霍尔传感器采集再经过差分运放进行比例缩放。

② 温度采集包括三路 IGBT 温度、电机两路温度采集，由于方案采用三块 IGBT 并联，共有九路温度信号。考虑到 ADC 资源的有限性，采集每块 IGBT 中间一桥臂的温度信号，共 3 路模拟信号，

另外两路温度进行比较得到的过温数字信号再经由 DSP 进行处理。

③ 旋变电路采集电机同步位置信号，旋变解码芯片采用 AU6802，旋变电源+12V，励磁放大电路采用三极管+推挽放大方式。

（3）逻辑保护电路需求

当系统运行中，出现相电流过流、母线电流过流、母线电压过压、IGBT 过温、驱动芯片退饱和报错、外部使能控制等任一故障时，硬件保护电路总输出低电平至 PWM 通道，PWM 信号被锁定无输出，同时 RS 触发器锁存故障并上报 DSP，待故障消除后，DSP 发出故障清除信号，PWM 通道正常工作，图 17-6 所示为保护电路的判断逻辑框图。

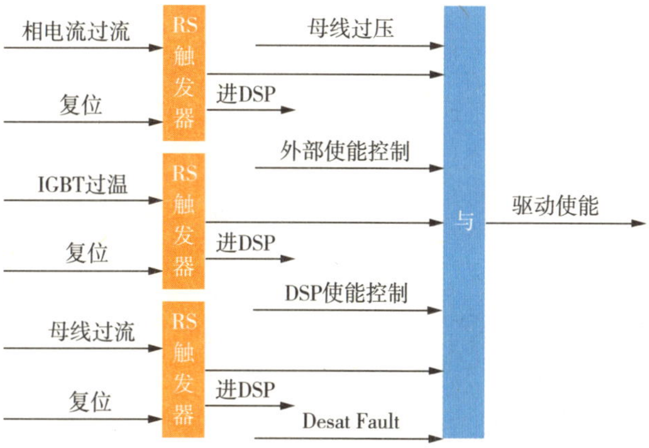

图 17-6 逻辑保护电路的判断逻辑

从图 17-6 中可以看出，在电机控制器使能之前，通常 MCU 主控板会做一些电路保护的逻辑判断。

17.4.2 驱动板方案

驱动板主要功能：把控制板发出的 PWM 波形放大、隔离，然后驱动 IGBT 的晶圆，驱动 IGBT，此外还需要完成直流母线电压的采集功能。

（1）驱动电压方案

驱动核电源需求：原边需要+15V 电源输入，驱动功率根据驱动核功率而定，输入功率应该大于驱动核功率，副边 IGBT 驱动正负电源由驱动核自身隔离 DC/DC 产生。

（2）驱动核方案

选择 Concept 公司的型号为 2SC0435T2F0—17 的驱动核，如图 17-7 所示。

驱动核 2SC0435T2F0—17 的优点有：

① 体积小（面积只有 57.2mm×51.6mm），方便调试；

② 瞬间输出电流大（35A），静态功耗小（32mA）；

图 17-7 Concept 公司的型号为 2SC0435T2F0—17 的驱动核

③ 可以模式选择（直接模式和半桥模式）；

④ 死区时间可以设定（0.6 μs<T_d<4.1 μs），如果软件有死区，取两者最大值；

⑤ 故障自锁时间可以设定为 20ms～130ms，电阻为零时则为 9 μs；

⑥ 有源嵌位脚；

⑦ 逻辑输入兼容 3.3～15V。

驱动核 2SC0435T2F0—17 的缺点是：直接模式时上下桥信号不互锁，无软关断。

海拔要求：按照海拔 2000 米设计，若超过 2000 米，则对爬电和电气间隙的要求提高，驱动器数据手册上有原副和副副间的爬电和电气间隙值，不同的海拔对电气间隙和爬电要求不同，若不够，则只能采取母线电压降额或选更高电压等级的驱动器。

（3）IGBT 温度采样方案

采用三个模块做全桥拓扑方式，IGBT 温度采样 NTC 个数达到 9 个，温度采样方案如下：每相中有 3 路 IGBT 桥臂，只采集中间一个桥臂 NTC 的 AD 值，其他两路通过比较方式送到 I/O 口，三相每相均采用此法。

（4）母线电压采样方案

放在驱动板上，3 个驱动板做成一样的，其中只贴某一个板的电压采样，泄放电路（布局）为防止电机驱动电压过高，要实时监测直流侧母线电压。由于母线为高压系统，因此采样时低压系统必须与高压系统隔离，具体要求为：

① 要求母线高压输入范围为 0～750V；

② 采样输出电压范围为 0～3.0V；

③ 母线的绝缘阻抗不低于 10MΩ。

（5）泄放电路方案

泄放电路分为主动泄放和被动泄放两种。

主动泄放电路有两个功能：

① 实现快速下电。当电机驱动关闭，电池包断开高压，由于薄膜电容的储能作用，高压断开瞬间，高压母线电压仍然存在，为保证车辆安全，需要快速下电。

② 当电机高速运转出现故障时，电池包不能及时切断高压，电机会向高压系统回馈能量，母线电压就会急剧上升，此种情形下需要快速将这些瞬时能量快速泄放，使 IGBT 等器件不至于因为过压而损坏。

被动泄放电路：当主动泄放失效时，可以通过一个千欧级常规电阻进行放电，泄放电阻放置在控制器的散热器的铝基板上面。

（6）MCU 控制电路

图 17－8 所示为电机控制器的控制电路原理图。

从图 17－8 中可以看出，电机控制器的硬件可以分为三个部分，分别是主控板、驱动板和逆变器。

17.4.3 零部件选型

电机控制器内部主要的电子零部件有：功率开关器件 IGBT、泄放 IGBT、相电流霍尔传感器、母线电流霍尔传感器、高压接插件、直流母线支撑电容（薄膜电容）、吸收电容、主动泄放电阻、被动泄放电阻、预充电电阻、低压线束、正负极叠层母排 Busbar、三相铜排等。

（1）功率器件 IGBT 的选型方案

为了缩短项目开发周期降低技术风险，大功率控制器采用 3 块 IGBT 并联驱动方案，假定电池包的额定母线电压 V_{bus} 为 600VDC，选型过程如下。

① IGBT 电压规格选型

a. 最高电压 $E_d=V_{bus}/3.6\times4.3=725\text{V}$。

注：假定选用锂电池，单体电池正常电压为 3.6V，单体电池最大电压为 4.2V。

b. 尖峰电压 $V_{cesp}=(E_d\times1.15+V_P)\times\beta_s=725\times1.15+50\times1.1=883\text{V}$。

注：过压保护水平取值 115%；V_P 为线路电感产生的尖峰电压，取 50V；β_s 为安全因数（通常取 1.1）。

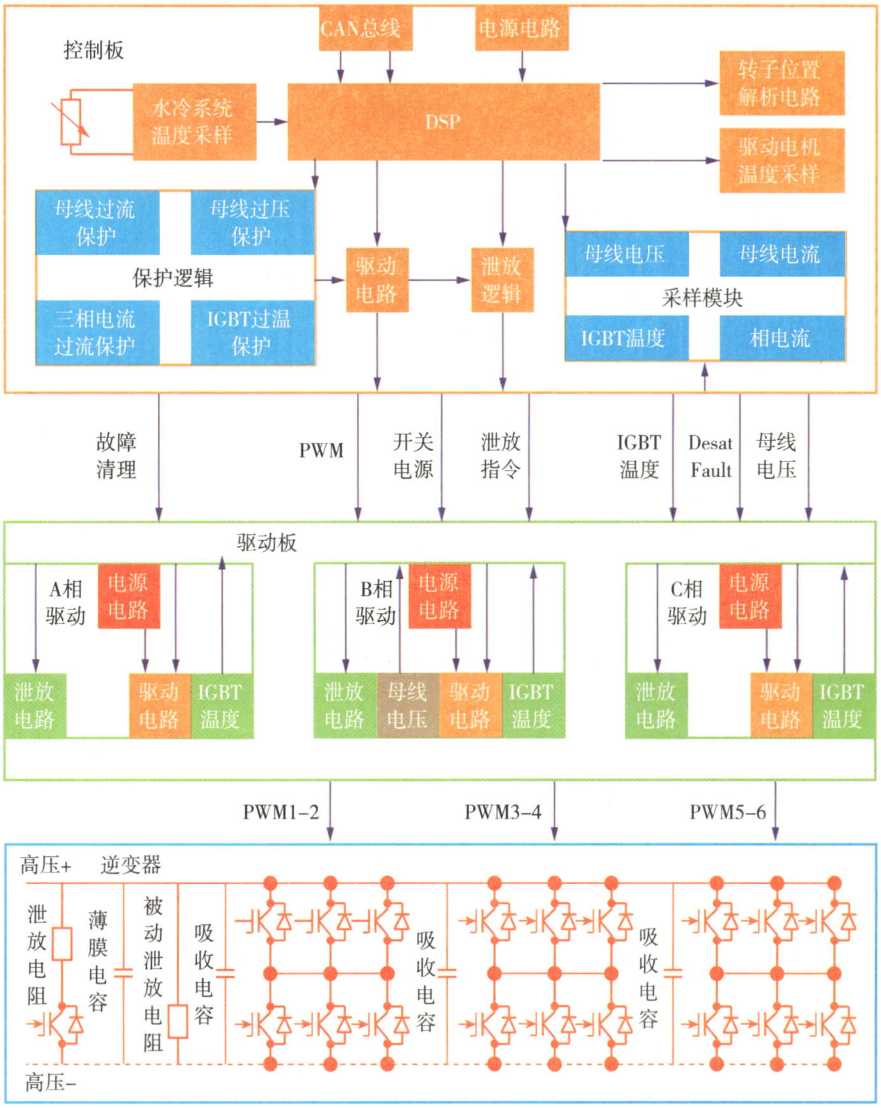

图 17－8　电机控制器的控制电路原理

c. 选取 IGBT 的工作耐压V_{ces}＝1200V，必须大于尖峰电压计算值 883V。

② IGBT 电流规格选型

根据对国内车用交流电机的调研，按照峰值相电流 500A 估算，I_{peak}＝550×1.414＝778A，考虑到 1.5 倍安全余量，至少选择 1166A@70℃；

结论：根据目前市面各厂家汽车级 IGBT 的对比，功率器件 IGBT 的方案选择如下：选择 Semikron 的 3 块 SKiM459GD12E4 并联方案；单块（六合一模块）结构尺寸为 160mm×150mm；采用 3 块并联构成三相桥壁，尺寸为 490mm×150mm。方案的优点是汽车级，余量大，结构实现较容易；方案的缺点是体积大。图 17－9 所示为 IGBT 外形示意图。

图 17－9　IGBT 外形示意图

（2）电流传感器选型

霍尔电流传感器选型主要涉及母线电流传感器和相电流传感器。

按照之前定义控制峰值功率200kW计算，控制器的母线电流约360A，因此选择LEM公司的HAH1DR—600S，其外形如图17-10所示。

图17-10 母线霍尔电流传感器外形

图17-10所示母线电流霍尔传感器的优点：电流合适，汽车级，结构实现容易，与以前产品的结构兼容。

根据计算，控制器的相电流峰值电流为778A，因此选择LEM公司，HAH1DR—900S，最高可检测到将近1100A，输出电压不会超过5V，仅仅是超过900A后输出的线性度会有下降。

（3）薄膜电容选型方案

电机控制器母线并联电容的作用主要就是为了提供瞬时大电流（大油门起步），由于PWM的频率比较高，这时候母线感抗会很大，需要靠电容提供能量，根据电力电子单元PEU结构布局和高压走线要求，薄膜电容需要定制，所选择的聚丙烯薄膜电容基本参数要求见表17-8所示。图17-11为所选薄膜电容外形。

表17-8 薄膜电容基本参数需求

序号	参数	单位	指标	
1	电容量	μF	1500	@1kHz以上
2	额定工作电压	VDC	800	
3	存储温度	℃	−55～105	
4	工作温度	℃	−40～85	
5	最大浪涌电压	VDC	1200	
6	纹波电压	V	50	
7	纹波电流	A	150	@85℃
8	内阻	mΩ	≤0.40	@10kHz
9	耐受温度	℃	≤105	
10	预期寿命	h	≥20000	800V@85℃@150A

（4）吸收电容选型方案

吸收电容的作用为吸收IGBT开关过程中的尖峰电压，最大浪涌电流$I_s=C\times(dV/dt)$，吸收电容主要参数如下。

① 额定容量：0.68μF；

② 容量偏差：±10%；

③ 额定电压：1200VDC；

④ 工作温度：−40℃～85℃。

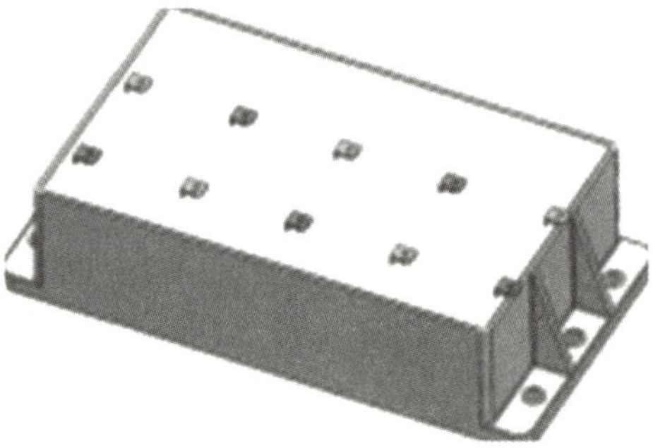
图17-11 薄膜电容外形

如此可见，可选择法拉公司吸收电容，其耐压等级为1200V，型号为C383L684K101111。

（5）主动泄放电阻选型方案

电机控制器系统必须具有主动泄放功能，当电机及其电机控制器的母线电压高于720VDC后，控制器必须把母线电压泄放到安全电压下，以保护薄膜电容和IGBT，但是主动泄放的功率必须小于200W，泄放的时间小于2s，泄放电阻必须安全。电机内部存有能量，能量会通过续流二极管反馈至母线，母线电压升高后需要保护IGBT，泄放能量满足$3/4\times L_M\times I_D^2\times R_D$。选型方案：阻值200Ω左右；85℃的额定功率300W；额定电压1000VDC。

① 电感参数选取

经过测试得电机直轴和交轴电感的最大值，即选取上述数据的最小值$L_{dmax}=1.0mH$和最大值$L_{qmin}=4.25mH$，取平均值得：

$$L_s=\frac{L_{dmax}+L_{qmin}}{2}=2.63mH \tag{17-1}$$

因此，每相电感平均值估算：$L_m=\frac{2}{3}\times L_s=1.75mH$。

② 能量估算

由于三相电流平衡约束，$I_A+I_B+I_C=0$不可能同一时刻都达到最大值，因此推导公式如下：

$$E_D=\frac{1}{2}L_m I_A^2+\frac{1}{2}L_m I_B^2+\frac{1}{2}L_m I_C^2=L_m I_A^2+L_m I_B^2+L_m I_A I_B\leqslant\frac{3}{2}L_m\ (I_A^2+I_B^2) \tag{17-2}$$

上述不等式仅在$I_A=I_B$下成立，又由于两者相位相差120°，故

$$I_A=I_B=\frac{1}{2}I_{max} \tag{17-3}$$

所以：

$$E_{max}=\frac{3}{4}L_m I_{max}^2 \tag{17-4}$$

③ 参数估算

假设没有主动泄放回路：

$$\frac{1}{2}C_D U_2^2-\frac{1}{2}C_D U_1^2=\frac{3}{4}L_m I_{max}^2 \tag{17-5}$$

那么瞬间电容承受的电压上升到：

$$U_2=\sqrt{\frac{\frac{3}{4}L_m I_{max}^2+\frac{1}{2}C_D U_1^2}{\frac{1}{2}C}}=852V \tag{17-6}$$

选取电机峰值相电流$I_{max}=466A$，$U_1=588V$，$C_D=1500\mu F$，所以泄放用IGBT的耐压规格至少在900V，故本方案选用1000V。

要考虑以下两种情况下的主动泄放：

① 电机峰值电流IGBT突然关断。

如果有主动泄放，构成RC放电电路（目前快放电阻选型$R_D=200\Omega$，功率$P_D=300W$），设定放电时间$t_D=4\tau=4R_DC_D$（泄放剩下3%左右的电压，实际放电时间会更长，这里考虑电压下降速度最

快的阶段)，则平均电流可以近似估算：

$$I_m = C_D \frac{du}{dt} = C_D \frac{\Delta U}{\Delta T} \tag{17-7}$$

其中，ΔT 可以近似取放电时间，ΔU 可取 $0.95U_2$。

电阻的功率至少满足：

$$P_D \leqslant \frac{\Delta U^2}{16R} = 226\text{W} \tag{17-8}$$

注：平均功率只能选用$P_D = I_m^2 R_D$计算，这里I_m是平均电流。

此参数作为放电电阻的承受的峰值功率参考，平均功率 226W 要能承受 4RC 的时间，即 1.2s。

② 电机正常停机，IGBT 正常关断，进行快速泄放。

式（17-7）中 ΔT 可以近似取放电时间，ΔU 可取额定电压 588V，电阻额定功率至少满足：

$$P_D \leqslant \frac{\Delta U^2}{16R} = 108\text{W}$$

结论：电阻长期频繁工作在 $4R_DC_D = 1.2\text{s}$ 时间段内可承受 108W 的功率就可满足要求。

综上所述，此种方案选择快速放电的电阻阻值$R_D = 200\Omega$、功率在$P_D = 200\text{W}$ 以上即可。

（6）被动泄放电阻选型方案

电机控制器系统必须具有被动泄放功能，在工作停止后，母线电压的放电必须通过吸收电阻进行放电，必须在 3min 内把电机控制器里面的电压泄放到 36V 安全电压。初步选型：阻值 75kΩ、功率 200W、额定耐压 1000V，采用意杰电子的电阻。

在正常工作时候，电阻消耗的功率为$U_R \times \frac{U_R}{R_{DP}} = 600 \times 600/7500 = 4.8\text{W}$。若是薄膜电容的容量值变更为 1500 μF，为了实现 3min 高压下电，需要适当调整电阻值。按照$T_D = 3R_DC_D$推算，电阻阻值应为 40kΩ 左右。

（7）正负极叠层母排 Busbar 方案

叠层汇流母排用于完成电力电子产品中功率电路和器件的电气连接，通过正负极层叠平行分布的结构形式降低线路分布电感，从而降低功率器件两端的反向峰值电压，降低功率器件对电压保护吸收电路的要求，提供功率器件运行的可靠性和稳定性，同时提高了电路的集成度，便于维修维护。图 17-12 为叠层母排外形。

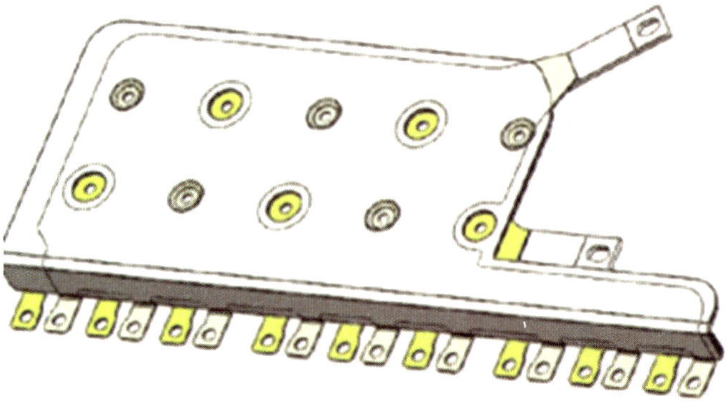

图 17-12 叠层母排外形

表 17－9 给出了叠层母排的参数需求。

表 17－9 叠层母排参数需求

序号	参 数	单位	指 标	备 注
1	额定工作电压	VDC	588	
2	工作电压范围	VDC	420～750	
3	额定工作电流	A	250	
4	峰值电流	A	350	60s
5	工作温度	℃	－55～105	
6	温升	K	55	@250A
7	接触电阻	mΩ	1	软连接处
8	绝缘耐压	VAC	4000	60s 以上，漏电流小于 1mA
9	绝缘电阻	MΩ	500	@1000VDC
10	阻燃等级	—	AL94－V0	
11	尺寸	mm	395.5×191×3.25	
12	安规要求	mm	6/10	最小电气间隙/最小爬电距离

（8）三相铜排选型方案

IGBT 逆变器输出端采用三相铜牌并连接到电池控制器的高压插接件上。要求铜排的额定电压至少在 650VDC 以上，铜排的额定电流在 350A 以上，截面积至少在 $70mm^2$ 以上，铜排间、铜排外壳的物理间距至少在 6mm 以上；满足绝缘耐压在 4000VAC@60s 以上，漏电流小于 5mA，绝缘电阻为 50MΩ@1000VDC。

17.4.4 附件电机方案

附件电机是指用于驱动液压助力转向油泵的油泵电机和制动气泵的气泵电机，要求独立开发一款输出功率为 5kW 的控制器，实现共母线并联的方式，进行独立输出。

（1）附件电机控制器硬件设计

附件电机控制器硬件系统包含结构件系统、电气系统、接插件等。其中结构系统包含散热水道、三相输出铜线等；电气系统包含电路板、IPM、薄膜电容、电流采样电阻等；接插件包含三相接插件等；控制器主电路采用三菱公司的六合一 IPM 作为主驱动桥，加上一块电路板，组成驱动系统。

（2）附件电机控制器电路板设计

附件电机控制电路板，主要实现控制和驱动功能，同时负责采集控制器外围的信号，在 DSP 内部进行计算，给出 6 路 PWM 波形，经过放大信号和驱动，打开 IPM，把电池电源逆变为交流电，驱动电机运行。控制电路发出的 PWM 波形，经过放大、隔离电路后，然后驱动 IPM 及其晶圆，同时负责进行 IGBT 的硬件电流保护。图 17－13 为附件电机控制电路原理示意图。

从图 17－13 中可以看出，附件电机驱动电路相对主电机驱动简单，但大体结构是一致的。附件电机控制器控制芯片采用 TI 的 TMS320F28335，与主电机控制器最小资源类似。附件电机控制器控制板的电源系统，需要提供＋12V、＋5V、＋3.3V、＋1.9V，与主电机电源需求一致。

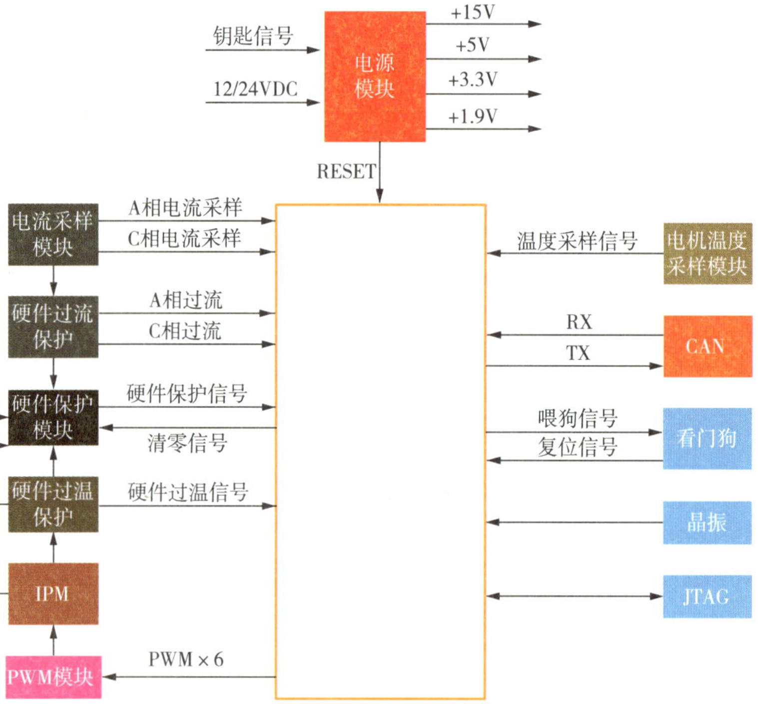

图 17-13　附件电机控制电路原理示意图

（3）保护电路的需求设计

当系统运行中，当出现相电流过流、母线电压过压、驱动芯片报错、外部使能控制等任一故障时，硬件保护电路总输出低电平至 PWM 通道，PWM 信号被锁定无输出，同时 RS 触发器锁存故障并上报 DSP，待故障消除后，DSP 发出故障清除信号，PWM 通道正常工作。图 17-14 为附件电机保护电路逻辑框图。

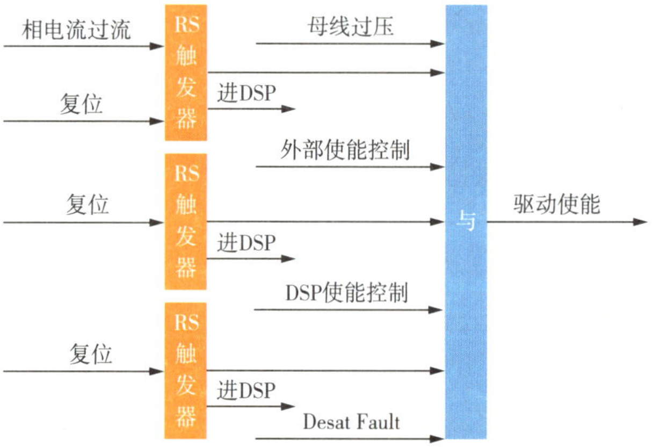

图 17-14　附件电机保护电路逻辑框图

从图 17-14 中可以看出，与主电机保护逻辑比较，附件电机保护逻辑少了 IGBT 温度和母线过流两项保护，因为这两项功能集成的 IPM 已经具备。

（4）附件电机控制核心零部件选型

附件电机控制器内部主要的电子零部件有功率开关器件 IPM、相电流采样电阻、高压三相接插件、直流母线支撑电容（薄膜电容）、高压三相铜线束等。

（5）功率器件 IPM 选型

根据上述的计算，采用三菱公司的 IPM（PS22A79），器件参数为 1200V/50A，考虑到设计余量，完全可以满足控制器输出 5kVA 的要求。图 17-15 为三菱公司的 IPM 外形。

（6）相电流采样电阻选型

根据前面的计算，控制器的峰值电流为 15A，可以使用功率电阻进行电流采样，阻值为 10mΩ。

（7）高压接插件选型

该款电机控制器根据上述计算，该控制器的母线电流为 10A，相电流为 15A。母线输入端：导线连接方式，采用 2.5mm^2 的铜导线，把高压电源引入到电路板上面。三相输出端：采样接插件方式，接插件和 IPM 之间采用 2.5mm^2 的导线连接。

图 17-15　三菱 IPM 外形（PS22A79）

（8）薄膜电容选型

采用法拉公司的 D3D2K306KF02382 型号的薄膜电容。该型号薄膜电容的主要电气参数：

① 额定工作电压 800V；

② 纹波电流 15A；

③ 电容值 30 μF；

④ 绝缘耐压 2200VAC@10S 以上；

⑤ 工作温度－40℃～85℃，工作寿命 100000 小时@额定工况。

17.4.5　电力配置单元

电力配置单元（Power Distribution Unit，PDU）的主要作用是把电池包系统的高压电源，通过中控盒分配到车辆的高压零部件（如主电机控制器、附件电机控制器、高压 DC/DC 及其预留电路等），实现电源的分配和主回路的保护功能，集成部分配电元件，主要包括 DC/DC 保险、附件电机控制器保险、驱动电机控制器保险。

① 主电机控制器保险：电流 350A/电压 700V，型号 Bussmann FWP－350B；

② 附件电机控制器保险：电流 50A/电压 700V，型号 Bussmann FWP－50B；

③ DC/DC 主保险：电流 15A/电压 700V，型号 Bussmann FWP－15B。

17.4.6　冷却水道热分析

电力电子单元要求采用强制水冷方式进行冷却，需求有：

① 进水温度最高小于 60℃，水流量大于 18L/min，出水温度小于 75℃；

② 要求进行 CAE 散热仿真，稳定运行的散热器表面的温度差小于 15℃；

③ 主电机控制器最大功率损耗 $P_{TM}=135kW\times5\%=6.75kW$；

④ 附件电机控制器最大功率损耗 $P_{AM}=3\times2.2kW\times5\%=0.33kW$；

⑤ DC/DC 的最大功率损耗 $P_{DC}=3kW\times58\%=0.24kW$；

⑥ 散热器需求的整车最大散热功率为 $P_{VR}=6.75+0.33+0.24=7.32kW$。

在环境温度 85℃、环境自然对流系数 5W/（m^2·℃）、冷却循环水温 65℃、循环水强制对流系数 1000W/（m^2·℃）下，以峰值功率（135kW）载荷进行工作 60s 热分析，控制器壳最高温度约为 75℃，IGBT 基板最高温度约为 85℃，晶元最高温度约为 90℃，从温升来看，控制器功率裕量比较大。图 17-16 为电力电子单元热分析结果。

图 17-16a 为冷却水道散热分析结果，从图中可以看出水道入口处温度较低，出口附近温度较高。图 17-16b 为逆变器 IGBT 的热分析结果，从图中可以看出 IGBT 仿真温度低于 81℃，水道散热能力能够满足逆变器工作需要。图 17-16c 为电力电子单元壳体表面温度仿真分析结果，从图中可以看出表面温度低于 74℃，水道散热能力能够满足整个电力电子单元散热需求。

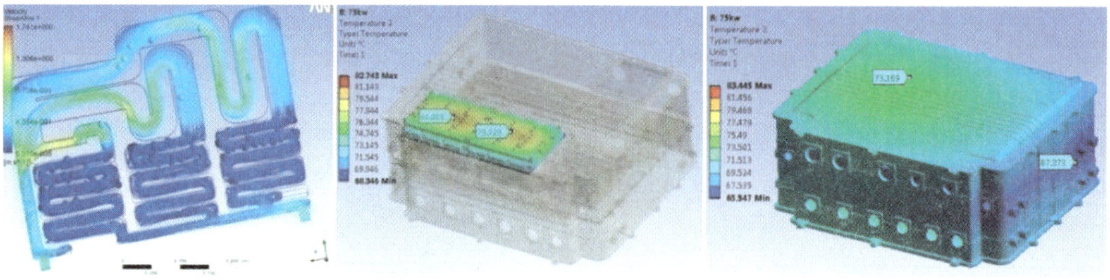

a） b） c）

图 17－16 电力电子单元热分析结果

17.5 电机控制软件

电机控制软件部分将分为软件架构、软件刷写、底层软件、应用层软件和故障诊断等几个部分来展开介绍。

17.5.1 软件架构

电力电子单元 PEU 软件分为三个部分：

（1） Boot-loader；

（2） 软件平台层；

（3） 策略应用层。

Boot-loader 作为一个单独的工程开发，生成一个独立的二进制文件。图 17－17 为基于 UDS 协议 Boot-loader 架构。

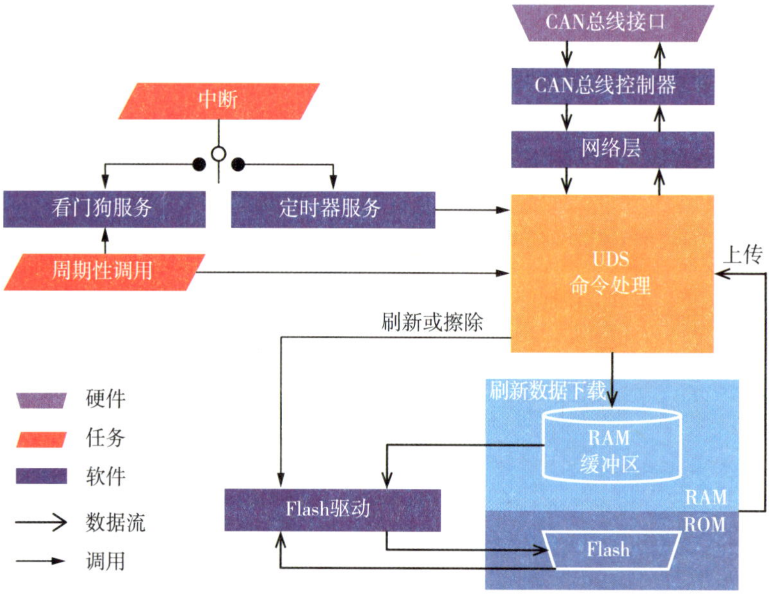

图 17－17 基于 UDS 协议 Boot-loader 架构

底层软件平台及电机控制策略集成在一起（应用程序）作为一个工程开发，生成一个独立的二进制文件。图 17－18 为应用软件架构，包括软件平台层和策略应用层。软件平台层也通常称为底层，应用层通常称为控制策略层。

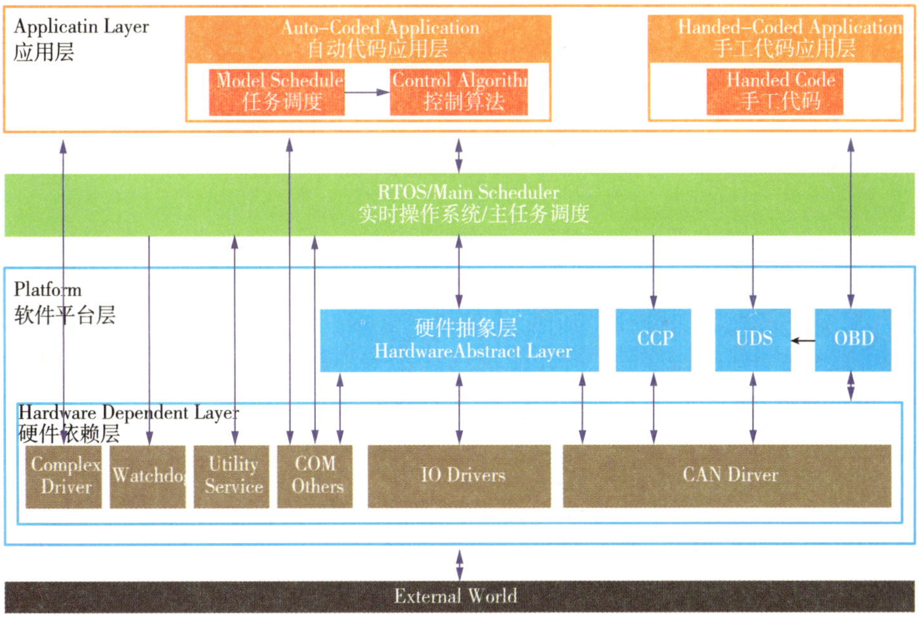

图 17－18　软件架构

图 17－18 中的 External World 为非软件的外部硬件等。

17.5.2　软件刷写

控制器复位后，将根据外部硬件配置选择 boot-to-flash 模式，跳转到 Boot-loader，执行 RAM 自检。若自检成功并且监测到有效的应用软件，将跳转到应用软件，否则，进入 boot-loader 模式，等待刷新有效的应用软件。图 17－19 给出了 Boot-loader 软件逻辑。

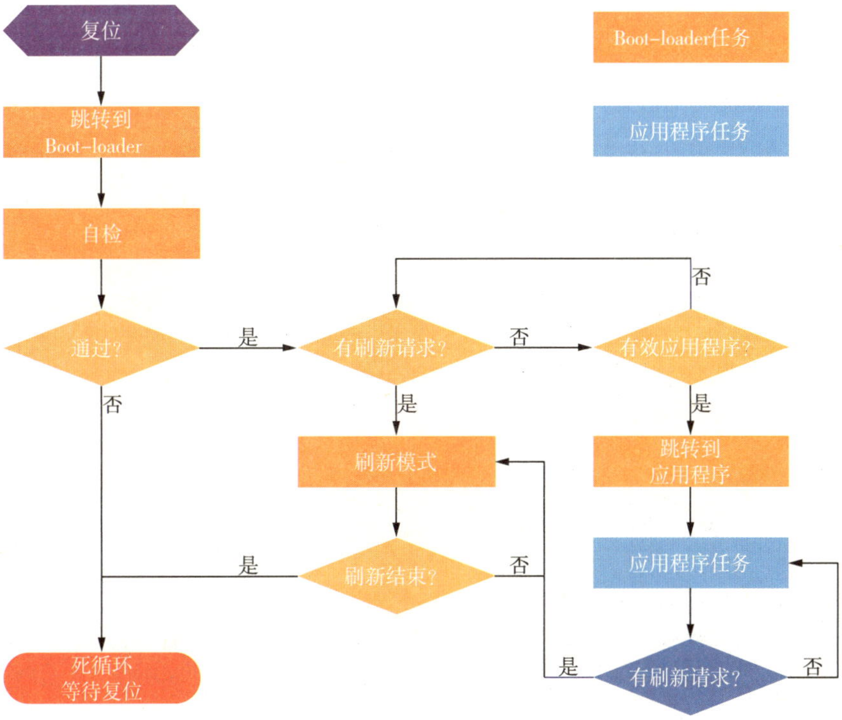

图 17－19　Boot-loader 软件逻辑

在图 17－19 给出的 Boot-loader 逻辑基础上，需要开发基于 CAN 总线的程序刷新 Boot-loader 软件的通用工具，该工具需具备的特征有：

（1）支持多种 CAN 工具（Value CAN、PEAK PCAN、Vector CANCaseXL）；

（2）支持 UDS 协议；

（3）在所有 ECU 系统通用。

17.5.3 底层软件

图 17－20 所示为底层软件架构。

硬件依赖层（底层驱动）：包括复杂驱动、看门狗、基础服务（系统调度所需定时器、中断管理和一些通用处理函数，如 PLL 驱动、Flash 驱动、内存管理驱动、定时器驱动）、IO、CAN 等其他驱动。

硬件抽象层：对 IO 口、PWM、CAN、SPI 等功能模块进行抽象定义，使得应用程序实现不同底层平台的移植。

图 17－20　底层软件架构

CAN 协议及网络服务：实现标定诊断及网络服务管理，如 CCP、UDS 和 OBD。

表 17－10 为电力电子单元 PEU 底层关键模块配置说明。

表 17－10　PEU 底层关键模块配置说明

1	采集模块 ADC	时钟频率	采样周期	采样方式	连接模式	触发方式
		12.5MHz	640ns	同步采样	级联模式	PWM 事件触发
2	PWM 模块	时钟频率	时间基准计数方式	计数周期	工作模式	死区时间
		150MHz	递增递减	200 μs	互补模式	4 μs
3	SPI 模块	时钟频率	字符长度	工作模式	数据传输	
		375kHz	16bit	主控制器模式	数据在 SPICLK 信号的下降沿输出数据，在上升沿输入数据锁存	
4	CAN 模块	时钟频率	波特率	工作模式	接收邮箱	发送邮箱
		7.5MHz	250kB/s	正常模式 非自检模式	保护消息不被覆盖（存储在邮箱中的旧消息不被新消息覆盖）	发送消息的数据长度为 8；正常发送模式；没有远程帧请求

图 17－21 为 PEU 工作模式状态转移图。从图 17－21 可以看出，PEU 工作模式分为三种，分别是上电控制、模式控制和下电控制。

17.5.4　应用层软件

电机控制器应用层软件主要包括的模块有：采样模块、通用处理模块、电机控制模块、电机模式处理模块和故障检测与处理模块等。

（1）采样模块：对温度、电压、电流、位置/速度的采集信号进行处理，参与电机矢量控制。

（2）通用处理模块：对信号进行滤波处理及某些参考指令的表格查询。

（3）电机控制模块：包括电机转矩指令控制、角度解析、矢量控制、弱磁调节等电机算法实施。

（4）电机模式处理模块：实现电机上电和下电模式、转矩模式、速度模式等切换控制。

（5）故障检测及处理模块：实现故障等级判定及相应故障处理。

采样模块等方面与整车电控类似，本节不做详细介绍，在这里将对电机矢量控制模块做简单介绍。在工作原理上，永磁同步电机与感应电机相似，只是永磁同步电机气隙磁场是由永磁体提供，因此转子磁场可视为是恒定不变的。正因为气隙磁通可以用永磁体来产生，这使得电机工程师能够设计出更高效的永磁同步电机成为可能。图 17－22 为永磁同步电机截面结构原理。

永磁同步电机矢量控制需要用到空间矢量理论来建立模型，电机的三相变量（如电压、电流和磁通等）采用复数空间矢量来表达，这样，对任何电压和电流的瞬态变量，该模型足够描述电机稳态和瞬态性能。复数空间矢量能够用两个正交轴来描述，因此，电机能够被当成两相电机。采用两相电机模型缩减了方程的数量以及简化了控制设计。

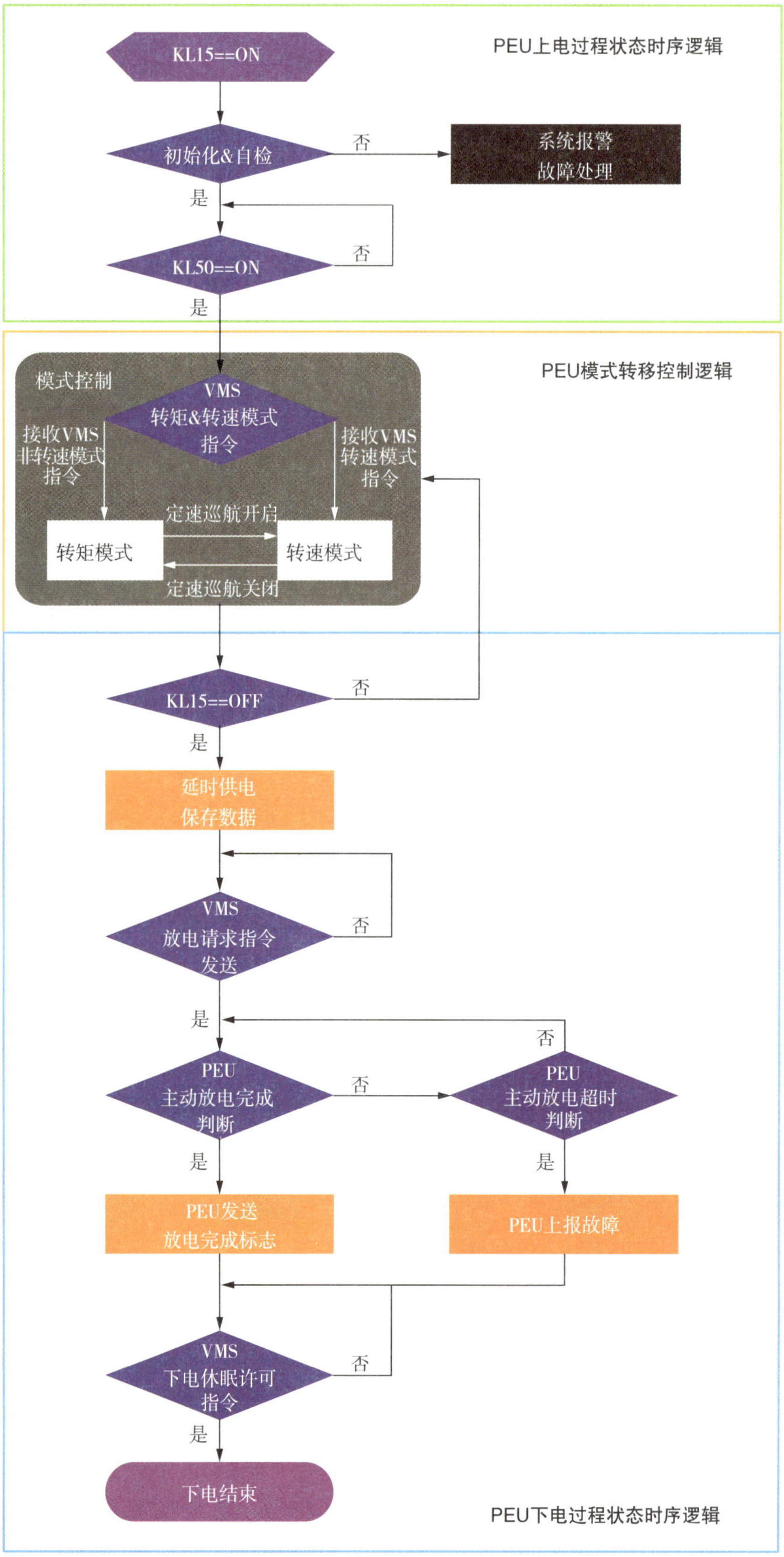

图 17-21 PEU 工作模式状态转移图

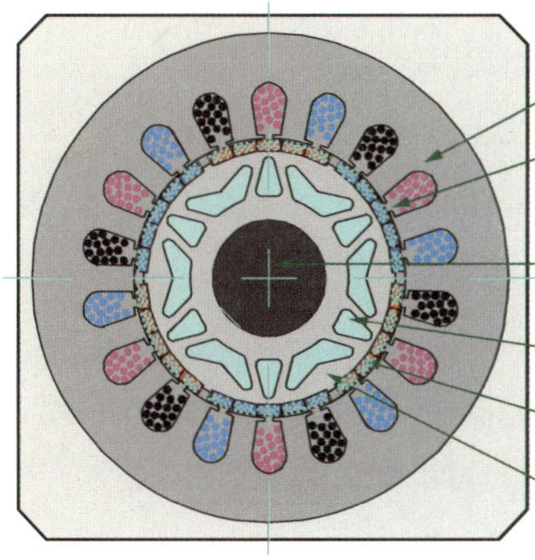

图 17-22 永磁同步电机截面结构原理

（1）空间矢量定义

假设I_{sa}、I_{sb}和I_{sc}为三相定子的瞬态电流，且

$$I_{sa}+I_{sb}+I_{sc}=0 \quad (17-10)$$

那么可以定义定子电流空间矢量为：

$$I_s=\kappa_M\ (I_{sa}+a_M I_{sb}+a_M^2 I_{sc}) \quad (17—11)$$

其中：$a_M=e^{j2\pi/3}$和$a_M^2=e^{j4\pi/3}$是微分算子，$\kappa_M=2/3$是变换常量。图 17-23 给出了定子电流空间矢量及其投影。

（2）固定坐标系模型

式（17-12）定义的空间矢量能够用两轴理论来表示，空间矢量的实部为定子电流的直轴瞬态值 $I_{s\alpha}$，虚部为交轴瞬态值 $I_{s\beta}$，因此，在附着在定子上的静态参考坐标系中，定子电流空间矢量能够被表达为：

$$\bar{I}_s=I_{s\alpha}+j\,I_{s\beta} \quad (17-12)$$

在三相同步电机中，通过设定一个虚拟的固定坐标系 $\alpha\beta$，可以将定子三相电流转换成交轴电流I_α和直轴电流I_β：

$$\begin{cases} I_\alpha=\kappa_M\ (I_{sa}-\dfrac{1}{2}I_{sb}-\dfrac{1}{2}I_{sc}) \\ I_\beta=\kappa_M\dfrac{\sqrt{3}}{2}(I_{sb}-I_{sc}) \end{cases} \quad (17-13)$$

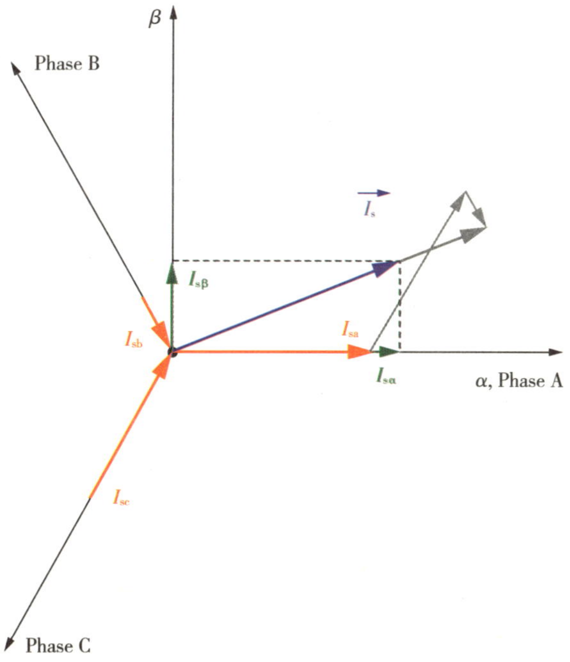

图 17-23 定子电流空间矢量及其投影

其中，$\kappa_M=2/3$是变换常数。

电机中其他空间矢量（如电压、电流和磁通等）均可以采用上述方式定义。为了简化描述永磁同步电机，假设三相的磁隙对称以及具有正弦分布的绕组，因此瞬态的电机定子电压方程可写为：

$$\begin{cases} u_{SA}=R\,I_{SA}+\dfrac{d\Phi_{SA}}{dt} \\ u_{SB}=R\,I_{SB}+\dfrac{d\Phi_{SB}}{dt} \\ u_{SC}=R\,I_{SC}+\dfrac{d}{dt}\Phi_{SC} \end{cases} \tag{17-14}$$

式中：u_{SA}、u_{SB}和u_{SC}分别为在 SA、SB 和 SC 相的定子电压瞬态值；I_{SA}、I_{SB}和I_{SC}分别为在 SA、SB 和 SC 相的定子电流瞬态值；Φ_{SA}、Φ_{SB}和Φ_{SC}分别为在 SA、SB 和 SC 相的定子磁通瞬态值。将式（17－14）用固定的 $\alpha\beta$ 坐标系表示，则永磁同步电机的各类方程为：

$$\begin{cases} u_{S\alpha}=R\,I_{S\alpha}+\dfrac{d\Phi_{S\alpha}}{dt} \\ u_{S\beta}=R\,I_{S\beta}+\dfrac{d\Phi_{S\beta}}{dt} \\ \Phi_{S\alpha}=L_S I_{S\alpha}+\Phi_M\cos\Theta_r \\ \Phi_{S\beta}=L_s I_{S\beta}+\Phi_M\sin\Theta_r \\ \dfrac{d\omega}{dt}=\dfrac{1}{J_M}\left[\dfrac{3}{2}p_M(\Phi_{S\alpha}I_{S\beta}-\Phi_{S\beta}I_{S\alpha})-T_L\right] \end{cases} \tag{17-15}$$

式中：$u_{S\alpha}$和$u_{S\beta}$是定子电压；$I_{S\alpha}$和$I_{S\beta}$是定子电流；$\Phi_{S\alpha}$和$\Phi_{S\beta}$是定子磁通；Φ_M是转子磁通；R_S是定子相阻抗；L_S是定子相感抗；p_M是每相的极对数；J_M是转子转动惯量；T_L是负载转矩；Θ_r是在 $\alpha\beta$ 坐标系中转子的位置。式（17－15）给出了永磁同步电机在固定坐标系 $\alpha\beta$ 中的模型。

（3）旋转坐标系模型

除了附在定子上的静态坐标系外，电机模型的电压空间矢量方程也能转换到以ω_g为转速的旋转坐标系中。在旋转坐标系中，直交轴坐标用 xy 来表示，坐标系的瞬态转速为$\omega_g=d\theta_g/dt$，其中，θ_g是介于固定坐标系 α 轴与旋转坐标系 x 之间的坐标系。

旋转坐标系的原理如图 17－24 所示，那么，在旋转坐标系中定子电流空间矢量表达式为：

$$\bar{I}_{Sg}=\bar{I}_s e^{-j\theta_g}=I_{Sx}+jI_{Sy} \tag{17-16}$$

定子电压和磁通空间矢量也能转换到旋转坐标系中。相同的坐标系变换原理也可以应用到转子电压、电流和磁通的变换中。利用这类变换，也可以将电机模型的电压方程从一个坐标系变换到另一个坐标系。永磁同步电机模型常用矢量控制算法。矢量控制的目的是实现高性能的控制目标以及类似直流电机的控制效果。为了这个目的，旋转坐标系可以与定子磁通空间矢量、转子磁通空间矢量或者磁空间矢量对齐。通常采用的是与转子磁通矢量空间对齐，记直轴为 d，交轴为 q。

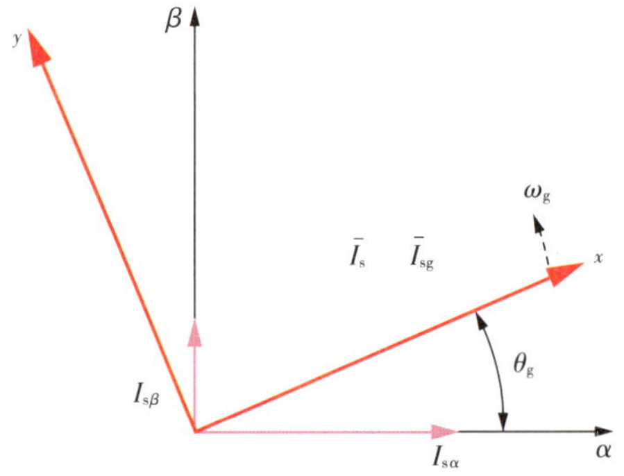

图 17－24　旋转坐标系原理

经过 $d-q$ 坐标变换后，电机模型为：

$$\begin{cases} u_{Sd}=R\,i_{Sd}+\dfrac{d\Phi_{Sd}}{dt}-\omega_F\Phi_{Sq} \\ u_{Sq}=R\,i_{Sq}+\dfrac{d\Phi_{Sq}}{dt}-\omega_F\Phi_{Sd} \\ \Phi_{Sd}=L_s i_{Sq}+\Phi_M \\ \Phi_{Sq}=L_s i_{Sq} \\ \dfrac{d\omega}{dt}=\dfrac{1}{J_M}\left[\dfrac{3}{2}p_M(\Phi_{Sd}i_{Sq}-\Phi_{Sq}i_{Sd})-T_L\right] \end{cases} \tag{17-17}$$

实际控制过程中，通常使直轴电流$I_{Sd}=0$。因此，式（17－17）中关于转速的微分方程可以变为：

$$\frac{d\omega}{dt}=\frac{1}{J_M}\left(\frac{3}{2}p_M\Phi_{Sd}i_{Sq}-T_L\right) \tag{17-18}$$

从式（17－18）可以看出，电机的输出力矩 T_L 由交轴电流 I_q 决定，因此，实际控制中采用 I_q 来控制电机的输出力矩。

（4）控制技术

在实际控制过程中，通常采用逆变器来给电机提供电力，逆变器的作用是将直流电力转换成电机需求的频率和振幅的交流电力，图 17－25 给出了典型的三相逆变器原理示意图。

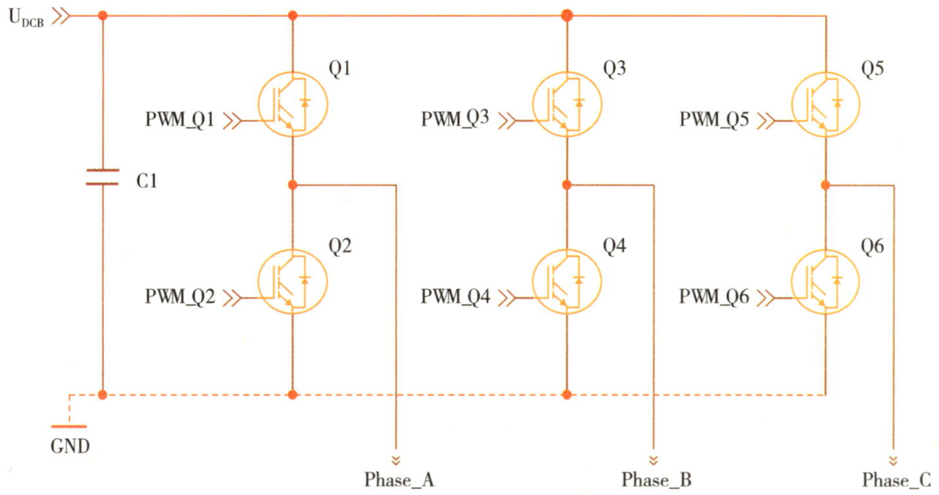

图 17－25　三相逆变器原理示意图

逆变器由上下半桥组成，采用上下开关互补控制，就是说，当上面开关打开时，下面开关必须关闭，反之亦然。功率器件的关闭时间比开启时间要长很多，因此必须在上下半桥开启和关闭之间设置死区，避免上下半桥同时导通。输出电压采用 PWM 控制，等腰三角形载波与基本频率的正弦波进行比较，它们之间的交叉点即为逆变器半桥的开关点，如图 17－26 所示。通过 PWM 控制和逆变器产生相位差为 120°的三相电压，实现控制三相电机。

最常用的功率器件是 MOSFET 和 IGBT。MOSFET 是电压控制晶体管，具有高频开关和较低的压降特点，因此功率损失较小；然而，它对温度敏感特点限制了在高功率场合的应用。IGBT 是绝缘栅双极晶体管的简称，是通过 MOSFET 控制的双极晶体管，它具有较低的驱动电流和较快的开关时间，适用于较高的开关频率；它的缺点是在双极晶体管上压降较大，导致较大传导损失。

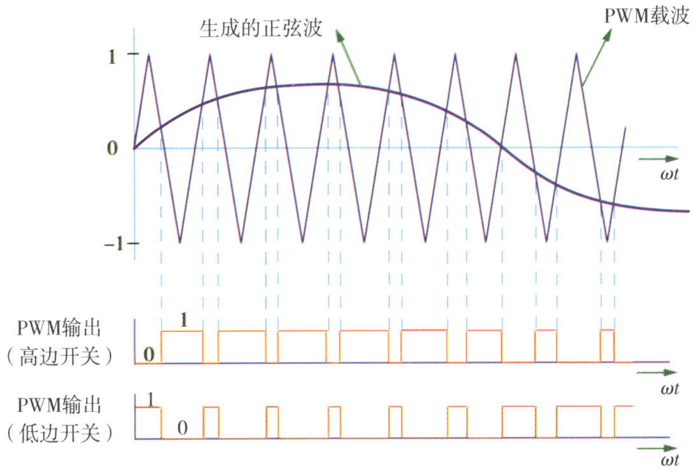

图 17-26 PWM 脉宽调制原理

（5）矢量控制

矢量控制是一种抽象的控制方法，向量场理论被用于磁通、电流和电压的空间矢量控制中。它建立一个坐标系统，将上述矢量分解成产生磁场和力矩两个部分。矢量控制器的结构类似于单独励磁的直流电机，简化了永磁同步电机的控制。矢量控制技术被开发用于控制永磁同步电机以获得类似的动态性能。

在矢量控制方法中，定子电流必须被分解成产生磁场的电流和产生力矩的电流两个部分，它们分别被控制用来产生磁场和力矩。为了实现这个目标，必须设定一个与转子磁场关联的旋转坐标系，这个坐标系称为 $d-q$ 坐标系。

（6）控制流程

图 17-27 给出了永磁同步电机矢量控制的基本结构。从图中可以知道，整个矢量控制的流程如下。

① 电机变量测量：测量电机相电压和相电流等变量。

② 三相到两相的空间变换：将测得的电机变量通过 Clarke 变换转换成固定坐标系 $\alpha—\beta$ 中的两相系统变量。

③ 转子变量计算：转子磁通空间矢量幅度和位置角度的计算。

④ $\alpha—\beta$ 到 $d—q$ 坐标变换：用 Park 变换，将固定坐标系中的定子电流变换到旋转坐标系 $d—q$ 中。

⑤ 目标 dq 轴定子电流计算：根据控制目标，通过控制器产生目标的定子电流力矩分量 I_{sq} 和磁通分量 I_{sd}。

⑥ 电压空间矢量解耦：采用解耦模块，将定子输出电压空间矢量进行解耦。

⑦ $d-q$ 到 $\alpha-\beta$ 坐标变换：将旋转坐标系 $d-q$ 中的定子电压空间矢量通过逆 Park 变换到固定坐标系 $\alpha-\beta$ 中。

⑧ 正弦波调制：采用正弦波调制，产生三相输出电压。

（7）坐标变换

从上面矢量控制的介绍中可以知道，在控制过程中，存在坐标空间的变换，其中包括：采用 Clarke 变换的从三相到两相的空间变换；采用 Park 变换的正交系统的旋转变换。正交系统的旋转变换分为：从 $\alpha-\beta$ 到 $d-q$ 的 Park 变换；从 $d-q$ 到 $\alpha-\beta$ 的逆 Park 变换。

Clarke 变换：图 17-28 给出了 Clarke 变换的原理。

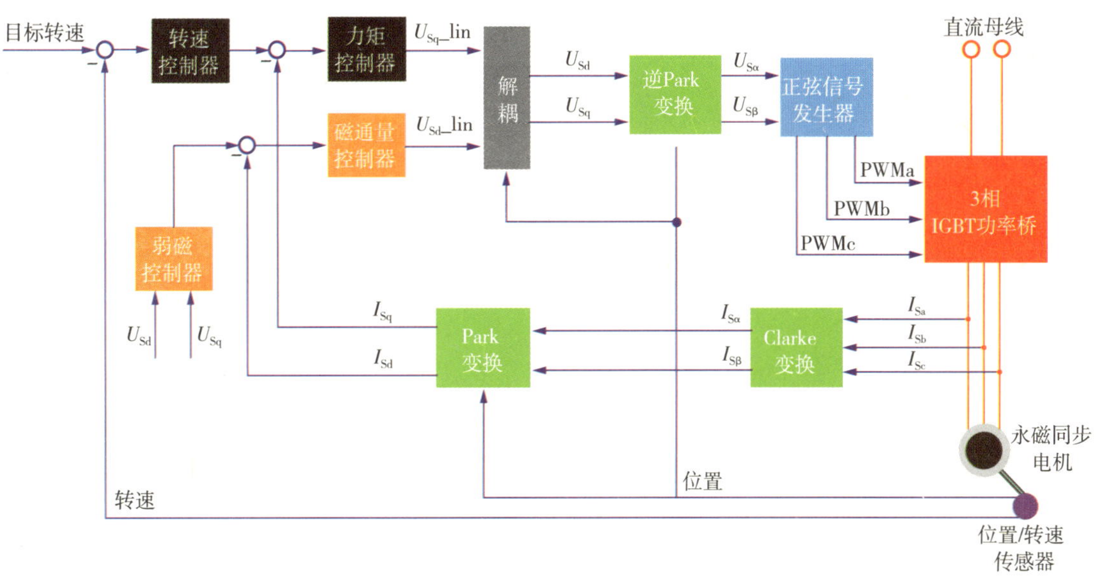

图 17－27 永磁同步电机矢量控制方框图

将图 17－28 中的图形表达转换成数学语言：

$$\begin{bmatrix}\alpha\\ \beta\end{bmatrix}=K\begin{bmatrix}1 & -\dfrac{1}{2} & -\dfrac{1}{2}\\ 0 & \dfrac{\sqrt{3}}{2} & -\dfrac{\sqrt{3}}{2}\beta\end{bmatrix}\begin{bmatrix}a\\ b\\ c\end{bmatrix} \tag{17－19}$$

大多数情况下，三相系统是对称的，意味着三相之和为零，则

$$\begin{aligned}\alpha &= K\left(a-\frac{1}{2}b-\frac{1}{2}c\right)\\ &= |a+b+c| = K\,\frac{3}{2}a\end{aligned} \tag{17－20}$$

式（17－20）中的 K 可以自由取值，但通常推荐使 α 轴的量与 A 相的量相等的取值，因此

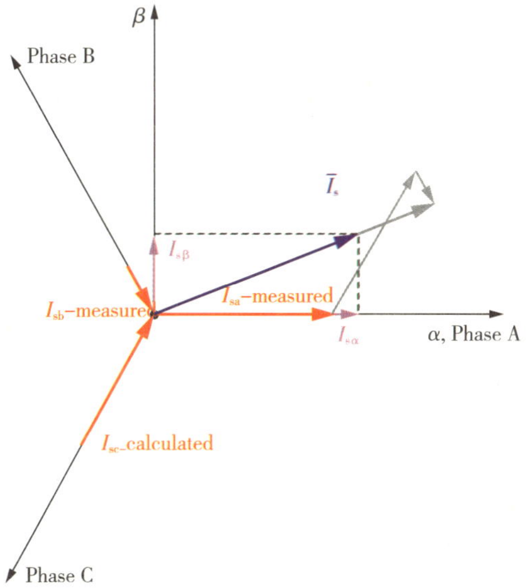

图 17－28 Clarke 变换原理

$$\alpha=a \Rightarrow K=\frac{2}{3} \tag{17－21}$$

因此，Clarke 变换可写为：

$$\begin{bmatrix}\alpha\\ \beta\end{bmatrix}=K\begin{bmatrix}1 & 0 & 0\\ 0 & \dfrac{1}{\sqrt{3}} & -\dfrac{1}{\sqrt{3}}\beta\end{bmatrix}\begin{bmatrix}a\\ b\\ c\end{bmatrix} \tag{17－22}$$

Park 变换：矢量控制要求将变量在固定坐标系 $\alpha—\beta$ 与旋转坐标系 $d—q$ 之间变换。这个过程要求变换在方向和控制动作两个方面都必须变换到电机侧。首先，建立 $d—q$ 坐标系统：

$$\begin{cases} \Phi_{\mathrm{M}}=\sqrt{\Phi_{\mathrm{M}\alpha}^{2}+\Phi_{\mathrm{M}\beta}^{2}} \\ \sin\theta_{\mathrm{Field}}=\dfrac{\Phi_{\mathrm{M}\beta}}{\Phi_{\mathrm{Md}}} \\ \sin\theta_{\mathrm{Field}}=\dfrac{\Phi_{\mathrm{M}\alpha}}{\Phi_{\mathrm{Md}}} \end{cases} \tag{17-23}$$

那么，从 $\alpha-\beta$ 到 $d-q$ 坐标的变换为：

$$\begin{bmatrix} d \\ q \end{bmatrix}=\begin{bmatrix} \cos\theta_{\mathrm{Field}} & \sin\theta_{\mathrm{Field}} \\ -\sin\theta_{\mathrm{Field}} & \cos\theta_{\mathrm{Field}}\beta \end{bmatrix}\begin{bmatrix} \alpha \\ \beta \end{bmatrix} \tag{17-24}$$

图 17-29 给出了 Park 变换原理。

因此，逆 Park 变换为：

$$\begin{bmatrix} \alpha \\ \beta \end{bmatrix}=\begin{bmatrix} \cos\theta_{\mathrm{Field}} & -\sin\theta_{\mathrm{Field}} \\ \sin\theta_{\mathrm{Field}} & \cos\theta_{\mathrm{Field}}\beta \end{bmatrix}\begin{bmatrix} d \\ q \end{bmatrix} \tag{17-25}$$

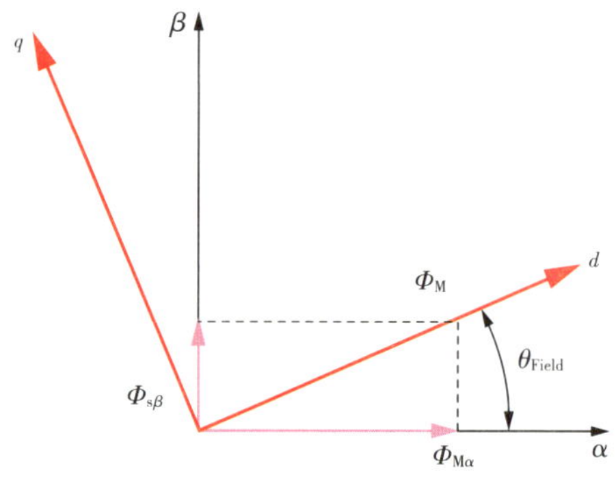

图 17-29　Park 变换建立 $d-q$ 坐标系统

（8）弱磁控制

弱磁控制就是定子电流 I_{Sd}、I_{Sq} 的控制。在图 17-30 中，有两个速度区域，它们在控制电流矢量上存在区别。

① 普通工作区域：在普通工作区域，电机转速在额定转速以内，采用普通控制模式。

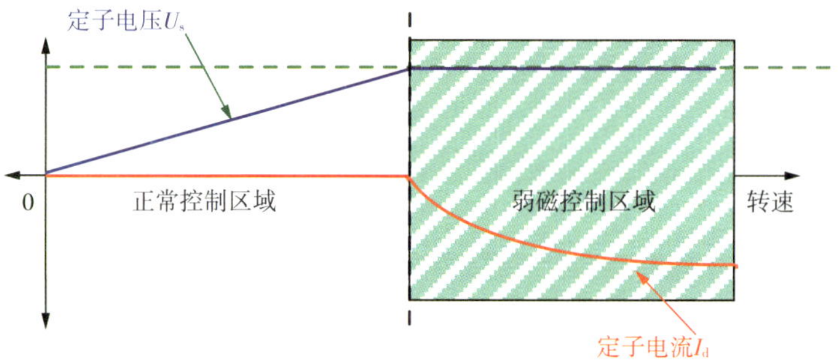

图 17-30　电机弱磁控制原理

② 弱磁工作区域：在弱磁工作区域，电机转速超过额定转速，必须采用弱磁控制模式。普通工作区域的控制，假设理想永磁同步电机的定子阻抗为常量 $I_{\mathrm{S}}=\mathrm{constant}$，那么，定子在 q 轴的电压为：

$$u_{\mathrm{Sq}}=R_{\mathrm{S}}I_{\mathrm{Sq}}+L_{\mathrm{S}}\frac{\mathrm{d}}{\mathrm{d}t}I_{\mathrm{Sq}}+\omega_{\mathrm{F}}\left(L_{\mathrm{S}}I_{\mathrm{Sd}}+\Phi_{\mathrm{M}}\right) \tag{17-26}$$

由电机模型可以看出，通过使 $I_{\mathrm{Sd}}=0$，可以使电机工作在高效区域；在普通工作区域，通过控制力矩产生电流 I_{Sq} 实现速度调节。

在实际的三相功率逆变器中，存在额定电压和电流的限制，因此：

① 定子电压 u_{S} 的绝对值被物理限制在直流母线电压范围内；

② 定子电流 I_{S} 的绝对值被限制在定子最大额定电流 I_{Sdqmax} 范围内。

由于电压的限制，在普通工作区域的最大转速被限制在电机的额定转速范围内。

普通工作区域外的控制，当要求电机工作在高于额定转速的工况时，必须采用弱磁控制技术，通过控制磁通产生电流 I_{Sd} 来实现弱磁控制。

由于绝对电流值的限制，力矩产生电流 I_{Sq} 必须控制在定子电流最大值 I_{Sdqmax} 范围内，即

$$I_{Sq}<\sqrt{I_{Sdqmax}^2-I_{Sd}^2} \tag{17-27}$$

可以采用查表法来进行磁通产生电流 I_{Sd} 控制。

一个更好的方法是采用弱磁控制器，通过产生一个负电流磁通分量 I_{Sd} 来实现，图 17－31 给出了弱磁控制器原理，电压 u_{Smax} 由直流母线电压计算得到，电压 $u_{Reserve}$ 被用来实现电压保护功能，保证定子电压不会超过直流母线最大电压。

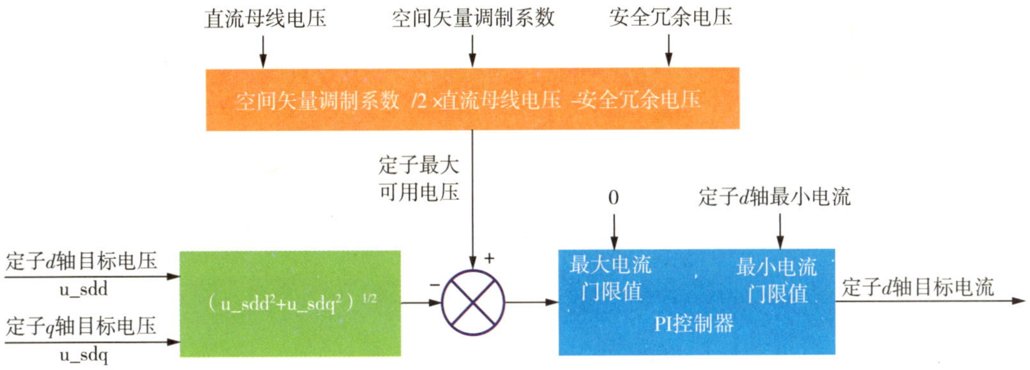

图 17－31 弱磁控制器原理

（9）经验总结

通常所说的永磁同步电动机是正弦波永磁同步电动机，同一般同步电动机一样，正弦波 PMSM 的定子绕组通常采用三相对称的正弦分布绕组，或转子采用特殊形状的永磁体以确保气隙磁密沿空间呈正弦分布，当电动机恒速运行时，定子三相绕组所感应的电势则为正弦波，正弦波永磁同步电动机由此而得名。

正弦波 PMSM 是一种典型的机电一体化电机，它不仅包括电机本身，而且还涉及位置传感器、电力电子变流器以及驱动电路等，内置式永磁同步电机（Interior Permanent Magnet Synchronous Motor，IPMSM）矢量控制系统，通过将滑模观测器和高频电压信号注入法相结合，在无位置传感器 IPMSM 闭环矢量控制方式下平稳启动运行，并能在低速和高速运行场合获得较准确的转子位置观察信息。

矢量控制的工作原理实际就是用直流电机的方法进行控制交流电机。涉及的第一个问题是定向问题，永磁同步电机是通过转子定向工作的，也就是说控制的所有参考点是以转子为参考的，所以开始控制之前就必须先知道参考点的位置，实际中多数情况是通过位置传感器来获得转子位置，通常用的旋变一般采用码盘作为位置传感器，而码盘又有绝对码盘和增量码盘（价格决定），而这两种的初始位置处理方法也不尽相同。第二个问题就是它通过 IGBT 将直流电源转换为电机需要的三相交流电，所以 IGBT 也就是这里决定电机控制好坏的一个关键器件，但是 IGBT 的开关时间实际是不一样的，所以会产生上下管子导通而短路的问题，实际工程中通过加死区来解决这个问题，但死区却给三相交流电的形成带来不光滑的问题，这也是 PMSM 一直未得到很好解决的问题。

在控制过程中需要检测电流，然后进行 Clarke 和 Park 变换，从而出现了电流方向问题，这样说是为了方便，而实际上这里所讲的电流方向不是电流方向，而是电流产生的电磁场方向（因为电磁

场的大小与产生它的电流方向成正比)。

研究一下电压的概念。绕组电压是比电流相位超前的,而需要的结果是与电压成一定简单关系的。这是因为电压是场量,而电流不是,它根本上没有电压这个东西,只是间接反应电流的一种人为定义出来的表达方式,所以它的变化影响电流,而电流的变化会在场的方面反应在电压上。比如在电机初始的时候,A 相电流是零,这是因为在绕组上电流不能突变,而这个时候电压是最大的,实际反映了我们是需要加在绕组上的最大的一个需要量(电流)。

位置传感器失效的情况下冗余设计。为了保证系统不完全失控,运用观测器,根据静止坐标系下的电压电流对角度或速度信息进行估算。基于上述策略可以实现两个功能:第一,正常情况下,对传感器解析的位置或者速度进行实时校验,相当于用软件方式对硬件模块采集信号进行校核,提高故障诊断可靠性;第二,当位置传感器功能完全丧失(如长期恶劣天气及复杂路况、导致电机旋变防尘、防潮基本防护功能破坏,不能读取正确的位置信息)的情况下,通过此工况下的电压电流信息估测出位置信号,参与电机闭环控制,可以防止车辆突然失去动力的现象发生,平滑地切换过渡,保证车辆和人员的安全。

电力电子单元 PEU 集成方案 EMC 设计。由于各单元均是高压或者大电流且进行集成化设计,EMC 问题会成为设计的难点。此次设计拟采用高压叠层母排的方案进行布局,以减小杂散电感;将大功率、大电流主驱动电机控制器布置在 PEU 正面,将功率电流稍小的部件布置在 PEU 的反面,从物理空间上进行隔离;采用镀彩锌屏蔽板对高压驱动电路板与信号控制电路板进行隔离;对关键信号线束用锡箔纸进行屏蔽处理;对 IGBT 驱动电路、开关电源电路 PCB 走线进行严格要求,要做到线束尽量短而粗,回路面积尽量小,以减小杂散电感;对高压线束采用屏蔽处理,且屏蔽层接地;对 CAN 总线和旋变信号线等采用带屏蔽层的双绞线,且屏蔽层接地。

17.5.5 故障诊断

图 17-32 为电力电子单元 PEU 故障诊断架构。

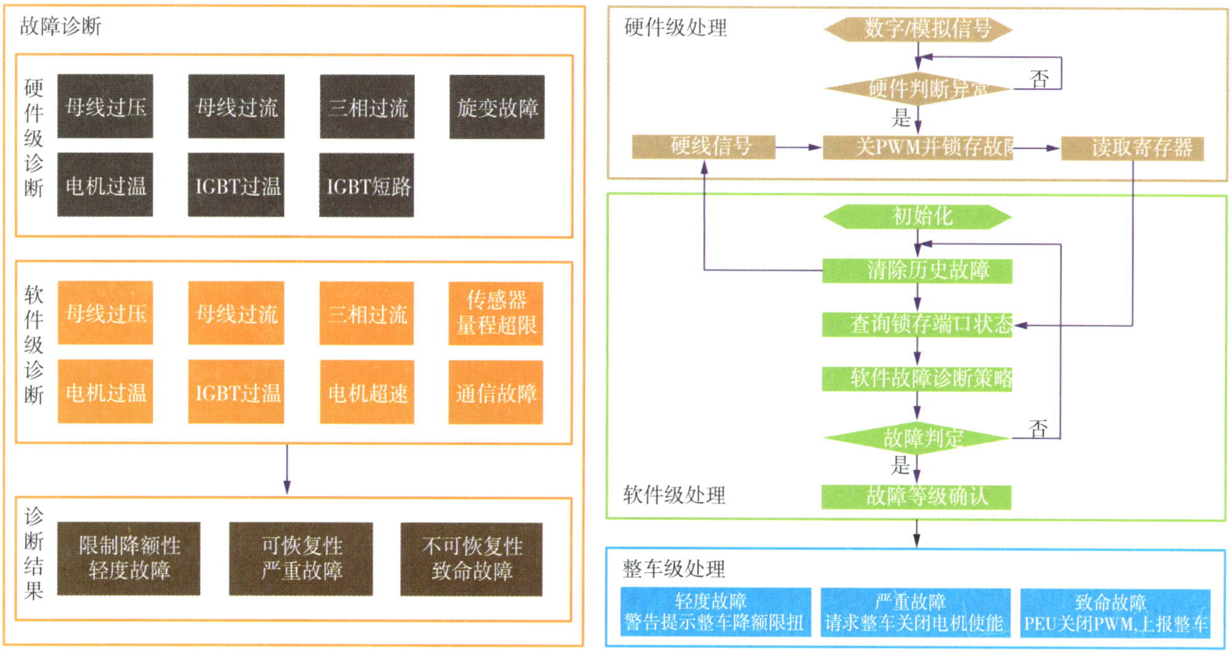

图 17-32 电力电子单元故障诊断架构

从图 17-32 可以看出，电力电子单元 PEU 故障诊断分为两级。可分别从硬件电路和软件策略方面对其进行双重诊断，确保故障判定的实时性、真实性，运用漏斗处理机制确保故障判定的鲁棒性、有效性，使之不会因为干扰而导致误判。

图 17-33 为不可恢复故障诊断策略逻辑。图中 LBC _ counter 为漏斗计数寄存器；dec 为漏斗计数自减步长；inc 为漏斗计数自加步长；LBC _ limit 为漏斗计数上限值；NRF _ Fault _ flag 为不可恢复故障发生标志。实际控制中，200 μs 是一个 PWM 开关周期。从图 17-33 可以看出，主程序采用分时调度的思想，按照与矢量控制关联程度，将很多实时性要求不高的子任务按照 100 个 PWM 周期执行一次，不可恢复故障处理策略计数器增计数是在 200 μs 任务中执行，漏斗减计数是在 20ms 任务中执行。

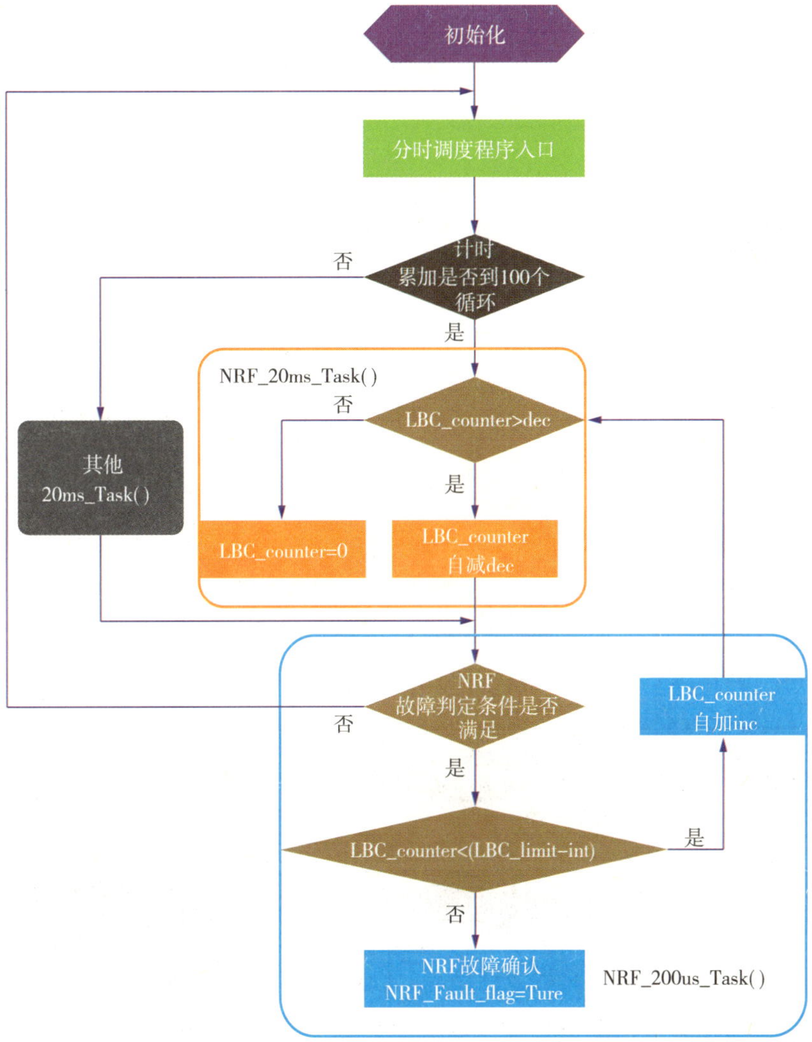

图 17-33 电力电子单元不可恢复故障诊断逻辑

图 17-34 为电力电子单元 PEU 可恢复故障诊断策略。图中 RF _ Fault _ Flag 为可恢复故障发生标志；CNT _ Fault _ Flag 为可恢复故障计数器溢出发生标志；RF _ NRF _ Fault _ Flag 为可恢复升级为不可恢复故障发生标志；RF _ CNT _ counter 为可恢复故障持续发生计数器；RF _ CNT _ limit 为计数器 RF _ CNT _ counter 的上限值，超过此限值，就进入不可恢复型故障处理策略；RF _ NRF _ counter 为可恢复故障发生、消失、再发生的循环次数；RF _ NRF _ limit 为 RF _ NRF _ counter

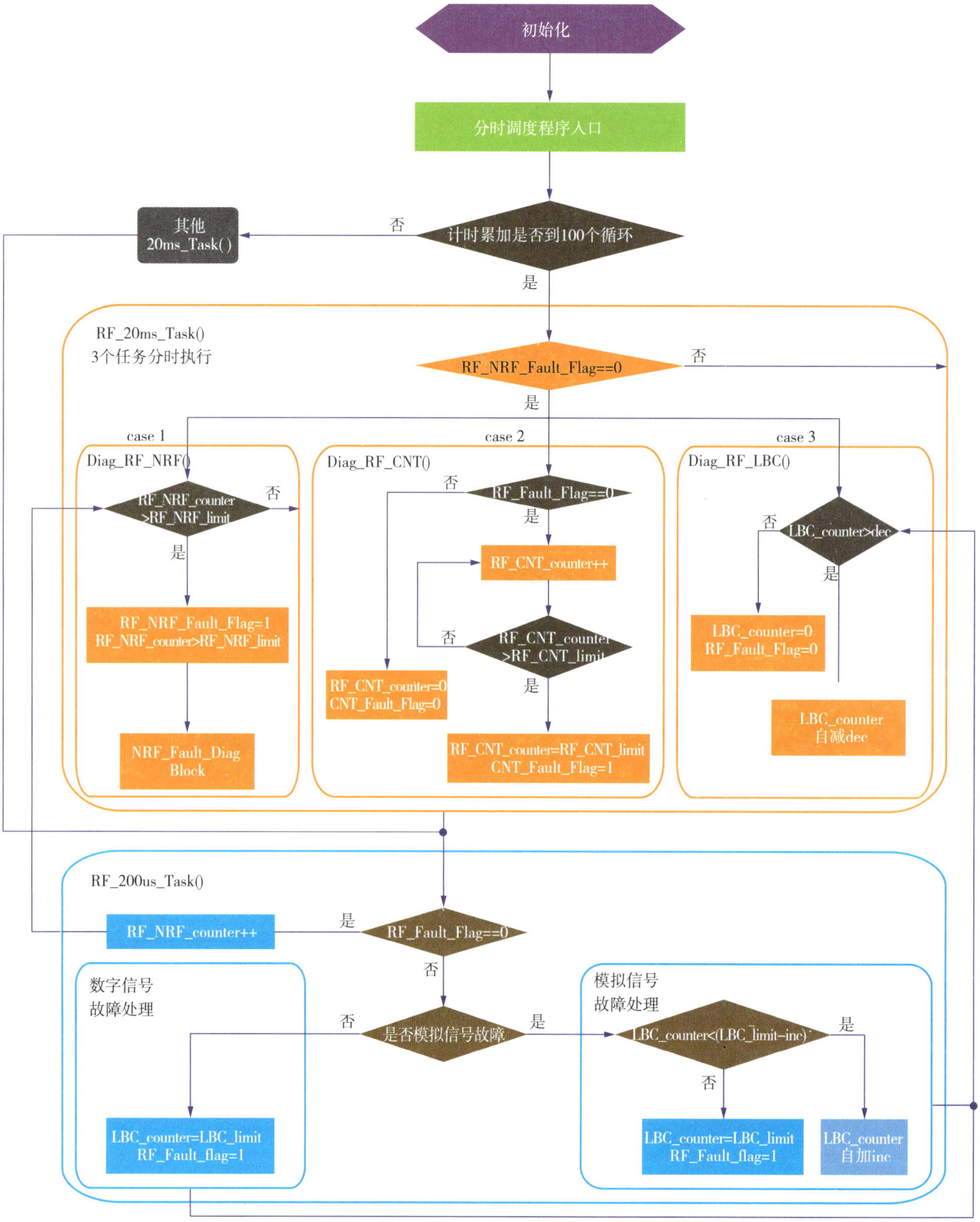

图 17-34 电力电子单元 PEU 可恢复故障诊断策略

的上限值，超过此限值，故障发生并且等级确认为不可恢复型故障。

从图 17-34 可以看出，可恢复故障有 3 个分时执行的 20ms 任务，作用分别是可恢复故障升级不可恢复故障判定、可恢复故障持续发生计数、可恢复故障漏斗计数。可恢复故障按信号类型分为模拟信号故障和数字信号故障。模拟故障发生时使用漏斗递增计数方式判定故障发生标志，数字信号故障发生时直接置故障标志位。

故障诊断及处理，电力电子单元 PEU 故障等级分为 3 级，处理原则见表 17－11 所示。

表 17－11 电力电子单元 PEU 故障等级说明

故障等级	描 述	处理策略
0	无故障	正常运行，不作任何处理
1	警告类故障	PEU 降低可输出的最大扭矩，从而限制当前输出扭矩，同时告知 VMS 故障码。
2	一般性故障	（1）向 VMS 请求关断 PWM，同时告知 VMS 故障码； （2）VMS 根据整车控制策略判断是否响应 PEU 关断 PWM 的请求； （3）如果故障持续时间超过阀值，VMS 还没有响应请求，PEU 将触发 3 级严重故障或者 PEU 内部执行降转矩运行； （4）如果 VMS 允许关断，则 PEU 按照指令关闭驱动；如果故障在没超过持续时间阀值的情况下自动消失，PEU 将维持在原模式状态，正常接收 VMS 控制指令。
3	严重故障	（1）PEU 自动进入故障模式状态，同时告知 VMS 故障码； （2）VMS 根据整车控制策略判断是否立即断开高压以及发送主动放电指令； （3）高压放电完成后，PEU 等待 VMS 休眠允许指令。

17.6 电机测试验证

在 DV 阶段和 PV 阶段的电机系统测试验证方案见表 17－12 所示。

表 17－12 电机系统测试验证方案

序号	测试项目		试验分类	
			DV	PV
1	基本功能	控制器外观	√	√
2		控制器尺寸	√	√
3		控制器重量	√	√
4		标识	√	√
5		控制器功能	√	√
6		空载特性	√	√
7		最高工作转速	√	√
8		堵转转矩和电流测量	√	√
9		电机转矩－转速特性及效率	√	√
10		耐久试验	√	√
11		再生能量回馈	√	√
12		偶尔过电流试验	√	√
13		过载试验	√	√
14		短时升高电压试验	√	√
15		电压波动	√	√

（续表）

序号	测试项目		试验分类	
			DV	PV
16	基本功能	水压试验	√	√
17		充放电冲击	√	√
18		电气间隙与爬电距离	√	√
19		绕组对机壳及绕组相互绝缘电阻	√	√
20		耐电压及漏电流	√	√
21		接地检查	√	√
22	可靠验证	直流供电电压	√	√
23		叠加交流电压	√	√
24		供电电压缓降和缓升	√	√
25		供电电压瞬间下降	√	√
26		供电电压骤降的复位性能	√	√
27		启动脉冲试验	√	√
28		短路试验	√	√
29		开路试验一单路导线	√	√
30		开路试验一多路导线	√	√
31		地偏移试验	√	√
32		瞬态过电压试验	√	√
33		瞬态低电压试验	√	√
34		过电压试验	√	√
35		跳跃电压试验	√	√
36		抛负载试验	√	√
37		短时中断试验	√	√
38		过载试验	√	√
39		反向电压试验	√	√
40		反馈试验	√	√
41		存储后的功能		√
42		正常电压下的极限温度性能测试	√	√
43		温度梯度		√
44		热冲击老化试验		√
45		热循环耐久性		√
46		高温耐久性		√
47		潮湿和盐雾腐蚀		√
48		防护壳保护功能	√	√
49		热冲击		√
50		高压冲洗		√
51		耐化学腐蚀		√
52		振动试验	√	√

（续表）

序号	测试项目		试验分类	
			DV	PV
53	可靠验证	机械冲击试验		√
54		自由跌落试验		√
55		温升测量	√	√
56		电磁兼容		√
57		寿命品质要求		√
58		阻燃性试验		√

表17-13给出了电机系统试验项目明细。

表17-13 电机系统实验项目明细

序号	PV测试项目	试验方法	试验设备	接收标准
1	控制器外观	目测控制器表面不应有锈蚀、碰伤、划痕，连接应牢固，铭牌的字迹和内容清楚无误；相应水管、接插件应有相应的保护措施；实物与设计完全匹配，包括机械和电气接口。	目视。	（1）控制器表面不应有锈蚀、碰伤、划痕，连接应牢固，铭牌的字迹和内容清楚无误； （2）相应水管、接插件应有相应的保护措施； （3）实物与设计完全匹配，包括机械和电气接口； （4）包装材料、说明书、检验报告等满足要求。
2	控制器尺寸	采用三坐标仪器、游标卡尺测试；参照结构设计图纸要求测试。	三坐标仪器、游标卡尺。	（1）严格按照结构设计图纸检测； （2）测试误差不大于±1mm。
3	控制器重量	将控制器放电子秤上读出重量数值。	电子称。	重量不大于±0.5kg。
4	标识	高压警告/电击危险标识应符合GB/T 4094.2—2005要求。	目视。	（1）高压警告/电击危险标识字迹清晰、耐用，在整个正常使用期限内应不磨灭和不脱落； （2）控制器外壳及接插件所使用材料应具备阻燃性，产品开发过程中有供应商提供阻燃等级报告； （3）高压警告/电击危险标识应符合GB/T 4094.2—2005要求，其他标识应符合公司标准化的规定，所载内容应做到字迹清晰、耐用，在整个正常使用期限内应不磨灭和不脱落。
5	控制器功能	按照PEU的试验大纲测试低压信号系统、基本功能、各种软硬件保护功能。	电力测功机台架、示波器、电流钳、功率计、水冷系统等。	按照PEU动力电子单元技术要求规定的功能要求测试。

（续表）

序号	PV 测试项目	试验方法	试验设备	接收标准
6	空载特性	测试方法参照 GB/T 1029—2005《三相同步电机试验方法》中 4.4 规定。 电机的空载特性是电机在额定转速时空载电枢电压与励磁电流的关系曲线，电机的空载特性是保持额定转速不变，读取电枢电压和励磁电流的数值关系。 电机各相绕组空载电流偏差不得超过平均值的 5%。	电力测功机台架、示波器、电流钳、功率计、水冷系统等。	电机各相绕组空载电流偏差不得超过标称值的 5%。
7	最高工作转速	试验在额定电压下进行，分别在电机的工作环境温度情况下，调节电机到最高转速，全功率运行持续时间不少于 1min，记录此时控制器的输入功率、电机的输出转矩和转速。	电力测功机台架、示波器、电流钳、功率计、水冷系统等。	试验后电机和控制器无异常。
8	堵转转矩和电流测量	测试方法参照 GB/T 1029—2005《三相同步电机试验方法》中 8.1 规定。 试验前，应用低电压确定对应于最大堵转电流和最小堵转转矩的转子位置，并将转子堵住；试验时，电机励磁回路的接线方式应和实际使用时的起动接线方式一致。	电力测功机台架、示波器、电流钳、功率计、水冷系统等。	试验电流小于控制器的峰值电流，控制器功能达到功能等级 A 级。
9	电机转矩—转速特性及效率	效率测试方法参照 GB/T 1029—2005《三相同步电机试验方法》中 5 规定。 （1）在 10%～100%油门每隔 10%测试一遍（从 0 转至电机最高转速），每隔 100 转记录一次数，包括转速、扭矩、功率、效率、电流、电压、温度、持续时间等信息； （2）每一个油门百分比下有一组电机转速、扭矩、机械功率参数，绘制每个油门下的电机转速-扭矩/电机功率-效率曲线，并放在同一坐标下对比；提供实验数据及效率 MAP 图。	电力测功机台架、示波器、电流钳、功率计、水冷系统等。	（1）峰值效率：98%； （2）高效区：85%占 50%以上；80%占 70%以上； （3）系统的最高效区应包含额定转速区域。
10	耐久试验	（1）按照车用驱动电机系统的类别进行可靠性试验。每个循环历时 30min，共运行 800 个循环，运行时间为 400h； （2）驱动电机系统工作状态的母线电压应按以下要求变化，首先在标称额定工作电压下负荷循环工作 320h；		

（续表）

序号	PV测试项目	试验方法	试验设备	接收标准
10	耐久试验	（3）然后在40h的最高工作电压下负荷循环工作，在以上两种负荷循环过程中转速 n_s 保持为1.1倍额定转速； （4）最后的40h是施加最低工作电压并负荷循环，负荷循环过程中转速 n_s 的设定根据最低工作电压和额定工作电压之间的比值呈线性降低。	电力测功机台架、示波器、电流钳、功率计、水冷系统等。	试验后，试样应达到功能状态A的要求，试验前后试样的电性能无明显变化。
11	再生能量回馈	在电机转速达到额定转速时，进行能量反馈，要求电机及控制器能给125%额定电压值的电源馈电。馈电电流不得小于正常工作条件下的20%，馈电效率不得低于80%。	电力测功机台架、示波器、电流钳、功率计、水冷系统等。	控制器要能给125%额定电压值的电源馈电，馈电电流不得小于正常工作条件下的20%，馈电效率不得低于80%。
12	偶尔过电流试验	电机和控制器应承受1.5倍额定电流，历时不少于2min；电机和控制器在进行本项试验后应不发生故障；测试方法参照GB/T 1029—2005《三相同步电机试验方法》中9.1规定。	电力测功机台架、示波器、电流钳、功率计、水冷系统等。	电机和控制器应承受1.5倍额定电流，历时不少于2min。电机和控制器在进行本项试验后应不发生故障。
13	过载试验	过载试验时电机和控制器处于接近热状态下，并保持额定频率、额定电压及额定功率不变。2倍过载，试验时间为3min。在规定的试验时间内，电机及励磁装置应不发生任何异常情况。	电力测功机台架、示波器、电流钳、功率计、水冷系统等。	2倍过载，试验时间3min，试验后电机和控制器无异常。
14	短时升高电压试验	试验应在电机空载时进行。试验的外施电压（电动机）或感应电压（发电机）为额定电压的130%。一般试验时间为3min。 电机和控制器在进行本项试验时无异常，试验后不发生故障。测试方法参照GB/T 1029—2005三相同步电机试验方法中4.12规定。	电力测功机台架、示波器、电流钳、功率计、水冷系统等。	试验电压为额定电压130%，试验时间3min。试验后电机和控制器无异常。
15	电压波动	按磁同步电机控制器测试大纲开展。	电力测功机台架、示波器、电流钳、功率计、水冷系统等。	试验后电机和控制器无异常。
16	水压试验	在冷却管路中施加40±5kPa的水压。	控制器水冷系统的水压测试工装。	保持3min无泄漏。

（续表）

序号	PV测试项目	试验方法	试验设备	接收标准
17	充放电冲击	额定电压充电15s，主动放电5s，循环20次，无任何异常。	电机测试系统。	控制器无异常。
18	电气间隙与爬电距离	QC/T 1069—2016 电动汽车用永磁同步驱动电机系统； GB/T 18488.2—2015 电动汽车用驱动电机系统 第2部分：试验方法。	游标卡尺。	符合GB/T 18488.1—2015中的5.9的设计规范的要求。
19	绕组对机壳及绕组相互绝缘电阻	QC/T 1069—2016 电动汽车用永磁同步驱动电机系统； GB/T 18488.2—2015 电动汽车用驱动电机系统 第2部分：试验方法。	万用表、手动摇表。	控制器在环境温度40℃和相对湿度小于95%时，绝缘电阻应大于10MΩ。功能状态应达到A级。环境温度40℃和相对湿度95%时，不小于1MΩ。
20	耐电压及漏电流	QC/T 1069—2016 电动汽车用永磁同步驱动电机系统； GB/T 18488.2—2015 电动汽车用驱动电机系统 第2部分：试验方法。	绝缘耐压测试仪。	2200V工频电压，1min。试验后控制器应满足功能状态A的要求。
21	接地检查	QC/T 1069—2016 电动汽车用永磁同步驱动电机系统； GB/T 18488.2—2015 电动汽车用驱动电机系统 第2部分：试验方法。	数字电桥。	接地阻抗小于5mΩ。
22	直流供电电压	QC/T 1069—2016 电动汽车用永磁同步驱动电机系统； GB/T 18488.2—2015 电动汽车用驱动电机系统 第2部分：试验方法。	电力测功机台架、示波器、电流钳、功率计、水冷系统等。	24V系统电源的电流小于1.5A。
23	叠加交流电压	QC/T 1069—2016 电动汽车用永磁同步驱动电机系统； GB/T 18488.2—2015 电动汽车用驱动电机系统 第2部分：试验方法。	电力测功机台架、示波器、电流钳、功率计、水冷系统、低压信号电源等。	试验后，控制器的功能至少应该达到GB/T 28046.1定义的A级。
24	供电电压缓降和缓升	QC/T 1069—2016 电动汽车用永磁同步驱动电机系统； GB/T 18488.2—2015 电动汽车用驱动电机系统 第2部分：试验方法。	电力测功机台架、示波器、电流钳、功率计、水冷系统、低压信号电源等。	在9～16V之间，控制器功能达到A类，其他情况达到C类要求
25	供电电压瞬间下降	QC/T 1069—2016 电动汽车用永磁同步驱动电机系统； GB/T 18488.2—2015 电动汽车用驱动电机系统 第2部分：试验方法。	电力测功机台架、示波器、电流钳、功率计、水冷系统、低压信号电源等。	试验后，控制器的功能至少应该达到GB/T 28046.1定义的B级。

（续表）

序号	PV 测试项目	试验方法	试验设备	接收标准
26	供电电压骤降的复位性能	QC/T 1069—2016 电动汽车用永磁同步驱动电机系统； GB/T 18488.2—2015 电动汽车用驱动电机系统 第 2 部分：试验方法。	电力测功机台架、示波器、电流钳、功率计、水冷系统、低压信号电源等。	试验后，控制器的功能至少应该达到 GB/T 28046.1 定义的 C 级。
27	启动脉冲试验	QC/T 1069—2016 电动汽车用永磁同步驱动电机系统； GB/T 18488.2—2015 电动汽车用驱动电机系统 第 2 部分：试验方法。	电力测功机台架、示波器、电流钳、功率计、水冷系统、低压信号电源等。	试验后，控制器的功能至少应该达到 GB/T 28046.1 定义的 C 级。
28	短路试验	QC/T 1069—2016 电动汽车用永磁同步驱动电机系统； GB/T 18488.2—2015 电动汽车用驱动电机系统 第 2 部分：试验方法。	电力测功机台架、示波器、电流钳、功率计、水冷系统、低压信号电源等。	试验后，控制器的功能至少应该达到 GB/T 28046.1 定义的 C 级。
29	开路试验—单路导线	QC/T 1069—2016 电动汽车用永磁同步驱动电机系统； GB/T 18488.2—2015 电动汽车用驱动电机系统 第 2 部分：试验方法。	电力测功机台架、示波器、电流钳、功率计、水冷系统、低压信号电源等。	试验后，控制器的功能至少应该达到 GB/T 28046.1 定义的 C 级。
30	开路试验—多路导线	QC/T 1069—2016 电动汽车用永磁同步驱动电机系统； GB/T 18488.2—2015 电动汽车用驱动电机系统 第 2 部分：试验方法。	电力测功机台架、示波器、电流钳、功率计、水冷系统、低压信号电源等。	试验后，控制器的功能至少应该达到 GB/T 28046.1 定义的 C 级。
31	地偏移试验	QC/T 1069—2016 电动汽车用永磁同步驱动电机系统； GB/T 18488.2—2015 电动汽车用驱动电机系统 第 2 部分：试验方法。	电力测功机台架、示波器、电流钳、功率计、水冷系统、低压信号电源等。	试验后，控制器的功能至少应该达到 GB/T 28046.1 定义的 C 级。
32	瞬态过电压试验	QC/T 1069—2016 电动汽车用永磁同步驱动电机系统； GB/T 18488.2—2015 电动汽车用驱动电机系统 第 2 部分：试验方法。	电力测功机台架、示波器、电流钳、功率计、水冷系统、低压信号电源等。	试验后，控制器的功能至少应该达到 GB/T 28046.1 定义的 C 级。
33	瞬态低电压试验	QC/T 1069—2016 电动汽车用永磁同步驱动电机系统； GB/T 18488.2—2015 电动汽车用驱动电机系统 第 2 部分：试验方法。	电力测功机台架、示波器、电流钳、功率计、水冷系统、低压信号电源等。	跌落电压在试样工作电压范围之内的，其功能应满足功能状态 A 的要求。跌落电压在试样工作电压范围外的，其功能应满足 GB/T 28046.1 规定的功能状态 C 的要求。
34	过电压试验	QC/T 1069—2016 电动汽车用永磁同步驱动电机系统； GB/T 18488.2—2015 电动汽车用驱动电机系统 第 2 部分：试验方法。	电力测功机台架、示波器、电流钳、功率计、水冷系统、低压信号电源等。	试验后，控制器的功能至少应该达到 GB/T 28046.1 定义的 A 级。

（续表）

序号	PV 测试项目	试验方法	试验设备	接收标准
35	跳跃电压试验	QC/T 1069—2016 电动汽车用永磁同步驱动电机系统； GB/T 18488.2—2015 电动汽车用驱动电机系统　第 2 部分：试验方法。	电力测功机台架、示波器、电流钳、功率计、水冷系统、低压信号电源等。	试验后，控制器的功能至少应该达到 GB/T 28046.1 定义的 C 级。
36	抛负载试验	QC/T 1069—2016 电动汽车用永磁同步驱动电机系统； GB/T 18488.2—2015 电动汽车用驱动电机系统　第 2 部分：试验方法。	电力测功机台架、示波器、电流钳、功率计、水冷系统、低压信号电源等。	试验后，控制器的功能至少应该达到 GB/T 28046.1 定义的 C 级。
37	短时中断试验	QC/T 1069—2016 电动汽车用永磁同步驱动电机系统； GB/T 18488.2—2015 电动汽车用驱动电机系统　第 2 部分：试验方法。	电力测功机台架、示波器、电流钳、功率计、水冷系统、低压信号电源等。	试验后，控制器的功能至少应该达到 GB/T 28046.1 定义的 C 级。
38	过载试验	QC/T 1069—2016 电动汽车用永磁同步驱动电机系统； GB/T 18488.2—2015 电动汽车用驱动电机系统　第 2 部分：试验方法。	电力测功机台架、示波器、电流钳、功率计、水冷系统等。	试验后，控制器的功能至少应该达到 GB/T 28046.1 定义的 A 级。
39	反向电压试验	QC/T 1069—2016 电动汽车用永磁同步驱动电机系统； GB/T 18488.2—2015 电动汽车用驱动电机系统　第 2 部分：试验方法。	电力测功机台架、示波器、电流钳、功率计、水冷系统等。	试验后，控制器的功能至少应该达到 GB/T 28046.1 定义的 C 级。
40	反馈试验	QC/T 1069—2016 电动汽车用永磁同步驱动电机系统； GB/T 18488.2—2015 电动汽车用驱动电机系统　第 2 部分：试验方法。	电力测功机台架、示波器、电流钳、功率计、水冷系统等。	控制器给出 125% 的额定电压向电源充电。
41	存储后的功能	QC/T 1069—2016 电动汽车用永磁同步驱动电机系统； GB/T 18488.2—2015 电动汽车用驱动电机系统　第 2 部分：试验方法。	电力测功机台架、示波器、电流钳、功率计、水冷系统等。	试验后满足功能状态 A。
42	正常电压下的极限温度性能测试	QC/T 1069—2016 电动汽车用永磁同步驱动电机系统； GB/T 18488.2—2015 电动汽车用驱动电机系统　第 2 部分：试验方法。	高低温箱、电力测功机台架、示波器、电流钳、功率计、水冷系统等。	试验中和试验后满足功能状态 A。
43	温度梯度	QC/T 1069—2016 电动汽车用永磁同步驱动电机系统； GB/T 18488.2—2015 电动汽车用驱动电机系统　第 2 部分：试验方法。	高低温箱。	试验中和试验后满足功能状态 A。
44	热冲击老化试验	QC/T 1069—2016 电动汽车用永磁同步驱动电机系统； GB/T 18488.2—2015 电动汽车用驱动电机系统　第 2 部分：试验方法。	高低温箱。	试验后满足功能状态 A。

（续表）

序号	PV 测试项目	试验方法	试验设备	接收标准
45	热循环耐久性	QC/T 1069—2016 电动汽车用永磁同步驱动电机系统； GB/T 18488.2—2015 电动汽车用驱动电机系统　第 2 部分：试验方法。	高低温箱。	试验中和试验后满足功能状态 A
46	高温耐久性	QC/T 1069—2016 电动汽车用永磁同步驱动电机系统； GB/T 18488.2—2015 电动汽车用驱动电机系统　第 2 部分：试验方法。	高低温箱。	试验中和试验后满足功能状态 A
47	潮湿和盐雾腐蚀	QC/T 1069—2016 电动汽车用永磁同步驱动电机系统； GB/T 18488.2—2015 电动汽车用驱动电机系统　第 2 部分：试验方法。	盐雾试验箱。	试验中和试验后满足功能状态 A，没有盐雾渗透到设备内。
48	防护壳保护功能	QC/T 1069—2016 电动汽车用永磁同步驱动电机系统； GB/T 18488.2—2015 电动汽车用驱动电机系统　第 2 部分：试验方法。	防水试验箱、防尘试验箱。	防护等级 IP67，试验中和试验后满足功能状态 A
49	热冲击	QC/T 1069—2016 电动汽车用永磁同步驱动电机系统； GB/T 18488.2—2015 电动汽车用驱动电机系统　第 2 部分：试验方法。	冷热试验箱。	试验中和试验后满足功能状态 A，没有液体渗透到设备内。
50	高压冲洗	QC/T 1069—2016 电动汽车用永磁同步驱动电机系统； GB/T 18488.2—2015 电动汽车用驱动电机系统　第 2 部分：试验方法。	水压枪。	试验中和试验后满足功能状态 A，没有液体渗透到设备内。
51	耐化学腐蚀	QC/T 1069—2016 电动汽车用永磁同步驱动电机系统； GB/T 18488.2—2015 电动汽车用驱动电机系统　第 2 部分：试验方法。	化学腐蚀。	试验中和试验后满足功能状态 A，外观标识完好。
52	振动试验	QC/T 1069—2016 电动汽车用永磁同步驱动电机系统； GB/T 18488.2—2015 电动汽车用驱动电机系统　第 2 部分：试验方法。	振动试验台。	在工作模式 3.2 时，满足功能状态 A 类，其他工作模式下 C 类。
53	机械冲击试验	QC/T 1069—2016 电动汽车用永磁同步驱动电机系统； GB/T 18488.2—2015 电动汽车用驱动电机系统　第 2 部分：试验方法。	冲击试验台架。	不允许损坏，在不影响性能情况下，允许外壳有微小损坏。功能状态 A 级。
54	自由跌落试验	QC/T 1069—2016 电动汽车用永磁同步驱动电机系统； GB/T 18488.2—2015 电动汽车用驱动电机系统　第 2 部分：试验方法。	米尺。	不允许损坏，在不影响性能情况下，允许外壳有微小损坏。功能状态 C 级。

（续表）

序号	PV 测试项目	试验方法	试验设备	接收标准
55	温升测量	QC/T 1069—2016 电动汽车用永磁同步驱动电机系统； GB/T 18488.2—2015 电动汽车用驱动电机系统　第 2 部分：试验方法。	电力测功机台架、示波器、电流钳、功率计、水冷系统等、温度巡检仪。	试验时，控制器中各部件的温升应不超过 GB 755—2000 中 7.10 表 1 的规定
56	电磁兼容	QC/T 1069—2016 电动汽车用永磁同步驱动电机系统； GB/T 18488.2—2015 电动汽车用驱动电机系统　第 2 部分：试验方法。	EMC 专用设备。	试验中和试验后满足功能状态 A。
57	寿命品质要求	QC/T 1069—2016 电动汽车用永磁同步驱动电机系统； GB/T 18488.2—2015 电动汽车用驱动电机系统　第 2 部分：试验方法。		产品寿命：应用于整车寿命需满足 5 年或 10 万千米，先到为限； 产品品质：平均无故障里程大于 5 万千米。
58	阻燃性试验	QC/T 1069—2016 电动汽车用永磁同步驱动电机系统； GB/T 18488.2—2015 电动汽车用驱动电机系统　第 2 部分：试验方法。	燃烧设备。	满足 UL—94 标准。

18 电控系统

电控系统是新能源汽车三大电之一，由整车电气系统和整车控制器等组成，狭义上通常简称为整车控制器 VMS（Vehicle Management System）。整车控制器是新能源汽车特有的用于实现新能源汽车整车控制决策的核心电子控制单元，通过采集油门踏板、挡位、刹车踏板等信号来判断驾驶员的驾驶意图，通过监测车辆状态（车速、温度等）信息，由 VMS 判断处理后，向电机系统、动力电池系统发送车辆的运行状态控制命令，同时控制车载附件电力系统的工作模式。VMS 具有整车系统故障诊断保护与存储功能，本章在简单分析整车控制器市场应用情况基础上，介绍整车控制需求、控制器软件和硬件的开发以及整车控制策略的开发。

18.1 市场应用分析

先从国际和国内两个方面介绍整车企业在 VMS 方面的开发情况，然后介绍该领域的技术发展趋势。

18.1.1 国际车企情况

电动汽车方面，做得比较好的国际整车企业有特斯拉、宝马和丰田等汽车企业。特斯拉和丰田等汽车企业采用的 VMS 硬件、基础软件、应用软件完全属自己开发的，由供应商代工生产控制器硬件。宝马等汽车企业采用的 VMS 硬件和基础软件大多数是自己提出需求和规范，由供应商设计开发和代工生产，而应用软件为自行开发。

特斯拉汽车公司设置有专门的汽车电子部门，自行设计开发 VMS、基础软件和应用软件，硬件由惠亚（中国）公司印刷 PCB 光板，在捷普（墨西哥）代购贴片和组装。由于特斯拉掌握 VMS 软件和硬件全部技术，其 VMS 具有可扩展功能，因此为特斯拉整车的个性化功能需求提供了保障。

丰田汽车公司设置有专门的汽车电子部门，负责汽车电子产品的设计开发，自行设计 VCU 软件和硬件，采用双芯片架构，用在普锐斯混合动力汽车产品上，由富士通代工生产。后来由于推出插电式普锐斯版本，相应增加了充电功能到 VMS 中，该控制器采用三芯片设计，同样为富士通代工。

宝马汽车公司于 2003 年联合其他 8 家全球主要汽车厂和供应商，成立了 AUTOSAR 联盟，提出了一整套汽车电子软件开发方法和软件架构标准化方案，其中宝马汽车公司专注于提供 VMS 架构设计方案和详细技术规范，由供应商设计开发和生产控制器硬件和基础软件，另外，宝马汽车公司还自行开发应用软件。

整车控制器的关键技术项有CPU架构、软件架构、通信方式、工作电压和功能安全等，表18-1为美国、欧洲和中国厂商采用的一些关键技术项情况。

表18-1 国内外厂商VMS关键技术项对比

技术项	美国厂商	欧洲厂商	国内厂商
尺寸（mm）	185×127×65	220×170×45	214×145×40
CPU架构	Freescale 32位（MPC5642），单核120MHz+Delphi ASIC	Freescale 32位（MPC5644），单核120MHz+Freescale 8位	Freescale 32位（MPC5643L），双核互锁120MHz+Freescale 16位
软件架构	参考AUTOSAR	非AUTOSAR	符合AUTOSAR
通信方式	CAN、LIN、SPI、FlexRay	CAN、LIN、SPI	CAN、SPI、FlexRay
工作电压（VDC）	10～16	9～16	9～32
功能安全	可通过扩展相关芯片满足ISO 26262 ASIL C/D	符合ISO 26262 ASIL C/D	符合ISO 26262 ASIL C/D

从表18-1可以看出，各个厂商的VMS技术参数差别不大。

18.1.2 国内车企情况

在中国，由于政策导向的原因，汽车厂都想掌握VMS核心技术，但在VMS三层平台上的掌握程度不同。

（1）比亚迪汽车：全供应链闭环控制，VMS全自主开发和生产制造。

（2）北京汽车：由初期采用国际供应商VMS控制器，开始转向自主设计开发VMS软硬件。从2013年开始，自行开发VMS软件和硬件，供应商负责代工生产，产品批量应用在EV150、EV200和威旺等车型上。

（3）上海通用汽车：采用国际供应商德尔福成熟的VMS控制器硬件，自行开发应用软件和进行系统软件集成。

（4）长安汽车：开始时与海拉合作开发VMS控制器，后来采用国内成熟的VMS控制器硬件，自行开发应用软件以及进行系统集成。

（5）广州汽车、柳州汽车：采用国内供应商深圳航盛公司等企业的VMS控制器硬件和基础软件，并与航盛公司合作开发应用软件。

18.1.3 技术发展趋势

从整车控制器硬件系统及架构、软件系统等全方位分析，VMS的技术发展趋势朝着平台化、智能化和高安全性三个方面发展。

（1）平台化：VMS控制功能高度集成化，功能可扩展性需求加大，可兼容12V和24V整车低压电气系统需求，覆盖车型范围包括乘用车、商用车和混合动力车型等，可根据客户提出的要求，快速配置软件和硬件接口，满足不同车型平台的应用需求。

（2）智能化：控制器硬件输入输出端口具备防范滥用的能力，输出驱动端口具有丰富的故障诊断功能，具有自适应和自学习等功能，VMS主控微处理器由16位向32位处理器升级，单核芯片向双核互锁芯片（满足ISO 26262功能安全要求）升级，32位处理器片内资源丰富，运算速度更快，执行效率更高，未来功能可扩充性强。

（3）高安全性：控制器硬件设计采用双 MCU 系统架构、二级电源管理、转矩及关键信号双路冗余采集、输出电路自诊断防护等安全措施以及丰富的软件诊断保护策略，参照 ISO 26262 标准体系要求进行设计、制造和测试。

18.2 整车控制需求

本节将从整车需求的基础上推导出控制器的需求，然后给出控制器硬件和软件相关具体需求。

18.2.1 系统需求

根据整车需求推导出的整车控制器需求如表 18－2 所示。

表 18－2 整车控制器需求

序号	项目	整车需求		电控系统需求		备注
		需求	指标	参数	要求	
1	环境	工作环境温度（℃）	－40～105	工作环境温度（℃）	－40～105	
2		防护等级	IP67	防护等级	IP67	
3	性能	工作电压范围（V）	－9～32	工作电压范围（V）	－9～32	12/24VDC 兼容
4		静态电流（mA）	≤5	静态电流（mA）	≤5	
5		故障存储（k）	≥128	故障存储（k）	≥128	可外扩 EEPROM
6		CAN 协议	SAE J1939	CAN 协议	SAE J1939	
7		标定协议	CCP/XCP	标定协议	CCP/XCP	
8		诊断协议	UDS	诊断协议	UDS	
9	I/O 资源	模拟量输入	≥7	模拟量输入	≥7	含 1 路 PCB 温度检测
10		数字量输入	≥19	数字量输入	≥19	
11		高边输出	≥3	高边输出	≥3	能够驱动继电器
12		低边输出	≥18	低边输出	≥18	
13		传感器电源输出	≥6	传感器电源输出	≥6	
14		CAN 通信	≥2	CAN 通信	≥2	动力/信息 CAN
15	成本	采购成本（元）	≤2000	采购成本（元）	≤2000	含固定支架
16		设计寿命（年）	≥8/30	设计寿命（年）	≥10	

从表 18－2 中可以看出，整车控制器的需求与整车需求相一致，实际采用的 VMS 各项 I/O 资源相对表中需求有较大富余。

18.2.2 硬件需求

VMS 硬件平台开发有硬件架构与系统设计、硬件系统原理设计、VMS 硬件系统 PCB 设计和 VMS 硬件系统性能分析四个部分。

（1）硬件架构与系统设计包括整车控制器硬件系统安全架构设计、电气接口系统匹配设计、DV/PV 测试技术指标定义及电气参数定义。

（2）硬件系统原理设计分为ABC三阶段，即VMS硬件方案设计与评审、原理图设计与评审、器件选型与评估。

（3）VMS硬件系统PCB设计也分为ABC三阶段，即VMS硬件PCB布局与布线设计，制版数据及生产数据转化、DFM分析评审与优化设计。

（4）VMS硬件系统性能分析分为VMS产品的热性能仿真分析与试验验证、电气性能参数计算与分析、EMC性能分析与验证。

表18－3给出了整车控制器硬件需求。

表18－3 整车控制器硬件需求

<table>
<tr><th colspan="2">项 目</th><th>单 位</th><th>参 数</th></tr>
<tr><td colspan="2">工作电压</td><td>VDC</td><td>9～32</td></tr>
<tr><td colspan="2">工作温度</td><td>℃</td><td>－40～105</td></tr>
<tr><td colspan="2">防护等级</td><td>—</td><td>IP67</td></tr>
<tr><td rowspan="5">端口资源</td><td>数字量输入</td><td>通道</td><td>≥19</td></tr>
<tr><td>模拟量输入</td><td>通道</td><td>≥6</td></tr>
<tr><td>高低边输出</td><td>通道</td><td>≥21</td></tr>
<tr><td>传感器电源</td><td>通道</td><td>≥6</td></tr>
<tr><td>CAN通信</td><td>通道</td><td>≥2</td></tr>
<tr><td colspan="2">静态电流</td><td>mA</td><td>≤5</td></tr>
<tr><td colspan="2">CAN总线</td><td>—</td><td>支持CAN2.0</td></tr>
<tr><td colspan="2">标定功能</td><td>—</td><td>支持CCP标定协议</td></tr>
<tr><td colspan="2">诊断功能</td><td>—</td><td>支持UDS诊断协议</td></tr>
</table>

从表18－3中可以看出，硬件需求主要集中在工作电压、温度、防护等级、I/O端口资源、静态电流、CAN总线、标定和诊断等方面。

18.2.3 软件需求

VMS基础软件平台包括软件设计与集成、OBD在线诊断系统、UDS诊断服务和CCP在线标定系统，支持Simulink和Targetlink两种模型平台，IO驱动组件、CCP标定组件、OBD组件、CAN通信组件、Scheduler组件、Bootloader组件、OS组件，故障事件响应，故障指示灯管理、诊断工具软件，Flash刷新软件，A2L文件转换等。

VMS综合管理整个电力驱动系统，整车同驾驶员接口由VMS来完成，VMS通过驾驶员操纵加速踏板、制动踏板、挡位等来判断驾驶员驾驶意图，并根据相关零部件反馈的信息，计算出整车运行需要的驱动、制动转矩、可用功率等，通过CAN总线及硬线连接对相关零部件进行控制，以及将需要警示驾驶员的信息显示在仪表上来通报整车状态。整车控制器会在车辆运行中实时监测整车及各零部件的状态，根据故障等级进行相应的处理，保证车辆及驾驶人员的安全。图18－1为整车控制系统输入输出信号。

根据图18－1整车控制系统拓扑结构可以得到整车控制策略需要包括的模块有任务调度、系统能力估算、故障诊断处理、上下电处理、力矩控制、输入信号处理、挡位模式识别、附件管理和输出信号处理等，各模块之间的关系见图18－2所示。

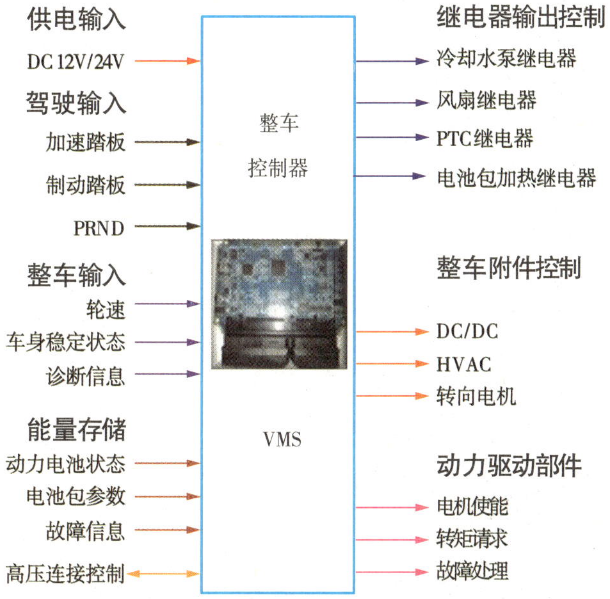

图 18－1　整车控制系统输入输出信号

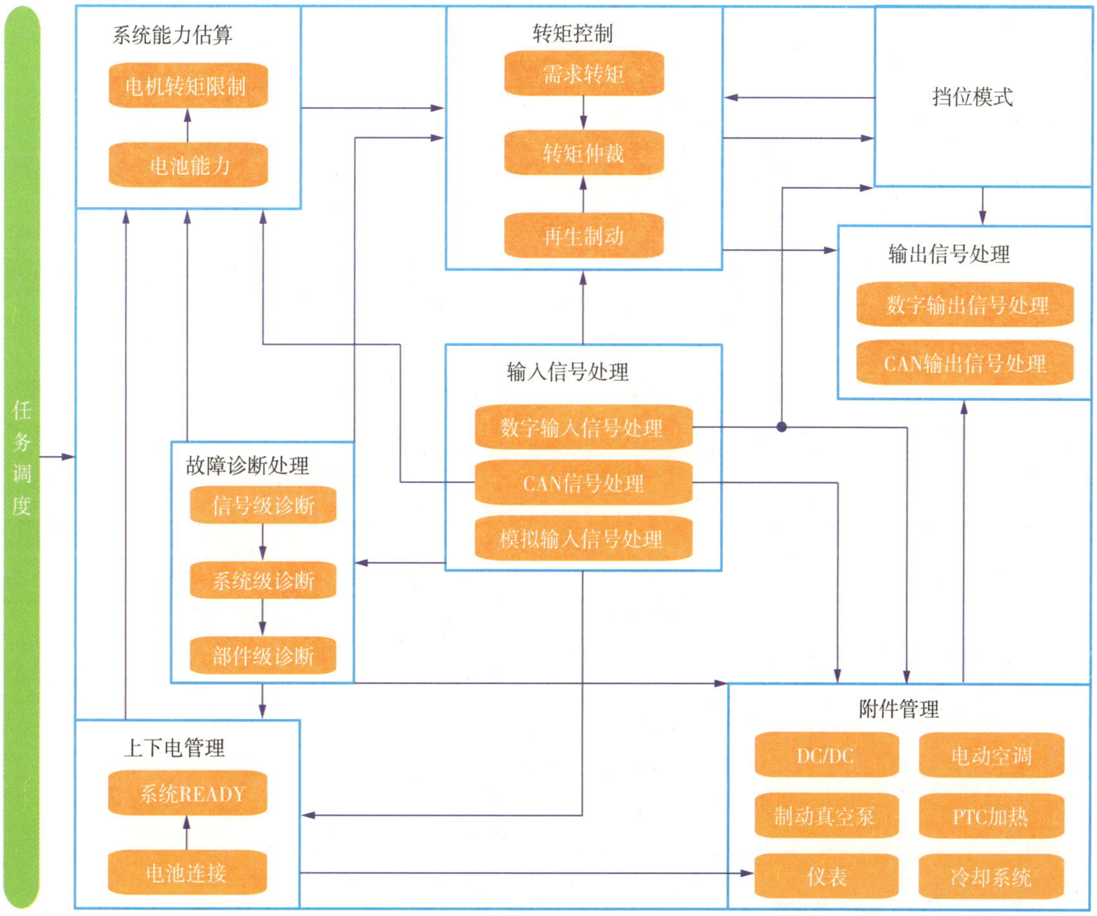

图 18－2　整车控制策略模块逻辑关系

表 18－4 为控制系统需求表格模板。

表 18－4　系统需求表格模板

需求 ID	[REQ：XXX _ SYS _ FUN _ ID]		ASIL－X 或 QM
需求内容描述：			
需求属性		可追溯需求 ID	[Parent：ID] 或 [Parent：N/A]

注：功能需按 ISO 26262 标准定义安全等级为 QM、ASIL－A、ASIL－B、ASIL－C、ASIL－D 等，对于非安全功能定义为 QM（满足一般质量管理要求）。需求属性为该需求遵循的标准法规等。可追溯需求 ID 为与该需求相关联的上级需求 ID 代码，如果没有就写为 [Parent：N/A]。

以输入信号处理需求为例，具体需求请见表 18－5 所示。

表 18－5　输入信号处理需求

需求 ID	[REQ：BEV _ VMS _ STG _ INPUT]		ASIL－D
输入信号有 CAN 信号、模拟信号和数字信号，需对所有信号进行滤波和限幅处理。			
需求属性	SAE J1939	可追溯需求 ID	[Parent：BEV _ VMS _ STG]

从表 18－5 可以看出，该需求为定义输入信号处理模块 BEV _ VMS _ STG _ INPUT，要求达到功能安全等级为 ASIL－D，需求内容要求对所有输入信号都进行滤波和限幅处理，需求属性为 CAN 协议需要遵守 SAE J1939 相关的标准，可追溯的 ID 为整车控制器控制策略需求 BEV _ VMS _ STG。

本书要揭示的主要是开发过程中的方法或手段，因此在这里不对整车控制策略的各类需求工作进一步详细阐述。

18.3　整车控制开发

整车控制开发通常可分为硬件和软件开发，其中软件开发又分为基础软件和应用软件开发。本节将简单介绍整车控制器软件和硬件开发的知识。

18.3.1　基本参数

针对新能源汽车对整车控制器的应用需求并适当考虑部分功能预留，开展整车控制器硬件、底层软件、机械结构等 ABC 三个阶段设计。表 18－6 为整车控制器基本参数需求。

表 18－6　整车控制器基本参数需求

序号	参　数	单　位	指　标
1	标称电压	V	24
2	正常工作电压范围	V	9～32
3	工作温度	℃	－40～85
4	存储温度	℃	－40～95
5	外壳防护等级	—	IP67
6	控制器尺寸（长宽高）	mm	224×127×38
7	静态电流	mA	⩽5
8	工作湿度范围	%	⩽97
9	冷却方式	—	自然冷却
10	CAN 协议	—	SAE J1939 协议
11	标定	—	支持 CCP/XCP 标定协议
12	诊断	—	支持 UDS 诊断协议及
13	故障存储	—	故障存储：128K 外扩 EEPROM

18.3.2　整体架构

整车控制器采用双处理器冗余架构设计，主芯片与从芯片采用独立双供电系统，通过 CAN 及 SPI 进行通信，可以互相进行安全监控。图 18－3 为整车控制器软件和硬件开发内容。

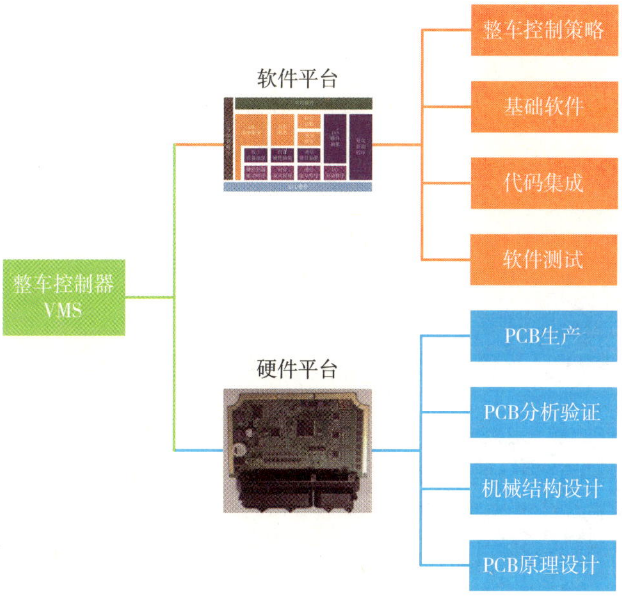

图 18－3　整车控制器软件和硬件开发内容

整车控制器开发分为三层平台，即硬件电路、基础软件和应用软件。

（1）硬件电路用于信号处理和驱动；

（2）应用软件是 VCU 的控制算法，实现整车控制功能，常称整车控制策略；

（3）基础软件是硬件电路和控制软件之间的数据桥梁。

图 18－4 为整车控制器三层平台之间的关系。

整车控制器软件采用三层架构设计，即硬件依赖层、硬件抽象层、应用层设计，这已在电驱系统中进行了详细介绍，这里不再赘述。

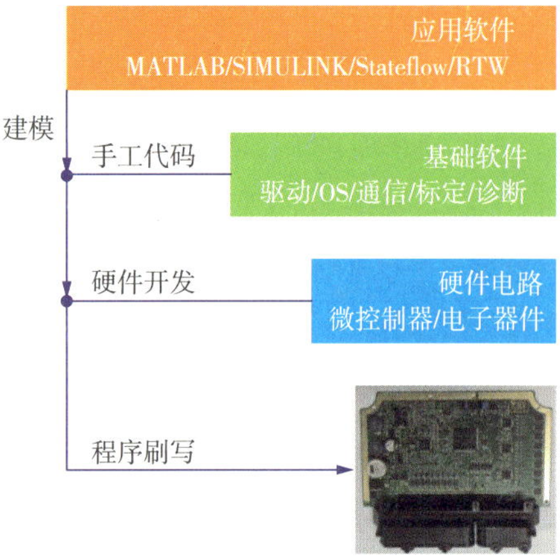

图 18－4　整车控制器硬件电路、基础软件与应用软件之间的关系

18.3.3　硬件开发

整车控制器硬件电路平台主要包括主控模块、安全监控模块、电源模块、模拟量采集模块、开关量采集模块、CAN 通信模块、高边驱动模块和低边驱动模块等。整车控制器硬件电路平台采用双芯片冗余架构设计，以符合整车控制功能安全要求（ASIL－C 或 D）。图 18－5 为整车控制器硬件电路架构。

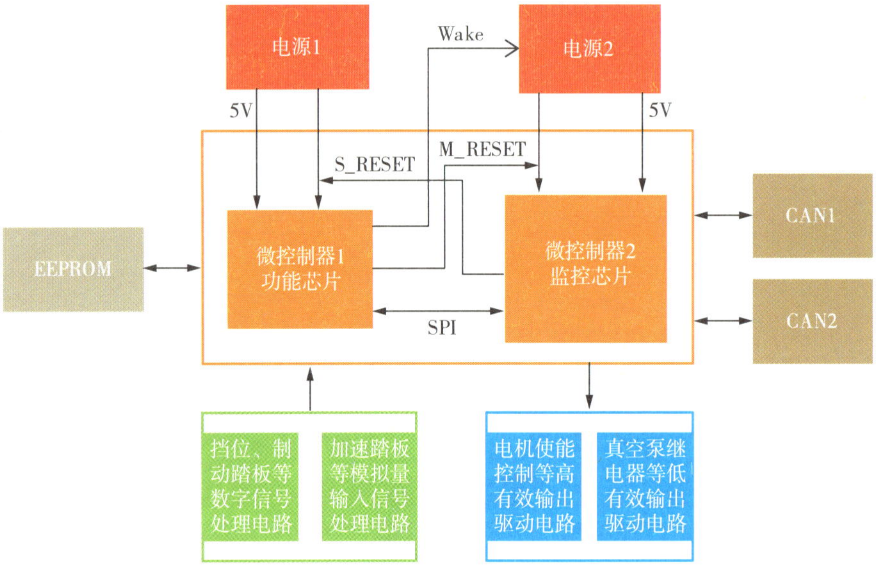

图 18－5　整车控制器硬件电路架构

为实现整车控制功能和防护等级，整车控制器设计由壳体和 PCB 组件两部分组成（见表 18－7）。

表 18－7　整车控制器硬件设计组件

组成部分	功能	
壳体	整车控制器壳体为铝质材料，并带有防水透气塞	
PCB 组件	插头	连接整车控制器和外界电气环境
	输入处理	将来自插头的外部输入转换成微控制器可识别的数字、模拟信号
	控制逻辑	由微控制器和可能的电路实现，根据输入的不同和车辆的历史状态决定合适的输出和通信数据
	输出处理	将微控制器和可能的电路输出转换为负载可用的信号
	安全处理	监测来自插头、控制逻辑、输出处理和通信单元的故障，并根据故障的等级进行相应的反应，降低或消除故障带来的失效风险和危害
	通信	与外界的 CAN 总线通信及半导体芯片互连的通信，如 SPI

硬件平台开发包括 VMS 硬件架构设计、电气性能参数分析计算、热性能仿真与验证、EMC 性能测试，硬件电路板设计只是其中一个部分，更多的是各类测试分析验证工作。

18.3.4 基础软件

整车控制器基础软件与电池管理系统和电机控制器基础软件一样，嵌入式基础软件实现 IO 驱动、OS 任务调度，程序下载、CAN 通信、诊断协议、标定协议等功能，是硬件和上层应用软件之间的数据桥梁。

基础软件除了 IO 驱动与嵌入式芯片相关，其他功能相同，可以平台化设计开发，以方便在不同控制器硬件平台之间移植，缩短开发周期，降低开发成本。

符合 AUTOSAR 标准的基础软件平台，其中复杂驱动模块是体现不同控制器特有的驱动程序；而非 AUTOSAR 标准的基础软件平台，体现企业的个性化特点。

基础软件开发工作包括开发工具链和技术路线的建立，嵌入式软件系统及软件架构设计，平台软件开发与管理，系统软件集成与测试，软件版本配置与管理，标定技术支持，售后诊断工具及 Flash 刷新工具开发，DV、EMC、EOL 等测试版本软件开发，开发流程建设和开发文件管理等。

18.3.5 应用软件

整车控制器现在通常采用基于模型的应用层软件开发。应用软件采用基于 MATLAB 模型开发环境的模块化/平台化架构设计，可同步完成系统策略仿真及验证。基于 MATLAB 模型开发的优势有：

（1）方便模块化/平台化开发，可移植性强；

（2）不需要专业的 C 语言软件开发技能；

（3）配套工具链完整，自动生成代码；

（4）可读性、可维护性高；

（5）开发初期可开展仿真测试。

根据整车控制需求开展控制模型开发，控制策略是软件需求的算法描述，控制模型是控制策略的 MATLAB 软件实现。图 18－6 为应用层各个控制模块之间的关系。

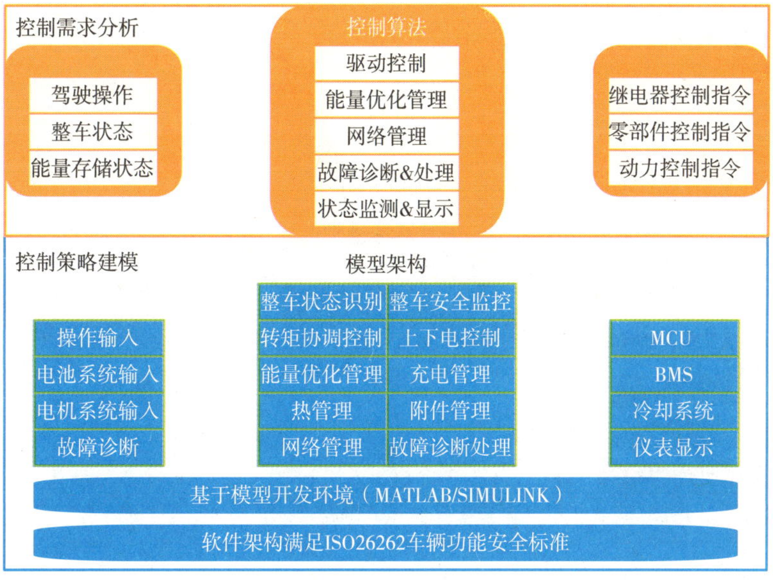

图 18－6 应用层控制模块之间的关系

整车控制器采用三层安全监控架构设计，保证软件架构符合 ISO 26262 功能安全标准，实现 VMS 控制功能的安全性要求（ASIL－C 功能安全等级以上）。第一层监控：监测传感器、执行器、输入输出信号等影响控制功能的相关组件和信号，该层响应措施是报警。第二层监控：监测进入该层的力矩和其他信号在数值上的合理性，监测芯片寄存器和程序流，该层响应措施是限功率。第三层监控：监控芯片和功能芯片之间的问答协议监控，该层响应措施是由监控芯片独立地禁止转矩指令信号和让功能芯片复位。VMS 三层安全监控架构设计方案如图 18－7 所示。

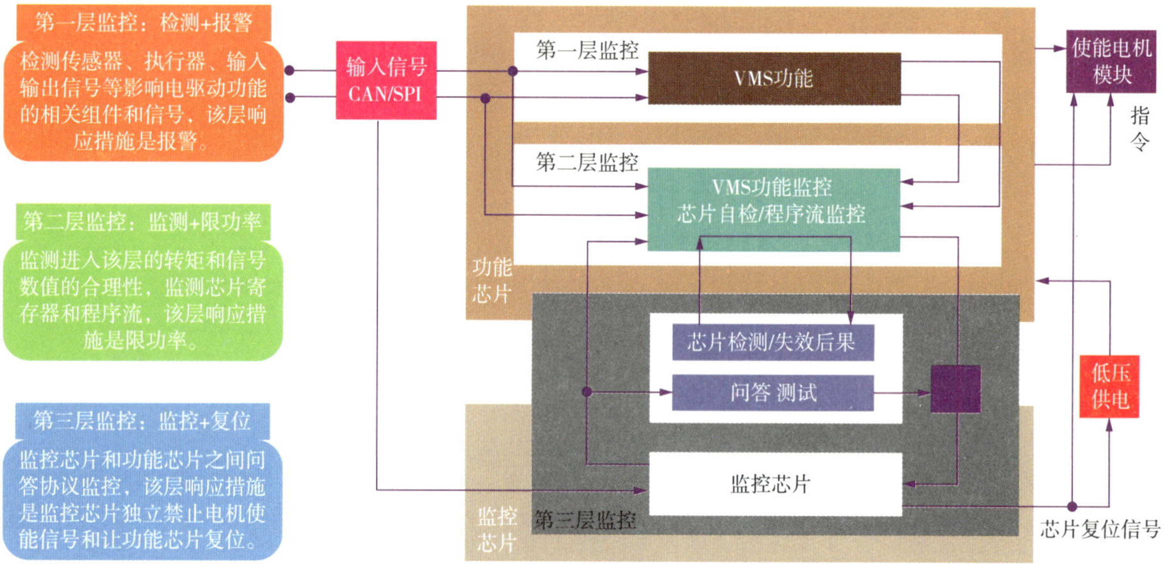

图 18－7　VMS 三层安全监控架构设计方案

整车控制故障诊断管理策略分为故障诊断、故障管理和故障处理三个阶段（见图 18－8 所示），故障诊断可分为系统及子系统故障与通信系统及部件故障；故障管理把故障分为三个等级；故障处理定义为一级故障报警提示、二级故障限功率、三级故障断高压停车。

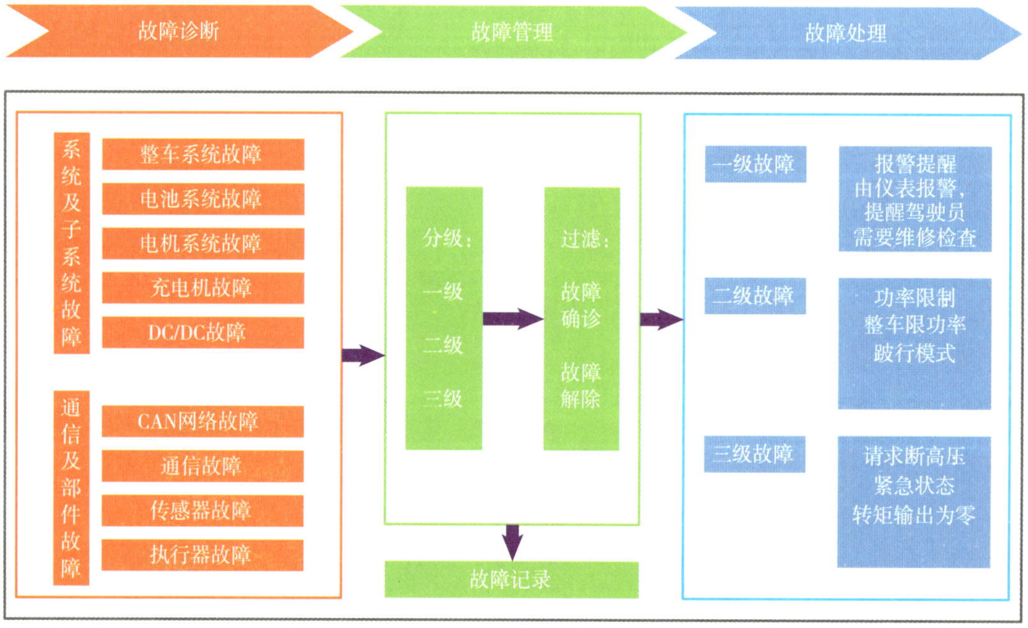

图 18－8　整车控制故障诊断管理策略

从图 18-8 中可以看出，电动汽车三大电（VMS、BMS 和 MCU）的故障诊断、管理和处理的模式一致，只是具体故障内容不一样。

18.3.6 软件集成

软件集成就是将应用层软件与底层软件集成为一个可刷写到硬件中的软件，软件集成的变量映射关系详见图 18-9 所示。

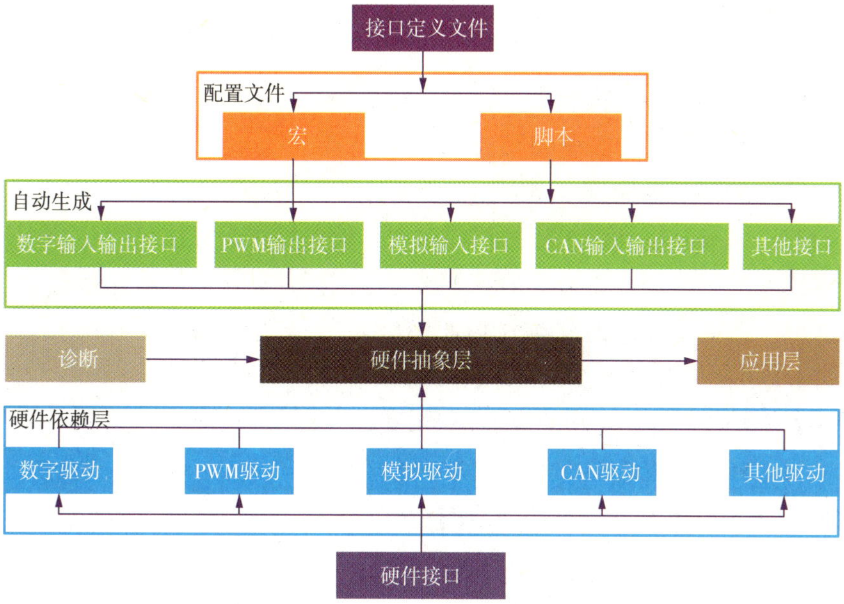

图 18-9 软件集成变量映射关系

控制策略与底层软件间有两种接口方式：全局变量和应用程序接口 API。由图 18-9 可以看出，硬件抽象层（HAL）将完成对底层信号到全局变量的映射。为实现硬件更改及平台移植，底层软件平台采用宏和脚本来完成全局变量和 API 的自动生成。

18.4 测试验证方案

产品工程开发，测试验证是最关键的一环。整车控制器也一样，测试验证很重要。本节在介绍与整车控制器相关标准的基础上，将简单介绍测试总体方案及其相关项目。

18.4.1 测试标准

与整车控制器相关的测试标准可分为 DV/PV 试验标准、搭载整车测试的系统性能及安全标准等。

整车控制器 DV/PV 试验标准：

（1）ISO 16750-2：2012《道路车辆电气及电子设备的环境条件和试验　第 2 部分：电气负荷》；

（2）ISO 16750-3：2012《道路车辆电气及电子设备的环境条件和试验　第 3 部分：机械负荷》；

（3）ISO 16750-4：2010《道路车辆电气及电子设备的环境条件和试验　第 4 部分：环境负荷》；

（4）ISO 7637-2：2011《道路车辆传导和耦合产生的电气干扰　第 2 部分：仅沿电源线的电气瞬态传导》；

（5）ISO 7637－3：2007《道路车辆传导和耦合产生的电气干扰 第3部分：除电源线外的电气瞬态传导》；

（6）ISO 10605：2008《道路车辆静电放电产生的电骚扰试验方法》；

（7）ISO 11452－2：2004《道路车辆部件测试方法检测来自窄带辐射电磁能量的干扰 第2部分：电波暗室》；

（8）ISO 11452－4：2011《道路车辆部件测试方法检测来自窄带辐射电磁能量的干扰 第4部分：大电流注入》。

整车控制器搭载测试的系统性能相关标准：

（1）GB/T 19753—2013《轻型混合动力电动汽车能量消耗量试验方法》；

（2）GB/T 28382—2012《纯电动乘用车技术条件》；

（3）GB/T 18385—2005《电动汽车动力性能试验方法》；

（4）GB/T 18386—2005《电动汽车能量消耗率和续驶里程试验方法》；

（5）GB/T 19752—2005《混合动力电动汽车动力性能试验方法》；

（6）GB/T 19754—2005《重型混合动力电动汽车能量消耗量试验方法》；

（7）GB/T 4094.2—2005《电动汽车操纵件、指示器及信号装置的标志》。

整车控制器搭载测试的车辆安全相关标准：

（1）GB/T 19751—2005《混合动力电动汽车安全要求》；

（2）ISO 26262《汽车电子电气系统的功能安全标准》。

18.4.2 测试方案

根据上述测试标准，制定了图18－10所示整车控制器总体测试方案。

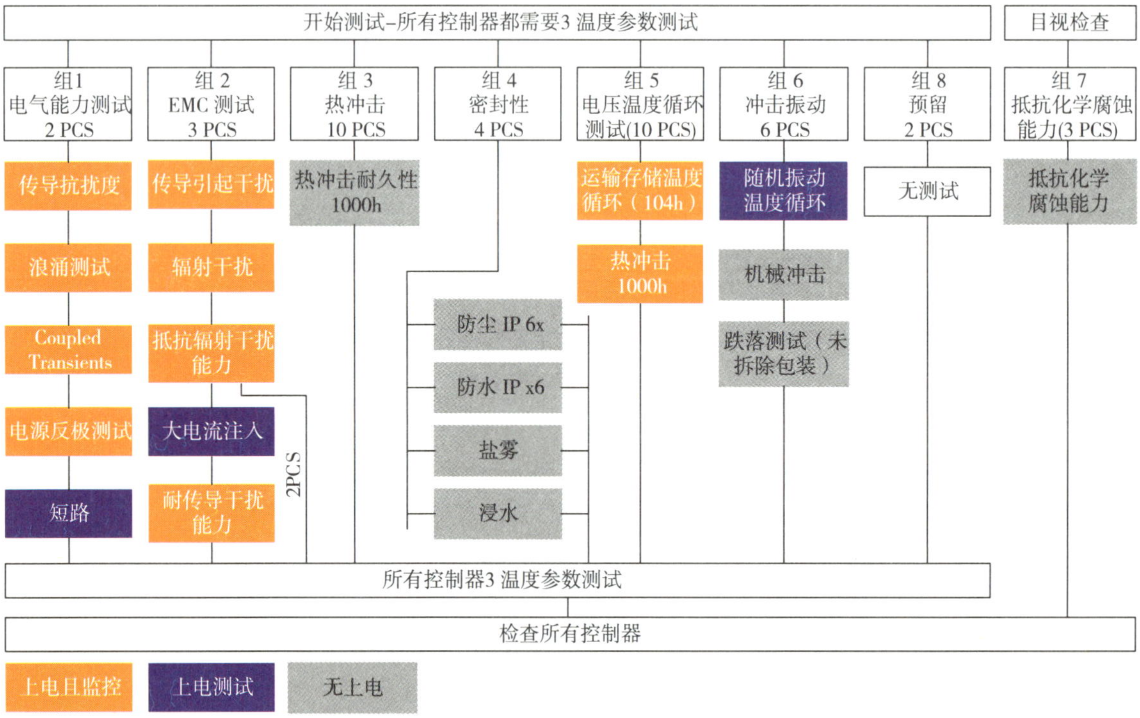

图18－10 整车控制器总体测试方案

根据整车控制器的产品性能要求与产品使用环境特殊要求，通常需要对整车控制器产品进行两轮全面 DV 验证试验。

18.4.3 硬件测试

表 18－8 为整车控制器试验项目。

表 18－8 整车控制器 DV/PV 测试项目

序号	试验项目	试验方法	主控方	协助方	备注
1	DC 供电电压	ISO 16750－2：20064.2	S	F	Y
2	过压测试	ISO 16750－2：20064.3	S	F	Y
3	叠加交流电压	ISO 16750－2：20064.4	S	F	Y
4	反向电压测试	ISO 16750－2：20064.7	S	F	Y
5	供电电压缓降和缓升试验	ISO 16750－2：20064.5	S	F	Y
6	电压瞬断试验	ISO 16750－2：20064.6.1	S	F	Y
7	掉电复位能力试验	ISO 16750－2：20064.6.2	S	F	Y
8	启动时电压波动试验	ISO 16750－2：20064.6.3	S	F	Y
9	短路测试	ISO 16750－2：20064.10	S	F	Y
10	耐电压试验	ISO 16750－2：20064.11	S	F	Y
11	绝缘电阻	ISO 16750－2：20064.12	S	F	Y
12	防水试验	ISO 16750－4	S	F	Y
13	防尘试验	ISO 16750－4	S	F	Y
14	辐射抗扰度（BCI 法）	GB/T 17619—1998 9.5	S	F	Y
15	静电放电试验（不带电）	GB/T 19951—2005	S	F	Y
16	静电放电试验（带电）	GB/T 19951—2005	S	F	Y
17	沿电源线传导的瞬态骚扰抗扰度（脉冲群）	ISO 7637－2－2004 5.6.1～5.6.5	S	F	Y
18	沿信号线传导的瞬态骚扰抗扰度（脉冲群）	ISO 7637－3：2007	S	F	Y
19	辐射骚扰	GB 18655—2010	S	F	Y
20	传导发射（电压法）	GB 18655—2010	S	F	Y
21	C1 高低温存储试验	ISO 16750－4	S	F	Y
22	低温工作	ISO 16750－4：2006 5.1.1.2	S	F	Y
23	高温工作	ISO 16750－4：2006 5.1.2.2	S	F	Y
24	C3 温度梯度试验	ISO 16750－4	S	F	Y
25	高温耐久	IEC 60068－2－2：2007	S	F	Y
26	C5 温度冲击试验	QT 2800001—2011 6.5	S	F	Y
27	C11 耐盐雾（渗漏和功能）	ISO 16750－4	S	F	Y

（续表）

序号	试验项目	试验方法	主控方	协助方	备注
28	C8 湿热循环试验	ISO 16750－4	S	F	Y
29	C9 湿热常量试验	ISO 16750－4	S	F	Y
30	M1 振动试验	ISO 16750－4	S	F	Y
31	M2 机械冲击试验	ISO 16750－3	S	F	Y
32	M6 跌落试验	ISO 16750－3	S	F	Y
33	C17 化学试剂试验	ISO 16750－3	S	F	Y
34	接插件试验	ISO 16750－3	S	F	Y
35.1	有意识断开接插件接合	ISO 16750－3	S	F	Y
35.2	无意识断开接插件接合	ISO 16750－3	S	F	Y
35.3	组装接插件接合	ISO 16750－3	S	F	Y
36	寿命实验	ISO 16750－3	S	F	Y
37	振动运输实验	ISO 16750－3	S	F	Y
38	ELV	GB/T 30512—2014	S	F	Y

表 18－9 为整车控制器 EMC 检测项目。

表 18－9　整车控制器 EMC 检测项

序号	检测项目	检测要求及限值
1	辐射发射测试	若测试频率小于 30MHz，采用垂直极化方式进行测试；若测试频率在 30～1000MHz 范围时，应该分别采用垂直和水平极化对 EUT 辐射发射进行测试，其限值要求详见附件。
2	传导发射电压法测试	电源线传导发射需要在 0.15～108MHz 的全频带范围内进行测试，其限值要求详见附件。
3	大电流注入测试	大电流测试频率范围为 1～400MHz 采用调幅方式（AM）时，调制频率为 1kHz，调制等级 80%。每个频率点的停留时间为 2s。干扰信号要求详见附件。
4	辐射抗扰度测试	采用调幅方式（AM）时，调制频率为 1kHz，调制等级 80%。当采用脉冲调制方式（PM）时，方波重复频率为 217Hz（±10%），高电平持续号；时间为 577 μs。每个频率点的停留时间为 2s。干扰信号要求详见附件。
5	瞬间传导抗扰度测试	试验要求详见相关标准。
6	信号线传导抗扰度测试	试验要求详见相关标准。
7	静电放电测试	DUT 功能未产生任何损害，测试完成后，DUT 功能符合设计要求，DUT 存储的数据正常，静电放电测试条件详见附件。

18.4.4 软件测试

除了上面介绍的整车控制器硬件测试外，针对基于模型开发应用层策略的方法，通常会做一些软件测试。软件测试是为了满足软件架构设计的需求。软件集成测试方法和软件集成测试用例生成的方法与单元测试部分两者之间是大同小异的。需要注意的是，在进行软件集成时需要先确定集成的顺序和次序，并考虑每个软件单元/组件之间的依存关系，集成测试更多地关注于软件单元/组件之间接口，而不是内部的变量或者控制流。对于安全关键系统需做特殊的考虑，根据软件安全架构设计，测试安全实施的有效性、完整性，尤其对于安全级别 ASIL - C/D 的 ECU，集成测试用例需考虑充分。

软件集成测试可以利用模型在环测试 MIL（Model In the Loop）、软件在环测试 SIL（Software In the Loop）和硬件在环测试 HIL（Hardware In the Loop）等测试手段进行测试。MIL/SIL/HIL 是 MATLAB 模型测试验证的重要手段，也是软件测试能力的重要体现。MIL/SIL/HIL 测试方法相辅相成，应用于 VMS 模型开发的单元测试阶段、集成测试阶段、系统验证阶段，针对基于模型开发的应用层策略软件。图 18 - 11 为软件测试与设计之间的关系。

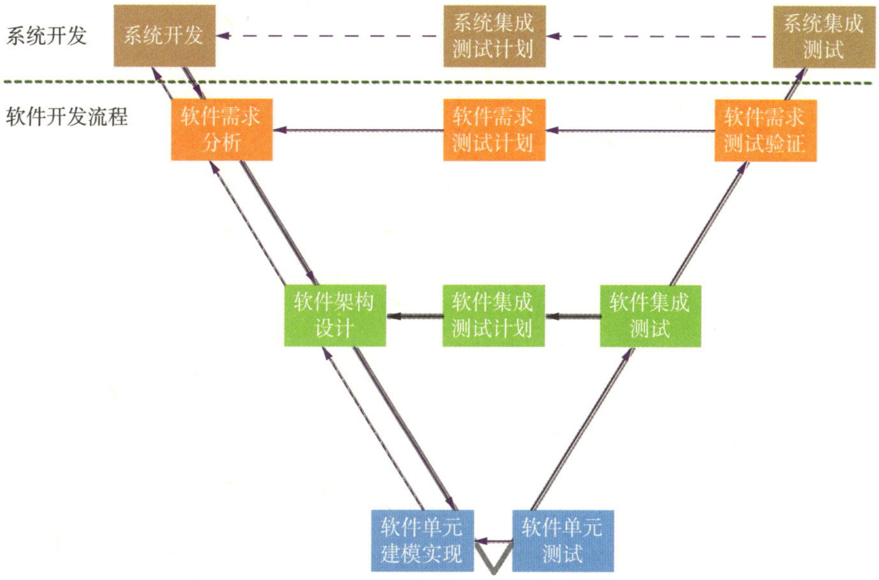

图 18 - 11 软件测试与硬件测试关系

由图 18 - 11 可以看出，软件开发遵循 V 模式开发，主线是设计开发和测试验证，左边的虚线是通过测试后反馈修正设计，中间横线是通过测试验证最初设计。

18.5 整车控制策略

整车控制策略按功能划分有如下功能模块：输入信号处理、输出信号处理、转矩控制、上下电控制、挡位模式、系统能力估算、故障诊断处理、附件管理等。图 18 - 12 为整车控制策略控制逻辑示意。

由图 18 - 12 可以看出，整车控制器分为三个层次：最上层为应用层，也称为控制策略层；中间一层为底层，也称为基础平台软件层，它的作用类似电脑中的操作系统；最下面一层为硬件层，就是电脑中的电路板。

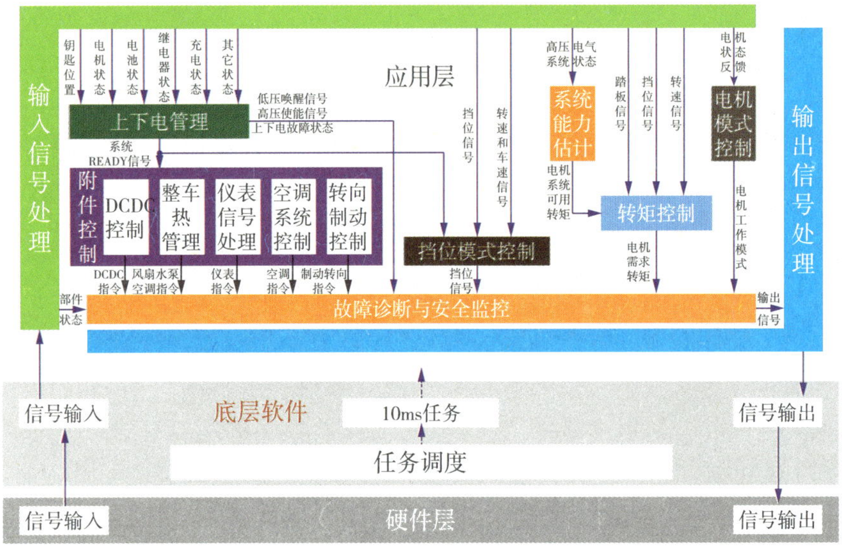

图 18-12 整车控制策略控制逻辑示意图

18.5.1 任务调度控制

任务调度策略实现对底层工作模式的管理，这几种工作模式包括：①正在运行模式（Running Mode）；②正在关闭模式（Shutting Down Mode）；③关闭模式（Shutdown Mode）；④软件复位模式（Soft Reset Mode）。

（1）Running Mode

在此模式中：Ignition 点火信号有效并且应用层所有模块被触发执行，系统设计的所有功能可以实现；应用层程序初始化完毕后首次被调用时进入 Running Mode；在 Running Mode 下，如果 KL15 信号无效时，调度模块转移至 Shutting Down Mode。

（2）Shutting Down Mode

在 Shutting Down Mode 下，所有应用层模块仍保持被触发执行；当 KL15 信号无效且高压下电确认完成时，调度模式转移到 Shutdown Mode；在 Shutting Down Mode 下，KL15 信号确认有效时，调度模式转移到 Soft Reset Mode。

（3）Shutdown Mode

在此模式下，不触发执行应用层模块；调度模块要求底层平台软件进入 Sleep。

（4）Soft Reset Mode

在此模式下，不触发执行应用层模块；调度模块要求底层平台软件进行复位。

任务调度控制流程如图 18-13 所示。

从图 18-13 可以看出，任务调度模块主要是根据钥匙信号对整个控制策略的控制模块进行调用，图中也只是给出了任务调度的一部分。

18.5.2 输入信号处理

输入信号处理包括模拟、数字以及 CAN 输入信号处理等。

（1）模拟输入信号处理

对模拟量输入信号进行物理值转换、故障检测、滤波及限值处理，包括加速踏板信号、KL30 信号和制动踏板信号等。图 18-14 为模拟量输入处理示意图。

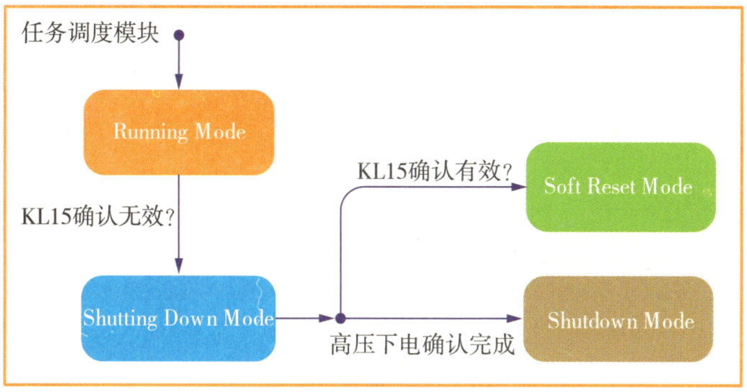

图 18-13 任务调度控制流程

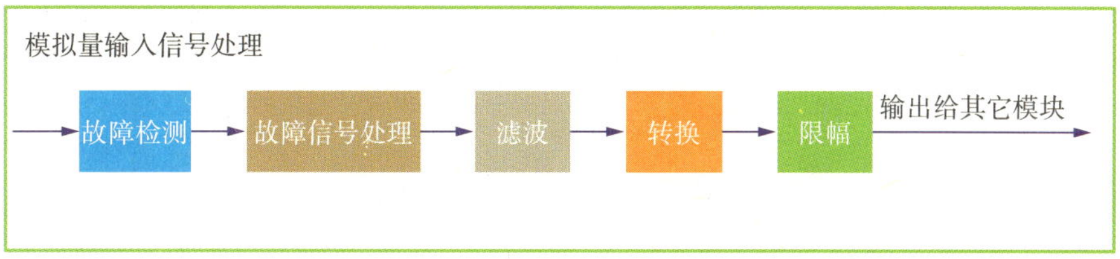

图 18-14 模拟量输入处理示意图

① 加速踏板信号的处理

● AD 采样值转换：VMS 解析加速踏板信号 AD 采样值，将其转化为 0～100%的无量纲工程量。

● 两路加速踏板信号同步校验：VMS 需判断两路加速踏板采样信号是否同步，并分析故障类型（瞬时故障或确认故障）。

● 加速踏板信号失效检测：VMS 需要对两路信号进行失效模式检测，包括断路、与地短路和电源短路，并分析故障类型（脉冲故障和确认故障）。若加速踏板信号大于一定值，则故障类型为对电源短路；若加速踏板信号小于一定值，则故障类型为对地短路。断路故障按与地短路故障处理。

● 加速踏板信号故障处理：若加速踏板任一路信号发生瞬时故障，则输出上一时刻的值。确认故障的处理需考虑以下几种情况：一路加速踏板信号有失效故障；两路加速踏板信号都有失效故障；两路加速踏板信号同步故障。针对以上各种情况，需作相应的故障处理。正常情况下，加速踏板信号取较小一路的值。

● 制动优先：当检测到同时有加速踏板信号和制动踏板信号，如制动踏板开度大于一定值，则加速踏板信号输出值应为零。

● 滤波处理：最终输出的加速踏板开度信号使用一阶惯性滤波。

● 加速踏板开度应进行限幅处理：应限制在 0～100%之间。

② KL30 信号的处理

● KL30 电压信号 AD 采样值转换处理：KL30 电压 ADC 值直接通过硬件信号得到，VMS 应解析 KL30 电压的 ADC 值，将其转化为电压值。

● KL30 电压需要进行限幅处理：VMS 需要对该电压值进行限幅处理，范围为 [0，30]，幅值应可标定。

● 最终输出的 KL30 电压信号需要进行滤波处理：VMS 需要对该电压值进行一阶惯性滤波，滤波时间常数应可标定。

③ 制动真空度信号的处理

● AD 采样值转换：VMS 应解析真空度信号的 ADC 值，将其转化为制动真空度值。

● 制动真空度信号的故障处理：若制动真空度信号无故障，则输出为正常信号值；若制动真空度信号有对地或对电源短路瞬时故障，则输出为前一周期的真空度信号；若有对地或对电源短路确认故障，则输出 101kPa（标准大气压值，可标定）。

（2）数字输入信号处理

对数字量输入信号进行处理，将 ADC 采样值转换为布尔量，并进行防抖动处理，保证输入信号的可靠性。图 18－15 为数字量输入处理示意图。

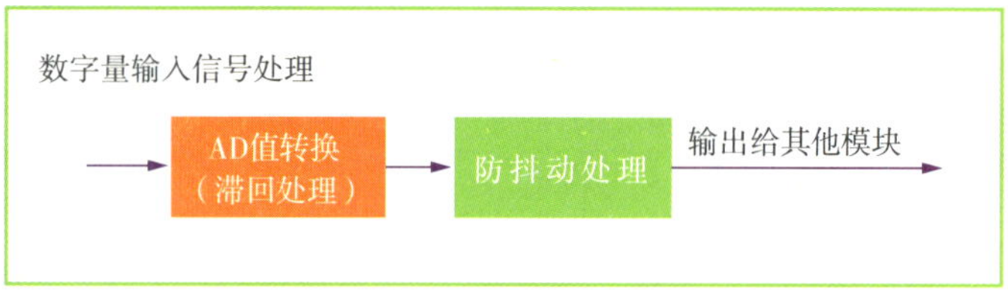

图 18－15　数字量输入处理示意图

数字输入信号的处理应包含以下两方面：

● 将数字输入信号的 AD 采样值转换为布尔量；

● 对 AD 采样值进行滞回和防抖 Debounce 处理，以确保开关量输入的可靠性。

底层采样的开关量包括：电机使能反馈信号、制动开关、挡位信号、钥匙信号、空调请求、PTC 请求、外充电源、巡航使能、巡航设置复位、巡航增速调节、巡航减速调节、取力器开关、高压互锁信号、DC/DC 状态、驻车制动信号、安全带状态信号、制动真空泵状态信号等。

① KL15 信号处理

提供系统上电标志位，当钥匙打到 ON 位置时，VMS 将 ON 开关标志置为 TRUE（ON）；数字量输入处理模块对从底层读到的钥匙 ON 开关标志进行 Debounce 处理，Debounce 时间为可标定值。当钥匙在 OFF 位置，VMS 将 ON 开关标志置为 FALSE（OFF）；数字量输入处理模块对采集到的钥匙 ON 开关标志进行 Debounce 处理，Debounce 时间为可标定值。

提供下电请求标志位，对以上的信号进行取反。当钥匙在 OFF 位置，下电请求标志位为 TRUE（有下电请求）；当钥匙在 ON 位置，下电请求标志位为 FALSE（无下电请求）。

② 钥匙 Crank 信号处理

当驾驶员把钥匙打到 Crank 位置（Start），底层将钥匙 Crank 开关标志置为 TRUE。数字量输入处理模块对从底层读到的钥匙 Crank 开关标志进行 Debounce 处理，Debounce 时间为可标定值。

③ 挡位信号判断处理

将输入的挡位信号 ADC 采样值转换为布尔量，并进行 Debounce 处理，然后再对三个挡位信号进行校验，输出确认的挡位信息。

将输入的挡位开关信号的 ADC 采样值经过滞回处理（滞回上下限可标定），输出为 0 或 1 的布尔量，根据协议，RND 挡位信号为低有效，需要取反。再经过 Debounce 处理，确保开关量输入的可靠性。RND 挡位判断原则见表 18－10 所示。

表 18－10 挡位判断原则

R	N	D	结果
1	0	0	R
0	1	0	N
0	0	1	D
其他情况	N		

其他数字量信号进行 AD 转换并做防抖处理。

(3) CAN 输入信号处理

对 CAN 输入信号（BMS、MCU）进行解包、限幅及故障处理。图 18－16 为 CAN 信号输入处理示意图。

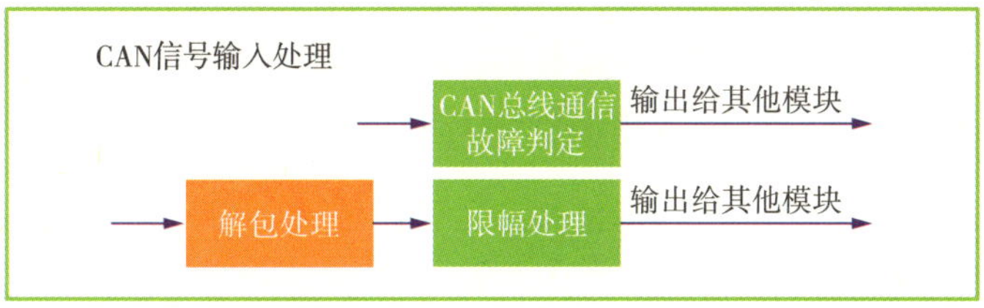

图 18－16 CAN 信号输入处理示意图

① CAN 信号解包处理

对从其他控制器（MCU、BMS 等）传来的 CAN 信号进行解包处理（分辨率，偏移量），得到实际物理值，供其他功能模块使用。

② 对关键的信号滤波处理

对关键的信号进行一阶滤波处理，其中，关键信号包括电池电压、电池电流、电池允许输出的功率、电机转速、转矩和电机允许的转矩范围。

③ 对关键的信号限幅处理

对关键的信号进行限幅处理，其中，关键信号包括电池电压、电流、电池温度、电池允许输出的功率、电机转速、转矩、电机温度、电机控制器温度和电机允许的转矩范围。

④ 故障信号处理

对相关控制器上传的故障信号进行 Debounce 确认处理，得到瞬时故障和确认故障，信号超限后进行故障报警。

⑤ CAN 通信超时处理

通过各控制器传递来的 Rolling Counter 数据，判断 VMS 和相关控制器的 CAN 通信是否出现丢帧和离线故障，CAN 信号经过处理，分为三级故障。

正常状态：通信正常。

A 级故障：瞬时性丢帧；

B 级故障：确认性丢帧；

C 级故障：CAN 通信离线。

18.5.3 输出信号处理

输出信号包括数字量和 CAN 通信输出信号。

(1) 数字量输出信号处理

策略层需处理硬线控制的驱动信号值，供底层控制使用，包括电机使能、冷却水泵、风扇使能、制冷允许、PTC 加热使能、挡位指示灯（D、N、R）等，在调试过程中应可通过标定的方式来控制输出的数值。图 18－17 为数字量输出信号处理示意图。

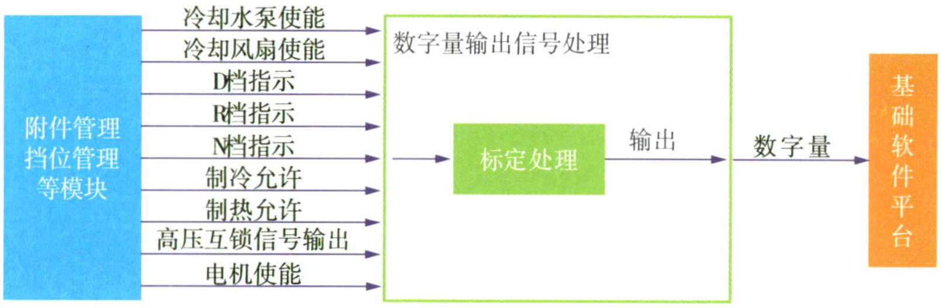

图 18－17 数字量输出信号处理示意图

(2) CAN 通信输出信号处理

对 CAN 输出信号打包、限幅及标定处理；包括 VMS 给 MCU、BMS、DC/DC 等控制器发的信号。图 18－18 为 CAN 通信输出信号处理示意图。

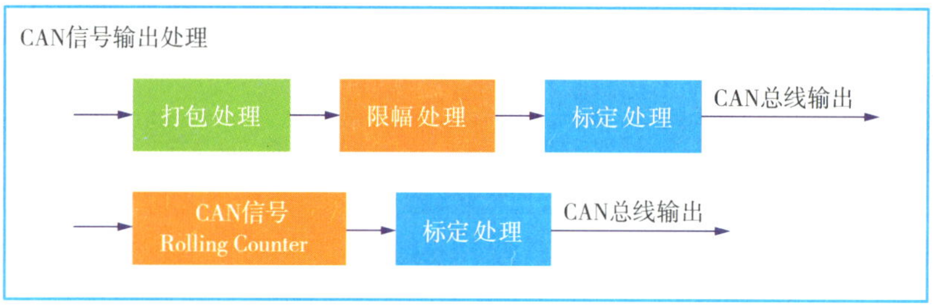

图 18－18 CAN 通信输出信号处理示意图

策略层需处理得到硬件的驱动信号值，包括 DC/DC 使能、冷却水泵使能、冷却风扇使能、真空泵使能和 PTC 加热使能，供底层控制使用。

① 对 CAN 信号进行打包处理

对通过 CAN 输出的信号进行打包处理（分辨率、偏移量），输出 CAN 总线需求的信号。

② 对关键输出信号的处理

对关键信号进行限幅，保证不输出超限的数据。关键信号包括：给电机的转矩指令、转速指令等。

③ CAN 信号 Rolling Counter 处理

对 CAN 输出的信号进行 Rolling Counter 计算，发送相应的 Rolling Counter 信号。在每帧报文中增加 Checksum 和 Rolling Counter 两个信号，分别校验信号的实时性和完整性，Checksum 是为了防止发送的信息出差。Rolling Counter 则是为了防止漏帧，都是根据需要确定是否要加在数据帧里。

④ 标定处理

在调试过程中应可通过标定的方式来控制输出的数值。

18.5.4 上电、下电控制

上电、下电管理，根据驾驶员的钥匙信号、车辆状态以及各系统的状态，对系统上电、下电及充电进行管理。图 18-19 为上下电管理控制逻辑。

图 18-19 上下电管理控制逻辑

上电、下电管理需求：高压电池连接功能应实现电池连接请求和电池连接状态的管理；上电、下电处理模块（POOC）实现对电池和电机上、下高压以及下低压进入休眠的控制。此功能主要包括高压上电、下电请求、低压下电请求、电机使能等指令的发送及反馈状态的确认。

参考 ISO 6469—2《电动车 安全要求 第 2 部分：功能安全与故障防护》，车辆与外部电源网（主电源网、座式充电机等）处于连接状态时，车辆不可能靠自身的驱动电机移动。检测到 BMS 发送的充电线连接状态为 1，且车速小于 3km/h，则给 MCU 发送上高压非使能命令。充电完成后，不管钥匙当前在什么位置，都需要钥匙退回到 OFF 挡，开始完整的上电流程。

参考 ISO 6469—2《电动车 安全要求 第 2 部分：功能安全与故障防护》，从断开电源到通过操作油门踏板可行驶车辆，必须有意识地进行两项以上不同的操作。检测钥匙信号 ON 挡信号有效，并且 START 挡信号有效，并且确认没有操作油门踏板，则给 BMS 和 MCU 发送上高压命令。

整车控制器检测电池系统状态正常，允许电池系统连接正负极继电器。检测到 BMS 发送的 BMS 状态正常，电池状态正常，正极继电器没有粘连，负极继电器没有粘连，则整车控制器给 BMS 发送上高压命令。

整车控制器检测不到电池系统状态正常，需要有明确的提示信息。在10s时间内，整车控制器检测到BMS发送的BMS状态错误或没有接收到BMS的状态信息，则发送相应的故障代码给仪表；检测到BMS发送的电池状态错误或没有接收到电池的状态信息，则发送相应的故障代码给仪表；检测到BMS发送的主继电器或负继电器粘连，则发送相应的故障代码给仪表。

整车控制器能够根据电池系统状态，控制电机控制器上电。检测到电池高压正负极继电器连接完成，并且接收到MCU发送的电机状态正常，则整车控制器给MCU发送上高压命令。

高压上电过程中，整车控制器检测不到电机系统状态正常，需要有明确的提示信息。在10s时间内，整车控制器检测到MCU发送的MCU状态错误或没有接收到MCU的状态信息，则发送相应的故障代码给仪表。

参考ISO 6469—2《电动车 安全要求 第2部分：功能安全与故障防护》，需要有明显的提示信息以表明电机系统准备就绪，已具备行车条件。检测到MCU发送的电机使能状态有效，整车控制器发送READY信号给仪表。

钥匙退出ON挡到OFF挡，确保系统下电正常，进入休眠状态。钥匙ON挡无效并且车速小于5km/h（可标定），确定为钥匙退出ON挡到OFF挡。给高压设备控制器（MCU、转向电机控制器、制动电机控制器、空调、PTC、DC/DC、高压DC/DC）发上高压电指令为断开，限时500ms，检测到高压设备控制器发送的使能就绪状态为无效或超时，进入高压电池下电过程。给BMS发送下高压电命令，检测BMS发送的正负继电器状态，同时计时，如果正负继电器都断开，没有粘连或者正极继电器或负极继电器其一粘连，则进入控制电机下电过程；如果正负继电器都粘连，没有断开，超时记录故障，完成高压电池下电过程，进入驱动电机下电过程。给MCU发送主动放电请求，检测MCU发送的主动放电完成反馈状态，同时计时，如果超时，记录故障，如果反馈状态为放电完成，进入下低压电过程；给MCU、转向电机控制器、制动电机控制器发送下低压电命令，同时计时，时间到，整车控制器进入休眠状态。

电机出现要求关闭使能故障，确保系统下电正常，显示明确的故障信息，不进入休眠状态。给MCU发上高压电指令为断开，检测到MCU发送的电机使能状态，整车控制器发送READY信号给仪表。

电池出现主动下高压请求，确保系统下电正常，显示明确的故障信息，不进入休眠状态。接收到电池主动下高压请求有效，系统故障指示灯闪烁，并且蜂鸣器报警。检测车速小于2km/h（可标定），给高压设备控制器（MCU、转向电机控制器、制动电机控制器、空调、PTC、DC/DC、高压DC/DC）发上高压电指令为断开，限时500ms，检测到高压设备控制器发送的使能就绪状态为无效或超时，进入高压电池下电过程。给BMS发送下高压电命令，检测BMS发送的正负继电器状态，同时计时，如果正负继电器都断开，没有粘连或者正极继电器或负极继电器其一粘连，则进入控制电机下电过程；如果正负继电器都粘连，没有断开，超时记录故障，完成高压电池下电过程，进入驱动电机下电过程。给MCU发送主动放电请求，检测MCU发送的主动放电完成反馈状态，同时计时，如果超时，记录故障。

电池系统和驱动电机没有故障的情况下，钥匙在OFF挡，在没有进入休眠前，重新打到START挡，可重新上高压。检测到START挡有效，并且允许上高压，则进入高压上电流程。

充电控制需求：电池在充电时，需要激活VMS给BMS发充电允许指令，图18-20为充电控制逻辑。

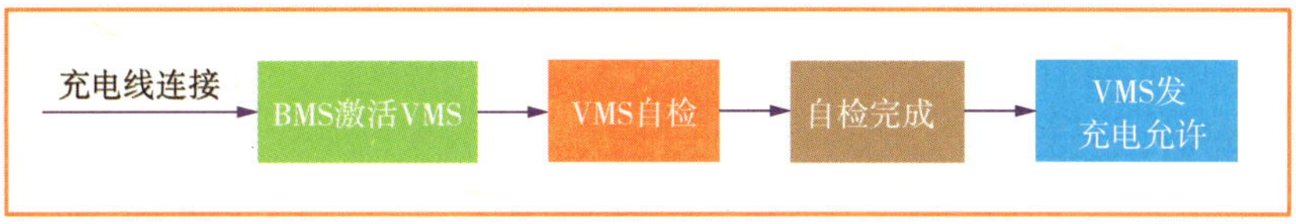

图 18－20　充电控制逻辑

充电互锁控制需求：在行车过程过，检测到外部充电线连接，应有报警提示，并做停车处理。图 18－21 为充电互锁控制逻辑。

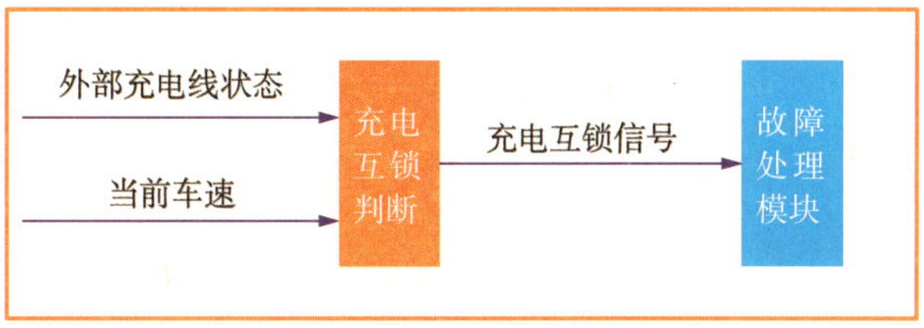

图 18－21　充电互锁控制逻辑

上电过程中，输出信号处理功能包括系统 READY 和高压电池连接。根据钥匙开关、挡位、电机、电池连接等信号判断动力系统的连接状态，以提醒驾驶员系统是否准备就绪。系统 READY 需同时满足以下条件：①KeyCrank 触发；②挡位处于空挡；③电机已连接；④电池已连接；⑤外部充电器未连接；⑥无逆变器下电请求。

当满足以下任一条件，系统 READY 状态变为 0：①电池断开；②Inverter 关闭；③外部充电器连接；④出现 Disable EV 故障。

高压电池连接功能应实现电池连接请求和电池连接状态的管理，此功能主要包括电池连接中、电池连接、电池断开、电池断开中和 Disable EV 五种模式。

（1）系统进入上电过程的钥匙位置

钥匙在 ON 位置，各控制器开始自检，自检结束后处于等待状态。钥匙到 START 位置，同时满足上高压电的相关安全条件，进入到上高压电的过程。

（2）DC/DC 使能控制

动力电池总负继电器结合后，DC/DC 就可以得到高压电输入。上电过程中 VMS 在得到总负继电器结合的状态后，需要给 DC/DC 发使能指令。

（3）预充过程控制

预充过程由 BMS 直接控制，VMS 会发送给 BMS 是否上高压电的指令。上电过程中，BMS 接收到上高压电指令后，控制预充继电器结合，开始预充过程。当直流母线电压达到电池总电压的 95%后（可标定），预充过程结束，BMS 控制总正继电器结合，同时断开预充继电器，完成高压上电过程。

（4）各控制器需要上传的状态信号

为便于 VMS 控制上电过程，各控制器（MCU，BMS）需要上传给 VMS 自身的状态信号，至少包括上电自检完成、继电器工作状态、电机、电池电压和故障。

（5）确认驾驶员的上电意图

为避免驾驶员无行车意图，因为误操作使系统上高压电的情况出现，钥匙到 START 位置需持续一段时间，才认为要上高压电。

（6）安全上电的要求

保证车辆的安全，驾驶员将钥匙旋到START持续一段时间，车辆状态需满足以下的条件，VMS才会给BMS上高压的指令：①挡位在N挡；②踩下制动踏板；③充电线未连接；④下电请求非真；⑤故障标志位非真。

（7）驱动电机的使能控制

在动力电池已上高压电后，如各控制器反馈的状态都正常，则VMS需要给驱动电机下使能指令，如MCU反馈的使能状态为TURE，则系统处于动力系统就绪，可驾驶状态。

（8）动力系统就绪指示

当动力系统就绪后，VMS必须发送给仪表相关信息，仪表必须有明显的标识提示驾驶员车辆处于可驾驶状态。

（9）相关时间限制

VMS在下相关指令后（动力电池上强电，电机使能等），会等待一段时间，如果超过标定的时间相关控制器反馈的状态与预设的不一致，则系统需进入到故障状态。

（10）钥匙OFF后马上再到ON的几种情况

需要设置相关的策略防止由于下电未完成的情况下VMS再次接收到钥匙ON（KL15）信号导致系统死机的情况。

（11）车速对上电过程的影响

考虑到驾驶员可能在有车速的情况下将钥匙置于OFF位置再到ON，为加快系统的响应时间，便于操作，在车速高于一标定值（20km/h，可标定）时，上电过程将不考虑安全上电的要求，只要接收到钥匙START信号持续一定时间，VMS就会给BMS发出上电指令。

（12）下电过程的时序要求

① 给所有的强电用电设备（AC、MCU、DC/DC）下关闭指令；

② 动力电池高压继电器断开；

③ 如果水泵和冷却速风扇有运行需求，VMS等待；

④ 如果真空泵、水泵和高低速风扇无运行需求，VMS下电进入休眠，完成整个下电过程。

（13）正常下电过程的时序要求

① 动力电池高压继电器断开；

② MCU主动放电；

③ MCU非使能；

④ 如果水泵和风扇有运行需求，VMS等待；若无运行需求，VMS下电进入休眠，完成整个下电过程。

（14）故障下电过程的时序要求

① 动力电池高压继电器断开；

② MCU主动放电；

③ MCU非使能；

④ 点火钥匙到OFF位置VMS下电进入休眠。

（15）高压电下电条件

当点火钥匙到OFF位置，整车应进入正常下电过程；当整车发生动力电池切断故障，整车应进入故障下电过程。

（16）高压电关闭需求

当点火钥匙到 OFF 位置，满足以下条件时 VMS 才能关闭高压电，断开主继电器：

① 驱动电机转速低于一定值；

② VMS 已向所有的高压用电设备发出停止工作命令，各控制器反馈状态正常；

③ 动力电池反馈的电流值低于一定值；

④ 若系统存在动力电池切断故障，跳过上述条件的判断过程直接断开主继电器。

（17）在 VMS 进入休眠状态前没有转矩产生

VMS 必须确保在 VMS 完全关闭前没有转矩作用在车轮上。

（18）相关控制器应上报允许下弱电的标志位

各控制器在处理完整个下电过程后，马上进入到休眠状态时应上报给 VMS 一个允许下弱电标志位。

（19）相关时间限制

在下电过程中，VMS 在发送一个指令后，或进入到一个下电的步骤时，会延迟一段时间等待相关控制器或系统的反馈，如果超过标定时间，VMS 应继续向下走下电流程。

应设置 VMS 在整个下电过程中处于激活状态的最长时间，超过该时间无论其他控制器或系统反馈的状态如何，VMS 都应进入到休眠状态。

（20）车速对下电过程的影响

对应于上电过程中考虑的情况，如果在下电过程中检测到车速大于标定值（20km/h），VMS 应等待一段时间再下达下高压电的操作。

（21）充电控制需求

当外部充电线连接后，BMS 通过硬线信号唤醒 VMS，底层应先进行自检，自检成功后策略层给 BMS 发送充电允许指令，进入充电流程。

（22）充电互锁需求

在行车过程中，检测到外部充电线连接，应有警告提示信号，并且，应根据整车当前状态进行限功率或停车处理。

18.5.5 转矩控制

转矩控制是整车控制策略最为关键的控制，通常会根据加速或制动踏板开度，计算得到来自驾驶员的转矩需求，然后根据整车当前的功率能力，计算得到转矩指令，最后下发给电机控制器执行。

（1）驾驶员需求解析

根据加速踏板、制动踏板、挡位等信息解析出驾驶员对整车驱动、制动等需求信息。

（2）整车驱动控制

根据驾驶员的驾驶需求、车辆状态等进行分析和处理：根据加速踏板开度、当前电机转速、挡位等信号以及最大系统能力，解析得到驾驶员的需求转矩；控制电机的工作状态，满足各种工况的要求，包括前进、倒车、再生制动等。图 18 - 22 为扭矩控制逻辑。

驾驶员需求转矩解析：根据加速踏板开度、当前电机转速、挡位等信号，解析驾驶员需求转矩。转矩控制策略包括需求转矩计算、能量回馈、转矩仲裁。

（3）转矩处理

转矩处理模块根据当前整车状态、需求转矩、系统能力等因素，选择相应的转矩需求，经过平滑、限幅处理后输出转矩指令。图 18 - 23 为转矩处理逻辑。

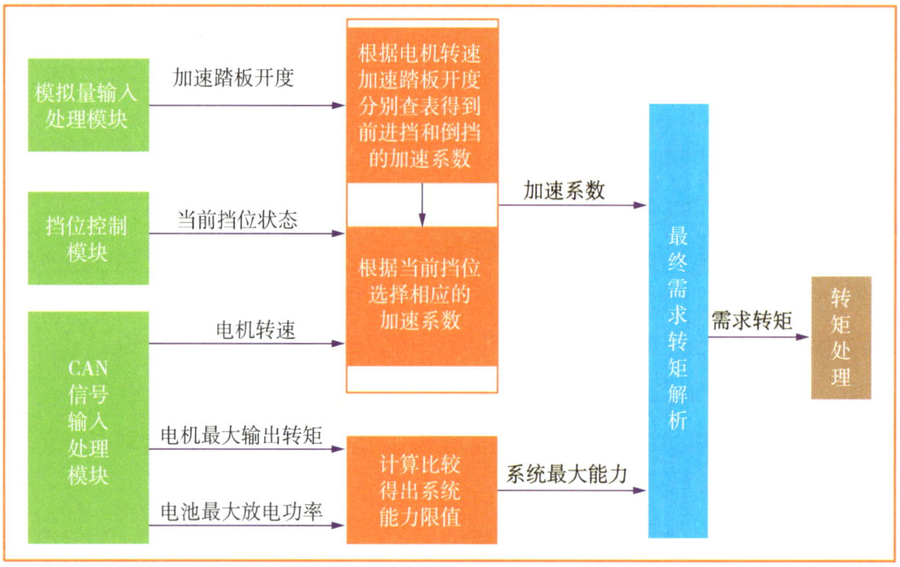

图 18-22 转矩控制逻辑

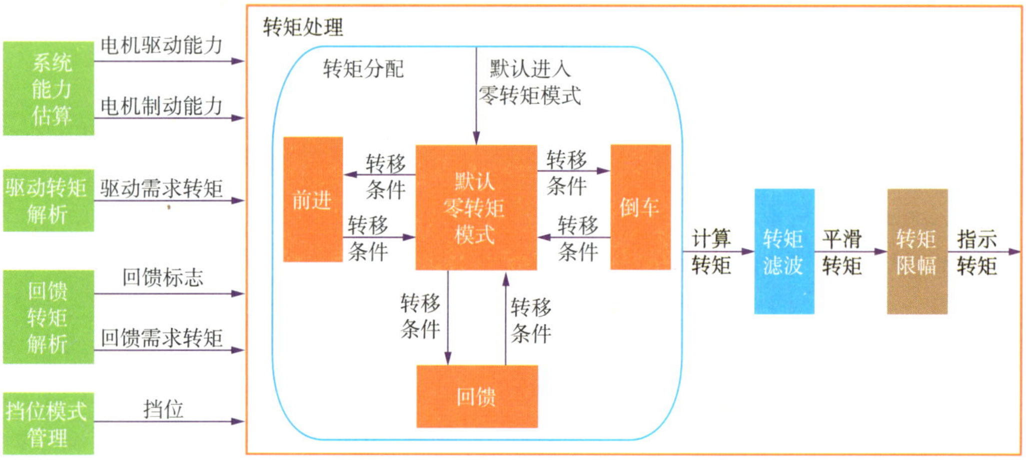

图 18-23 转矩处理模块

(4) 巡航控制

巡航控制模块根据定速巡航使能信号以及当前车辆状态，判断是否进入或退出巡航功能，并在进入巡航功能后控制电机工作模式以及电机转速。图 18-24 为整车巡航控制策略。

根据加速踏板开度、挡位、电机转速和车速计算前进挡、倒挡和空挡时的需求转矩。

(5) 前进挡需求转矩

电机转速绝对值和加速踏板开度通过查表，得出一个前进挡的转矩系数；由系统放电功率限制值确定的转矩和电机最大转矩取小得到的转矩，与转矩系数相乘，得出前进挡需求转矩。

(6) 倒挡需求转矩

电机转速绝对值和加速踏板开度通过查表，得出一个转矩系数；整车车速通过查表，得出一个转矩的限值系数，将两个系数相乘后的结果与最大电机转矩相乘，再乘以设定的倒挡转矩系数（可标定），取反后得出倒挡需求转矩。

(7) 空挡需求转矩

空挡需求扭矩应为 0。判断是否进入能量回馈（滑行回馈或制动回馈）状态，并计算回馈力矩大小。根据制动踏板状态、当前电机转速、车速、电池 SOC、挡位、系统故障等信号，判断是否进入

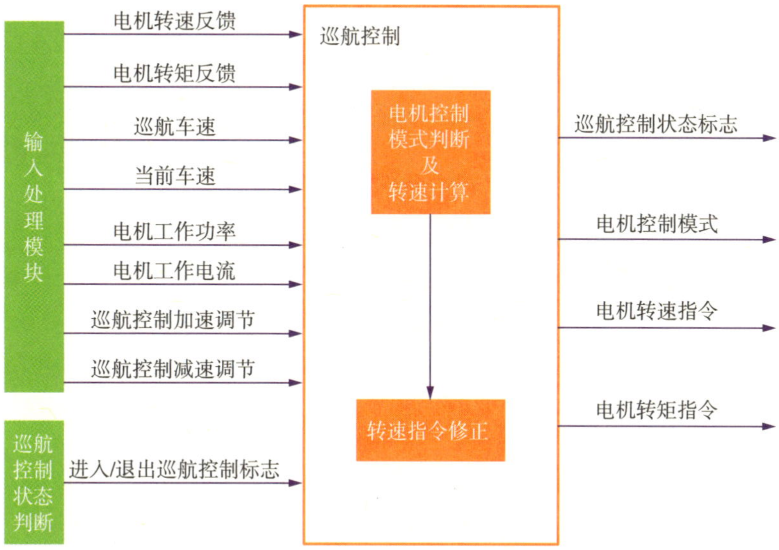

图 18-24　整车巡航控制策略

能量回馈，以及能量回馈类型（滑行回馈、制动回馈），并输出对应的回馈力矩需求。

（8）能量回馈模式的确定

当同时满足以下条件：

① 电机转速绝对值大于某一定值（可标定）；

② 加速踏板松开；

③ 动力电池 SOC 低于一定值（可标定）；

④ 系统高压连接；

⑤ 挡位处于 D 挡；

⑥ ABS 处于安全状态；

⑦ Disable EV 故障标志为 FALSE；

且若制动踏板踩下，进入制动能量回馈模式。若制动踏板不踩下，进入滑行回馈模式。

（9）滑行回馈转矩的确定

由电机转速绝对值和车速分别查表得出回馈转矩比例系数，取较小值作为速度比例系数；由最大滑行回馈功率和电机转速绝对值确定回馈转矩，再与最大回馈转矩相比取较大值；将其与速度比例系数相乘，得到滑行回馈转矩。

（10）制动回馈转矩的确定

由电机转速绝对值和车速分别查表得出回馈转矩比例系数，取较小值作为速度比例系数；由最大制动功率和电机转速绝对值相除得出回馈转矩，再与最大回馈转矩取较大值；将其与速度比例系数相乘，得到制动回馈转矩。

（11）转矩仲裁策略

应对电机的工况模式进行管理，包括前进挡、倒挡、零转矩和能量回馈模式。转矩仲裁策略如图 18-25 所示。

（12）转矩限幅滤波

为保证转矩安全，在最终的需求转矩前需要对转矩进行限值及滤波处理。图 18-26 为转矩限幅滤波控制。

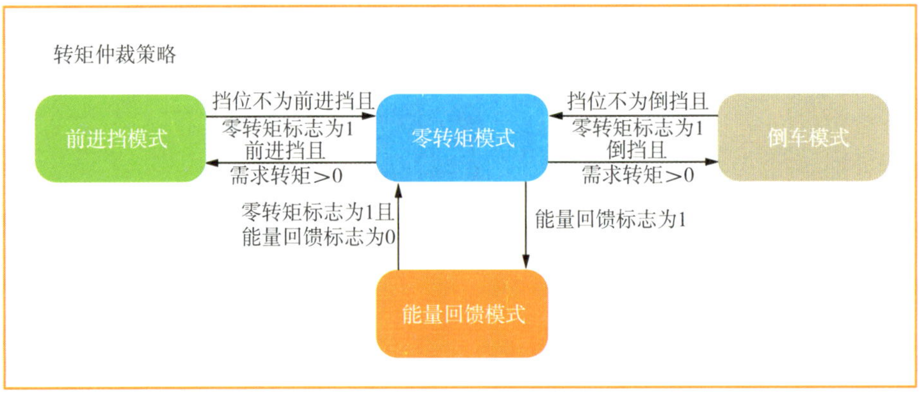

图 18-25　扭矩仲裁策略

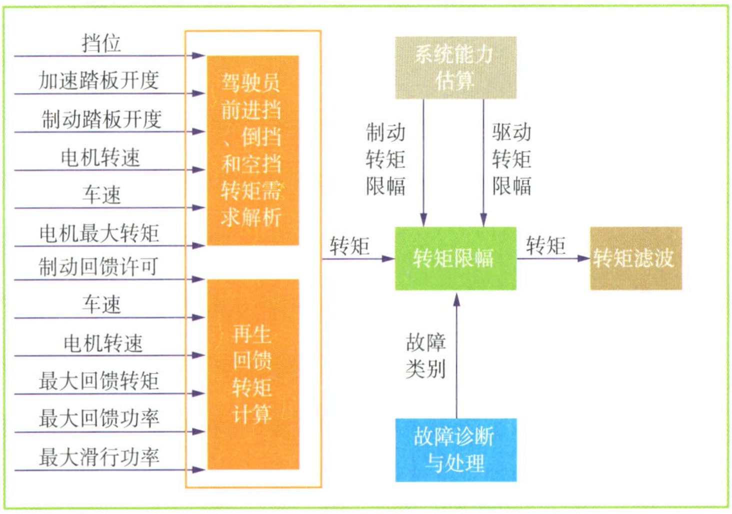

图 18-26　转矩限幅滤波控制

应对输出转矩进行正负变化率限制。转矩正变化率限制需要考虑加速踏板开度、加速踏板开度变化率、车速及挡位等因素；转矩负变化率限制需要考虑车速、加速踏板开度、加速踏板开度变化率、制动开关及挡位等因素。0 转矩附近使用更小的变化率限制。

应考虑不同工况模式切换时的转矩突变。由电机转矩的最大、最小限值对输出转矩进行限幅处理。为保证扭矩的安全，在最终输出的需求扭矩前需要做限幅处理。限值扭矩取自于系统能力估计模块输出的电机最大驱动力矩和发电力矩。若发生电机非使能故障或动力电池切断故障，电机扭矩输出 0。

（13）制动能量回馈控制

根据制动踏板和加速踏板信息、车辆行驶状态信息和 SOC 等识别制动回馈模式，计算制动转矩并将其发送给电机控制器，电机控制器进入发电模式工作，从而达到回收能量的目的。图 18-27 为制动回馈转矩控制逻辑。

当挡位处于 D 挡、未踩加速踏板、高压电池连接、车速/转速高于一定值、SOC 低于一定值，并且无系统故障时，则满足能量回馈条件。有制动信号为制动回馈；无制动信号则为滑行回馈。

18.5.6　挡位模式控制

挡位管理模块根据挡位请求、当前车辆状态等信号，判断是否允许换挡，并输出最终挡位状态。挡位模式控制策略应对当前挡位状态（D、N、R）及挡位切换条件进行管理。挡位间的切换动作如表 18-11 所示。

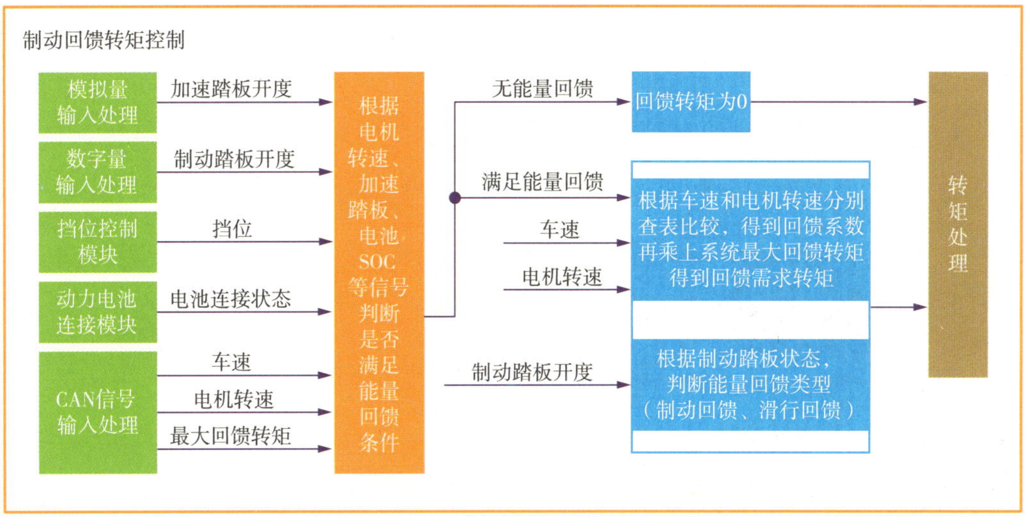

图 18－27 制动回馈转矩控制逻辑

表 18－11 挡位切换动作

	N 挡	D 挡	R 挡
N 挡	—	D2N	R2N
D 挡	N2D	—	R2D
R 挡	N2R	D2R	—

各个挡位切换动作的满足条件如表 18－12 所示。

表 18－12 挡位切换条件说明

切换动作	满足条件
D2N	① 当前挡位为 N 挡；或 ② 当前挡位为 R 挡且车速不小于 10km/h（可标定）
D2R	当前挡位为 R 挡且车速小于 10km/h（可标定）
R2N	① 当前挡位为 N 挡；或 ② 当前挡位为 D 挡且车速不小于 10km/h（可标定）
R2D	当前挡位为 D 挡且车速小于 10km/h（可标定）
N2R	① 当前挡位为 R 挡且电机静止；或 ② 当前挡位为 R 挡且电机反转且需求转矩小于 0.5Nm（可标定）；或 ③ 当前挡位为 R 挡且电机正转且车速小于 10km/h（可标定）；
N2D	① 当前挡位为 D 挡且电机静止；或 ② 当前挡位为 D 挡且电机正转且需求转矩大于－0.5Nm（可标定）；或 ③ 当前挡位为 D 挡且电机反转且车速小于 10km/h（可标定）；

挡位模式控制流程图如图 18－28 所示。

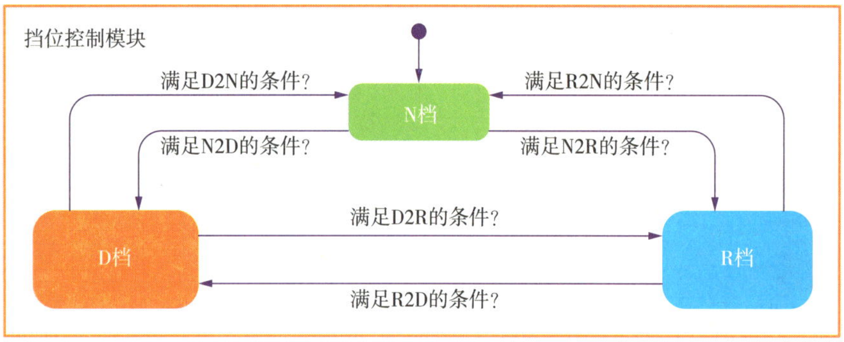

图 18－28 挡位控制流程图

18.5.7 电机模式控制

电机模式控制模块根据当前车辆状态、转矩请求及巡航控制等信号，对电机的模式进行控制，并输出的相应的转矩/转速请求。图 18－29 为电机模式控制模块。

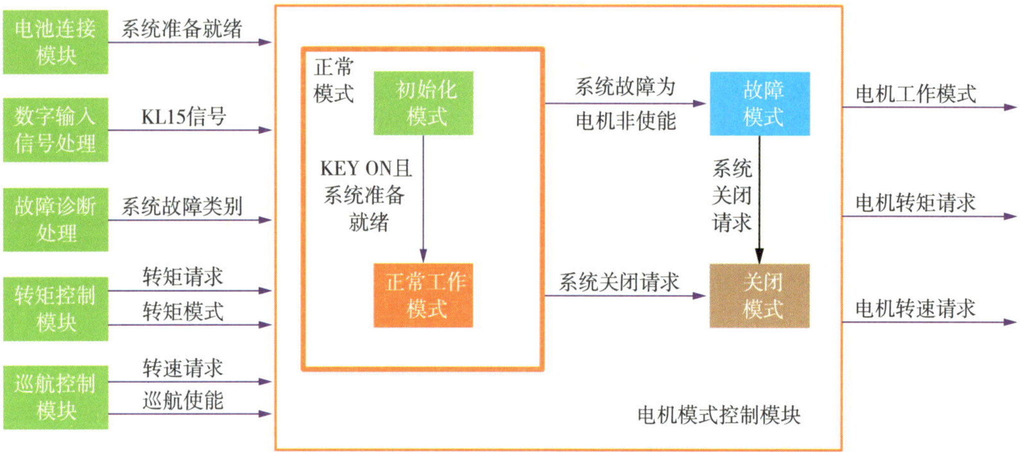

图 18－29 电机模式控制模块

（1）挡位管理

VMS 对电机的工作模式进行管理，并根据电机当前的工作模式给电机发使能或非使能指令，电机工作模式包括正常模式（初始化和正常工作模式）、故障模式、电机关闭模式。

（2）电机工作模式

在系统准备就绪且 KEY ON 有效，MCU 需进入正常工作模式。

若系统故障级别为电机非使能故障，MCU 需进入故障模式。

若检测到 KEY OFF 关闭请求，MCU 需进入关闭模式。

正常模式下应根据整车的驱动模式（负荷、能量回馈或巡航）、钥匙状态及动力电池连接状态等对电机的具体工作模式进行管理，包括转矩模式、转速模式和主动放电模式。

（3）电机使能控制

VMS 应根据电机当前的工作模式控制电机使能或非使能。

若电机模式为故障模式或关闭模式，VMS 需要给驱动电机发送非使能指令。

18.5.8 定速巡航控制

根据定速巡航使能信号以及当前车辆状态，判断是否进入/退出巡航功能，并在进入巡航功能后控制电机工作模式及目标车速。图18－30为定速巡航控制逻辑示意图。

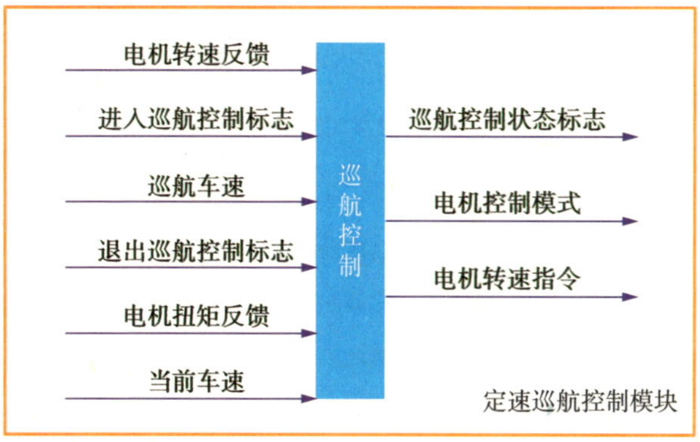

图18－30 定速巡航控制逻辑示意图

(1) 定速巡航模式进入条件

当车辆进入巡航模式时，车辆保持在所设定的车速行驶，无需驾驶员操纵加速踏板。巡航车速可调节，覆盖范围由低速到高速（10～80km/h，可标定），调节步长可标定。

进入定速巡航模式需同时满足：

① 系统准备就绪；

② 加速踏板松开；

③ 制动踏板松开；

④ 挡位为D挡；

⑤ 巡航使能开关ON；

⑥ 车速在一定范围内（上下限可标定）；

⑦ 动力系统无故障；

⑧ 系统不在跛行模式。

(2) 定速巡航模式退出条件

退出定速巡航模式只需满足下列条件之一：

① 关闭巡航使能开关；

② 制动踏板踩下；

③ 车速低不在预设车速范围内；

④ 整车故障。

整车故障具体描述为：当整车发生电机故障、油门故障、刹车故障、挡位故障、巡航信号故障、跛行（限功率）、挡位不是D挡时，都应关闭巡航。

进入巡航控制的条件满足后，先从原转矩控制模式切换至0转矩模式再进入转速控制模式。

设定的巡航车速范围，其最大值不应超过45km/h（可标定），最小值不低于10km/h（可标定）（与退出逻辑的标定量有关）；巡航控制车速可调整，但其变化梯度应做限制，且巡航车速的调整不能过于频繁。

根据电机的转速限值对巡航控制中的电机转速指令进行限制；如果巡航过程中MCU或者BMS报故障，应从转速控制模式进入0转矩模式，然后退出巡航控制。

当系统处于巡航状态时，应根据电池的SOC发出预警，提醒驾驶员巡航工况将要自动结束；进入巡航控制状态且电机反馈转矩为0时，开始定速巡航，根据设定目标车速给电机发送相应转速指令，并发送转速控制模式指令。

根据电机的过流保护限值、电机的工作电压范围，确定巡航的功率限制范围用于修正目标转速；根据电机实际转矩，电机的目标转速应该有一定的修正，用于避免电机出现过流。

18.5.9 系统能力估算

系统能力估算根据电池状态、电机效率等因素，对电池最大许用功率、电机最大驱动/回馈转矩进行估算，并经过比较计算，输出最终的系统最大能力。图 18－31 为系统能力估算逻辑。

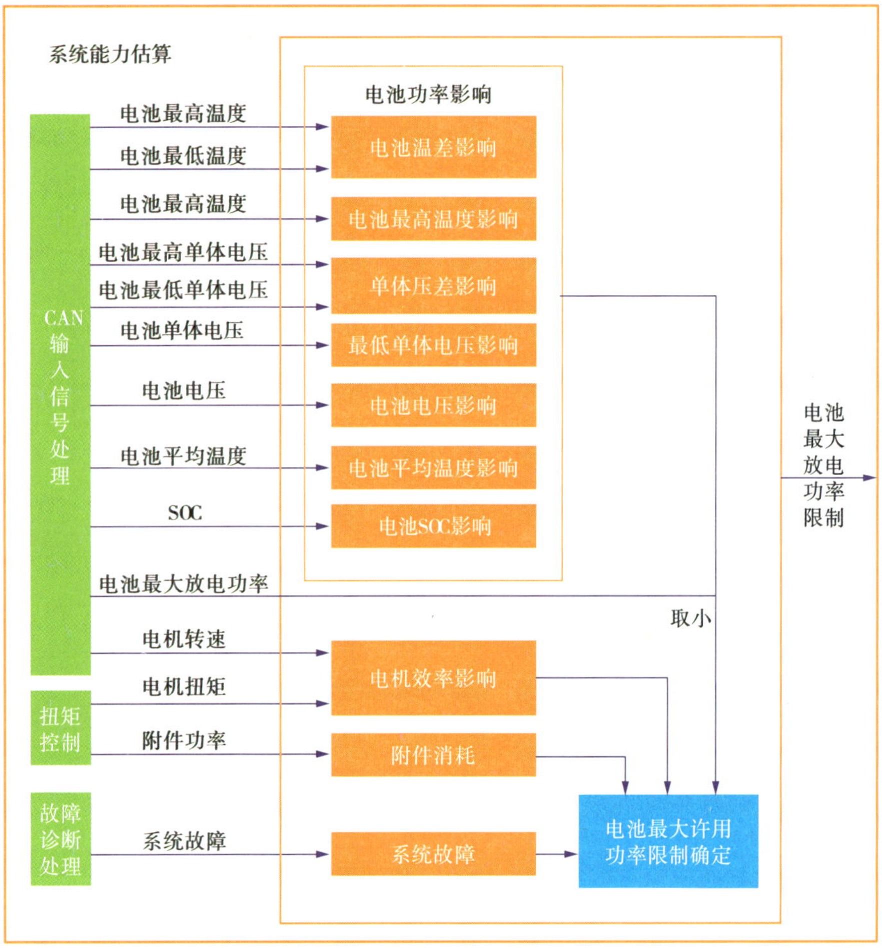

图 18－31　系统能力估算模块

为保证系统能正常工作，并且能最大程度地利用系统的能力，需要对电池最大许用放电功率、电机最大驱动转矩和发电转矩进行估算，系统能力估算策略包括：①电机最大驱动转矩和发电转矩；②电池最大放电功率限制。

电机最大驱动转矩和发电转矩的估算应考虑以下几方面的限制：①电池 SOC 过充；②电池 SOC 过放；③电机、电池过热；④电机超速；⑤电机、电池故障报警。

（1）电池 SOC 过充限制

根据由 SOC 确定的充电比例系数和电池的最大充电功率算出电池的许用充电功率，进而计算出当前电池的最大充电转矩。

（2）电池 SOC 过放限制

① 当 SOC 高于 20%（可标定）时，根据最大电池放电功率限制算出此时电池的最大输出转矩；

② 当 SOC 低于 20%（可标定）且高于 10%（可标定）时，根据 SOC 查表确定系统可用功率限值，进而计算出当前电池的最大放电转矩；

③ 当 SOC 低于 10%（可标定）时，电池的最大输出转矩为零；

④ 当系统进入跛行模式时，则根据跛行模式的功率限值（5kW，可标定）计算电池的最大放电转矩；

⑤ 当系统进入跛行模式且 SOC 低于 20%（可标定）时，则在 SOC 限定的功率和跛行功率中取小，根据该值进而计算出电池的最大放电转矩。

（3）电机、电池过热限制

① 分别根据电机、逆变器、电池最高单体温度、电池最低单体温度查表得到充放电功率限制系数并取小；

② 根据上面的充放电功率限制系数和当前最大驱动转矩计算出当前最大驱动转矩限制，取反得到最大发电转矩限制。

（4）电机超速限制

① 根据转速查找超速保护限制转矩表，得到超速保护修正系数；

② 电机超速转矩限制为超速保护修正系数与电机最大驱动转矩之积。

（5）电机最大驱动转矩和发电转矩估算

① 根据动力电池最大许用放电功率计算电机最大驱动转矩；

② 根据动力电池最大许用充电功率计算电机最大发电转矩；

（6）电机可用驱动转矩和可用发电转矩估算

① 将电机控制器发送的当前最大可用驱动转矩和通过电池最大放电功率计算的最大可用驱动转矩取小，得到电机可用驱动转矩；

② 电机控制器发送的电机当前最大可用发电转矩和通过电池最大充电功率计算的最大可用发电转矩取大（绝对值取小），得到电机可用发电转矩。

③ 如果系统发生故障需要进入跛行或停车，需要进一步做限制。

（7）电机、电池故障报警限制

若 BMS 或 MCU 故障报警，故障限制转矩为电机最大驱动转矩与限制系数（可标定）之积。

电池最大放电功率限制估算，如果 BMS 发送的最大放电功率考虑了 SOC、温度和电压等因素的影响，直接使用该值；反之，需要计算如下各因素的影响：

① 电池最高温度；

② 电池最低温度；

③ 电池最高单体电压；

④ 电池最低单体电压；

⑤ 电池电压；

⑥ 电机效率；

⑦ 附件功率；

⑧ 跛行模式标志；

⑨ 真空泵故障。

估算方法如下：

① 需考虑电池最高温度、电池温差、最低电池单体电压、单体压差和电池平均温度对功率的影响；

② 需考虑电机效率对电池放电功率的限制；

③ 需考虑附件功率的消耗对电池放电功率的影响；

④ 若跛行模式有效，电池最大放电功率限制为 0。

18.5.10 附件管理

附件管理包括低压 DC/DC 控制、空调控制、PTC 控制、冷却系统控制、仪表显示、气泵和油泵控制等。附件管理模块如图 18-32 所示。

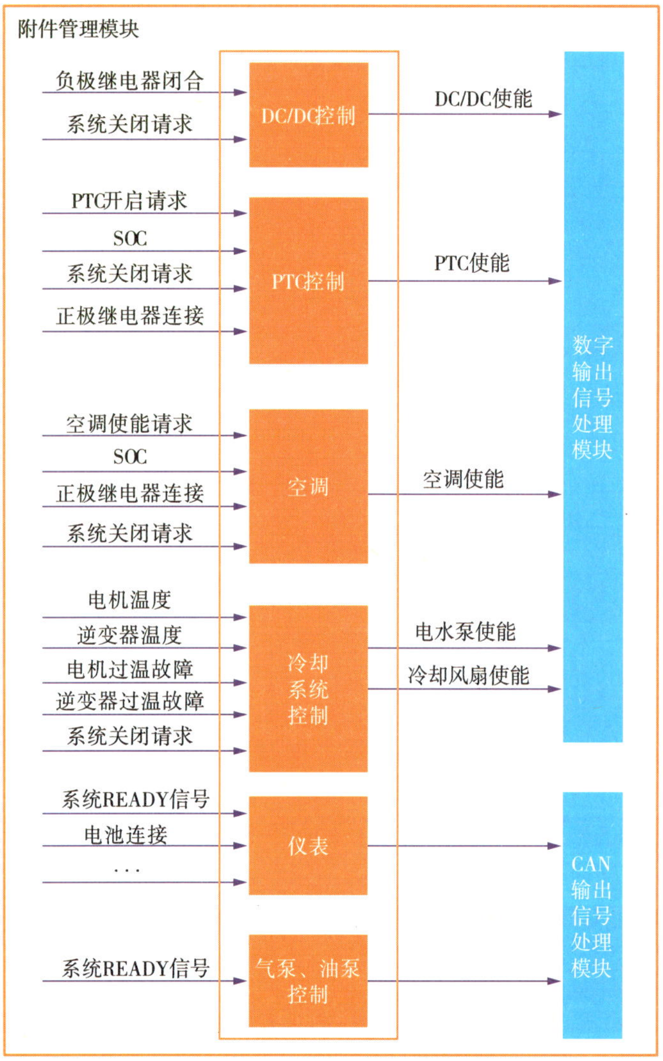

图 18-32 附件管理模块

VMS 通过识别各附件（低压 DC/DC、空调、制动真空泵、冷却系统等）的工作需求，控制其开启或关闭。

（1）低压 DC/DC 控制

低压 DC/DC 使能需同时满足以下条件：

① 动力电池负极继电器闭合；

② 无系统关闭请求（未检测到 KL15 信号关闭请求）；

③ VMS 通过 CAN 线发送使能信号。

当上高压电完成后，且 DC/DC 无故障时 VMS 发送使能信号，DC/DC 输出电压为 24V。图 18-33 为低压 DC/DC 控制逻辑。

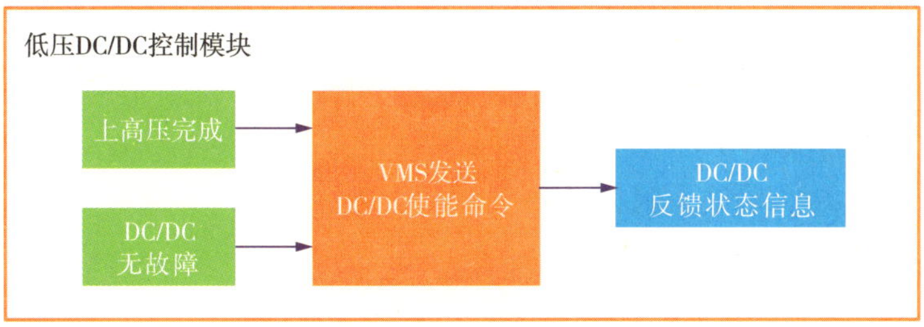

图 18 - 33 低压 DC/DC 控制模块

(2) 电动空调控制

空调使能需同时满足以下条件：

① 空调开启请求信号为 1；

② 高压电池 SOC 在许可范围（可标定）内；

③ 未检测到系统关闭请求信号；

④ 电池正极继电器已连接。

(3) 暖风 PTC 控制

PTC 开启需同时满足以下条件：

① 检测到 PTC 开启请求信号；

② 高压电池 SOC 在许可范围（可标定）内；

③ 未检测到系统关闭请求信号；

④ 电池正极继电器已连接；

⑤ VMS 通过 CAN 线发送使能信号。

当上高压电完成后，且 PTC - DC/AC 反馈无故障时，且 PTC 有请求信号时，且 SOC 在允许范围内，VMS 发送使能信号，PTC - DC/AC 输出电压为 220V。图 18 - 34 为暖风 PTC 控制逻辑。

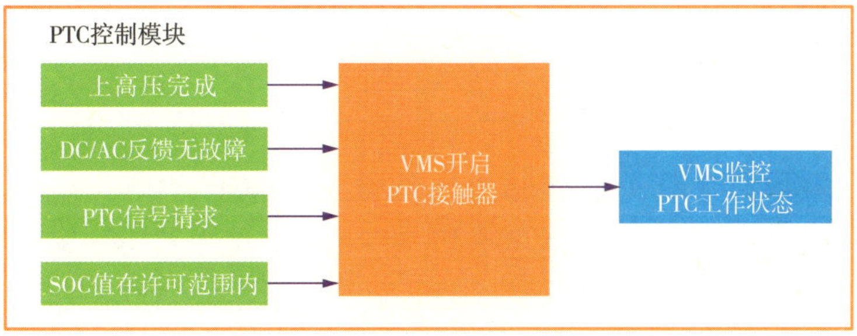

图 18 - 34 暖风 PTC 控制模块

(4) 冷却水泵控制

关于水泵控制，必须根据车辆的运行状态来控制电动水泵的通断，当电机一被使能，电动水泵就应开始工作，保证电机系统各部分的温度是平衡的，水泵使能应同时满足以下条件：

① 电机使能或附件电机使能；

② 未检测到 KL15 信号关闭请求。

当控制器或水温传感器的温度高于一定值，在钥匙 OFF 后，冷却水泵还要工作一定时间，该时间应可标定。

（5）冷却风扇控制

冷却风扇开启需满足以下条件：

① MCU 的温度超过一定值，或

② 电机的温度超过一定值，或

③ 附件电机控制器的温度超过一定值，或

④ 集成电机的温度超过一定值，或

⑤ MCU 发生温度传感器故障，或

⑥ 附件电机控制器发生温度传感器故障，且

⑦ 未检测到 KL15 信号关闭请求。

（6）仪表控制逻辑

仪表需要显示的信息及判断条件如下。

① 动力系统准备就绪：动力连接准备就绪标志为 TRUE 且系统没有请求关闭，仪表动力系统准备就绪指示灯点亮。

② 挡位：根据挡位模式模块输出的实际挡位（非挡位开关），仪表挡位指示灯的相应的挡位灯点亮。

③ 巡航指示：若整车进入定速巡航模式，巡航指示灯点亮。

④ SOC：仪表应指示蓄电池的剩余工作容量。

⑤ 电压：仪表应指示高压电池的电压。

⑥ 电流：仪表应指示高压电池的电流。

⑦ 转速：仪表应指示电机的即时转速。

⑧ 电机运行：电机正常运行时常亮。

⑨ 电机超速指示：若根据 MCU 反馈的电机转速超出限值（可标定）或反馈的电机超速故障为 TRUE，点亮电机超速指示灯。

⑩ SOC 警示：若 SOC 低于 20%（可标定），高压电池低电量报警指示灯点亮；若 SOC 低于 10%（可标定），高压电池低电量报警指示灯闪烁。

⑪ 充电线连接：若充电状态信号为 1，指示当前处于外接充电状态。

⑫ 电机过温故障：若电机过温警告灯状态为报警且系统没有请求关闭，电机过温警告灯常亮；若电机过温警告灯状态为故障且系统没有请求关闭，电机过温警告灯闪烁。

⑬ 电池故障：若高压电池故障状态为 TRUE 且系统没有请求关闭，高压电池故障状态指示灯点亮。

⑭ DC/DC 故障：若蓄电池电压低于 12V（可标定）或高于 15V（可标定），且系统没有请求关闭，DC/DC 故障指示灯点亮。

⑮ SOC 过低：若 SOC 低于 30%（可标定）且系统没有请求关闭，高压电池低电量报警指示灯点亮；若 SOC 低于 15%（可标定）且系统没有请求关闭，高压电池低电量报警指示灯闪烁。

⑯ 电池连接状态：若高压电池连接且系统没有请求关闭，电池连接状态指示灯点亮。

⑰ BMS 充电状态：若 BMS 发送的充电状态信号为 1 且系统没有请求关闭，指示当前处于外接充电状态；若再生制动标定为 TRUE，且 BMS 发送的充电状态信号不为 1，同时系统没有请求关闭，指示当前处理再生制动回馈状态。

⑱ 系统故障：若系统故障状态为 TRUE 且系统没有请求关闭，系统故障指示灯点亮。

⑲ CAN 故障：若 BMS 发送的 CAN 故障信号为 TRUE 且系统没有请求关闭，CAN 故障指示灯点亮。

⑳ 绝缘故障：若 BMS 发送的绝缘状态为故障级别 1 且未检测到系统关闭请求，绝缘故障指示灯常亮；若 BMS 发送的绝缘状态为故障级别 2 且未检测到系统关闭请求，绝缘故障指示灯闪烁。

㉑ 电池过热故障：若电池过热警告灯状态为报警且系统没有请求关闭，电池过热警告灯常亮；若电池过热警告灯状态为故障且系统没有请求关闭，电池过热警告灯闪烁。

㉒ 高压互锁：若外部充电线连接状态为 TRUE 且车速小于 5km/h（可标定）时，高压互锁状态指示灯点亮。

其他仪表需要显示的信息，包括 SOC、车速、电机转速、电池电压和电池电流，取自于 VMS 从动力 CAN 上接收的信号。

（7）油泵 DC/AC 控制

转向油泵使能应同时满足以下条件：

① 高压上电完成；

② 附件电机使能；

③ 未检测到 KL15 信号关闭请求。

VMS 通过 CAN 线发送使能信号。当上高压电完成后，且油泵 DC/AC 反馈无故障时，VMS 发送使能信号，DC/AC 输出电压为 220V，油泵常转。图 18－35 为油泵 DC/AC 控制逻辑。

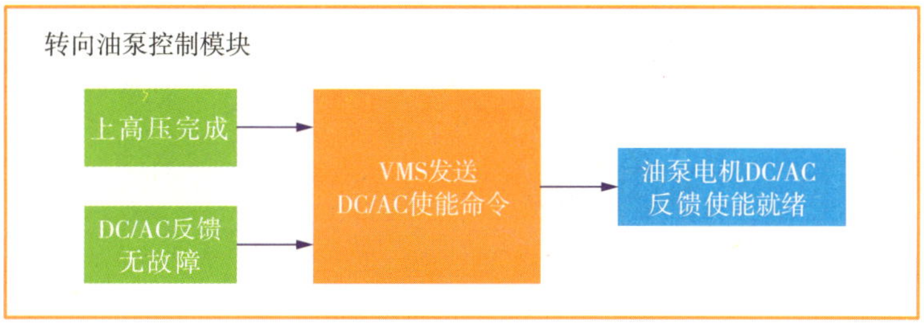

图 18－35　油泵 DC/AC 控制逻辑

（8）气泵 DC/AC 控制

气泵使能应同时满足下列条件：

① 高压上电完成；

② 附件电机使能；

③ 未检测到 KL15 信号关闭请求。

VMS 通过 CAN 线发送使能信号，当上高压电完成后，且气泵 DC/AC 反馈无故障时，且气压压力未报警时，且温度未报警时，VMS 发送使能信号，DC/AC 输出电压 220V 电压。图 18－36 给出了气泵 DC/AC 控制逻辑。

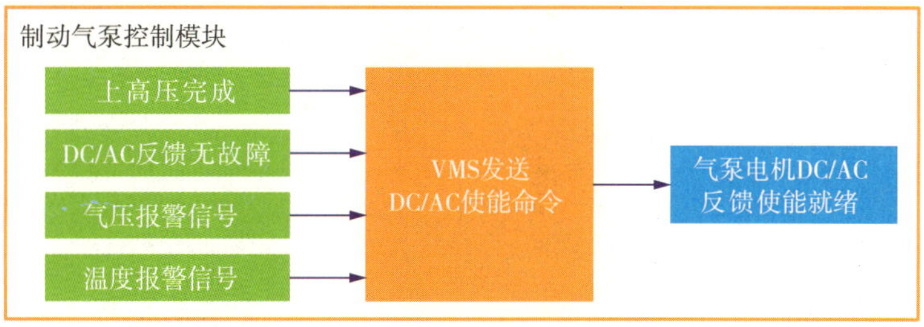

图 18－36　气泵 DC/AC 控制逻辑

(9) 制动真空泵控制

制动真空泵开启需满足以下条件之一：

① 制动真空压力信号低于 40kPa（可标定）；

② 检测到紧急制动信号；

③ 真空泵漏气故障；

④ 真空泵失效故障。

(10) 故障诊断处理

故障诊断处理：VMS 通过对硬件接口信号的故障诊断、关键部件（BMS、MCU）及附件的故障诊断来确定系统的故障级别，根据故障的不同程度，使车辆跛行（降功率）运行或系统关闭。图 18－37为故障诊断模块。

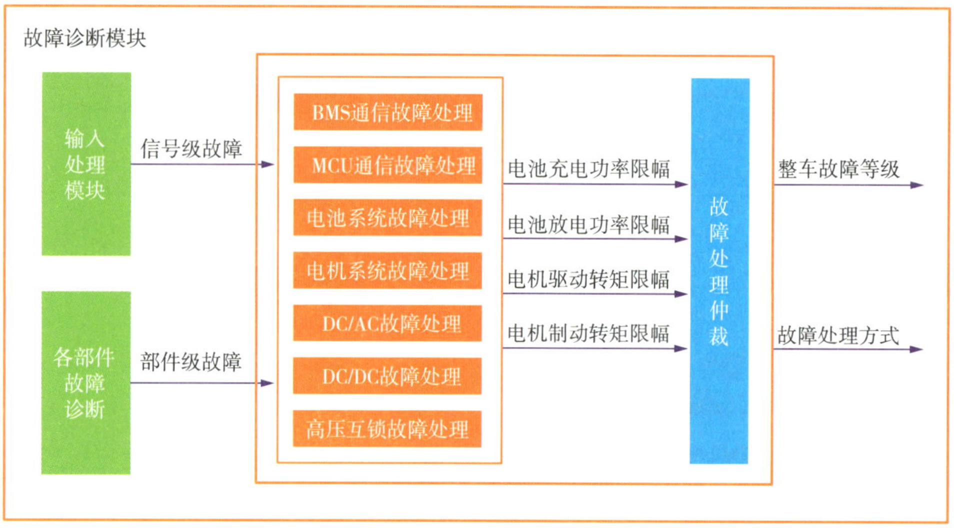

图 18－37　故障诊断模块

故障诊断包括信号级故障诊断和部件级故障诊断。VMS 通过 BMS、MCU 等控制器发送的故障信息以及 VMS 自己诊断的故障信号，通过分级处理，输出最终的处理方式及处理结果。图 18－38 为故障诊断逻辑。

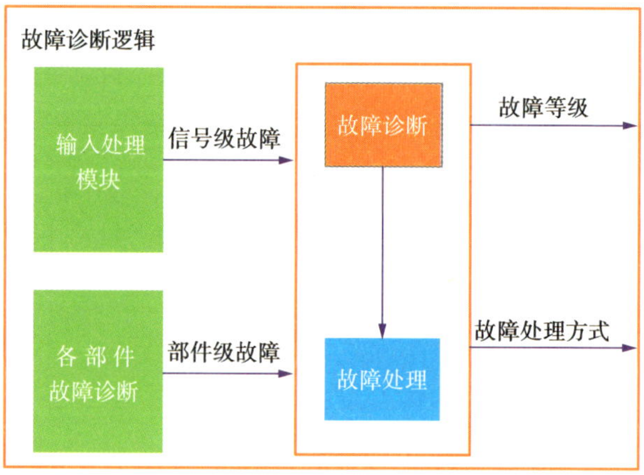

图 18－38　故障诊断逻辑

输出信号处理功能包括：信号级故障诊断；部件级故障诊断；系统级故障诊断。

① 信号级故障诊断

a. 对整车 CAN 网络中与 VMS 交互的节点（BMS、MCU、TCU、DC/DC、DC/AC、IP 等）进行 CAN 失效故障等级判断；

b. 根据 CAN 失效故障等级确定部件故障等级；

c. 根据 CAN 失效故障等级确定系统故障等级。

② 部件级故障诊断

a. 对各控制器（BMS、MCU、TCU、DC/DC、DC/AC、IP 等）上传的各部件故障类型信息进行处理；

b. 根据部件故障信息确定部件故障等级；

c. 根据部件故障信息确定系统故障等级。

③ 系统级故障诊断

a. 比较信号级和部件级的部件故障等级，确定部件故障等级；

b. 比较信号级和部件级的系统故障等级，确定系统故障等级。

④ 故障处理

a. 故障处理方式包括电机限转矩、电机非使能、断开高压；

b. 根据 CAN 失效故障信息和控制器上传的故障信息分别做出故障处理；

c. 比较信号级和部件级的故障处理方式，取最高级别作为最终故障处理方式；

d. 根据系统故障等级确定系统故障灯的状态。

⑤ 故障处理策略

整车故障分为三级，分别是一般故障、严重故障、致命故障。一般故障降功率；严重故障准备切断动力，断高压；致命故障立即切断动力，断高压。故障等级的分类见表 18－13 所示。

表 18－13 故障等级分类

故障等级	故障描述	处理措施
一级故障	电机发送降功率故障	VMS 不做额外处理，电机将最大放电扭矩和发电扭矩降低，VMS 扭矩命令相应降低
	电机额定电压 70%＜电池总电压＜电机额定电压 75%	VMS 不做额外处理，电机将最大放电扭矩和发电扭矩降低，VMS 扭矩命令相应降低
	电池最大放电功率＜电机最大放电功率	VMS 主动限速
	10V＜低电压＜12V	VMS 主动限速
	转向电机不工作，且车速小于 50km/h	VMS 主动限速
	制动电机不工作，且气压高于上限值	VMS 主动限速
	上高压时，DC/DC 故障	禁止上高压
	上高压时，BMS 故障	禁止上高压
	上高压时，电机故障	禁止上高压
	上高压时，制动故障	禁止上高压
	上高压时，油泵故障	禁止上高压
	VMS 检测到与 BMS CAN 离线	VMS 主动限速
	VMS 检测到与转向电机 CAN 离线，且车速小于 50km/h	VMS 主动限速
二级故障	电机发送请求主动断电故障	VMS 不做额外处理，电机将最大放电扭矩和发电扭矩降为 0，VMS 扭矩命令相应降低
	电池发送请求下高压故障	VMS 扭矩输出为 0
	VMS 检测到与 BMS CAN 离线	VMS 扭矩输出为 0
	电池总电压小于电机额定电压的 70%	VMS 扭矩输出为 0
	制动电机不工作，且气压接近下限值	VMS 扭矩输出为 0
	9V＜低电压＜10V	VMS 扭矩输出为 0

（续表）

故障等级	故障描述	处理措施
三级故障	电机发送立即断电故障	VMS 下高压
	电池发送立即下高压故障	VMS 下高压
	低电压大于 18V	VMS 下高压

各类信号故障和部件上传的故障信息包括以下内容：

① CAN 失效故障

对整车 CAN 网络中与 VMS 交互的节点（BMS、MCU、DC/DC 等）进行 CAN 失效故障等级判断，根据 CAN 失效故障等级确定信号故障等级。

② 硬线信号故障

对硬线信号进行对地短路、对电源短路故障诊断，并确定信号故障等级。

③ 高压环路互锁故障信息

通过硬线输入的高压环路互锁信号，判断是否存在故障，并根据电池电流判断故障等级。

④ 电池故障信息

总电压过压、单体电压过压、总电压欠压、单体电压欠压、充电过流、放电过流、温度过高、温度过低、温度不均衡、电压不均衡、SOC 过高、SOC 过低、绝缘故障等。

⑤ 电机故障信息

母线过流、IGBT 故障、相电流过流、母线电压过压、电机超速、电机过热、控制器过热、母线电压欠压、相电流过载、总线故障、IGBT 过热、电流传感器故障、电机温度传感器故障、控制器温度传感器故障、位置传感器故障、堵转故障等。

⑥ 集成电机故障信息

电机超速、电机过热、控制器过热、电机过流、旋转变压器故障、总线故障、电流传感器故障、电机温度传感器故障、控制器温度传感器故障、电流传感器故障等。

⑦ 车载充电机故障信息

IGBT 过温故障、高压输出过压故障、高压输出欠压故障、高压输出反接故障、低压输出过压故障、低压输出欠压故障、输入端过压故障、输入端欠压故障、高压输出过流故障、高压输出欠流故障等。

⑧ DC/DC 故障信息

输出过流、输出欠流、输出欠压、输出过压、输入异常、过温、欠温等。

⑨ 故障处理

根据信号级故障等级以及部件级故障等级综合考虑故障处理方式。故障处理方式包括：电机限转矩（跛行）、电机非使能、动力电池切断和停车。

第四部分

试制验证

前面三个部分分别阐述了整车开发过程中的概念研究、规格设计和工程开发三个阶段需解决的问题，但前三个阶段都分别处于思考或纸上研究的阶段。本书第四个部分则为整车的试制验证阶段，将分别介绍怎样试制工程样车、怎样调试与验收、怎样优选零部件供应商、怎样验证以及怎样进行公告认证等内容。

19　试制采购

本章主要讲述工程样车的零部件采购定点方法以及样车试制需求、装配、调试和验收标准等内容。

19.1　样车试制需求

在开始试制工程样车前，需要做一些基本准备。

19.1.1　试制设备需求

电动汽车与传统汽车最大的区别在于电动汽车上有高压零部件，在装配过程中，此类零部件有可能在无声息中伤害人体，因此，关于试制设备需求，要围绕此安全问题开展。对试制电动汽车设备方面的需求有：

（1）直流快速充电桩两个，充电功率不低于35kW，用于给装配后电动汽车补电；

（2）绝缘弯钩一把，以备出现触电事故时，现场人员可以及时施救，不至于在施救过程中导致二次伤害；

（3）叉车一台，用于搬运以及手工装卸动力电池，动力电池通常来说非常沉重且贵重，仅仅用人手力或天车难以完成装配任务；

（4）具备举升能力的平板车，用于将动力电池从底盘腹部下进行装配；

（5）用于例行以及随时检查正常绝缘电阻以及底盘电位均衡情况的绝缘表、万用表；

（6）绝缘手套不低于4双，配给高压零部件装配人员，且装配过程中必须穿戴；

（7）绝缘鞋不低于4双，配给高压零部件装配人员，且装配过程中必须穿戴。

19.1.2　试制场所需求

电动汽车对试制场所有异于传统车的要求，主要原因在于上述已提及过的高压安全问题。此外，动力电池本身是一个化学能量存储单元，由于其自身的不稳定性，有可能产生火灾隐患等重大问题。因此，对试制电动汽车的场地需求如下：

（1）试制工位地面涂上绝缘地胶，或配备绝缘地垫，保证装配高压零部件的过程是在绝缘地面上完成。

（2）试制工位为专门的区域，需明显标识或用围栏围住，非专门人员不得进入，保证在装高压零部件过程中没有其他闲杂人员进入高压危险区域。

（3）动力电池库房不少于1间，放置尚未使用过的动力电池，具备温度湿度调节能力以及实时监控能力。

（4）旧动力电池库房不少于1间，或者有专门隔离的区域，放置已使用过的动力电池，具备烟雾报警以及自动灭火能力，防止废弃的动力电池带来火灾隐患。

（5）配备消防水龙头以及防火毯。动力电池着火时禁止采用泡沫灭火器，因为动力电池自身通过电化学反应释放能量，常规泡沫灭火器不能起到灭火效用。由于动力电池是一个新生事物，目前没有针对动力电池专门的灭火器材。根据当前实际采用的方法来看，采用水基灭火较为有效，因为水一方面可以降温，另一方面可以短路让动力电池正负极自行快速释放能量。但水的加入，可能会导致电化学反应产生一些具有副作用的化学物质释放出来。关于动力电池灭火方法和标准，国内外相关组织机构现正在研究开发和制定中。

19.1.3 试制人员需求

如上所述，由于存在高压零部件，特别是装配过程中动力电池属带着巨大电能量的部件，其他高压用电零部件的连接也将在电动汽车的使用过程中带有高压电，因此，只有具备专门资质的工作人员才能装配高压零部件。对试制人员的要求如下：

（1）试制操作人员必须遵守企业的相关管理规定；

（2）高压相关系统的试制人员必须具备高压上岗证，需求人数不少于2人；

（3）该类车型试车驾驶员不少于2人；

（4）试制中心成立专门的电动车试制小组，设置专门对口人员及应急处理程序。

19.1.4 过程质量控制

表19－1给出了试制过程质量控制（如技术资料的审核及生准单、工艺文件的编制等）要求。

表19－1 试制过程质量控制要求

序号	项 目	内 容	交付物
1	试制描述书的审核	由工艺科科长负责接收试制项目描述书，并对项目描述书的内容进行审核，确保信息的准确性。	①试制描述书问题汇总。
2	生准单编制、审核及审批流程	① 由工艺科负责试制生准单的编制及流程的提交并负责审批流程的协调签批，确保在规定的时间内完成任务； ② 整车生准单与标准件生准单单独编制下发，标准件的数量根据库存数量进行调整。	① 整车生准单； ② 标准件生准单。
3	装配图的审核	① 对下发的装配图进行审核，确保装配图的准确性，便于后期指导装配； ② 对装配图按五大系统进行分类，并编制装配图明细，便于试制过程中查阅。	技术资料问题汇总。

（续表）

序号	项 目	内 容	交付物
4	工艺文件的编制	① 样车基本状态表； ② 样车质量控制要素表； ③ 装配明细表； ④ 样件配送清单； ⑤ 样车交车手册。	① 样车基本状态表； ② 样车质量控制要素表； ③ 装配明细表； ④ 样件配送清单； ⑤ 样车交车手册。

表 19－2 给出了试制过程零部件组织办法。

表 19－2 试制过程零部件组织

序号	项 目	工作内容	交付物
1	整理生准计划中的零部件	从系统提取样车生准单，下载、合并、筛选、汇总、打印、编辑到共享零部件平台，完成后转发。	采购计划
2	专用件组织	专用件由采购管理本部负责下发采购订单，加强对采购管理部样件到位情况的管理，及时办理送检入库。	专用件
3	通用件组织	主要由事业部零部件组织调度、样件到位入库办理、会议协调事项的安排、计划进展情况的检查。	通用件
4	结算	零部件费用报批与结算。	结算审批报告

对零部件的质量控制，有下列要求。

① 专用件：依照技术资料对零部件进行 100％检测，具体流程按《专用件检验管理办法执行》；

② 通用件：进行部分抽检。

19.1.5 装配过程管理

电动车工程样车的试制验证，对试制现场的装配验证工作及技术服务均做出了相关要求与规定，目的是确保在顺利完成试制任务的前提下，最大化地暴露出设计及零部件质量等方面的问题，最终保证试制样车的质量。整车装配过程的具体管理内容见表 19－3 所示。

表 19－3 整车装配过程管理流程

序号	项 目	内 容	要 求	负责部门
1	过程的质量控制和监督	工艺人员要现场跟踪装配全过程，并协同工段按工艺流程检查卡对过程进行检查和记录。	保证整个过程可控制和可追溯。	工艺科 试制车间
2	工艺技术指导和工艺纪律的监督	对装配图进行现场解读，指导和检查装配的符图性。对主要控制要素和线束、管路、标准件的装配进行严格监督。	使整个过程按规范程序进行。	
3	试制问题的纪录、反馈和处理	①试制问题的发现要及时，试制信息要在 1 个工作日内反馈给专业所；②通过质量管理系统、邮件、电话加强对设计人员的沟通、调度，要求设计员对问题必须及时现场确认；③反馈的信息需图片化、数字化、图号化，杜绝模棱两可的问题描述；④试制过程发生的问题要求 100％由设计主管签字确认。	①确保问题反馈的及时性、真实性；②确保原因分析的确定性；③保证第一时间通知设计主管工程师。	工艺科

（续表）

序号	项　目	内　　容	要　求	负责部门
4	试制过程装配要求	①在试装过程中严格按照计划安排进行装配；②在装配过程中需拧紧力矩要求的，试装人员要严格按照力矩要求进行拧紧，拧紧后用油性彩笔做好记号；③在装配过程中如果遇到不能正常装配，需要对零件进行改制的，必须经过设计人员同意并出具改制方案后方能够进行现场改制，严格禁止私自进行改制或强行装配；④装配过程中必须严格按装配图要求进行装配，如果有什么问题及时向工艺员联系；⑤要求工艺员、设计人员跟踪整个装配过程，记录问题，现场拍照；⑥所有零件装配必须由设计主管确认安装。		试制车间工艺科
5	严格按照日常安排进行试装	工艺科按照工艺路线及节拍编制《试制样车装配日程安排》，在装配过程中需严格按照日常安排的进度进行。		试制车间
6	工作目标	①装配质量目标：AUDIT 评审扣分值 400 分；②问题反馈准确度目标：95%；③安全目标：无任何安全问题。		试制中心
7	样车静态检验	①整车安全项目检验；②一般装配项目检验；③车身油漆涂装及外观项目质量检验；④车身本体质量检验；⑤电器及仪表质量检验；⑥润滑密封质量检验；⑦按照装调技术条件和强制检查项目表进行检查，对工段自检项目《试制样车自查项目表》进行抽查；⑧样车车检查完后，编制检验报告，提交报告。	应符合：①国家标准；②行业标准；③企业标准；④汽车装配、调整、验收技术条件；⑤设计要求。	质量检验科
8	上线检测	排放、车速、制动、侧滑、灯光、声级进行检测。	应符合相关标准，符合检测线规定。	质量检验科
9	动态路试	①转向系统的回正性能；②转向系统的轻便性能；③整车的直线行驶性能；④整车的加速性能测试；⑤变速操纵系统的方便性和轻便性；⑥变速器挡位与换挡标识的一致性；⑦传动系统行驶中有无异响和温度偏高的现象；⑧制动系统的可靠性和制动稳定性测试；⑨各类仪表显示的是否正常、有效；⑩检查整车的油、水、气、电、有无渗漏的现象；⑪复检静态部分问题整改情况。	应符合国家标准，行业标准，企业标准及汽车装配、调整、验收技术条件，满足设计要求。	质量检验科
10	样车评审	①底盘装配完成后提交底盘评审报告；②车身与底盘合装后提交整车评审报告；③制作评审幻灯片，描述清楚试制过程中的问题。	暴露样车问题点，保证设计的符合性。	工艺科
11	评审整改	工艺员汇总提出评审问题的整改要求，交工段进行整改，并对整改的过程进行跟踪、检查和确认。	减少装配工艺问题，对新制件再次确认。	工艺科试制车间
12	合格证办理	试制样车上线检测合格，静态、动态问题整改到位，发放合格证。	符合试制车辆内部周转合格证管理办法的要求。	质量检验科

19.1.6 动态力矩清单

表 19-4 为整车装配过程中各类动态力矩的清单。

表 19-4 整车装配过程中动态力矩情况

序号	操作内容	动态力矩范围（Nm）	紧固数量
1	连接板与车架纵梁固定螺栓 Q1841025F30	41～51	16
2	电机固定螺栓 Q1841025F30	41～51	8
3	软垫与减振块组件支架紧固螺母 Q32312F30	78～96	4
4	软垫与连接板紧固螺母 Q32012F30	73～89	8
5	钢管接头与接头体拧紧力矩 Φ12×1	45～65	8
6	尼龙管接头与接头体拧紧力矩 Φ12×1.5	32～42	34
7	尼龙管接头与接头体拧紧力矩 Φ8×1	25～30	10
8	尼龙管接头与接头体拧紧力矩 Φ6×1	16～20	2
9	转向拉杆球头螺母紧固力矩	180～220	2
10	前桥车轮螺母拧紧力矩	396～465	12
11	直拉杆管夹紧固螺母拧紧力矩	70～90	1
12	横拉杆调整螺母拧紧力矩	180～220	2
13	后桥车轮螺母拧紧力矩	396～465	12
14	传动轴法兰连接螺栓紧固力矩	130～160	8
15	前车门铰链螺栓	28～34	20
16	翻转机构与车身地板连接螺栓	105～128	6
17	翻转机构与车架连接的螺栓	160～195	8
18	限位板安装螺栓	182～222	1
19	安全带紧固螺栓	45～60	8
20	座椅紧固螺栓	21～25	14
21	转向器紧固力矩	73～89	4
22	转向电机支架固定螺栓力矩	46～56	8
23	转向电机泵总成固定螺母紧固力矩	73～89	8
24	管路接头拧紧力矩	46～56	4
25	转向节与转向器输入轴固定螺栓力矩	41～51	1
26	转向管柱固定螺栓力矩	41～51	4
27	方向盘锁紧螺母力矩	40～50	1
28	前悬架骑马螺栓紧固力矩（M16×1.5）	199～243	8
29	前悬架前簧前卷耳螺母（M18×1.5）	287～336	2
30	前悬架前簧后吊耳螺母（M18×1.5）	287～336	4

（续表）

序号	操作内容	动态力矩范围（Nm）	紧固数量
31	后悬架骑马螺栓紧固力矩（M20×1.5）	396～465	8
32	前减振器上端固定螺母拧紧力矩	40～55	2
33	前减振器下端固定螺母拧紧力矩	78～96	2
34	后悬架板簧吊耳限位螺栓拧紧力矩	40～55	6
35	后减振器下端固定螺母拧紧力矩	78～96	2
36	后减振器上端固定螺母拧紧力矩	40～55	2

除上述关键紧固力矩外，一般紧固力矩按常规要求执行。

19.1.7 试制问题报告

为更好地记录、跟踪、解决与优化试制过程关键问题，现已开发了试制问题报告 BIR 作为试制关键问题记录模板，表 19-5 为该记录模板情况。

表 19-5 试制问题报告 BIR 模板

<table>
<tr><td>问题零部件</td><td colspan="5"></td></tr>
<tr><td>问题零部件编号</td><td colspan="5"></td></tr>
<tr><td>问题发现地点</td><td colspan="5"></td></tr>
<tr><td>问题发现时间</td><td colspan="5"></td></tr>
<tr><td>问题发现人</td><td colspan="5"></td></tr>
<tr><td colspan="6">问题描述</td></tr>
<tr><td>问题等级</td><td colspan="5"></td></tr>
<tr><td>问题概述</td><td colspan="5"></td></tr>
<tr><td colspan="6">问题详述</td></tr>
<tr><td colspan="6"></td></tr>
<tr><td colspan="6">现场图片</td></tr>
<tr><td>问题描述部门</td><td></td><td>问题描述人</td><td></td><td>问题描述时间</td><td></td></tr>
<tr><td colspan="6">原因分析</td></tr>
<tr><td colspan="6"></td></tr>
</table>

（续表）

责任部门		责任人		要求完成时间		实际完成时间	
短期措施							
责任部门		责任人		要求完成时间		实际完成时间	
长期措施							
责任部门		责任人		要求完成时间		实际完成时间	
措施验证方法							
责任部门		责任人		要求完成时间		实际完成时间	
措施验证结果（附试验报告）							
责任部门		责任人		要求完成时间		实际完成时间	
跟踪结果							
实施进度	正常状态		问题状态		开		

表 19－6 为试制问题报告 BIR 表格的备注事项。

表 19－6　试制问题报告 BIR 备注事项

<table>
<tr><td>问题等级分类</td><td>一级</td><td>二级</td><td>三级</td><td colspan="3">一级为轻微问题，二级为中等问题，三级为最严重问题</td></tr>
<tr><td>实施进度标识</td><td>正常状态</td><td>警告状态</td><td>报警状态</td><td>问题状态标识</td><td>开</td><td>关</td></tr>
<tr><td colspan="7">时间节点规定</td></tr>
<tr><td>原因分析</td><td>2 个工作日</td><td colspan="5">“完成时间”超过“要求完成时间”一天进入“警告”、超过“要求完成时间”三天及以上进入“报警”</td></tr>
<tr><td>短期措施</td><td>2 个工作日</td><td colspan="5">“完成时间”超过“要求完成时间”一天进入“警告”、超过“要求完成时间”三天及以上进入“报警”</td></tr>
<tr><td>长期措施</td><td>3 个工作日</td><td colspan="5">“完成时间”超过“要求完成时间”两天进入“警告”、超过“要求完成时间”四天及以上进入“报警”</td></tr>
<tr><td>措施验证方法</td><td>3 个工作日</td><td colspan="5">“完成时间”超过“要求完成时间”两天进入“警告”、超过“要求完成时间”四天及以上进入“报警”</td></tr>
<tr><td>措施验证结果</td><td colspan="6">视情况而定</td></tr>
</table>

从表 19－5 和表 19－6 可以看出，试制问题报告 BIR 不仅是发现问题，而且要求记录试制过程出现的问题及相应随后的解决措施，并要求相关人员尽量快速解决试制过程中的问题。

19.2　电动汽车装配

本书还规定了轻卡系列电动载货汽车及底盘的型号、基本参数、技术要求、试验方法、检验规则及质量保证等，本装配标准适用于轻卡系列纯电动载货汽车及底盘。

19.2.1　规范引用文件

下列文件对于本文件的应用是必不可少的，凡是注日期的引用文件，仅注日期的版本适用于本文件；凡是不注日期的引用文件，其最新版本（包括所有的修改单）适用于本文件。装配过程中需遵守的标准有：

（1）GB 1589《道路车辆外廓尺寸、轴荷及质量限值》；

（2）GB 4094《汽车操纵件、指示器及信号装置的标志》；

（3）GB/T 4094.2《电动汽车操纵件、指示器及信号装置的标志》；

（4）GB 4785《汽车及挂车外部照明和信号装置的安装规定》；

（5）GB 7258《机动车运行安全技术条件》；

（6）GB 11567.1《汽车和挂车侧面防护要求》；

（7）GB 11567.2《汽车和挂车后下部防护要求》；

（8）GB 15082《汽车用车速表》；

(9) GB 15742《机动车用喇叭的性能及试验方法》;

(10) GB/T 18384《电动汽车安全要求》;

(11) GB/T 18488《电动汽车用驱动电机系统》;

(12) GB/T 19596《电动汽车术语》;

(13) GB/T 19836《电动汽车用仪表》;

(14) GB/T 31485《电动汽车用动力蓄电池安全要求及试验方法》;

(15) GB/T 31486《电动汽车用动力蓄电池电性能要求及试验方法》;

(16) GB/T 31467《电动汽车用锂离子动力蓄电池包和系统》;

(17) GB/T 29123《示范运行氢燃料电池电动汽车技术规范》;

(18) GB/T 27930《电动汽车非车载传导式充电机与电池管理系统之间的通信协议》;

(19) GB/T 24552《电动汽车风窗玻璃除霜除雾系统的性能要求及试验方法》;

(20) QC/T 223《自卸汽车性能试验方法》;

(21) QC/T 626《汽车玻璃升降器》;

(22) QC/T 636《汽车电动玻璃升降器》;

(23) QC/T 646.1《汽车粉尘密封性试验方法粉尘洞法》;

(24) QC/T 743《电动汽车用锂离子蓄电池》;

(25) QC/T 900—1997《汽车整车产品质量检验评定方法》;

(26) QC/T 29104《专用汽车液压系统液压油固体污染度限值》;

(27) QC/T 29105.1《专用汽车液压系统液压油固体污染度测试方法术语及其定义》;

(28) QC/T 29105.3《专用汽车液压系统液压油固体污染度测试方法取样》;

(29) QC/T 29105.4《专用汽车液压系统液压油固体污染度测试方法显微镜颗粒计数法》。

19.2.2 整车尺寸要求

装配过程中，整车尺寸要求如下：

(1) 汽车及其零部件应按经规定程序批准的产品图样和技术文件制造，并应符合本标准的规定。

(2) 汽车主要尺寸参数、质量参数、性能参数及主要总成型式应符合产品图样、设计文件及相关企业标准的规定。

(3) 汽车的车辆铭牌、商标等标志应齐全、安装牢靠、能永久保持，其安装位置与要求应符合设计规定。车辆识别代号（VIN）的内容及打印要求应符合企业相关规定。

(4) 汽车应符合国家强制性标准以及汽车设计规则（CMVDR）的有关规定。

(5) 汽车零部件应装配完整、正确、可靠，无错装及漏装，汽车内外部应整洁，不得有泥污、脏物、油迹、锈斑等现象存在。

(6) 车身油漆涂层应符合企业相关有关规定，颜色应均匀、光泽明亮，无裂纹、分层、气泡、橘皮、堆积、磕碰、流痕、麻点及剐蹭等现象。必要时允许补漆，但补后颜色应一致。

(7) 车体应周正。对于非前翻驾驶室车型，车体外缘左右对称部位高度差不得大于 15mm，货箱（包括封闭式货箱，下同）和驾驶室相对于车身左右中心对称平面的左右边界差不得大于 10mm；对于前翻驾驶室车型，车体外缘左右对称部位高度差应不大于 25mm，驾驶室相对车身左右中心对称平面的左右边界差不大于 25mm。敞开式货箱和封闭式货箱应符合企业相关规定，货箱前板与驾驶室后围之间的间隙应均匀，符合设计要求。装配后车身外部和内部都不应有任何可能使人致伤的尖锐凸出物。

（8）所有门窗玻璃应有认证标记和认证号。车门玻璃升降器应保证车门玻璃升降自如、到位，推拉玻璃应启闭灵活，无松旷、卡滞现象，锁止可靠。玻璃升降器性能要求应符合企业相关规定。

（9）车门启闭应轻便灵活、无卡滞、工作可靠，不得有自行开启现象。车门和车窗应密封良好，无漏水现象。车门一挡开启力范围为70～90N；车门一挡关闭力范围为30～50N。

（10）各车门锁及拉手、按钮功能正常，并安装牢固，无松动、卡滞现象。

（11）内饰板及地毯应固定牢固，无划伤、翘起等变形现象；座椅靠背、坐垫应无脏污、皱折、破损等缺陷。座椅调整方便，无卡滞现象；固定后不得自行滑动、锁止可靠。

（12）内外后视镜应安装正确，并符合Q/T A019的规定。

（13）仪表板安装牢固，表面无破损及任何刮伤、擦痕，皮纹及颜色应符合设计要求。

（14）汽车仪表应灵敏、读数清晰，工作正常，观察方便，并符合GB/T 19836。

（15）风窗洗涤器的喷嘴方向应保证风窗洗涤器工作时洗涤液经喷嘴喷到风窗玻璃的设计范围内，洗涤器贮液桶应安装牢固、可靠，不得渗漏。

（16）风窗玻璃刮水器应能正常工作。刮水器关闭时，刮片应能自动返回到初始位置。

（17）遮阳板应能可靠地停留在任何需要的位置上，不允许有自动改变位置的现象。

（18）车门关闭后车门外表面应平整、棱线应对齐。车门周边间隙均匀一致，阶差范围为（5.5±1.5）mm，各种密封条完好无损、安装牢固，不得有起皱和脱落现象。

（19）车身外装饰条应粘贴平整，不得有翘角和夹有气泡。

（20）驾驶室的翻转、锁止机构应能正常工作，保证驾驶室翻转灵活轻便；锁止机构工作可靠，不得自动开启。

（21）汽车的气、油管路和电线线路应按产品图样及技术文件要求布置固定牢靠，不得有气、液泄漏及线路松动、脱落和干涉现象。

（22）汽车的变速器、驱动桥、转向系统、制动系统、离合系统、传动系及发动机的冷却系和润滑系等部位，应按产品图样及技术文件的规定加注工作液，工作液加注要求参见表19-7所示。

表19-7 工作液加注要求

序号	工作液加注部位	工作液名称
1	散热系统冷却液	详见使用说明书
2	水泵轴轴承	汽车通用锂基润滑脂2号
3	离合器分离轴承座	汽车通用锂基润滑脂2号
4	变速器	详见使用说明书
5	传动轴滑动叉及万向节	汽车通用锂基润滑脂2号
6	中间传动轴贮脂仓	汽车通用锂基润滑脂2号
7	变速操纵机构	汽车通用锂基润滑脂2号
8	后钢板弹簧销	汽车通用锂基润滑脂2号
9	后桥	详见使用说明书
10	转向器	ATF-Ⅲ
11	轮毂轴承	汽车通用锂基润滑脂2号

（续表）

序号	工作液加注部位	工作液名称
12	前轴主销	汽车通用锂基润滑脂 2 号
13	转向拉杆各球头销	汽车通用锂基润滑脂 2 号
14	制动液	V—3 合成制动液
15	门锁	汽车通用锂基润滑脂 2 号
16	玻璃升降器	汽车通用锂基润滑脂 2 号
17	蓄电池电极	详见使用说明书
18	风窗洗涤器	常温：用硬度小于 205g/1000kg 的水；低温（－23℃～－17℃）：用浓度为 50%的甲醇水溶液
19	空调制冷液	R134a
20	空调管接头 O 型圈	详见使用说明书
21	车门开度限制器（车门铰链）	汽车通用锂基润滑脂 2 号

（23）汽车侧面及后下部防护装置应分别符合 GB 11567.1 和 GB 11567.2 的规定。

（24）汽车液压系统液压油固体污染度应符合 QC/T 29104 中合格品的规定，测试方法应按 QC/T 29105.1、QC/T 29105.3、QC/T 29105.4 的规定。

（25）同一台车上的所有轮胎的生产厂家、型号、花纹应一致，应满足动平衡的要求（特殊情况除外）。

（26）备胎升降器应工作灵活，其锁紧应牢固可靠，不得松旷。

（27）电器部件在装车前应按企业相关规定进行复验，合格后才能装车。

（28）布线应按图纸线束规格布线，接线端子应冷压接并加绝缘护套，标明线号。

（29）布置线束时高低压线束分开，避免交叉布线。不可避免时做加强绝缘处理。线束与车架装卡牢固，接线端子不能受力，线束留有适当长度。

（30）电器部件装配应与车架装配牢固，外露导电部分应做绝缘处理。

（31）动力电池装配应由专人负责，连线时应由低电压逐步向高电压连接。动力电池应符合 QC/T 743 和公司的有关规定。

（32）驱动电机系统应符合 GB/T 18488。

（33）经过质检部门检验合格的汽车入库时，应附带有质检部门签署的产品合格证。

（34）整车高压线束应符合企业相关有关要求。

19.2.3 紧固连接要求

表 19－8 为整车装配过程中一些关键零部件的紧固连接要求。

表 19－8 整车装配关键紧固连接要求

序号	项目要求	单位	取值
1	转向器紧固力矩	Nm	73～89
2	管路接头拧紧力矩	Nm	46～56

（续表）

序号	项目要求	单位	取值
3	转向直拉杆锁紧螺母锁紧力矩	Nm	70～90
4	转向直拉杆球销紧固力矩	Nm	220～260
5	转向横拉杆锁紧螺母锁紧力矩	Nm	70～90
6	转向节与转向器及转向管柱的锁紧螺栓力矩	Nm	41～51
7	方向盘锁紧螺母力矩	Nm	40～50
8	制动踏板自由行程	Nm	10～15
9	车轮紧固螺母力矩	Nm	396～465
10	轮胎气压	kPa	760
11	传动轴紧固螺栓力矩	Nm	130～160
12	前轮定位参数：外倾	°	1.5
13	前轮定位参数：内倾	°	7
14	前轮定位参数：前束（斜交胎/子午胎）	°	2～4/1～3
15	前轮定位参数：后倾	°	3
16	翻转机构与车身底板连接螺栓	Nm	105～128
17	翻转机构与车身底板连接螺栓	Nm	160～195
18	点火开关防盗螺栓保证扭断力矩	Nm	6～11
19	前车门铰链螺栓	Nm	28～34
20	压缩机安装螺钉（1B18081200073）力矩	Nm	41～51
21	限位板安装螺栓	Nm	182～222
22	压缩机安装螺母（Q32010F30）力矩	Nm	41～51
23	安全带紧固螺栓	Nm	45～60
24	冷凝器安装螺栓（Q1840845F30）力矩	Nm	22～27
25	座椅紧固螺栓	Nm	21～25
26	冷凝器安装螺栓（Q32008F30）力矩	Nm	22～27
27	仪表板管梁安装螺栓（M6）	Nm	9～11
28	压缩机端管路紧固螺栓（Q1811035F30）力矩	Nm	27～33
29	仪表板管梁安装螺栓（M8）	Nm	21～25
30	蒸发器端管路紧固螺栓（Q1840830F30）力矩	Nm	17～22
31	仪表板管梁安装螺母	Nm	21～25
32	冷凝器端管路固定螺母（Q32006F30）力矩	Nm	8～12
33	转向电机固定螺栓力矩	Nm	46～56

整车装配过程中，一些相关紧固连接要求如下：

（1）在产品图样、技术文件中，对紧固件连接有紧固扭矩要求的部位，应全部按要求进行紧固，并用扭力扳手进行检查，不得有松动现象；没有紧固扭矩要求的紧固件，其应符合 Q/T B014 的规定。

（2）用开口销、销钉、钢丝等防松的螺纹紧固连接，紧固时只能用拧紧的方式保证孔、槽对正，然后穿销锁紧；而不得用拧松的方式对正孔、槽，然后穿销锁紧。

（3）用铆钉铆紧后的零部件必须铆实，铆接牢固，铆钉头部不允许有裂纹、偏斜、残缺现象，铆钉头与母体金属的贴合面局部间隙应符合图样或设计文件的规定。

（4）装配前应对转向直拉杆、横拉杆的球头销装配松紧度进行检查。转动球头销的力矩应符合设计要求。

19.3 电动汽车调整

整车装配后，要对所有的子系统进行校正或调整，以实现整车协调工作。

19.3.1 前轮定位调整

前轮定位参数（车轮外倾角、主销内倾角、主销后倾角、前束）数值应符合产品图样及产品标准等技术文件的规定。

调整前束之前，应按以下项目进行检查，并解决所有存在的问题：①检查轮胎压力是否正常，前后轮均应符合设计图样的要求；②检查前悬架是否松动；③检查转向传动杆系是否松动；④检查前轮轴承是否松动；⑤检查球销是否松动。

车轮定位测量按车轮定位测量仪的使用要求进行。

前轮前束应满足设计要求。当不能满足要求时，可按下述方法调整：

（1）人工调整

先将方向盘从左极限位置转到右极限位置，再从右极限位置转到左极限位置，记下两次方向盘转动的总圈数，然后将方向盘转到总圈数的 1/2 处，两前轮应处于直线行驶状态。松开左右横向直拉杆长度调节螺套的锁紧装置，转动螺套，同时测量两前轮前部胎面中心线的距离 L_0、两前轮后部两胎面中心线的距离 L_1，使 L_1-L_0 等于设计值，然后锁紧调节螺套。

（2）用前束仪调整

① 汽车下线后，沿前束仪导向轨，将被调汽车缓缓开至前束仪的两滚筒上，使两车轮分别处于两侧滚桶的中间，汽车朝正前行驶方向停稳，处于空挡状态。

② 部分车型，悬架板簧轴销和转向球头位置装有润滑油杯。应通过油杯往油道内加注适量润滑脂，防止轴销或衬套的早期磨损。

③ 动态前束仪操作员打开上推盖，操纵按钮启动设备。

④ 驾驶员操纵方向盘，使车轮处于直线行驶状态，然后稳住方向盘。

⑤ 待前轮处于稳定滚动状态后，操作员根据指示表指针的摆动情况，相应转动转向横拉杆，使指针处于表盘的中央位置或在表盘中间位置方向对称小幅度摆动。

⑥ 停止运转仪器，然后调整接头夹，使接头夹开口方向同横拉杆开槽方向相一致，最后将接头夹锁紧螺栓紧固。

前轮最大内转角的调整在前轮定位参数调整完成后进行。将位于直线行驶状态的两前轮放在带有刻度的零线对准的两调整圆盘上，先向左转动方向盘，使左前轮转到设计规定的转向角度为止，调整前轴左侧限位螺钉，使其轻轻抵住转向节，然后锁紧调整螺钉。再向右转动方向盘，使右前轮转到设计规定的转向角度，松开前轴右边限位螺钉，使螺钉轻轻抵住右转向节，然后锁紧限位调整螺钉。向左转动方向盘，直至限位螺钉起作用为止，检查前轮向左转角是否符合设计值；然后再向右转动方向盘，直至限位螺钉起作用为止，检查前轮向右转角是否符合设计要求。也可以按其他已有的工艺方法对车轮转向角进行调整，保证其满足设计要求。

19.3.2 转向系统调整

当前轮处于直线行走状态时，方向盘的辐板应处于左右对称状态，方向盘上的标志应处于司机的正视位置。在这种情况下，当设计最高车速不超过 100km/h 时，方向盘从中间位置向左或向右的最大自由转动量不得大于 8°；当设计最高车速不低于 100km/h 时，自由转动量不得大于 5°。在这种情况下，方向盘从中间位置向左或向右的最大自由转动量不得大于 5°。

方向盘紧固螺母的拧紧力矩应符合设计要求。对于方向盘可调机构，装配并调整到合适位置后应将锁止机构锁固牢靠。

转动方向盘时，整个转向系统需反应灵敏、运动灵活，操纵轻便、无阻滞现象。前轮向左或向右转到与限位螺钉接触时，前轮不得与其他任何零部件有运动干涉现象。

汽车在平坦、硬实、干燥、清洁的沥青和水泥路面上行驶不得跑偏，方向盘不得产生摆振、路感不灵或其他异常现象。

汽车在平坦、硬实、干燥、清洁的沥青和水泥路面上行驶，以 10km/h 的车速在 5s 内沿螺旋线从直线行驶过渡到直径为 25m 的圆周行驶，施加于方向盘外缘的最大切向力不大于 245N。

转向系统应具有自动回正功能，以使汽车具有稳定的直线行驶状态。不允许汽车出现过度转向。

用单板式或双板式侧滑仪检测时，转向轮的横向侧滑量应不大于 4m/km。

汽车必须能在同一个车辆通道圆内通过，车辆通道圆直径及外摆值应符合相应产品标准的规定。试验应按 GB 1589 的规定进行。

转向节、转向臂、转向横/直拉杆及球销应无裂纹和损伤，并且球销不得松旷。

选装动力转向装置的汽车，在向动力转向油泵油罐加油时，应先将前轮支起，然后按以下几个步骤进行：

（1）将油罐加满油。

（2）启动驱动电机，分别向左右匀速转动方向盘至极限位置并保持 3～4s，持续时间不越过 5s。

（3）按上述（1）、（2）两个步骤重复操作，直到油面基本保持不变且无气泡冒出时，再将油加满至最高刻度线位置，封盖。

（4）擦拭油罐盖时应远离加油口，以避免杂物误入油罐中而阻塞油路，导致转向失灵。

19.3.3 制动系统调整

液压制动系统的装配、调整方法及要求应符合企业相关规定，中央驻车制动系统的装配调整要求应符合 Q/T A047 的规定。

气压制动系统的装配、调整方法及要求应符合企业相关设计文件的规定。对于带 ABS 系统的气制动车型，ABS 的安装及系统测试等必须符合重型汽车 ABS 系统安装技术条件的要求。鼓式制动器安装制动间隙自动调整装置时，制动间隙应为0.4～0.6mm；鼓式制动器安装非自动间隙调整装置的，需手动调节制动间隙。

行车制动踏板的自由行程应符合设计要求，制动踏板回位灵活，踏板不应碰到方向机盖板及前围板；贮油杯内制动液液面符合设计要求。

踏下制动踏板，产生制动效能前，制动灯应亮。

在满足制动踏板有效行程的前提下，气刹车踏板空行程为10～15mm；调整时，需先保持拨插销轴与踏板臂处于分开状态，调整制动灯开关，使踏板上表面中心距车身底板160～165mm，总的有效行程不大于180mm，然后调整总泵推杆的长度，保证踏板臂销轴孔与推杆拨插孔基本对正，然后完成踏板机构调整。

在满足制动踏板有效行程的前提下，液刹车踏板空行程在为5～10mm，调整时，需先保持拨插销轴与踏板臂处于分开状态，调整制动灯开关，使踏板上表面中心距车身底板160～165mm，总的有效行程不大于180mm，然后调整真空助力器推杆的长度，保证踏板臂销轴孔与推杆拨插孔基本对正，然后完成踏板机构调整。

在干燥、平整的混凝土路面或具有相同附着系数的其他路面上达到规定的制动效能时，踏板行程（包括空行程）不得超过踏板全行程的四分之三，且真空助力系统、排气制动系统工作正常，不得有泄漏现象。

在达到制动效能后，松开制动踏板，从松开制动踏板到制动完全解除所经历的时间应不超过0.6s。

在制动力增长全过程中同时测得的左右轮制动力差的最大值，与全过程测得的该轴左右轮最大制动力中大者之比，对前轴不得大于20%，对后轴在后轴制动力大于等于后轴荷的60%时不得大于24%；当后轴制动力小于后轴荷的60%时，在制动力增长全过程中同时测得的左右轮制动力差的最大值不得大于后轴荷的8%。

汽车在规定的初速度下的制动距离和制动稳定性，应符合表19-9中的规定。

表19-9 制动距离和制动稳定性要求

汽车类型 总质量GVW（t）	制动初速度 （km/h）	满载制动 距离要求（m）	空载制动 距离要求（m）	制动稳定性要求汽车任何部位 不得超出的试车道宽度（m）
GVW≤3.5	80	≤61	≤61	3.7
3.5<GVW≤8	60	≤36.7	≤36.7	3.7

19.3.4 传动系统调整

变速器各挡位指示应清楚，换挡操纵应轻便，行驶中不得有自行脱挡和乱挡的现象；空挡位置时变速杆能自由回正；变速杆布置满足人机工程要求，不得与周围零部件产生干涉；其运转噪声应符合企业相关规定。

传动轴两端的万向节叉应处于同一平面，凸缘螺栓沿对角线方向分两次紧固到规定力矩；在运转时不得发生振抖和异响，万向节不得有裂纹和松旷现象；驱动桥工作应正常，无异响。

变速操纵机构的调整：在电机停机状态下将变速操纵手柄球置于中间位置，进行前后换挡和左右换挡，如发现前后或是左右距离相差较大，或是不能完全换入挡位时应进行调整。

变速操纵手柄在中间位置时，变速器的换挡、换位臂与软轴的连接应处在中间位置不受力。如受力，需调整换挡换位软轴上螺栓的长度。

若是有离合器，则离合器踏板的自由行程应符合设计要求，踩动踏板无卡滞现象，分离轴承不得空转，踏板中心离地板高度应符合设计要求；离合器应结合平顺，分离彻底，回位灵活；汽车行驶中离合器应无抖动、异响及打滑过热现象。当离合器完全分离时，踏板不应碰到前围板及地板。

19.3.5 行驶系统调整

车架总成不得有扭转、变形、锈蚀和裂纹，铆钉和螺栓不得缺少或松动。

减振器应齐全有效；前桥及后桥不得有变形、锈蚀和裂纹。

汽车所装轮胎螺母和半轴螺母应完整齐全，并应按规定力矩紧固。

总质量小于或等于 4.5t 的汽车，车轮总成的横向摆动量和径向跳动量不得大于 3mm；总质量大于 4.5t 的汽车，车轮总成的横向摆动量和径向跳动量不得大于 5mm。

轮胎负荷不应超过该轮胎的额定负荷，轮胎的充气压力应符合该轮胎承受负荷时规定的压力。

19.3.6 举升机构调整

车厢应举升、下降平稳，不允许有蹿动、冲撞和卡滞现象。

车厢应能平稳举升、降落或停在任一位置，最大举升角按相关技术要求。当驱动电机以标定转速运转时，空载车厢举升到最大举升角的时间不应超过 20s，从最大举升角下降到与副车架贴合的时间不应超过 20s。

车厢应有足够的刚度和强度，车厢栏板应开闭灵活，锁紧可靠，在行驶过程中不得自行打开。

倾卸操纵机构应灵活、准确、可靠。行驶过程中不允许出现车厢自动举升现象。车厢应具有在举升后进行检修作业时防止车厢自降的保险装置。

车厢、车架的扭转变形不得影响液压系统的正常工作，扭转试验应符合 QC/T 223 的规定。

19.3.7 电器仪表调整

线束与灯具、仪表及各种电器应连接正确、安装牢固，不得因汽车行驶振动而松脱、损坏、接触不良、失去作用或改变光照方向。

汽车照明和信号装置的布置、位置、光色应符合 GB 4785 的规定，通过认证的灯具应有认证标记，仪器、仪表、照明和信号装置的数量见表 19-10 所示。

前照灯光束的调整，应按 GB 7258 的规定（右舵车参照 GB 7258 的规定对称调整）。

DC/DC 及各接插件应接线正确，工作正常。

整车的空调装置应符合企业相关要求，空调系统中各总成，传感器应工作正常。电磁离合器接、断温度应符合设计要求，在高压系统正常工作状态下，启动冷气开关，空调系统能正常工作。

汽车产品暖风装置应符合企业相关要求，暖风系统应工作正常。在高压系统正常工作时，启动暖风开关，暖风电机应立即启动工作，暖风出口应有暖风吹出。

装有中控门锁的汽车，手动或用遥控器操纵驾驶员门电动门锁时，所有车门应同时锁止或打开。电动门锁的性能应符合企业相关规定。

蓄电池中电解液面应位于高低刻线之间，端电压应符合规定，蓄电池接线连接应正确牢固。

电喇叭应工作正常，其装车性能应符合 GB 15742 规定。

各种灯光、信号、仪表、电器的开关应工作正常，其标志应符合 GB 4094 及 GB 4094.2 的规定。当启动每个开关时，相应的电器装置应立即工作。

点烟器工作应正常。当点烟器插头从正常位置插入插座后，应在 18s 内，插头自动切断电源，并自动复位到正常位置。

音响系统工作正常，不得因汽车行驶而对音响系统产生干扰，不得发生卡滞现象。

电动玻璃升降器应工作正常，按动电动玻璃升降器控制开关，玻璃应能自由升降、无卡滞，并能停在任意位置。当驾驶员侧的中央控制装置起作用时，各门的电动玻璃升降器开关应不起作用。其性能要求应符合 QC/T 636 的规定。

组合仪表应工作正常，其指示状态、响应时间及其他性能应符合企业相关规定，车速表性能应符合 GB 15082 的规定。

表 19－10　仪器、仪表、照明和信号装置数量

序号	名　称	数量（个）	序号	名　称	数量（个）
1	左/右前照灯总成	各 1	18	制动灯开关总成	1
2	左/右前组合灯总成	各 1	19	手制动指示灯开关总成	1
3	左/右前雾灯总成	各 1	20	三角警告牌	1
4	左/右后组合灯总成	各 1	21	气压过低报警蜂鸣器	1
5	前顶灯总成	1	22	气压表（仪表上不带的车型）	1
6	后顶灯总成（仅双排车有）	1	23	变速操纵开关总成	1
7	后雾灯总成	1	24	数据采集器	1
8	危险警告信号灯	所有转向信号灯	25	信息显示屏	1
9	组合开关总成	1	26	电机控制器	1
10	组合仪表总成	1	27	电源管理控制器	1
11	刮水器总成	1	28	AMT 控制器	1
12	牌照灯总成（仅整车有）	1	29	整车控制器	1
13	收放机总成	1	30	直流逆变器 DC/DC	1
14	继电器盒总成	1	31	高压继电箱	1
15	保险丝盒总成	1	32	分流器	1
16	喇叭总成	2	33	断路器	1
17	蓄电池总成	1（12V） 2（24V）	34	烟雾报警器	4

19.3.8　密封性能要求

防雨密封性按照 QC/T 900—1997 附录 E 的规定进行。

防尘密封性应按照 QC/T 646.1 进行。

19.3.9　电气系统调整

整车装配完毕后，通电前用兆欧表测绝缘电阻，应符合 GB/T 18384，高压正负端子与车身之

间绝缘电阻不低于20MΩ，其他高压电器分别做绝缘测试，绝缘电阻不低于20MΩ，否则不能通电。

接通高压电源之前应检查各高压电器部位有无杂物，并通知无关人员远离上述部位，合闸时要高声提示。

调试顺序：首先调试空气压缩机，然后调试动力转向油泵，最后调试控制器。

调试空气压缩机：接通电源后气泵电机开始旋转，观察旋转方向和转速是否正常，接通电源后用万用表测量电机接线盒内三相交流电压是否为电机额定电压，注意当气压升到0.8MPa时气泵应自动停止，干燥器自动排污。当气压降到0.6MPa以下时气泵再次启动。如动作压力不合适应调整压力开关。

动力转向油泵电机调试：接通高压之前，动力转向油泵先加油再通电，接通电源后用万用表测量电机接线盒内三相交流电压是否为电机额定电压，将前轮架空，油泵电机转动时左右打方向盘排气，并随时补充加油。直到油位稳定无气泡为止。注意观察油管各接头是否漏油。

调试电动真空泵：检查真空管路、真空管是否漏气；电动真空泵只允许接12V电压；电动真空泵在真空度达到−85kPa时停止工作，真空度降低至−65kPa时开始工作。

控制器静态调试：

(1) 高低压接线完毕，检查接线是否有误。线束是否固定，首先接通低压电源，(不接通动力电池组) 闭合所有高压用电器，检测整车绝缘。

(2) 接通控制器电源观察主电机冷却水泵和风扇是否工作正常。DC/DC逆变器输出是否 (28±0.5) VDC。

(3) 检查前进后退开关是否在正确位置。检查模式选择开关是否在正确位置。

(4) 操作前进后退开关观察仪表是否显示正常，仪表指示灯是否显示正常。

(5) 踩加速踏板观察信息显示屏控制器加速给定是否正常，松开踏板信息数据回零。

(6) 上述检查正常，接通高压DC 300～670V。变速器置于高速挡，不装传动轴，缓踩加速踏板观察主电机是否转动。

19.3.10 整车调试要求

整车调试要本着“先低压后高压”的原则，首先检查低压电气系统，特别是各接插件针脚定义是否正确，各接插件连接是否到位，严禁带电插拔接插件。低压电气系统检查后才允许接通高压电源。

接通高压电源之前应检查各高压电器周边有无杂物，并通知无关人员远离上述部位。工作人员合闸时要高声提示，并确认车下无人。

对整车高压部分进行调试时，需由两人完成，一人调试，一人负责监督和保护。

控制器调试：

(1) 检查确认高低压线路接线正确无误，进行规范的线束绑扎固定。

(2) 确认车辆前后无人，将车轮前后打掩物体分别向前和向后移动1m (预留车辆前后移动试行驶距离)。

(3) 将换挡器置于倒车挡，缓踩加速踏板车辆应当低速向后行驶，然后踩制动踏板停车。

(4) 上述调试工作完成后，动力电池应当进行一次充电，充电工作由专业人员负责。充电时应接通低压电源，可监测每只电池电压和温度。

19.3.11 冷却系统调试

对于带有单独电源开关的水泵总成，在水泵装配完成后，需要把水泵电源开关置于Ⅱ挡位置，保证电源通路连接。

防冻液的加注，表 19－11 给出了防冻液和转向液等参数情况，加注过程中应注意以下事项：

（1）真空加注，整个冷却管路连接密封后，直接使用真空加注机通过散热器加水口进行抽真空加注，加至膨胀罐液位 MAX 线后，加注完毕。

（2）人工加注，整个冷却管路连接密封后，人工直接通过散热器加水口进行冷却液的加注，加至散热器口满后，运行水泵，观察散热器水口处水位，及时进行冷却液的补充，即一边运行水泵，一边进行冷却液的加注，直到加满，且通过水口可以看到水流运动为止。膨胀罐单独加注至 MAX 线位置。

（3）冷却系统水路不能正常运转故障排除，若在检查各个电路系统均正常情况下，冷却系统水路仍不能正常运行，则判定，系统管路中有空气涡旋，水泵不能正常产生水压。排除方法：拆下水泵出水口管路，运行水泵，看到水泵出水口处有水流出后停止水泵运行，进行管路重新连接密封，再运行水泵，从散热器加水口处进行冷却液补充，补充方法同人工加注方法一致，即能把系统中空气排除。

表 19－11 防冻液参数情况

序号	系统	工作液类型	参数情况
1	转向液	加注液名称	ATF－Ⅲ
		加注量	3L
2	电机冷却液	加注液名称（分冬季、夏季）	－40 号乙二醇型冷却液
		加注量	10L
3	后桥	加注液名称（分冬季、夏季）	夏季采用：GL－5 85W/90－GB/T 13895 冬季采用：GL－5 75W/90－GB/T 13895
		加注量（分冬季、夏季）	3.5L
4	风窗洗涤器	加注液名称	
		加注量	
5	空调制冷剂	加注液名称	R134a
		加注量	500±25

19.4 电动汽车验收

即使是试制车辆，每辆车也都需要经过严格的下线检测流程，获得整车合格证方可上路行驶或上转鼓测试等。

19.4.1 最终检验项目

每辆汽车在进行下列最终检验项目并且全部合格后，才能由公司授权部门开具产品合格证。

(1) 汽车档案是否和实物相符，各种装备是否齐全，各部分运转是否正常。
(2) 外观质量检查。
(3) 安全防护检查。
(4) 照明、信号装置及仪表检验。
(5) 方向盘自由转动量检验。
(6) 前轮前束值的检验。
(7) 电控系统状态检查。
(8) 整车高压绝缘检查。
(9) 启动性能检验。
(10) 行车制动性能检验。
(11) 驻车制动性能检验。
(12) 驾驶室防雨密封性检验。
(13) 液压举升机构检查。
(14) 按本章 19.2 节和 19.3 节的要求进行行驶检查。

19.4.2 行驶检查事项

每辆汽车出厂前，必须进行不少于 5km 的行驶检查，行驶中应检查：
(1) 仪表工作状况及显示数值是否正常，车速表指示应符合 GB 15082 的规定。
(2) 各种灯光、信号、指示器显示是否正确、灵敏。
(3) 加速系统操纵应灵活，无卡阻、滞后现象。
(4) 后视镜应符合企业相关规定，不得因汽车行驶振动而自行改变位置。
(5) 转向系工作正常，应符合本章 19.3 节的要求。
(6) 制动系工作正常，应符合本章 19.3 节的要求。
(7) 空调工作正常，送风量及温度变化时间应符合企业相关规定。
(8) 收音机音响效果良好，抗干扰性能应符合企业相关规定。
(9) 传动系、行驶系应工作正常，不得有异响、共振等异常现象；轮毂、制动鼓及主传动轴承，不得有过热现象。制动系统各部件的安全使用温度应符合表 19 - 12 的要求。

表 19 - 12 制动系统各部件的安全使用温度

部　件	制动衬片	制动鼓外面	轴头
安全使用温度	200℃	150℃	不高于环境温度 60℃

19.4.3 出厂路试检查

(1) 路试条件
① 电池充满电；
② 仪表显示正常；
③ 电压正常，转向和制动系统正常，灯光信号正常；
④ 路面空旷；

⑤ 试车驾驶员应经过电动车驾驶培训；

⑥ 不得搭载无关人员；

⑦ 前后风挡挂有试车警示牌；

⑧ 两名维护人员负责记录和测试。

(2) 恒流启动试验

驾驶员将加速踏板突然踩到底，车辆从静止状态起动应缓慢均匀加速，要求加速均匀。0～40km/h加速时间不超过18s，恒流值不超过300A；空载车速为60km/h时，电流不超过150A。

(3) 再生制动试验电制动试验

车速60km/h时，检测制动电压不超过670V，制动电流不超过150A，制动减速有效车速5km/h。电动车在行驶时，踩下制动踏板检测电制动减速有效；在电制动过程中检查制动电压，制动电流。

(4) 二次加速试验

车辆启动后松开加速踏板片刻，再次踩下加速踏板，车辆应平稳加速。踩制动踏板车辆应平稳减速。不等车辆停止再次踩加速踏板，车辆应正常行驶。

(5) 高低挡位变换试验

车辆静止状态，启动加速，检查换挡是否到位。反复试验两次。

(6) 倒车试验

车辆行驶中严禁操作换向开关，控制器应限制倒车最高车速不超过20km/h，检查是否有效。倒车时倒车灯和倒车蜂鸣器应工作正常。

(7) 空挡滑行试验

车速40km/h时，整车处于READY状态，操纵杆置N挡，距离不低于700m。无明显震动和噪音。车辆行驶中严禁操作换向开关。

(8) 试车里程不超过100km

试车过程中，检验所有仪表功能和显示值是否正常、灯光是否正常、指示和报警信号是否正常，回厂复检底盘各总成是否正常。

完成以上路试的功能性试验后，应保证每辆车的可靠性路试里程。

进行第二次动力电池充电，由动力电池生产厂家专业人员负责。

进行淋雨试验，不漏雨，雨刮机应工作正常有效。

(9) 建立试车纪录

每车一单，由司机和检验人员填写故障现象。

交车后各部件单位人员不得私自拆动调试各自系统。如需调试各自系统应首先通知车辆责任单位负责人。由责任单位工作人员陪同方可执行，并填写调试纪录。

19.5 采购定点审查

电动汽车是由上万个零部件组成的终端产品，每一个零部件的质量合在一起决定整车的质量，因此，几乎所有的整车企业都有一套自己的零部件定点采购审查流程，以便优选零部件供应商，提高整车质量。下文将简单介绍一种较为全面的零部件采购定点审查方案。

19.5.1 采购定点流程

采购定点流程就是零部件供应商想为某整车厂供应零部件时必须完成的评审流程，图 19－1 所示为一种采购定点流程方案。采购定点流程也常称为潜在供应商的评审 PSA（Potential Supplier Assessment），是选择新的供应商之前必须进行的程序，目的是验证潜在供应商是否有能力达到整车厂对零部件供应商开展业务的最基本要求，它适用于所有潜在供应商。

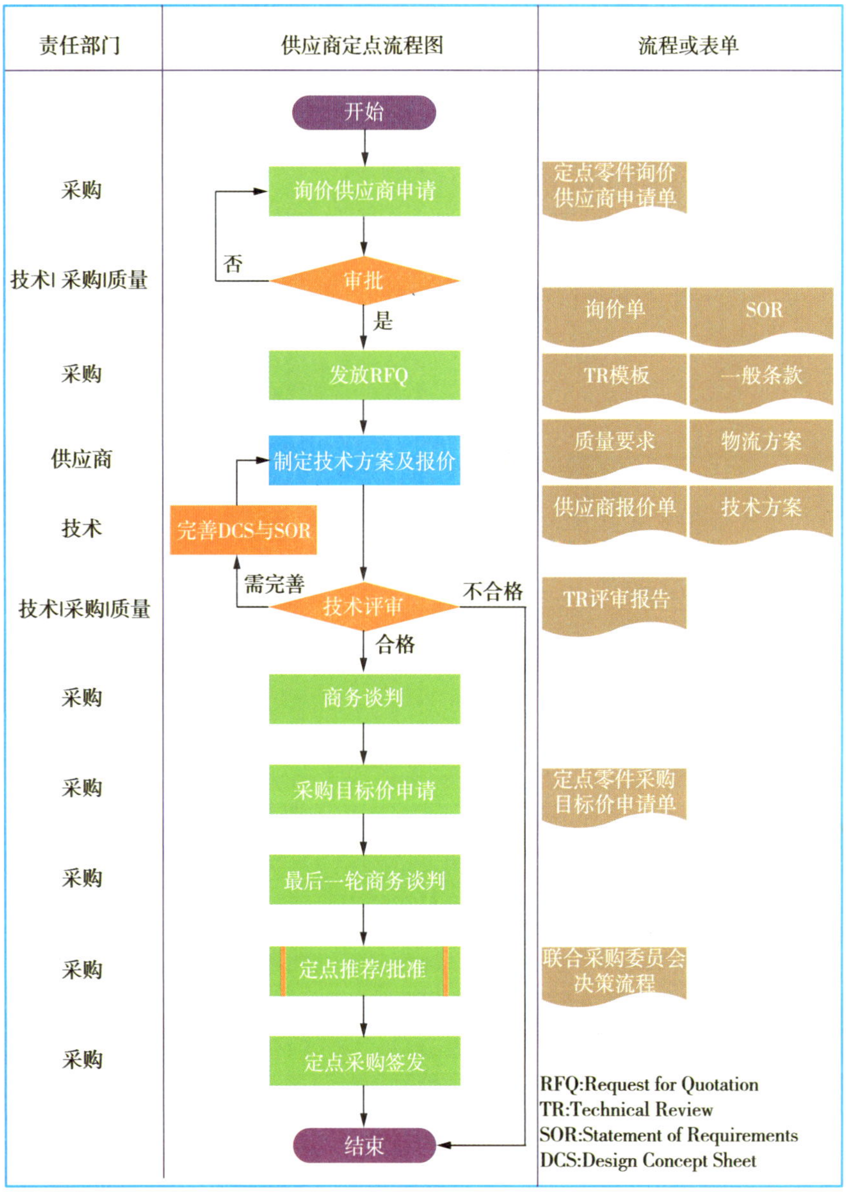

图 19－1 供应商采购定点流程图

从图 19－1 中可以看出，整个采购构成涉及技术、采购和质量三个部门，这里所谓技术就是产品设计部门，由该部门提供产品技术需求。

这里将不对采购定点全流程进行介绍，因为流程里面很多是行动或者一个表格。下面仅对其中的“技术评审”步骤进行较为详细介绍。

技术评审的目的是确认新的潜在供应商是否有资格成为供应商的评审，是在选择一个新的潜在供应商之前必须进行的程序。在现场对供应商进行初步评审前，先让供应商按整车厂的程序要求进行自我评估，以确定是否具备基本的质量体系，合格的技术能力和良好的管理水平。

技术评审共有16个要素，其中采购要素2个、质量要素12个、技术要素2个，每个要素中单项最高分为5分，共计400分。

技术评审的主体内容分为采购审查要素、质量审查要素、设计审查要素三部分，最后是根据质量情况撰写评审总结，给出被审查供应商的整体水平情况，以及确定是否被推荐进入该类零部件供应商体系。

19.5.2 采购审查要素

采购审查要素主要包括两个方面，即合同评审与采购。

（1）合同评审

审查内容见表19-13所示。

表19-13 合同评审

序号	问 题	评审员记录	得 分
1	在签订生产某种新产品合同前，是否分析并确定了制造该产品的可行性，并形成文件（以小组可行性承诺形式）		
2	在接受订单（包括口头订单）前，是否按程序文件的要求组织了合同评审（各项要求是否都有明确的规定，是否具有满足订单要求的能力；评审的结果是否得到落实，评审是否有效果）		
要素总分			

（2）采购

审查内容见表19-14所示。

表19-14 采购

序号	问 题	评审员记录	得 分
1	评价分供方公司类型，是否有汽车行业的长期生产经验		
2	对分供方的评价和选择是否以他们满足质量体系和质量保证要求的能力为依据		
3	是否建立并保存认可的分供方质量记录，PPM和批次合格率表现如何		
4	是否有计划性对供应商进行过程审核，执行效果如何		
5	是否仅允许已认可且具备质量能力的二次供应商供货		
6	是否建立了供应商档案，档案是否齐全、完善		
7	原材料/外购件的管理是否做到了先进先出、防损伤、储存时间控制、有序、清洁、标识完整		
要素总分			

从上面可以看出，在整个评价机制里面，采购介入较少。在采购流程中，采购更多的是开展商

谈和推动采购方面的工作。

19.5.3 质量审查要素

（1）管理职责

审查内容见表19-15所示。

表19-15 管理职责

序号	问题	评审员记录	得分
1	供应商是否使用有正式的形成文件的全面业务计划，包括短期和长期目标和计划		
2	对从事与质量有关的管理、执行及验证工作的人员是否规定了他们的职责、权限和相互关系，并形成了文件		
3	数据和资料是否支持业务目标的实现		
4	财务状况，信用等级		
要素总分			

（2）质量体系

审查内容见表19-16所示。

表19-16 质量体系

序号	问题	评审员记录	得分
1	是否已获得VDA 6.1、QS 9000、ISO/TS 16949第三方的质量体系认证		
2	质量手册的每个要素是否都有足够的程序文件（第二层次）支持		
3	质量策划过程是否与质量体系的所有其他要求相一致，并以适当的形式形成文件，是否适当考虑了与下列活动有关的质量体系要素： ① 确定并配备所有检验和生产/服务所需的资源； ② 进行设计和过程可行性的研究； ③ 更新并保持所有质量控制和检测手段； ④ 确定在适当阶段进行合适的验证； ⑤ 直接影响质量的生产、装配和服务过程； ⑥ 制定控制计划和失效模式及后果分析（FMEA's）； ⑦ 标准和规范评审		
4	在项目管理/先期质量策划方面是否具有足够的经验，并在项目实施过程中能有效地运用经验		
5	在项目管理/先期质量策划方面是否具有足够的组织力量、人力资源和设施，以支持项目的实施		
6	项目管理/先期质量策划的要求是否同样运用于其分供方		
7	是否采用了适当的防错技术，应包括但不限于在过程、设施、设备和工装的策划及在解决问题过程中使用		
8	控制计划是否按顾客要求包括了样件、试生产和生产三个阶段		

（续表）

序号	问　　题	评审员记录	得　分
9	当发生下列情况时，控制计划是否进行适当的评审和更新： ① 产品或过程变更； ② 发现过程不稳定或能力不足； ③ 检验方法，频次等发生改变		
10	是否有证据证明在质量（延伸至产品特性）、服务（时间安排和交付）以及价格方面实施了持续改进措施，以利于所有顾客		
	要 素 总 分		

(3) 产品标识和可追溯性

审查内容见表 19 - 17 所示。

表 19 - 17　产品标识和可追溯性

序号	问　　题	评审员记录	得　分
1	当顾客要求时，可追溯性是否得到保持并加以记录		
2	生产现场物流标识是否清楚表明产品的加工状态，保证不混批、不混料		
	要 素 总 分		

(4) 过程控制

审查内容见表 19 - 18 所示。

表 19 - 18　过程控制

序号	问　　题	评审员记录	得　分
1	受控状态是否包括使用合适的生产、安装和服务设备并安排适宜的工作环境（适宜的环境包括但不限于承诺保持有序、清洁和完好状态）； 是否有通过 ISO 14001 环境管理认证证书，是否有通过环境管理“三同时”验收报告		
2	生产设备、模具、工装等是否经过编码、标识、登记台账，并有清单，是否对设备进行分类		
3	是否建立了有效的、有计划的预防性维护系统以标识关键过程设备，提供适当的资源，这个系统是否至少包括： ① 描述计划性维护活动的程序； ② 定期的维护活动； ③ 预见性的维护方法； ④ 为设备、工装和量具提供包装和防护的程序； ⑤ 文件化以及评估和改进维护目标		
4	在制定预见性维护方法时，是否明确定义了模具、工装、检具的使用寿命，使用过程中是否进行了统计		
5	关键和重要设备的易损件是否建立最低储备量或应急计划		

（续表）

序号	问　　题	评审员记录	得　分
6	是否为所有负责过程操作的人员提供了文件化的过程监视和作业指导书，这些指导书来源于产品质量先期策划和控制计划（APQP）参考手册或其他等效文件，在工作岗位是否易于得到作业指导书		
7	必要时，过程监视和作业指导书是否包括或参考了以下内容： ① 过程流程图中重要的作业名称和编号； ② 零件名称和编号； ③ 现行工程等级/日期； ④ 所需工具、量具和其他设备； ⑤ 材料的标识和处置指导书； ⑥ 顾客和供应商规定的特殊特性； ⑦ 统计过程控制（SPC）要求； ⑧ 相关的工程和制造标准； ⑨ 检验和试验指导书； ⑩ 反应计划； ⑪ 修订日期和批准； ⑫ 目视辅助； ⑬ 工具更换周期和作业准备指导书		
8	供应商是否通过实施符合控制计划、过程流程图、测量技术、抽样计划以及当未满足接收准则时的反应计划，以保持或超出 PPAP 时批准的过程能力或性能		
9	工序中重要的参数是否得到控制并有监控记录，防错装置是否运用		
10	对关键/重要工序的能力指数是否进行了计算，批产时有无控制图；当工序 CPK 不超过 1.33 时，是否采取了措施，关键工序合格率水平		
11	是否具有合适的生产机器和设备（机器能力、工艺参数保证）		
12	批量生产中所使用的检验、测量、试验设备是否定期校准并能有效的监控产品质量		
13	生产和检验环境是否明亮、清洁、有序并符合安全要求		
14	是否按产品的“控制计划”在生产过程中严格执行		
15	生产开始时是否实施相应的认可程序（设备点检、首件检验）		
16	生产现场是否使用 SPC、缺陷收集卡、工艺参数记录卡或其他原始数据卡		
17	对已发现的工序质量问题是否记录并进行统计分析，对出现的问题是否采取了改进措施并验证措施的有效性		
18	生产现场的合格品、不合格品、返工返修件、剩余料是否分开存放和标记		
19	是否对被处理的不合格品、返修品，进行原因分析，是否实施对策并有留存记录		
20	生产现场零件搬运储存的器具、设备是否与产品、零件特性相适应		
21	瓶颈工序的产能如何		
要素总分			

(5) 检验和试验

审查内容见表 19－19 所示。

表 19－19 检验和试验

序号	问题	评审员记录	得分
1	供应商是否能够确保将未按质量计划或形成文件的程序进行检验的产品不投入使用或加工（紧急放行除外）		
2	对未经验证投入生产的材料是否有明确标识并做好记录		
3	供应商是否按质量计划（控制计划）或形成文件的程序对产品进行检验试验		
4	供应商是否能够在所要求的检验和试验完成或在必需的报告收到和验证前，不将产品放行，除非有可靠的追回程序		
5	当供应商使用独立/商业性的实验室时，是否经过认可		
要素总分			

(6) 检验、测量和试验设备

审查内容见表 19－20 所示。

表 19－20 检验、测量和试验设备

序号	问题	评审员记录	得分
1	每一台设备是否都按规定的周期并对照与国际或与国家承认的基准有已知有效关系的设备进行校准，是否有适宜的环境		
2	检验、测量和试验设备的校准过程是否包括以下内容： ① 设备型号； ② 唯一性标识； ③ 地点； ④ 校验周期； ⑤ 校验方法； ⑥ 验收准则； ⑦ 纠正措施		
3	供应商能否确保检验、测量和试验设备在搬运、防护和储存期间，其准确性和适用性保持完好		
4	对于控制计划中提到的所有测量系统，是否有证据证明进行了适合的统计研究工作，以分析每种测量和试验设备的测量结果变差情况		
要素总分			

(7) 不合格品控制

审查内容见表 19－21 所示。

表 19-21 不合格品控制

序号	问　　题	评审员记录	得　分
1	对不合格品及可疑的材料或产品是否进行了控制，并通知有关的职能部门		
2	对于返修和或返工后的产品是否按照质量计划（控制计划）或形成文件的程序进行重新检验或试验		
3	是否有具备不合格品的隔离仓库		
要素总分			

(8) 纠正和预防措施

审查内容见表 19-22 所示。

表 19-22 纠正和预防措施

序号	问　　题	评审员记录	得　分
1	出现不合格产品或有顾客抱怨时，供应商是否采取了规范且有效地解决问题的方法		
2	是否定期实施针对过程和产品的内部审核工作		
3	质量改进过程中，是否运用相应的质量方法和质量技术，如 6sigma，QFD		
要素总分			

(9) 搬运、储存、包装、防护和交付

审查内容见表 19-23 所示。

表 19-23 搬运、储存、包装、防护和交付

序号	问　　题	评审员记录	得　分
1	是否对零件及成品的储存、搬运、防护作出了具体的规定，零件及成品的储存、搬运是否符合产品特性要求，仓管员是否对存放零件及成品的属性有足够的了解		
2	是否对仓库内零件及成品的库存量定期进行清理，账、卡、物是否一致		
3	有没有制定并实施先进先出的批量管理制度，有没有批量管理台账、记录批量编号、不合格品处理数量等		
4	供应商是否采用库存管理系统以不断优化库存周转期，确保货物周转并最大限度地减少库存量		
5	顾客包装标准/指南（包括维修零件的包装标准）是否得到遵守		
6	是否建立了确保所有装运材料都按顾客的要求进行标识的系统		
7	如果未按照计划百分之百交付，供应商是否有采取纠正措施的证据并与顾客就交付问题进行沟通		
要素总分			

(10) 内部质量控制

审查内容见表 19-24 所示。

表 19-24 内部质量控制

序号	问题	评审员记录	得分
1	供应商是否按计划进行内部质量体系的审核		
2	是否记录了审核结果并提请责任人员的注意		
3	是否及时采取了纠正措施		
4	是否进行跟踪审核，以记录和验证纠正措施的有效性		
要素总分			

(11) 产品质量和供货绩效

审查内容见表 19-25 所示。

表 19-25 产品质量和供货绩效

序号	问题	评审员记录	得分
1	针对现有的顾客，其批量供货产品的批次合格率表现如何		
2	针对现有的顾客，其批量供货产品的 PPM 表现如何		
3	针对现有的顾客，其批量供货产品的售后市场索赔表现如何		
4	供应商内部生产过程中的产品一次合格率表现如何		
5	针对现有的顾客，其批量供货产品的供货及时性表现如何		
要素总分			

(12) 培训

审查内容见表 19-26 所示。

表 19-26 培训

序号	问题	评审员记录	得分
1	是否开展针对公司全体员工的技能素质调查工作（素质矩阵表）		
2	是否有根据员工的技能素质调查结果来制订员工的培训计划，并落实相应的员工培训计划		
3	员工的旷工和人员流动情况如何		
4	是否按照要求对员工进行资格考核		
要素总分			

从上述审查内容可以看出，整个 PSA 初审过程，质量方面审查是主要内容。

19.5.4 设计审查要素

(1) 设计控制

审查内容见表 19－27 所示。

表 19－27 设计控制

序号	问 题	评审员记录	得 分
1	如顾客未声明放弃，那么是否具备下列条件： ① 是否为开展计算机辅助设计、工程分析工作提供适当的资源及设施； ② 如果 CAD/CAE 被分包，供应商是否提供技术支持； ③ CAD/CAE 是否有能力与顾客的系统双向接口； ④ 是否针对产品设计及 CAE 分析结果进行 DFMEA		
2	是否有记录证明在设计的适当阶段，由适当部门的人员按设计计划进行正式的文件化的设计评审		
3	当顾客提出要求时，供应商是否有提供全面的样件计划		
4	是否进行性能试验，以跟踪检查预期的完成情况及符合性		
要 素 总 分			

(2) 技术评审

审查内容见表 19－28 所示。

表 19－28 技术评审

序号	问 题	评审员记录	得 分
1	研发计划： ① 长期和短期的研发计划的制定，短期研发计划、中长期研发计划、研发计划中的每个项目详细的进展计划（进度表/人员/设备/预算等），基于研发计划实际的进展控制结果； ② 标示出每年新技术和质量目标是如何完成的； ③ 目前产品的改进计划和结果（绩效、可靠性、成本、质量、重量）； ④ 每年的研发投资计划（人员水平、设备）		
2	新技术的发展计划： ① 水平基准点（人员、质量、成本、重量、可靠性、形状、机制方面与对手进行比较）； ② 计划和实际结果的水平基准点； ③ 掌握和操作性能的水平基准点； ④ 文件和数据基础的水平基准点； ⑤ 缩小与竞争对手产品之间差距的计划； ⑥ 成立一个团队，负责信息的收集和进行定期数据分析； ⑦ 存在技术联盟、战略联盟		

（续表）

序号	问　　题	评审员记录	得　分
3	知识产权： ① 知识产权（在过去3年内的）； ② 知识产权（在过去5年内的）； ③ Σ（知识产权×权重的数字）； ④ 研发人员的数字 （权重：实际应用——3，专利权——1，设计注册——0.5，有用设计——0.2；应用：50%的权重）		
4	研发的投资数据（在过去的3年内）： ① 研发投资占销售额（超出4%，3%、低于3%）：基于财政情况； ② 在新技术和工艺的研究投资； ③ 可靠的研发机构； ④ 可信任的研发中心； ⑤ 研发部门的组织机构； ⑥ 测试实验室类型研发机构； ⑦ 外部研发机构的利用		
5	产品设计能力： ① 有效的3D/2D造型设备和人员（S/W，H/W）； ② 有效的数学和物理分析专家和设备（模拟能力）； ③ 3D优化设计实例（不包括数学和物理分析数据）； ④ 正规的CATIA or PRO－E分析工具的训练； ⑤ 独立技术达到设计质量； ⑥ 持有自主技术； ⑦ 海外先进公司的技术支持； ⑧ 总公司的技术支持		
6	设计和开发人员； ① 有没有适当为满足客户项目需求的设计能力和设计专家； ② 适当水平的设计专家，设计人员占整个雇佣人员的比率（超过7%，超过5%，低于5%）； ③ 设计/开发问题的响应（设计者意见的反映）； ④ 设计人员的经验水平（设计经验）：有着5年或更多经验的设计，人员百分比（超过50%，30%～50%，低于30%）		
7	样件制造能力： ① 制定样件制造计划（进度表，数量，耗费）； ② 用来制造样件的人员、设备或者流水线； ③ 问题解决和实施计划		
要素总分			

从上述审查内容可以看出，技术审查方面非常看重的是企业的技术创新能力和产品验证能力。

19.5.5 采购评审总结

采购评审总结将分为两个部分：一是评分准则，二是评审汇总表。

(1) 评分准则

对上述采购、质量和技术三个方面评审的评分准则见表19-29所示。

表19-29 评分准则

分数	评分细则标准
5	有足够的文件数据显示供货商对相关项目有效控制并持续改进
4	程序比较完善，项目的大部分都有一些的实例证实项目已切实执行，并且控制有效
3	程序基本阐明了对相关项目的控制，有一些实例能证明对相关项目的控制
2	程序基本阐明了对相关项目的控制，但实例很少证明对相关项目的控制
1	需要改进，有相关程序，但没有实例、不足以证明相关项目的有效控制
0	明显不足，无相关程序，相关项目未受控制

注：关于是否获得VDA6.1、QS 9000、ISO/T S16949第三方的质量体系认证：

① 如果没有相关第三方认证，得0分；

② 只有ISO 9000系列认证，得3分；

③ 有VDA 6.1、QS 9000、ISO/TS 16949计划正在实施中，得4分；

④ 已获得ISO/TS 16949的第三方认证，得5分。

对于不适用的问题，以N/A表示。

得分率计算公式为：

$$\text{Rate}=\frac{\text{Sum of each item score}}{\text{Sum of possible score}}\times 100\% \tag{19-1}$$

式中：Rate为得分率；Sum of each item score为每个单项提问实际得分总和；Sum of possible score为可能获得的最大得分总和。

表19-30为潜在供应商批准条件。

表19-30 潜在供应商批准条件

状态	接受标准
A（推荐）	80%～100%
B（条件推荐）	70%～80%
C（不推荐）	<70%

表19-30中，C（不推荐）就是不能进供应商体系，B（条件推荐）就是满足某些改进要求后经过再次评审通过后方可进入供应商体系，A（推荐）是直接进入供应商体系。

(2) 评审结果

进行采购、质量和技术评审后，接着进行评审结果计算（见表19-31所示）。

表 19－31 评审结果

序号	要　素	问题	不适用项	分数	评审建议 & 总分统计
1	管理职责	2	2		评审建议
2	质量体系	8	2		
3	合同评审	2			
4	设计控制	4			
5	采购	6	1		
6	产品标识及可追溯性	2			
7	过程控制	19	2		
8	检验和试验	5			
9	检验、测量和试验设备	4			
10	不合格品的控制	3			
11	预防和纠正措施	3			评审总分
12	搬运、储存、包装及交付	7			
13	内部质量审核	4			应得总分
14	产品质量和供货业绩	5	5		
15	培训	4			得分率
16	技术评审	7			
总　计		80	12		

注：评审总分为所有适用项实际得分的总和；应得总分为5分乘以项数（除不适用项外的）；得分率为评审总分除以应得总分。

（3）评审总结

得到评审结果后，最后进行评审总结，指出被评审供应商的优势和存在的主要问题、给出评审结论、记录参加评审人员的情况（见表 19－32 所示）。

表 19－32 评审总结

优　势	存在的主要问题
评语/推荐结论	

（续表）

审核的补充			
整改计划第一期限：			
电子邮件发至：			
体系认证			
上一次审核结果/认证证书：			
认证证书/以前评审编号	日　　期	评审者	结　　果
供应商简介/Supplier Information			
企业性质			
技术实力			
设备能力			
生产能力			
主要产品			
主要顾客			
参加审核的人员名单			
	姓　名	职　务	所属部门
整车厂			
供应商			

采购定点审查是整车厂规范供应商体系的重要手段，在采购同一个零部件而要面对众多国内外供应商时，优选出一个最适合的供应商是一件非常不容易的事情。上文给出了一个较为简单的评审流程和主要评审内容，仅供参考。

20 验证公告

前面介绍的是整车研究开发与试制方面的内容，但汽车在批量生产和上市销售之前，还要经过整车测试验证与公告等过程，只有获得整车公告后，才能上市销售。本章将对整车标定匹配、验证和公告等方面的方案或流程进行简单介绍。

20.1 标定匹配

整车试制出来后，首先开展的工作是对整车进行功能标定匹配，在满足驾驶需求后，方可一边进行性能标定匹配，一边开展其他测试验证项目。

20.1.1 标定流程

在新能源系统的算法、外围器件确定以后，为了得到满意的整车性能及满足客户要求和达到国家标准，需要通过大量试验，对软件数据进行优化。图 20-1 为一个简单的整车匹配标定流程。

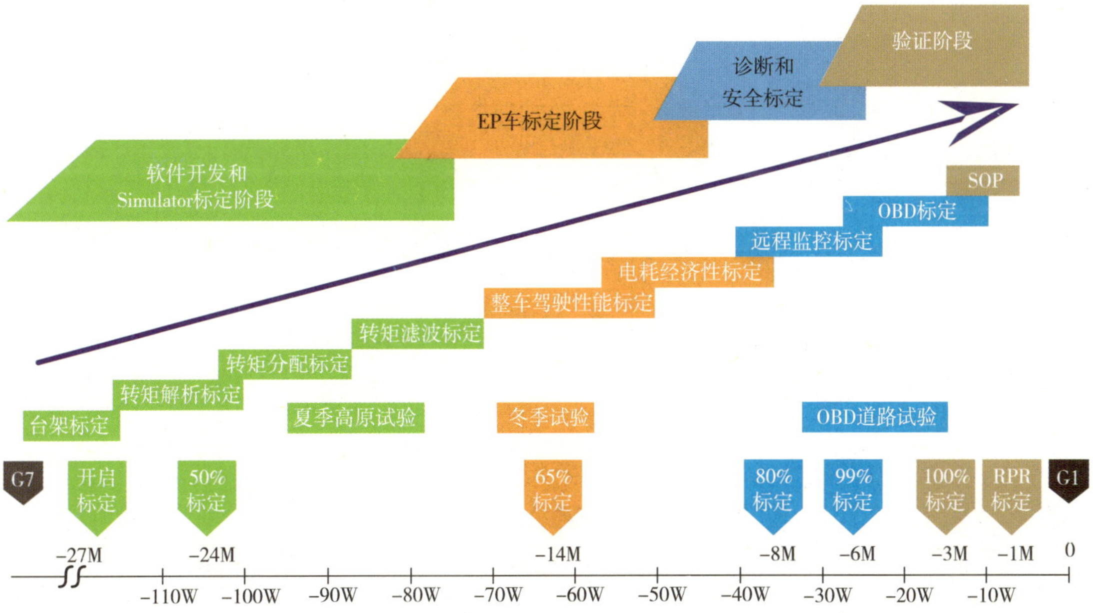

图 20-1 整车标定匹配流程

图 20－1 中的标定节点定义了不同开发阶段，标定工作完成的程度。图中共有以下 6 个节点：

① 50%标定，满足车辆正常行驶，基本功能实现，诊断功能打开；

② 65%标定，所有功能实现，能耗和排放证明可以达到要求，诊断模块初步标定；

③ 80%标定，常规标定数据优化完成，驾驶性满足要求，能耗和排放满足要求，诊断模块部分完成；

④ 99%标定，标定数据优化完成，诊断模块和安全监控验证完成；

⑤ 100%标定，数据在 PP 车上验证完成，数据发布；

⑥ RPR 标定，数据在 Pilot 车上验证如发现问题，快速发布数据。

上述第一个阶段，50%的标定通常可以成为功能标定过程，以期实现整车正常驾驶功能。

20.1.2 标定方案

根据上文提到的整车标定流程，表 20－1 制定了相应的整车标定方案。

表 20－1 整车标定方案

序号	阶 段	工作内容	工 期
1	标定准备	标定车辆准备	2
2		整车附件及相关传感器标定	4
3		高压电管理标定	4
4		Drive 挡 Creep 标定	4
5		Reserve 挡 Creep 标定	3
6	50%标定	挡位切换标定	3
7		Drive 挡 Pedal Map 标定	4
8		Drive 挡起步标定	3
9		50%标定数据发布	1
10		Coast Down Regeneration 标定	3
11		Brake Down Regeneration 标定	3
12		Tip In 平顺性标定	2
13		Tip Out 平顺性标定	2
14	65%标定	Regen 平顺性标定	3
15		Limp Home 模式标定	2
16		System Protection 标定	2
17		65%标定数据发布	1
18		驾驶性标定	4
19		系统保护	3
20		电路诊断标定	4
21	80%标定	能耗测试	3
22		动力性试验	3
23		80%标定数据发布	1

（续表）

序号	阶　段	工作内容	工　期
24	99%标定	油门踏板诊断标定	2
25		制动踏板诊断标定	2
26		电路诊断标定	1
27		CAN 通信诊断标定	1
28		转矩监控诊断基本标定	1
29		Date Review	1
30		99%标定数据发布	1
31	综合性能验收	综合性能验收	5
32	低温、高温试验等其他实验	低温、高温试验等其他实验	87

由表 20-1 可以看出，整车标定过程是一个耗时较长且耗费较大的过程。

20.1.3 标定报告

每一阶段标定，都需要出标定报告，以记录标定过程，下文是对某款纯电动物流车进行性能标定的报告。

试验时间：2016-03-07 至 2016-04-17；

试验地点：验证中心转鼓；

试验工具：笔记本、INCA 等。

试验车辆信息见表 20-2 所示。

表 20-2 试验车辆信息

车　型	颜　色	VIN 号
HT1081BEVA	白色	LVBV4J4B4FE000500

动态试验加载：根据在实际道路上进行的滑行试验，测得车辆的滑行阻力系数，即

$$k_C = 0.1068 S_C^2 + 0.8839 S_C + 617.09 \tag{20-1}$$

本试验按照式（20-1）中车辆满载滑行的阻力系数进行加载。

按照国家标准 GB/T 18385《电动汽车动力性能试验方法》与国家标准 GB/T 18386《电动汽车能量消耗率和续驶里程试验方法》规定，只有进行爬坡度试验是满载的，其他测试项目均是半载的。

（1）加速时间

在转鼓上，被测车辆动力电池 SOC 为 64.8%，加速踏板踩到底，0～50km/h 加速时间为 10.78 s。

（2）最高车速

在转鼓上，测试的最高车速为 84.5km/h。

（3）最大爬坡度

在转鼓上，设定坡度为 20%，车辆由静止开始起步，加速踏板踩到底，车辆能顺利到达 16km/h，坡道起步成功。

（4）40km/h 等速法续驶里程

车辆等速 40km/h 行驶，SOC 从 98.8%降到 18%，消耗电量为 89.89kWh，行驶里程为 229.897km。表 20－3 给出了此次标定测试分析结果。

表 20－3 40km/h 等速法续驶里程标定测试结果分析

序号	能量（kWh）	里程（km）	百公里能耗（kWh/100km）	备 注
1	60.313	152.608	39.522	
2	29.576	77.289	38.268	
合计	89.89	229.897	39.1	均值

（5）ECE 工况法续驶里程

表 20－4 给出了 ECE 工况法里程标定的分析数据。

表 20－4 ECE 工况法续驶里程标定测试结果分析

序号	能量（kWh）	里程（km）	百公里能耗（kWh/100km）	总计里程（km）	备 注
1	2.314	4052.3	57.114	192.597	有回收
2	2.267	4040.62	56.103	196.067	有回收
3	2.312	4070.76	56.802	193.655	有回收
平均	2.3	4054.56	56.673	194.107	有回收
4	2.853	4068.24	70.12	156.874	无回收

从数据得出：制动能量的回收节约率为 23.73%。

（6）总结

由上述各项标定后的测试结果可以得出如表 20－5 所示的标定测试结果的整体分析总结。

表 20－5 标定测试结果总体分析

序号	科 目	单 位	目标数值	试验数值（满载）
1	0～50km/h 加速时间	s	≤25	10.78
2	最高车速	km/h	≥80	84
3	爬坡度	%	≥20	20
4	ECE40km/h 等速里程	km	≥130	194.1

由表 20－6 可以看出，经过标定后，整车性能参数完全满足最初设计指标。

20.2 整车验证

完成整车功能标定匹配后，可以开展整车可靠性试验；完成整车性能标定匹配后，可以开展整车性能试验。下面将在介绍验证方案后，对整车可靠性和性能试验进行简单介绍。

20.2.1 验证方案

试验样车需进行动力性、经济性、耐久性、可靠性测试验证。可在实际道路上，测试电动汽车动力性、经济性、整车可靠性，验证整车开发指标。在夏季、冬季分别验证整车的高温和低温可靠性，主要是验证新能源系统特别是电池的可靠性。表 20－6 所示为各个验证项目采用的标准情况。

表 20－6 整车验证项目遵循标准情况

序号	测试项目	试验标准
1	1 千米最高车速	GB 18385—2005
2	30 分钟最高车速	
3	坡道起步能力	
4	道路行驶阻力	GB 18352.3—2005
5	能量消耗率和续驶里程	GB/T 18386—2005
6	整车可靠性	道路 20 万千米
7	高温可靠性	参考企业相关标准
8	低温可靠性	参考企业相关标准
9	1.5 万千米耐久性	GB/T 18388

（1）整车基本参数测试验证

整车基本参数测试验证方案见表 20－7 所示。

表 20－7 整车基本参数测试验证方案

序号	测试项目				标准
1	整车基本参数	基本质量参数	整车整备质量（kg）	总质量	GB/T 12674—1990《汽车质量（重量）参数测定方法》
2				前轴荷	
3				前轴左/右轮荷	
4				后轴荷	
5				后轴左/右轮荷	
6			质心参数	质心参数	
7			整车整备质量（kg）	整车总质量	
8				前轴荷	
9				前轴左/右轮荷	
10				后轴荷	
11				后轴左/右轮荷	
12		基本尺寸参数	整车长×宽×高（mm）		
13			货箱内部尺寸长×宽×高（mm）		
14			轴距（mm）		
15			前/后轮距（mm）		
16			前/后悬（mm）		
17			接近角、离去角		
18			纵向通过角		
19			外摆角		

（续表）

序号	测试项目				标 准
20	整车基本参数	基本尺寸参数	最小转弯直径（m）		GB/T 12673—1990《汽车主要尺寸测量方法》 GB/T 3730.3—1992《汽车和挂车的术语及其定义车辆尺寸》
21			最小离地间隙（mm）		
22			通道圆半径	外圆	
23				内圆	
24			前轮定位	前束（mm）	
25				主销后倾角	
26				主销内倾角	
27				前轮外倾角	
28				转向轮最大转角（左/右）	

在测试基本质量参数时，使用地秤或车轮负荷计测定，依次测出各轴载质量和整车质量。当轴载质量之和不等于整车质量时，以整车质量为准，用各轴荷质量之比分配整车质量。

在测试基本尺寸参数时，测量场地应具有水平坚硬覆盖层的支承表面，车辆转向车轮以直线前进状态置于测量场地上，车上装有的可活动零部件应处以关闭或收回状态。长度应在与支承平面和Y基准平面平行的直线上测量，宽度在与X基准平面平行的直线上测量，高度在与支承平面垂直的直线上测量。

（2）整车动力性能测试验证

整车动力性能验证测试验证方案见表20-8所示。

表20-8 整车动力性能测试验证方案

序号	测试项目				标 准
29	动力性	最高车速	1km最高车速		GB 18385—2005《电动汽车动力性能试验方法》
30			30分钟最高车速		
31		加速时间	全油门起步加速至50km/h时间（s）		
32			50km/h至80km/h全油门超越加速时间（s）		
33		爬坡能力	爬坡车速		
34			坡道起步能力		
35		行驶阻力	道路行驶阻力	空载车辆行驶阻力	GB 18352.3—2005《轻型汽车污染物排放限值及测量方法（中国Ⅲ、Ⅳ阶段）》
36				半载车辆行驶阻力	
37				满载车辆行驶阻力	
38		车辆滑行	滑行阻力测试	50km/h至0km/h的空载滑行距离（m）和时间（s）	GB/T 12536—1990《汽车滑行试验方法》
39				50km/h至0km/h的半载滑行距离（m）和时间（s）	
40				50km/h至0km/h的满载滑行距离（m）和时间（s）	
41		车速表里程表校正	车速表	速度表指示速度 v_b（km/h）	GB/T 12548《汽车速度表、里程表检验校正方法》 GB 15082—2008《汽车用车速表》
42				实际速度 v（km/h）	
43			里程表	里程表指示距离 S_1（m）	
44				实际距离 S_2（m）	
45				里程表校正系数 $C_V=S_2/S_1$	

最高车速测试时，在直线跑道或环形跑道加速，驶入测量区前达到最高稳定车速，保持该车速持续行驶 1km，记录时间，$v_{test}=3600/t_{test}$。

30min 最高车速测试时，在环形跑道以该车 30min 最高车速估计值±5%的车速行驶 30min，记录距离，$v_{30}=S_1/500$。

加速时间测试时，M1、N1 类纯电动汽车加速性能试验——0～50km/h，50～80km/h；M2、M3 类纯电动汽车加速性能试验（以及 M、N1 类以外的车）——0～30km/h，30～50km/h。记录油门踩到底，车速到（30±1）km/h 或（50±1）km/h 的时间，以及油门踩到底，车速到（30±1）km/h 或（50±1）km/h，并保持该车速行驶 0.5km 以上，继续加速至最高车速的 90%的时间。

爬坡车速测试过程，M1、M2、N1 类以外的可不做，在测功机上分别加载 4%、12%坡度的附加载荷，加速至最高稳定车速并行使 1km。

坡道起步能力测试过程中，坡道角应尽可能接近厂家提供的值，以每分钟至少行驶 10m 的速度，通过测量区。

行驶道路阻力测试过程，可以在道路上或在测功机上使用滑行能量变化法或等速下扭矩测量法测量。

车辆滑行阻力测试时，在驶入滑行区段前，车辆空挡开始滑行，车速为 50km/h 时用第五轮仪记录直至完全停止，不得转动方向盘，至少往返各一次。

车速表测试过程中，首先测定实际速度，求出车速表校正系数，实际车速＝车速表读数×校正系数。

里程表测试过程中，首先测定试验车辆滚动半径，求出里程表校正系统，实际里程＝里程表读数×校正系数。

（3）整车经济性能测试验证

整车经济性能验证测试验证方案见表 20－9 所示。

表 20－9 整车经济性能测试验证方案

<table>
<tr><th>序号</th><th colspan="3">测试项目</th><th>标　　准</th></tr>
<tr><td>46</td><td rowspan="4">经济性</td><td rowspan="2">工况法续驶里程试验</td><td>续驶里程（常温）</td><td rowspan="4">GB/T 18386—2005《电动汽车能量消耗量和续驶里程试验方法》</td></tr>
<tr><td>47</td><td>百公里能量消耗率</td></tr>
<tr><td>48</td><td rowspan="2">等速法续驶里程试验</td><td>续驶里程（低温）</td></tr>
<tr><td>49</td><td>百公里能量消耗率</td></tr>
</table>

整车经济性能测试过程汇总：工况法在底盘测功机上设定车辆道路负荷模拟，等速法在道路上实测。

（4）整车制动性能测试验证

整车制动性能验证测试验证方案见表 20－10 所示。

表 20－10 整车制动性能测试验证方案

<table>
<tr><th>序号</th><th colspan="4">测试项目</th><th>标　　准</th></tr>
<tr><td>50</td><td rowspan="5">制动性能</td><td rowspan="5">电机脱开
0 型试验</td><td rowspan="5">初速度 60km/h</td><td>初速度（km/h）</td><td rowspan="5"></td></tr>
<tr><td>51</td><td>MFDD（m/s^2）</td></tr>
<tr><td>52</td><td>制动距离 S（m）</td></tr>
<tr><td>53</td><td>最大踏板力（N）</td></tr>
<tr><td>54</td><td>制动稳定性—最小通道宽度（m）</td></tr>
</table>

（续表）

序号	测试项目				标准
55	制动性能	电机反拖 0 型试验	初速度 24km/h（30% v_{max}）	初速度（km/h）	GB 12676—1999《汽车制动系统结构、性能和试验方法》
56				MFDD（m/s^2）	
57				制动距离 S（m）	
58				最大踏板力（N）	
59				制动稳定性—最小通道宽度（m）	
60			初速度 64km/h（80% v_{max}）	初速度（km/h）	
61				MFDD（m/s^2）	
62				制动距离 S（m）	
63				最大踏板力（N）	
64				制动稳定性—最小通道宽度（m）	
65		失效制动试验	初速度 50km/h 的前轴管路失效制动试验	初速度（km/h）	
66				MFDD（m/s^2）	
67				制动距离 S（m）	
68				最大控制力（N）	
69				制动稳定性—最小通道宽度（m）	
70			初速度 50km/h 的后轴管路失效制动试验	初速度（km/h）	
71				MFDD（m/s^2）	
72				制动距离 S（m）	
73				最大控制力（N）	
74				制动稳定性—最小通道宽度（m）	
75			初速度 50km/h 的 ABS 失效制动试验	初速度（km/h）	
76				MFDD（m/s^2）	
77				制动距离 S（m）	
78				最大控制力（N）	
79				制动稳定性—最小通道宽度（m）	
80		应急制动性能	50km/h 的初速度的应急制动试验	初速度（km/h）	
81				MFDD（m/s^2）	
82				制动距离 S（m）	
83				最大控制力（N）	
84				制动稳定性—最小通道宽度（m）	
85		行车制动 1 型试验	初速度 60km/h 的 1 型试验	初速度（km/h）	
86				MFDD（m/s^2）	
87				制动距离 S（m）	
88				最大控制力（N）	
89				制动稳定性—最小通道宽度（m）	

（续表）

序号	测试项目				标　准
90	制动性能	驻车制动试验	初速度 30km/h 动态驻车制动试验	初速度（km/h）	GB 12676—1999《汽车制动系统结构、性能和试验方法》
91				MFDD（m/s^2）	
92				制动距离 S（m）	
93				停车前瞬时减速度（m/s^2）	
94				最大控制力（N）	
95				制动稳定性—最小通道宽度（m）	
96			静态驻车制动	坡度（%）	
97				最大控制力（N）	
98		ABS 性能测试	防抱死系统失效时的剩余制动效能		
99			能量消耗		
100			附着系数利用率		
101			高附着系数路面		
102			低附着系数路面		
103			对接路面（高附—低附）		
104			对接路面（低附—高附）		
105			对开路面上的制动性能		
106		制动反应时间	制动反应时间（s）		

整车制动性能试验分空载和满载两部分，应按规定的顺序进行。

行车制动系统 0 型试验：空载制动和满载制动均依次进行制动初速度为（M1、N1 为 80km/h，其余为 60km/h）脱开发动机的制动、初速度为最高车速的 30%和 80%结合发动机的制动。应急制动试验包含空载制动和满载制动，制动初速度为（N1 为 70km/h、N2 为 50km/h）脱开发动机的制动。应急制动系统或未受失效影响的那部分行车制动系统必须能够按应急制动的要求使车辆停止。行车制动系统剩余制动性能试验，空载制动和满载制动制动初速度为（N1 为 120km/h，N2 为 100km/h），脱开发动机制动，控制力不超过 700N。

行车制动系统①型试验：在满载条件下分为踏板力或管路压力的确定、重复制动、热制动效能试验。

MFDD 是专业术语，是英文 Mean Fully Developed Deceleration 的缩写，即汽车制动性能试验过程中，汽车在整个减速过程中减速度的平均值，它是一项重要的制动性能参数，详细说明请参看 GB 12676—1999《汽车制动系统结构性能和试验方法》。

（5）整车安全性能测试验证

整车安全性能验证测试验证方案见表 20－11 所示。

模拟涉水测试过程：①在 20cm 深的水池中，以（20±2）km/h 速度行驶 500m，时间大约 10min；②在 30cm 深的水池中，以（5±1）km/h 速度行驶 100m，时间大约 10min。涉水后，在车辆仍然潮湿时以及避雨放置 24h 后，分别按照 GB/T 18384.1—2001《电动汽车安全要求　第 1 部分：车载储能装置》中 6.1.1 的要求进行绝缘电阻测量。

模拟暴雨测试过程：将整车停放在淋雨实验间中，关闭车身所有门、窗、前机舱和后行李箱盖，将交流/直流充电枪分别插入交流/直流充电接口，仅进行机械连接，不连接电源充电，对整车进行淋雨试验 15min 后，测量车辆的绝缘电阻。在车辆在静置 24h 后，再次测量车辆的绝缘电阻。绝缘电阻至少为 500Ω/V（按动力电路的标称电压计算），且无漏电现象。

表 20－11　整车安全性能测试验证方案

序号	测试项目			标　准
107	安全性	模拟涉水	绝缘电阻	GB/T 18384.1—2001《电动汽车安全要求　第 1 部分：车载储能装置》，《北京市推广应用新能源专用车生产企业及产品备案工作暂行流程》
108		模拟暴雨	避雨放置 24h 后绝缘电阻	

（6）整车可靠性能测试验证

整车可靠性能验证测试验证方案见表 20－12 所示。

表 20－12　整车可靠性能测试验证方案

序号	测试项目			标　准
109	可靠性	总里程 15000km 可靠性试验	一般公路（包括磨合 1000km）9000km	GB/T 18388—2005《电动汽车定型试验规程》
110			高环 3000km	
111			坏路 3000km	
112		20 万公里全寿命试验	20 万公里全寿命试验	

总里程 15000km 可靠性试验过程：分别进行 9000km 一般公路、3000km 高环、3000km 坏路可靠性试验，每天 200km。

200000km 全寿命试验试验过程：每天 200km 持续累积至少 200000km，直至车辆报废。

（7）整车耐候性能测试验证

整车耐候性能验证测试验证方案见表 20－13 所示。

表 20－13　整车测试验证方案

序号	测试项目			标　准
113	耐候性	高温适应性	高温可靠性 2000km	参考企业标准《高温地区整车适应性能试验方法》
114			50℃环境下动力电池包自放电性能、动力电池包总容量和能量	《北京市推广应用新能源专用车生产企业及产品备案工作暂行流程》
115		低温适应性	低温可靠性 1500km	参考企业标准《高寒地区整车适应性能试验方法》
116			低温冷启动能力（－15℃）	GB/T 28382—2012《纯电动乘用车技术条件》
117			－15℃环境下充电性能及续驶里程	《北京市推广应用新能源专用车生产企业及产品备案工作暂行流程》

汽车预热按 GB/T 12534 进行，室外道路整车水温试验工况分为高速工况、怠速工况、坡度工况、高速坡度工况、城市道路行驶工况（仅乘用车做），每个试验工况进行 20min。

高温适应性试验过程：动力蓄电池包在高温 50℃环境下，满电存放 7 天（持续 168h），加速静置存放后，测量动力蓄电池包的总容量 Q_2；计算动力蓄电池包自放电后容量 Q_2 与原总容量 Q_1 之比。动力电池包荷电容量保持不低于实际容量 85%，即 Q_2/Q_1 之比不小于 85%

低温冷启动试验：分为冷机起动性能试验、重复起动试验。重复起动为冷机起动成功后马上关闭钥匙门，重新起动，重复 6 次。

－15℃环境下充电性能及续驶里程试验：在低温－15℃环境下，静置 8h，交流、直流充电任选一种，对车辆进行充电，考核车辆是否能够正常充电，并计时（允许车辆使用保温或加热措施）。

（8）整车操纵稳定性能测试验证

整车操纵稳定性能验证测试验证方案见表 20－14 所示。

表 20－14 整车操纵稳定性能测试验证方案

序号	测试项目			标　　准
118	操纵稳定性	稳态回转	0.5g 侧倾角（°）	GB/T 6323.6—1994《汽车操纵稳定性试验方法 稳态回转试验》
119			不足转向度［°/（m/s^2）］	
120			车厢侧倾度 $K\varphi$［°/（m/s^2）］	
121			侧倾增益［°/（m/s^2）］	
122			中性转向点侧向加速度 α_n（m/s^2）	
123		转向回正	残留横摆角速度 Δr（°/s）	GB/T 6323.4—1994《汽车操纵稳定性试验方法 转向回正性能试验》
124			横摆角速度总方差 E_r（s）	
125			回正时间	
126		转向轻便性	转向盘平均操舵力 F_S（N）	GB/T 6323.5—1994《汽车操纵稳定性试验方法》
127			转向盘最大操舵力 F_m（N）	
128		转向盘转角角阶跃输入	横摆角速度响应时间 T（s）	GB/T 6323.2—1994《汽车操纵稳定性试验方法》
129			转向灵敏度	
130		转向盘转角角脉冲输入	谐振峰频率 F（Hz）	GB/T 6323.3—1995《汽车操纵稳定性试验方法》
131			谐振峰水平 D（dB）	
132			相位滞后角 α（°）	
133		蛇行	平均横摆角速度峰值 R（°/s）	GB/T 6323.1—1994《汽车操纵稳定性试验方法 蛇形试验》
134			蛇行最大过桩车速	

稳态回转性能试验过程：驾驶员操纵汽车以最低稳定速度沿所画圆周行驶，待安装于汽车纵向对称面上的车速传感器在半圈内都能对准地面所画圆周时，固定转向盘不动，停车并开始记录，记下各变量的零线，然后，汽车起步，缓缓连续而均匀地加速（纵向加速度不超过 $0.25m/s^2$），直至汽车的侧向加速度达到 $6.5m/s^2$（或受发动机功率限制而所能达到的最大侧向加速度，或汽车出现不稳定状态）为止。记录整个过程。试验按向左转与向右转两个方向进行。

转向回正性能试验过程：试验汽车直线行驶，记录各测量变量零线，然后调整转向盘转角，使汽车沿半径为（15±1）m 的圆周行驶，调整车速，使侧向加速度达到（4±0.2）m/s^2，固定转向盘转角，稳定车速并开始记录，待 3s 后，驾驶员突然松开转向盘并做一标记（建议用一微动开关和一个讯号通道同时记录），至少记录松手后 4s 的汽车运动过程。记录时间内油门开度保持不变。试验按向左转与向右转两个方向进行，每个方向三次。

转向轻便性能试验过程：驾驶员操纵转向盘，使汽车以（10±2）km/h的车速沿双纽线路径行驶，待车速稳定后，开始记录转向盘转角和作用力矩，并记录行驶车速作为监督参数。汽车沿双纽线绕行一周至记录起始位置，即完成一次试验，全部试验应进行三次。

转向盘转角角阶跃输入试验过程：汽车以试验车速进行直线行驶，先按输入方向轻轻靠紧转向盘，消除转向盘自由行程并开始记录各测量变量的零线，经过0.2～0.5s，以尽快的速度（起跃时间不大于0.2s或起跃速度不低于200°/s转动转向盘，使其达到预先选好的位置并固定数秒钟（待所测变量过渡到新稳态值），停止记录。试验按向左转与向右转两个方向进行。

转向盘转角角脉冲输入试验过程：汽车以试验车速进行直线行驶，使其横摆角速度为0±0.5°/s。做一标记，记下转向盘中间位置（直线行驶位置）。然后给转向盘一个三角脉冲转角输入。试验时向左（或向右）转动转向盘，并迅速转回原处（允许及时修正）保持不动，记录全部过程，直至汽车回复到直线行驶位置。

蛇形试验过程：试验汽车以近似基准车速二分之一的稳定车速直线行驶，在进入试验区段之前，记录各测量变量的零线，然后蛇行通过试验路段，同时记录各测量变量的时间历程曲线及通过有效标桩区的时间。提高车速（车速间隔自行选择），重复上一条的过程，共进行10次。

（9）整车舒适性能测试验证

整车舒适性能验证测试验证方案见表20-15所示。

表20-15 整车测试验证方案

序号	测试项目			标准
135	舒适性	空调性能测试	各出风口温度	QC/T 658—2009《汽车空调制冷系统性能道路试验方法》
136			驾驶员/副驾驶员头部温度	
137			各排座椅左/中/右乘员头部温度	
138			各出风口最大风速	
139			压缩机吸气温度/压力	
140			压缩机排气温度/压力	
141			达到室内平均温度24℃的时间	
142			整车保温时间	
143		采暖能力	各出风口温度	GB/T 12782《汽车采暖性能要求和试验方法》
144			驾驶员头部/脚部温度	
145			副驾驶员头部/脚部温度	
146			各排乘员头部/脚部温度	
147			达到室内平均温度20℃的时间	
148			整车保温时间	
149		除霜	各出风口温度（20min、30min、40min）	GB 11555《汽车风窗玻璃除雾和除雾系统的性能和试验方法》 GB/T 24552—2009《电动汽车风窗玻璃除霜除雾系统的性能要求及试验方法》
150			除霜效果/每10分钟	
151			发动机水流量及水温	
152		除雾	10分钟除雾效果	
153			发动机水流量及水温	

空调性能试验：分为稳定工况下降温性能和舒适性试验、变工况下降温性能试验、结霜试验、压力试验。降温性能试验和压力试验均需车辆进行预热行驶，停在试验地点，门窗全关。降温性能试验需在规定的试验条件下暴晒90min，启动发动机，冷气全开试验。

采暖能力试验过程：车辆首先预热，当冷却液温度处于稳定状态时，打开全部车门及车窗，15min后全部试验人员进入车内，关闭门窗、通风孔，汽车用直接挡以40km/h稳定车速行驶，启动全部采暖装置并调到最大采暖位置，同时试验人员记录各测温点温度。试验开始后，每隔5min测量记录一次，试验始末各测一次环境温度、风速计风向，试验总时间为40min。

除霜试验：试验环境温度为（−18±3)℃，试验车在试验温度下至少停放10h；试验前，风窗玻璃的内外表面用甲醇的酒精或类似的去污剂彻底清洗，除霜系统的热源由动力电池提供电力。

除雾试验：维持试验温度在（−3±1)℃的低温环境进行，汽车的动力电池和辅助电池都应处于完全充电状态。

（10）整车噪声性能测试验证

整车噪声性能验证测试验证方案见表20－16所示。

表20－16　整车噪声性能测试验证方案

序号	测试项目			标　　准
154	噪声	车外噪声	加速车外噪声	GB 1495—2002汽车加速行驶车外噪声限值及测量方法 ECE R51—02关于就噪声方面认证机动车辆（至少四轮）的统一规定
155		车内噪声	乘员耳旁噪声	GB 7258—2012机动车运行安全技术条件》（附录A） GB/T 18697（2002）声学 汽车车内噪声测量方法

汽车应以上述规定的挡位和稳定速度接近AA'线，当汽车前端到达AA'线时，必须尽可能地迅速将加速踏板踩到底（即节气门或油门全开），并保持不变，直到汽车尾端通过BB'线时再尽快地松开踏板（即节气门或油门关闭）。在汽车每一侧至少应测量四次。

匀速行驶从最高车速的40％到最高车速的80％范围内，至少以等间隔的5种车速进行A声级测量。全油门加速行驶，当汽车达到稳定的初始工作状况时，须尽可能快的使油门全开，同时启动记录装置开始记录，直到发动机转速达到（汽车制造厂）规定额定转速的90％，记录停止。

（11）整车平顺性能测试验证

整车平顺性能验证测试验证方案见表20－17所示。

表20－17　整车平顺性能测试验证方案

序号	测试项目		标　　准
156	平顺性	随机输入性能	GB/T 4970—1996《汽车平顺性随机输入行驶试验方法》
157		过凸块试验（30、40、50、60、70、80km/h）	
158		加速度加权均方根值σ_w，m/s^2	
159		加权加速度均方根值A_{xw}（m/s^2）	
160		加权加速度均方根值A_{yw}（m/s^2）	
161		加权加速度均方根值A_{zw}（m/s^2）	
162		舒适性降低界限值T_{cd}（h）	

整车平顺性能试验：汽车以规定的车速匀速驶过凸块，在汽车通过凸块前 50m 应稳住车速，当汽车前轮接近凸块时开始记录，待汽车驶过凸块且冲击响应消失后，停止记录，每种车速的有效试验次数应不少于 5 次。

(12) 整车电磁干扰性能测试验证

整车电磁干扰性能验证测试验证方案见表 20－18 所示。

表 20－18 整车电磁干扰性能测试验证方案

序号	测试项目		标　准
163	电磁干扰	电动车辆的电磁场辐射强度	GB/T 18387—2008《电动车辆的电磁场发射强度的限值和测量方法宽带 9kHz～30MHz》； GB 14023—2011《车辆、船和内燃机无线电骚扰特性用于保护车外接收机的限值和测量方法》

整车电池干扰性能试验过程：

① 将车辆停于带有吸波材料的密闭测试房间，并将车辆固定于转台上，前后轮停放于轮毂上。

② 测试天线距离车辆 10m；试验时车辆处于密闭环境，由摄像头及位置传感器监控转台及车辆的旋转位置。

③ 电动车辆的电场辐射骚扰限值测试。采用鱼骨型天线接收器分别进行了天线水平极化和垂直极化两种位置的限值试验。

④ 分别进行了上高压电机不运转模式和上高压车速在 40km/h 模式下的两种测试。

⑤ 窄带电场、磁场发射强度限值测试。测试前将鱼骨天线更换成圆环式天线，并置于距离车辆 3m 处，测试中随着转台的旋转，调整天线位置，每个位置须分别进行天线的 X、Y、Z 三个方向试验；测试中进行了 20km/h、40km/h、60km/h 三种车速试验。电场试验将天线更换为棒状天线，试验步骤与磁场试验相同。

20.2.2 可靠性试验

纯电动车型的电机、电池及动力附件控制系统因为是全新开发的，所以应在汽车试验场进行 30000km 道路可靠性试验测试，对动力系统和电池系统进行可靠性摸底。图 20－6 为某汽车试验场鸟瞰图。

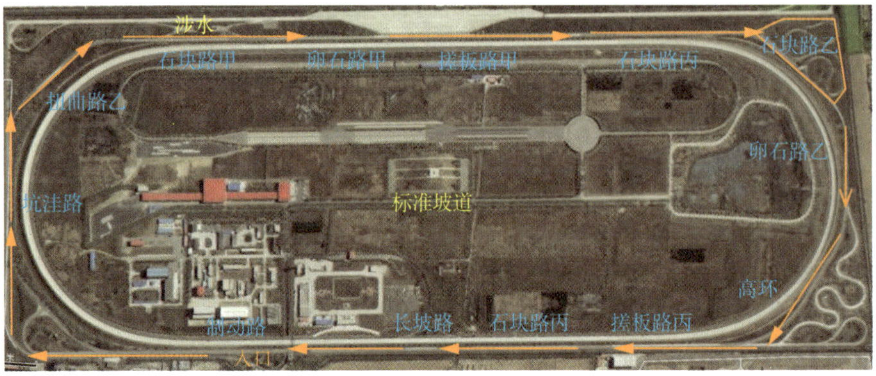

图 20－2 汽车试验场鸟瞰图

试验路线：综合路入口→石块路乙（两圈）→卵石路乙→制动路，即完成一个循环。一个循环全长 7.9km，其中石块路乙两圈 1.9km，卵石路乙 0.3km，每循环纯坏路占比 28%；石块路乙限速 35km/h，卵石路限速 40km/h；每个循环到达制动路，需 80%制动强度减速到 5km/h，通过综合路入口后再继续行驶。

表 20－19 为可靠性试验项目及其执行标准。

表 20－19 试验项目及其执行标准

试验项目	执行标准
一般公路（包括磨合 1000km）12000km	GB 18388—2005 电动汽车定型试验规程； Q/FT A039—2006 车辆磨合行驶技术规范； Q/FT A140—2006 零部件装车可靠性验证标准（试行）； Q/FT B186—2004 轻型载货汽车产品定型可靠性试验及评定方法

试验周期及班次安排：试验样车最大续航里程 200km，每天需要充电平均耗时 3～5h，每班次行驶 2h 均需停车检查动力附件系统是否正常。试验班次安排见表 20－20 所示。

表 20－20 试验周期及班次安排

序号	班次	工作时间	完成循环数	里程估算（km）	统一查车时间	充电时间
1	上午班	8：00～12：00	循环 10 次	80	12：00～12：30	17：30 以后
2	下午班	13：00～17：00	循环 10 次	80	17：00～17：30	

试验条件安排见表 20－21 所示。

表 20－21 试验条件安排

序号	试验道路	试验地点	试验载荷
1	一般公路	厂区→一般公路→山区公路	空载/满载
2	高速公路	试验场	满载（总质量 8T）
3	凸凹不平路		

从上述可以看出，可靠性试验主要安排在试验场内，部分试验需求可以安排在郊区空旷道路进行。

20.2.3 性能试验

整车性能试验项目及试验依据见表 20－22 所示。

表 20－22 试验项目及试验依据

序号	项目	载荷状态	项目	是否测试	试验工时（天）	备 注
1	参数	整备/半载/满载	质量参数	√	0.06×2×3=0.36	三种载荷
			尺寸参数	√	0.25×2×2=1.0	—

（续表）

序号	项目	载荷状态	项目	是否测试	试验工时（天）	备　注
2	噪声	空载	加速行驶车外噪声	√	0.4×3=1.2	—
			驾驶员耳旁噪声	√	0.2×2=0.4	—
3	动力性	空载	车速表、里程表校正	√	0.25×2=0.5	—
		半载	30 分钟最高车速		1×2=2	—
			最高车速	√	1×2=2	—
			0～50km/h 加速时间（s）	√	1×2=2	—
			50～80km/h 加速时间（s）	√		
		空载/半载/满载	50km/h～0km/h 滑行	√	0.1×2×3=0.6	3 种载荷状态
			滑行阻力试验	√	0.5×2×3=3	
4	制动性能	空载	电机脱开的 0 型试验	√	0.3×3×2=1.8	—
			电机反拖的 0 型试验	√		
			前管路失效	√	1×3×2=6	
			后管路失效	√		
			ABS 失效	√		
			应急制动	√		
		满载	制动反应时间	√	0.4×3=1.2	—
			驻坡试验	√	0.1×3=0.3	—
			动态驻车	√		—
			I 型试验	√	0.3×3=0.9	—
合　　计					23.26	—

整车性能试验仪器需求见表 20-23 所示。

表 20-23　整车性能试验仪器需求

序号	设备仪器名称	制造商	规格型号	有效日期
1	短平台电子汽车称	北京高登衡器轻机公司	ZCS-15	2016-01-08～2017-01-07
2	整车性能测试系统	英国 Racelogic	VBOX3i	2016-09-03～2017-09-02
3	多功能测量仪	Testo	435-1	2016-08-08～2017-08-07
4	多功能测量仪（温度）	Testo	435-1	2016-08-08～2017-08-07
5	多功能测量仪（风速）	Testo	435-1	2016-08-08～2017-08-07
6	多功能测量仪（压力）	Testo	435-1	2016-08-10～2017-08-09
7	数字精密压力表	北京泰威智达仪表科技有限公司	0～1200kPa	2016-11-24～2017-11-23
8	陀螺仪	英国 Oxford	RT3002	2016-08-13～2017-08-12
9	钢卷尺	丹纳赫工具（上海）有限公司	5m	2016-09-04～2017-09-03

（续表）

序号	设备仪器名称	制造商	规格型号	有效日期
10	钢卷尺	丹纳赫工具（上海）有限公司	30m	2016-09-05～2017-09-04
11	转向参数测试仪	英国 Racelogic LTD	TR60-50	2016-07-25～2017-07-24
12	平顺性测试系统	武汉英泰斯特电子技术有限公司	INC-9020UG	2016-07-21～2017-07-20
13	推拉力计	SHIMPO	FGJ-10	2016-11-21～2017-11-20
14	汽车速度仪	日本小野	LC-5200	2016-08-11～2017-08-10
15	声级计	丹麦 B&K 公司	2240	2016-11-14～2017-11-13
16	声校准器	丹麦 B&K	4231	2016-07-30～2017-07-29
17	踏板力计	英国 Racelogic	PK-100	2016-07-28～2017-07-27

试验条件方面的要求：

（1）气象条件。一般气象条件按 GB/T 18385—2005《电动汽车动力性能试验方法》中的环境条件进行。

（2）车辆条件。试验车辆状态应符合 GB/T 18385—2005《电动汽车动力性能试验方法》中的试验车辆状态要求。

（3）载荷条件。试验车辆按试验要求进行加载，加载方式和质量分布依据 GB/T 12534—1990《汽车道路试验方法通则》进行。

（4）试验道路。试验道路为试验场内性能路。

质量参数方面的试验结果及分析见表 20-24 所示。

表 20-24 质量参数

序号	项目名称	技术要求	实测值					符合性判定	备注
			二类底盘	整备	空载	半载	满载		
1	整车质量（kg）	按实测	3365	3995	4190	5745	7495	—	—
	前轴荷（kg）	按实测	1890	1985	2185	2485	2770	—	—
	后轴荷（kg）	按实测	1475	2010	2005	3260	4725	—	—

滑行试验方面的试验结果及分析见表 20-25 所示。

表 20-25 滑行试验结果

序号	试验项目	技术要求	试验结果	符合性判定	备注
1	50km/h 至 0km/h 的空载滑行距离（m）和时间（s）	按实测	732.2/121.56	—/—	
2	50km/h 至 0km/h 的半载滑行距离（m）和时间（s）		770.9/123.62		
3	50km/h 至 0km/h 的满载滑行距离（m）和时间（s）		838.3/133.79		

图 20-3 为表 20-25 中 50km/h 至 0km/h 的滑行距离曲线。

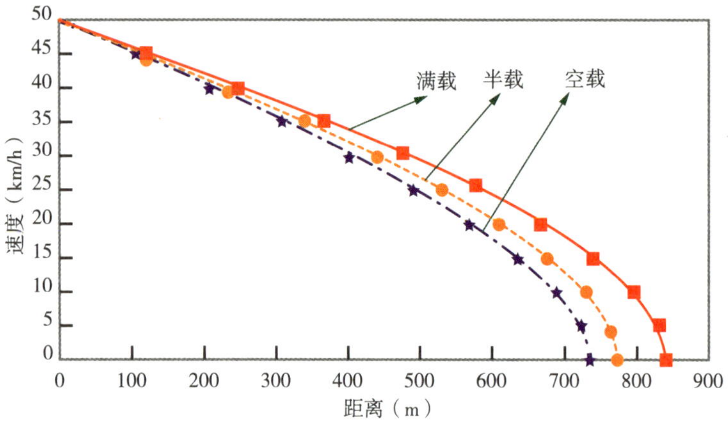

图 20-3　50km/h 至 0km/h 的滑行距离曲线

车辆行驶阻力测试试验结果及分析见表 20-26 所示。

表 20-26　车辆行驶阻力测试

序号	试　验　项　目	技术要求	试验结果
1	空载车辆行驶阻力	按实测	$y=-0.094x^2+16319x+167.21$
2	半载车辆行驶阻力	按实测	$y=-0.2063x^2+24.696x+162.21$
3	满载车辆行驶阻力	按实测	$y=-0.1446x^2+20.468+325.99$

尺寸参数测试试验结果及分析见表 20-27 所示。

表 20-27　尺寸参数

序号	项目名称		技术要求	实测值		符合性判定		备注
				整备	满载	整备	满载	
1	整车（mm）	长	按实测	6094	—	—	—	—
2		宽（不含后视镜）	按实测	2103	—	—	—	—
3		宽（含后视镜）	按实测	2370	—	—	—	—
4		高	按实测	2940	2870	—	—	—
5	最小离地间隙（mm）		按实测	—	200	—	—	—
6	接近角（°）		按实测	24.7	24.2	—	—	—
7	离去角（°）		按实测	18.3	15.5	—	—	—
8	纵向通过角（°）		按实测	29.6	—	—	—	—
9	最小转弯直径（m）		按实测	14.1/14.4	—	—	—	左/右转
10	前悬（mm）		按实测	1114	—	—	—	—
11	轴距（mm）		按实测	3360	—	—	—	—
12	后悬（mm）		按实测	1620	—	—	—	—
13	前轮距（mm）		按实测	1525	—	—	—	—
14	后轮距（mm）		按实测	1535	—	—	—	—
15	通道圆直径（m）	外圆	按实测	15.2	—	—	—	—
16		内圆	按实测	8.8	—	—	—	—
17	外摆值（m）		按实测	0.18	—	—	—	—

车速表里程表测试验证结果见表 20－28 所示。

表 20－28 车速表里程表测试验证结果

序号	试验项目	技术要求	试验结果（空载）	符合性判定	备注
1	速度表指示速度 v_b（km/h）	$0 \leqslant v_b - v \leqslant v/10+4$	40.0	√	—
	实际速度 v_R（km/h）		37.9		
2	速度表指示速度 v_b（km/h）	$0 \leqslant v_b - v \leqslant v/10+4$	80.0	√	—
	实际速度 v_R（km/h）		76.0		
3	里程表指示距离 S_1（m）	—	10000.0	—	—
	实际距离 S_2（m）		10084.0		
	里程表校正系数 $C_V = S_2/S_1$		1.0084		

整车动力性能测试验证结果见表 20－29 所示。

表 20－29 整车动力性能测试验证结果

序号	试 验 项 目	技术要求	结果（半载）	符合性判定	备注
1	最高车速（km/h）	≥80.0	82.9	√	—
2	30min 最高车速（km/h）	≥80.0	82.3	√	—
3	全油门起步加速至 50km/h 时间（s）	按实测	7.68	—	
4	50km/h 至 80km/h 全油门超越加速时间（s）	按实测	19.64	—	

图 20－4 为全油门起步加速至 50km/h 时间曲线。

图 20－5 为 50km/h～80km/h 全油门超越加速时间曲线。

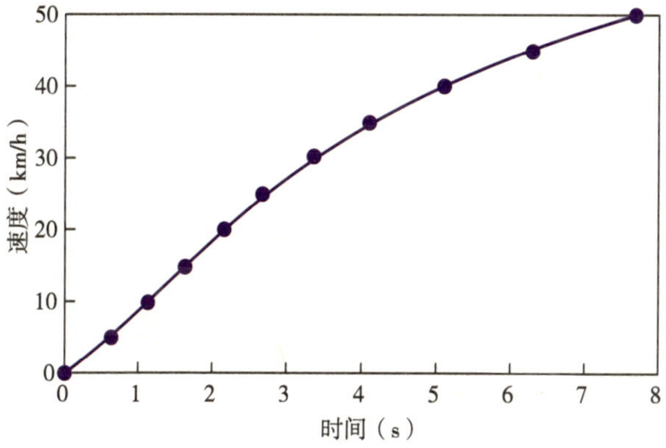

图 20－4 全油门起步加速至 50km/h 时间曲线

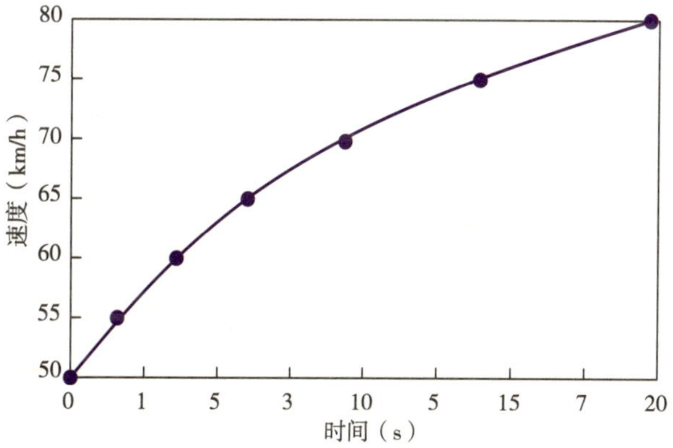

图 20－5 50km/h 至 80km/h 全油门加速时间曲线

整车噪声测试验证结果见表 20－30 所示。

表 20－30 整车噪声测试验证结果

序号	试 验 项 目	技术要求	测量结果	符合性判定	备注
1	加速行驶车外噪声 [dB（A）]	≤78	76.1	√	—
2	驾驶员耳旁噪声 [dB（A）]	≤90	43.9	√	—

整车制动性能测试验证结果见表 20－31 所示。

表 20－31 整车制动性能测试验证结果

序号	试验项目		技术要求	试验结果		符合性判定	备注
				空载	满载		
1	初速度 60km/h 电机脱开 O 型试验	初速度（km/h）	≥58.8	59.8	60.0	√/√	—
		MFDD（m/s^2）	≥5.00	6.79	6.39	√/√	
		制动距离 S（m）	≤36.6	22.5	25.4	√/√	
		最大踏板力（N）	≤700	288	282	√/√	
		制动稳定性	不偏离出 3.7m 跑道	未偏离	未偏离	√/√	
2	初速度 24km/h（30% v_{max}）电机反拖 O 型试验	初速度（km/h）	≥23.5	24.1	24.3	√/√	V_{max}＝80km/h
		MFDD（m/s^2）	≥4.00	7.05	6.96	√/√	
		制动距离 S（m）	≤8.0	5.0	4.9	√/√	
		最大踏板力（N）	≤700	209	224	√/√	
		制动稳定性	不偏离出 3.7m 跑道	未偏离	未偏离	√/√	
3	初速度 64km/h（80% v_{max}）电机反拖 O 型试验	初速度（km/h）	≥62.7	64.0	64.2	√/√	V_{max}＝80km/h
		MFDD（m/s^2）	≥4.00	6.96	6.59	√/√	
		制动距离 S（m）	≤41.1	19.9	26.7	√/√	
		最大踏板力（N）	≤700	208	364	√/√	
		制动稳定性	不偏离出 3.7m 跑道	未偏离	未偏离	√/√	
4	初速度 50km/h 前轴管路失效制动试验	初速度（km/h）	≥49.0	50.0	50.1	√/√	—
		MFDD（m/s^2）	≥1.30	4.22	3.96	√/√	
		制动距离 S（m）	≤32.5	23.3	22.3	√/√	
		最大控制力（N）	≤700	163	311	√/√	
		制动稳定性	不偏离出 3.7m 跑道	未偏离	未偏离	√/√	
5	初速度 50km/h 后轴管路失效制动试验	初速度（km/h）	≥49.0	50.0	50.2	√/√	—
		MFDD（m/s^2）	≥1.30	3.12	2.51	√/√	
		制动距离 S（m）	≤32.5	26.6	39.8	√/√	
		最大控制力（N）	≤700	352	392	√/√	
		制动稳定性	不偏离出 3.7m 跑道	未偏离	未偏离	√/√	
6	初速度 50km/h ABS 失效制动试验	初速度（km/h）	≥49.0	50.0	50.1	√/√	—
		MFDD（m/s^2）	≥1.30	6.21	5.89	√/√	
		制动距离 S（m）	≤32.5	16.9	19.7	√/√	
		最大控制力（N）	≤700	191	198	√/√	
		制动稳定性	不偏离出 3.7m 跑道	未偏离	未偏离	√/√	

（续表）

序号	试验项目		技术要求	试验结果		符合性判定	备注
				空载	满载		
7	初速度 50km/h 应急制动试验	初速度（km/h）	≥49.0	50.0	50.0	√/√	—
		MFDD（m/s²）	≥2.2	3.16	2.67	√/√	
		制动距离 S（m）	≤51.0	36.3	43.6	√/√	
		最大控制力（N）	≤700	18	18	√/√	
		制动稳定性	不偏离出 3.7m 跑道	未偏离	未偏离	√/√	
8	初速度 60km/h Ⅰ型试验	初速度（km/h）	≥58.8	—	60.2	—/√	—
		MFDD（m/s²）	≥5.11	—	5.26	—/√	
		制动距离 S（m）	—	—	29.5	—	
		最大踏板力（N）	≤282	—	226	—/√	
		制动稳定性	不偏离出 3.7m 跑道	—	未偏离	—/√	
9	初速度 30km/h 动态驻车制动试验	初速度（km/h）	≥29.4	—	30.3	—/√	—
		MFDD（m/s²）	≥1.50	—	2.64	—/√	
		制动距离 S（m）	—	—	17.0	—	
		停车前瞬时减速度（m/s²）	≥1.50	—	2.82	—/√	
		最大控制力（N）	≤600	—	18	—/√	
		制动稳定性	不偏离出 3.7m 跑道	—	未偏离	—/√	
10	驻车制动（静态）	坡度（%）	≥18%	—	成功驻18%道	—/√	—
		最大控制力（N）	≤600	—	18	—/√	
11	制动反应时间（s）		≤0.6	0.42	—	√/—	—

20.3 公告认证

公告认证是整车能够上市销售的最后一道屏障，通常来说整车企业会有一个专门庞大的部门来开展此项工作。下面将简单介绍公告认证的一些常识。

20.3.1 公告计划

整车企业通常会制定一个公告认证工作计划，表 20－32 举例了一个较为简单的此类工作计划。

申报参数及试验方案填写阶段注意事项：

（1）公告参数应与实车严格一致，零部件备案信息应与零部件检验报告严格一致；

（2）要关注近期公告新要求，样车相关性能需满足最新标准；

（3）样车应满足产品开发设计要求，同时满足认证试验方案中对样车的要求。

表 20－32　公告认证工作计划

序号	工作内容		责任单位	备　注
1	需求提报	提报公告需求至法规与认证部	市场与商品规划部	技术中心对需求中技术参数和已开发样车比对，确认符合性
2	申报参数及试验方案	公告离线系统填报	技术中心	申报参数中涉及电动车参数，由技术中心负责
		公告申报参数填写，经车型主管领导签字后，提报至开发资源部	技术中心	
		底盘及整车试验方案制定，公告申报参数符合性审查及公告申报	法规与认证部	
3	样车准备	整车公告申报照片提供，如有选装，提供选装部分外观照片	技术中心	底盘的右前 45°、正后方各一张；整车的右前 45°、左前 45°、正后面和正前面各一张
		公告样车准备到位	技术中心	样车要求见上表试验方案
		组织样车评审并完成整改	开发资源部	
4	型式试验	确定检测机构、约请试验	法规与认证部	
		样车送检至检测机构、试验后送回，协助检测机构完成试验	试验中心	
		试验过程技术支持	技术中心	
		完成试验预算的提报	开发资源部	
		试验过程协调、问题处理，组织完成型式试验	开发资源部	
		协调检测机构出具报告并上传，完成公告申报	法规与认证部开发资源部	
5	公告下发	跟踪、处理审查过程至公告下发为止	法规与认证部开发资源部	

20.3.2　检测项目

除传统部件检测外，表 20－33 列出了对电动汽车零部件强制检测的项目。

表 20－33　电动汽车零部件强制检测项

序号	检测内容	名称或编号
1	车载能源—锌空气电池	GB/T 18333.2—2015
2*	车载能源—超级电容	QC/T 741—2006 或 QC/T 741—2014
3*	车载能源—锂电池	QC/T743—2006 或 GBT 31484—2015 电动汽车用动力蓄电池循环寿命要求及试验方法 GBT 31485—2015 电动汽车用动力蓄电池安全要求及试验方法 GBT 31486—2015 电动汽车用动力蓄电池电性能要求及试验方法

（续表）

序号	检测内容	名称或编号
4	车载能源—镍氢电池	QC/T 744—2006 或 GBT 31484—2015 电动汽车用动力蓄电池循环寿命要求及试验方法 GBT 31485—2015 电动汽车用动力蓄电池安全要求及试验方法 GBT 31486—2015 电动汽车用动力蓄电池电性能要求及试验方法
5*	电动汽车用电机及其控制器	GB/T 18488.1—2006、GB/T 18488.2—206 或 GB/T 18488.1—2015、GB/T 18488.2—2015（可靠性试验项目不做要求）
6*	电动汽车安全要求	GB/T 18384.1—2001、GB/T 18384.2—2001、GB/T 18384.3—2001 或 GB/T 18384.1—2015、GB/T 18384.2—2015、GB/T 18384.3—2015、GB/T 31498—2015
7	电动车辆的电磁场辐射强度	GB/T 18387—2008
8	电动汽车操纵件、指示器及信号装置的标志	GB/T 4094.2—2005
9	电动汽车用仪表	GB/T 19836—2005
10	电动汽车 能量消耗率和续驶里程	GB/T 18386—2005
11	轻型混合动力汽车能量消耗量	GB/T 19753—2013
12*	重型混合动力汽车能量消耗量	GB/T 19754—2015
13	电动汽车风窗玻璃除霜除雾系统的性能要求及试验方法	GB/T 24552—2009
14	纯电动乘用车技术条件	GB/T 28382—2012
15	燃料电池电动汽车安全要求	GB/T 24549—2009
16	燃料电池发动机性能	GB/T 24554—2009
17	燃料电池汽车加氢口	GB/T 26779—2011
18	燃料电池电动汽车车载氢系统	GB/T 29126—2012、GB/T 26990—2011
19*	电动汽车传导充电用连接装置 第 1 部分：通用要求	GB/T 20234.1—2015
20*	电动汽车传导充电用连接装置 第 2 部分：交流充电接口	GB/T 20234.2—2015
21*	电动汽车传导充电用连接装置 第 3 部分：直流充电接口	GB/T 20234.3—2015
22	电动汽车非车载传导式充电机与电池管理系统之间的通信协议	GB/T 27930—2015

注：表中序号加“*”的检验项目，自 2016 年 7 月 1 日已开始执行新标准，新申报的产品均应符合新标准要求。

20.3.3 注意事项

公告型式阶段注意事项如下。

(1)“电动汽车安全要求”注意事项

① 依据标准，电动汽车的每个电路和电底盘及其他电路之间应有一个绝缘电阻；

② 带环境8h绝缘电阻检测试验测试环境湿度较大（湿度为88HR），裸露在外面的插头易受潮结露，引起绝缘性能降低甚至短路，故动力电池开路端需做好电气和机械防护。

(2)“电动车辆的电磁场辐射强度试验”注意事项

分别进行上高压电机不运转模式和上高压车速在40km/h模式下的两种测试。

(3)“电动汽车操纵件、指示器及信号装置的标志”注意事项

测试对外界环境无特别要求，但要求车辆可满足正常工作状态，且各项信号显示装置均能正常工作，检测识别标志、信号装置的显示颜色以及标志的形状是否满足要求。

由验证中心提供相应标识。

(4)“电动汽车车用仪表”注意事项

测试对外界环境无特别要求，但要求车辆可正常启动，且各项仪表显示功能正常，且仪表应达到IP4X的防护等级。检测车辆是否具有动力电池指示仪表、荷电状态指示器、电压表、电流表、转速表及警告和指示信号装置等。如设备过热、电机超速以及当发生绝缘电阻、爬电距离故障时是否可通过信号装置提醒驾驶员。同时检测车辆是否具有停车指示、充电指示及互锁监测装置。

由新能源中心提供一套仪表，由检测中心拍照发布。

(5)“风窗玻璃除霜、除雾系统试验”注意事项

参照GB 11555—1994及GB 11556—1994，只要求打开主电路开关，动力电机不工作。

(6)“电动汽车涉水试验”注意事项

由于有车载GPS系统，检测中心根据法规（GB/T 18384.2—2001）可不做此项试验。

(7)“整车性能试验”注意事项

可靠性试验在国家授权的试验场进行，总里程为相应燃油车总里程的50%，少于5000km的，按5000km执行，其中坏路占35%，平路和高路占65%。

(8)“电动汽车能量消耗率和续驶里程”注意事项

① 试验前7天内，试验车辆至少用安装在试验车辆上的动力蓄电池行驶300km，性能试验2天内完成；

② 满电，里程表归零或记录读数；

③ 预热，以车长估计的30min最高车速的80%行驶5km；

④ 电动车试验质量=整备质量+附加质量，最大允许装载质量大于360kg，则为半载。

(9) 30min最高车速

以车辆30min最高车速估值的±5%的车速行驶30min，v_{30}=驶过的里程S_1/500。

(10) 蓄电池完全放电

完成30min最高车速测试后，停放30min，以v_{30}的70%行驶，直至降到车速为（v_{30}±10）的50%，或仪表提示停车，记录里程S_2，S_2=预热阶段的里程+S_1+完全放电时的里程。

(11) 最高车速

以最高稳定车速驶入测量区，保持车速行驶为1km，时间t_1；再行驶1km，时间为t_2。v_{max}=

3600/（t_1，t_2）。

（12）蓄电池 40%放电

以（v_{30}±5）的 70%恒速在跑道或测功机放电，直到里程达到S_2的 40%为止。

（13）加速性能试验

M1、N1 类做 0～50km/h、50～80km/h，往返两次求平均值；其他车型做 0～30km/h、30～50km/h。若最高车速分别小于 89km/h、56km/h 时，分别达到最高车速的 90%。

（14）爬坡车速v_α试验（M1、M2、N1 以外的车型可不做）

① 满载，测功机调整为 4%坡度的附加载荷。加速至最高车速行驶 1km，时间为 t_3。测功机调整为 12%坡度的附加载荷，加速至最高车速行驶 1km，时间为 t_4。v_α=3600/（t_3，t_4）。

② 试验循环上的速度公差和时间公差应该满足给出公差和基准曲线要求。

③ 每个循环中，允许存在超出这些公差范围，但总时间不超过 4s。

④ 底盘测功机上工况试验循环期间停车不可超过 3 次。

（15）坡道起步能力

满载，坡道有至少 10m 测量区，测量区前有起步区，坡道角度接近预定角度，汽车以每分钟至少 10m 的速度（0.6km/h）通过测量区。

附录 1　本书中的物理量符号及其含义

符　号	参 数 释 义
$\alpha_{\max}$	最大爬坡度
α_{V}	坡道角
β_{S}	安全因数
δ_{V}	车辆旋转质量换算系数
ΔT_{bat}	电池箱内最大温升
η_{τ}	传动系传动效率
θ_{Field}	Park 变换建立 d—q 坐标系的旋转角
θ_{g}	旋转坐标系旋转角度
Θ_{r}	α—β 坐标系中转子的位置
κ_{C}	滑行阻力系数
λ_{pack}	电池包内空气体积
$\Phi_{S\alpha}$	永磁同步电机交轴定子磁通
$\Phi_{S\beta}$	永磁同步电机直轴定子磁通
Φ_{SA}	永磁同步电机 SA 相的定子磁通瞬态值
Φ_{SB}	永磁同步电机 SB 相的定子磁通瞬态值
Φ_{SC}	永磁同步电机 SC 相的定子磁通瞬态值
Φ_{Sd}	永磁同步电机直轴定子磁通
Φ_{Sq}	永磁同步电机交轴定子磁通
Φ_{M}	永磁同步电机转子磁通
ω_{F}	磁场速度
ω_{g}	瞬态转速
ω_{R}	永磁同步电机转子速度
a_{M}	微分算子
a_{V}	加速度

（续表）

符　号	参 数 释 义
A_{V}	迎风面积
C_{D}	空气阻力系数
C_{V}	里程表校正系数
d	旋转坐标系直轴
E_{d}	IGBT 最高电压
E_{D}	主动泄放能量
f_{V}	滚动阻力系数
F_{M}	驱动电机以最大限流工作时车辆获得的驱动力
F_{T}	车轮平衡力
F_{v}	总阻力
g	重力加速度
$i_{a\mathrm{min}}$	最大坡度行驶 1km 传动比下限
i_{g}	变速箱传动比
i_{T}	传动系统传动比
i_{max}	传动系总的传动比
$i_{v\mathrm{min}}$	最高车速行驶 1min 传动比下限
I_{α}	永磁同步电机交轴电流
I_{β}	永磁同步电机直轴电流
I_{A}	电机 A 相电流
I_{B}	电机 B 相电流
I_{C}	电机 C 相电流
I_{D}	主动泄放电流
I_{m}	平均电流
I_{S}	最大涌浪电流
I_{P}	预充电电流
$I_{\mathrm{S}\alpha}$	永磁同步电机交轴定子电流
$I_{\mathrm{S}\beta}$	永磁同步电机直轴定子电流
$I_{\mathrm{s}\alpha}$	永磁同步定子直轴电流瞬态值
$I_{\mathrm{s}\beta}$	永磁同步定子交轴电流瞬态值
I_{sa}	永磁同步电机 a 相定子瞬态电流
I_{sb}	永磁同步电机 b 相定子瞬态电流
I_{sc}	永磁同步电机 c 相定子瞬态电流
I_{SA}	永磁同步电机 SA 相的定子电流瞬态值
I_{SB}	永磁同步电机 SB 相的定子电流瞬态值
I_{SC}	永磁同步电机 SC 相的定子电流瞬态值

（续表）

符　号	参 数 释 义
I_{Sd}	永磁同步电机直轴定子电流
I_{Sq}	永磁同步电机交轴定子电流
I_{bat}	电池电流
I_{leak}	整车漏电流
I_{peak}	IGBT 电流
I_{max}	最大泄放电流
I_{Mmax}	电机峰值相电流
I_{impact}	冲击电流
$I_{fusemin}$	最小熔断器的额定电流
$I_{fusemax}$	电池系统短路电流
I_{Sdqmax}	定子最大额定电流
J_M	永磁同步电机转子转动惯量
K_M	变换常量
κ_{fuse}	折损系数
L_m	电机每相电感平均值
L_M	电机的电感
L_S	永磁同步电机定子相感抗
L_s	电感平均值
L_{dmax}	电机直轴电感最大值
L_{qmin}	电机交轴电感最小值
m_V	车辆总质量
m_{air}	电池包内空气质量
m_{max}	车辆最大设计总质量
n_M	电机转速
n_{Mr}	电机额定转速
n_{max}	电机最高稳定转速
n_{nmax}	驱动电机的最高转速
n_{Mmax}	电机最高工作转速
P_e	整车运行瞬时功率
P_D	泄放电阻功率
P_m	平均功率
P_M	永磁同步电机每相的极对数
P_R	电阻额定功率
P_{TM}	主电机控制器最大损耗功率
P_{AM}	附件电机控制器最大损耗功率

（续表）

符　号	参 数 释 义
P_{DC}	DC/DC 最大损耗功率
P_{VR}	整车最大散热需求功率
P_{bat}	电芯放电时发出的焦耳热
P_{amax}	最大爬坡度对应的车辆需求功率
P_{tmax}	全力加速时间对车辆的需求功率
P_{vmax}	最高车速对应的车辆需求功率
P_{Mmax}	电机最大功率
q	旋转坐标系交轴
Q_1	动力蓄电池包总容量
Q_2	动力蓄电池包自放电后容量
Q_{bat}	电芯放电产生的总热量
r_d	车轮半径
r_T	轮胎的动载半径
R_P	预充电阻
R_D	主动泄放电阻
R_S	永磁同步电机定子相阻抗
R_{bat}	电芯内阻
S_1	里程表指示距离
S_2	实际距离
S_C	滑行距离
S_{bat}	电池包内单个模块的散热面积
S_{pack}	总散热面积
t_1	以最高稳定车速驶入测量区，保持车速行驶 1*km* 的时间
t_2	以最高稳定车速驶入测量区，方向行驶 1km 的时间
t_3	满载，测功机调整 4%坡度的附加载荷，加速至最高车速行驶 1km 的时间
t_4	满载，测功机调整 12%坡度的附加载荷，加速至最高车速行驶 1km 的时间
t_a	加速时间
t_P	预充电时间
t_D	放电时间
t_f	车辆加速时间
t_{max}	全力加速时间
t_{VD}	高压下电时间
t_d	驱动核死区时间
T_L	永磁同步电机负载转矩
T_r	车轮转矩

（续表）

符　号	参 数 释 义
T_{max}	电机系统最大转矩
T_{Mmax}	电机最大输出转矩
$T_{\alpha max}$	满足整车最大爬坡度时的转矩
T_{tmax}	加速时间转矩
T_{Mnmax}	电动机最高稳定转速时的最大输出转矩
v_{α}	爬坡车速
v_0	整车加速时初始速度
v_1	加速行驶起始车速
v_2	加速行驶终止车速
$v_{S\alpha}$	永磁同步电机交轴定子电压
$v_{S\beta}$	永磁同步电机直轴定子电压
v_a	行驶车速
v_b	速表指示速度
v_x	整车加速运行的速度
v_R	实际车度
v_{an}	整车常用车速
$v_{\alpha max}$	最大爬坡度行驶车速
v_{max}	最高车速
U_1	电容初始电压（未主动泄放时的电压）
U_2	瞬间电容承上升到的电压
u_{SA}	永磁同步电机 *SA* 相的定子电压瞬态值
u_{SB}	永磁同步电机 *SB* 相的定子电压瞬态值
u_{SC}	永磁同步电机 *SC* 相的定子电压瞬态值
u_{Sd}	永磁同步电机直轴定子电压
u_{Sq}	永磁同步电机交轴定子电压
V_0	电池包电容上的初始电压
V_1	电池包电容最终可充到或放到的电压值
V_B	电池电压
V_C	负载电容电压
V_P	线路电感产生的尖峰电压
V_t	t 时刻电容上的电压值
V_{bus}	电池包额定母线电压
V_{ces}	*IGBT* 工作耐压
V_{cesp}	*IGBT* 尖峰电压

附录 2　本书中的英文专业名词与中文对照表

缩　写	全　　称	中　　文
AC	Alternating Current	交流电
ABS	Antilock Brake System	制动防抱死系统
ADC	Analog-to-Digital Converter	模数转换器
ACC	Adaptive Cruise Control	自适应巡航控制
API	Application Programming Interface	应用程序编程接口
ASIL	Automotive Safety Integration Level	汽车功能安全性等级
ASAM	Association for Standardization of Automation and Measuring Systems	自动化测试系统标准协会
AUTOSAR	Automotive Open System Architecture	汽车开放系统架构
BCU	Battery Control Unit	电池管理系统主板
BIR	Build Issues Resolution	试制问题报告
BMS	Battery Management System	电池管理系统
BMU	Battery Management Unit	电池管理系统从板
CAN	Controller Area Network	控制器局域网络
CCP	CAN Calibration Protocol	基于 CAN 总线的标准协议
CCC	China Compulsory Certification	中国强制性产品认证制度
DC	Direct Current	直流电
DCS	Design Concept Sheet	设计概念说明表
DAC	Digital-to-Analog Converter	数模转换器
DFM	Design For Manufacture	可制造性设计
DSP	Digital Signal Process	数字信号处理芯片
EMC	Electro Magnetic Compatibility	电磁兼容性
EMI	Electro Magnetic Interference	电磁干扰
EMS	Electro Magnetic Susceptibility	电磁抗干扰
FTA	Fault Tree Analysis	故障树分析

（续表）

缩　写	全　　称	中　　文
FMEA	Failure Mode and Effect Analysis	失效模式和影响分析
GPS	Global Positioning System	全球定位系统
GVW	Gross Vehicle Weight	车辆总质量（整备质量＋载重）
GPRS	General Packet Radio Service	通用分组无线服务技术
HAL	Hardware Abstraction Layer	软件抽象层
HIL	Hardware In the Loop	硬件在环
HVAC	Heating，Ventilation and Air Conditioning	供热通风与温度调节
HVIL	Hazardous Voltage Interlock Loop	高电压互锁回路
IEC	International Electrotechnical Commission	国际电工委员会
ISO	International Organization for Standardization	国际标准化组织
IPMSM	Interior Permanent Magnet Synchronous Motor	内置式永磁同步电机
IPM	Intelligent Power Module	智能功率模块
IGBT	Insulated Gate Bipolar Transistor	绝缘栅双极型晶体管
LAN	Local Area Network	局域网
LIN	Local Interconnect Network	车辆局域互联网络
LNO	$LiNiO_2$	镍酸锂（三元电池正极材料）
MCU	Micro Controller Unit	微控制单元
	Motor Control Unit	电机控制器
MIL	ModelIn the Loop	模型在环测试
MSD	Manual Service Device	手动维修开关
MFDD	Mean Fully Developed Deceleration	减速过程中减速度的平均值
MOST	Media Oriented System Transport	面向媒体的系统传输总线
MOSFET	Metal-Oxide-Semiconductor Field-Effect Transistor	金属-氧化物半导体场效应晶体管
NC	Numerical Control	数字控制
NCM	Ni-Co-Mn	镍钴锰（三元电池正极材料）
NCA	Ni-Co-Al	镍钴铝（三元电池正极材料）
NTC	Negative Temperature Coefficient	负温度系数
NEDC	New European Driving Cycle	欧洲标准行驶循环
OBC	On Board Charger	车载充电机
OCV	Open Circuit Voltage	开路电压
PP	Pre-Pilot	预试生产
PCB	Printed Circuit Board	印制电路板
PDU	Power Distribution Unit	电力配置单元
PSA	Potential Supplier Assessment	潜在供应商评审
PTC	Positive Temperature Coefficient	正温度系数
PEU	Power Electronics Unit	电力电子单元

（续表）

缩　写	全　　称	中　　文
PWM	Pulse Width Modulation	脉冲宽度调制
RFQ	Request Of Quotation	询价
RP	Rapid Prototyping	快速原型
SAE	Society of Automotive Engineers	美国汽车工程师学会
SIL	SoftwareIn the Loop	软件在环测试
SOC	State Of Charge	电池荷电状态
SOP	Start Of Production	启动批量生产
SOR	Statement of Requirements	
SSTS	Sub-System Technical Specifications	子系统技术规格说明书
SPI	Serial Peripheral Interface	串行外设接口
TBD	To Be Determined	待定
TR	Technical Review	技术交流
TTO	Tool Try Out	工装设备试运行
UDS	Unified Diagnostic Services	统一诊断服务
VCU	Vehicle Control Unit	整车控制器
VMS	Vehicle Management System	
VTS	Vehicle Technical Specification	整车技术规格说明书